KB012417

전환기 한국, 지속가능 발전 종합전략

이 도서의 국립중앙도서관 출판시도서목록(CIP)은 서지정보유통지원시스템 홈페이지(http://seoji.nl.go.kr)
와 국가자료공동목록시스템(http://www.nl.go.kr/kolisnet)에서 이용하실 수 있습니다.(CIP제어번
호: CIP2015012342)

전환기 한국, 지속가능발전 종합전략

지속가능발전 종합전략

이영한 기획

류정아
최돈형
최성재
김창엽
하성규
최금숙
박성현
전의찬
서균렬
정재희 외
최계운
변양규
김세종
정학균
옥동석 외
이태용
조동호 지음

대한민국 지속가능 발전을 위한 모델 제시

A comprehensive strategy for Korea's sustainable development

한울
아카데미

서문

1945년 이후 70년이 지나갔다. 일제 강점기 36년의 2배나 되는 긴 시간이 흘렀다. 25년을 한 세대로 본다면 3세대가 지나가고 있다. 한국 현대화 과정 70년은 위기와 파괴, 도전과 성취의 생생한 기록들로 가득 차 있다. 이념 갈등과 한국전쟁, 4·19 학생혁명과 5·16 군사혁명, 5개년 경제개발계획과 고도 경제성장, 강권정치와 민주화운동, OECD 가입과 IMF체제 등 역동적인 시간들이었으며, 최빈국에서 개발도상국, 선진화국으로 성장한 유일한 나라로 국제적으로 평가되고 있다. 그러나 최근 한국은 전환기적 상황에 있다. 20세기 후반 30~40여 년 동안 고도 성장의 혜택을 누리고 미래에 대해 희망을 가졌으나, 21세기에 들어서면서 지속된 저성장과 함께 사회 전 분야에 걸쳐서 격차화가 심화되는 등 불확실성의 시기로 진입하고 있다. 불균형한 인구구조, 저생산성의 중소기업, 빈부 격차, 청년 실업, 노인 빈곤, 축소되는 중산층, 취약한 문화역량, 미비한 사회 자본, 과도한 화석에너지 의존도, 공공 영역 신뢰도 하락, 남북 갈등 등 사회 전반에 걸쳐서 각 요인들이 서로 악순환을 거듭하면서 갈등이 증폭하고 있다.

이 책은 이러한 구조적 변화를 동반하는 전환기적 상황이 '지속가능 발전'을 통해 치유되고 통합 발전할 수 있다는 믿음에서 출발했다. '지속가능 발전'으로 리모델링하기 위한 종합 전략을 모색하는 것이 이 책의 목적이다. 지속가능 발전이 한국에 도입된 지가 20여 년 지났으나, 아직도 제대로 뿌리내리지 못하고 공허한 개념에 머물러 있음이 도처에서 감지되고 있다. 따라서 이 책에서는 한국 실정에 맞는 지속가능 발전의 틀과 각 전문 영역별 지속가능 발전 전략을 모색하여 우리들에게 이롭고 따뜻한 한국형 지속가능 발전 모델과 실천 전략을 탐색하고자 했다. 전체적으로 총설, 제1부, 제2부, 제3부로 구성된다. 총설, 사회와 문화, 환경과 과학기술, 경제 부문에서 18개 영역의 대표적 학자를 집필진으로 하여 한국의 지속가능 발전 현황을 진단하고 대안을 제시했다.

총설에서는 전체 집필의 기본 틀을 제시했다. 먼저 지속가능 발전의 개념과 진화 과정을 정리하고 지속가능 발전 측면에서 한국 현대화 70년을 리뷰하였으며, 국가지속가능발전지표 그리고 국제적 기관에 의한 한국의 지속가능 발전 평가를 검토하여 한국형 지속가능 발전의 구조, 체계와 10대 과제를 제시했다. 사회·경제·환경의 기존의 3원 구조(the three pillars)에 과학기술과 문화를 추가한 5원 구조를 제안했다. 세계적 환경과 국내적 환경을 분석한 후 10대 과제를 도출하고 환경과 개발, 성장과 안정, 자아와 공동체, 국가와 세계의 4대 전략과 혁신(革新), 안민(安民), 포용(包容)의 3대 목표, 그리고 한국형 지속가능 발전의 비전으로 조화사회(調和社會)를 제시했다.

제1부는 사회·문화 부문을 중심으로 지속가능 발전과 문화, 교육, 고령화, 보건, 주거, 여성의 주제를 다루었다. '문화'에서는 미래 창조사회를 구축하기 위해서는 문화예술의 선순환 생태계 구축이 중요하며 그 구성의 필요 요건을 제시했다. '교육'에서는 학교 교과과정 운영에서 모든 과목을 본래의 목적에 맞게 교육해야 하는 등 지속가능 발전 교육의 실천 수단들을 제시했다. 고령화 시대 새로운 정책으로 연령통합사회 패러다임을 제시했다. '보건'에서는 지속 가능한 보건 의료의 조건과 과제를 비용과 경제적 지속가능성, 건강과 보건 의료의 불평등, 토대의 변화와 새로운 패러다임의 지체를 제시했다. '주거'는 한국인의 주거 양식을 주택 형태, 점유 형태, 주거 수준, 가구 특성, 주거 문화와 공동체를 중심으로 진단하고 주거의 생태적·사회적·경제적 지속가능성을 위

한 전략을 제시했다. '여성'에서는 지역에서의 활동을 중심으로 주민자치위원회에서의 역할 강화와 여성친화도시 모델을 제시했다.

제2부는 환경, 과학기술 부문을 중심으로 지속가능 발전과 과학기술, 기후변화, 에너지, 안전, 수자원의 주제를 다루었다. 과학기술의 지속가능 발전을 위해서는 연구개발비 투자 확대, 과학교육 강화, 컴퓨터 교육 강화를 제시하고 지속가능 발전의 통합적 학문 체계화를 위해 지속가능 과학의 필요성을 주장했다. '기후변화'에서는 지속가능한 기후변화 대응과 지속가능한 에너지 정책 그리고 정부, 기업, 시민의 동참을 중심으로 전략을 제시했으며, '에너지'에서는 원자력과 신재생에너지의 균형 성장 전략을 제시했다. '안전'에서는 재난, 교통, 화재, 산업, 시설물, 전기, 가스, 교육 등 전 분야를 망라하여 세부적인 전략을 제시했다. 미래 수자원의 통합적 관리 방안과 혁신적 관리 방안으로 스마트 워터그리드, 물복지 실현, 수리권 정비, 친수 기능 강화, 물 문화 창출 등을 제시했다.

제3부는 경제 부문을 중심으로 지속가능 발전과 경제, 중소기업, 농업, 재정, 디자인, 통일의 주제를 다루었다. 지속가능 경제를 위해 산업구조와 노동시장의 개선이 중요하며, 정책 과제로 서비스산업 규제 개선, 개방을 통한 시장 확대, 노동 시장 제도 개선을 제시했다. 중소기업의 지속가능 성장을 위한 정책 대안으로 생산요소 고도화, 전략적 기술 개발, 글로벌 전략, 협력적 네트워크 구축을 제시했다. 지속가능한 한국 농업의 추진 방향으로 환경 친화적 농업자원 관리 시스템 구축, 기술 연구와 개발, 보급 확대, 지속가능한 농업의 기반 시설 확충 등을 제시했다. '재정'에서는 지속가능한 재정운용을 위한 장기 재정 전망과 공무원연금 개혁을 중심으로 다루었다. 지속가능한 디자인 발전을 위한 제언으로 K-디자인 확산을 통한 글로벌 디자인 리더십 확보, 인간 중심적인 디자인의 부가가치 창출 역량 극대화, 제조의 서비스화 및 서비스산업의 고도화 등을 제시했다. '통일'에서는 통일 준비는 통일 이후보다 이전이 중

요하며, 경제가 우선일 수밖에 없는데, 북한의 경제 정책을 전략적으로 활용하는 등 남북 경제의 지속가능 발전을 위해 새로운 시각이 필요하다고 주장했다.

서로 다른 18개 전공 영역을 엮어서 한 권의 책을 출간한다는 것이 결코 쉬운 일이 아니었다. 저술 기획을 시작한 후 1년 만에 책이 출간되게 된 것은 많은 분들의 격려와 참여 덕이다. 2014년 하반기에 '전환기 한국 종합진단, 지속가능 발전 탐색'을 주제로 24분의 집필진이 참여한 ≪교수신문≫ 기획연재는 이 책이 나오는 데 기초가 되었다. ≪교수신문≫ 관계자 여러분께 감사의 뜻을 전한다. 어려운 출판 여건하에서도 이 책의 출간을 허락해주신 도서출판 한울 김종수 사장님과 이교혜 편집장님, 그리고 최선을 다해 편집과 교정 작업해주신 조인순 씨에게 감사의 뜻을 표한다.

2015. 5.

편집위원장 **이영한**(서울과학기술대학교 건축학부 교수)

편집위원 **박양호**(전 국토연구원장)

류정아(한국문화관광연구원 문화예술연구실 실장)

변양규(한국경제연구원 거시연구실 실장)

차례

제1부

제2부

제3부

전환기, 한국형 지속가능 발전과 조화(調和) 사회

이영한 | 서울과학기술대학교 건축학부 교수

1. 들어가며

후세대가 현세대보다 잘살까?[1] 2015년 현재 52~60세인 베이비부머 세대는 1970~1992년에 청년기를 보냈으며, 이들 자녀들은 청년기에 있다.[2] 고도 경제 성장기에 청년기를 보낸 이들은 고등학교 혹은 대학 졸업 후 정규직으로 직장 생활을 시작하고 결혼해 2명 내외의 자녀를 두고 단란한 핵가족을 이루면서 사회적으로는 중산층을 형성했으며, 후세대의 교육에 헌신했다. 이들의 자식들은 1997년 외환 위기와 2008년 세계금융위기를 거치면서 지속되고 있는 저성장기에 청년기를 보내고 있다. 대졸 취업률 2분의 1, 대졸 정규직 취업률 3분의 1, OECD 국가 중 청소년 행복도 최하위 등, 이들 자식들이 부모보다 잘

---

[1] 1992년 브라질 리오, 유엔 환경개발회의는 지속가능 발전을 "현재 및 미래 세대의 발전적 필요와 환경적 필요가 동등하게 충족되는 것"으로 정의한다.

[2] 베이비부머 세대는 한국전쟁 직후인 1955년부터 산아제한 정책 도입 전인 1963년 사이에 태어난 세대이며, 그 후세대는 30년 후인 1985~1993년에 태어났다고 볼 수 있다.

살 확률이 현재는 희박하다.

취업, 연애, 결혼을 포기한 3포 세대가 되어가고 있는 청년 문제는 중·장기적으로 한국 사회 발전의 탄력성을 크게 훼손할 것이다. 일명 천성산 도롱뇽 사건은 시사하는 바가 많다. 자연 생태계의 보전을 주장했던 환경 단체와 지역 발전을 위해 경부고속전철 천성산 관통을 추진했던 정부의 극심한 대립으로 인해 심각한 사회적 갈등을 초래했고 약 2조 원의 국고를 낭비했다. 환경보호를 포괄한 경제성장과 사회 발전이라는 지속가능 발전의 틀로 접근했다면 그 과정과 결과는 다를 수도 있었을 것이다. OECD 국가들은 정체된 경제성장 등 경제적 문제, 고령화, 고실업률 등 사회적 문제, 환경 파괴와 고에너지 소비 등 환경적 문제 등을 이미 경험했고 그 해법을 지속가능 발전에서 찾고 있다. 지속가능 발전은 "후세대가 그들의 필요를 충족시킬 수 있도록 하는 능력을 저해하지 않으면서도 현세대의 필요성을 충족시키는 발전"[3]이다. 지속가능 발전은 한국 사회가 지향해야 할 핵심적 주제로 다가오고 있다.

1989년 독일 베를린장벽 붕괴와 1991년 소련 해체 이후, 세계는 미소 양극의 냉전 체제로부터 '세계화와 지역화'라는 새로운 세계로 재편되는 전환기에 들어섰다. 1995년 세계무역기구(WTO)의 등장과 함께 급격히 '세계화'로 전환하고 있으며, FTA 등 다자간 협력 체계 구축과 지역 내 민족 혹은 종족 간 갈등이 점증하고 있다. 아랍권의 종족 간 갈등과 함께 동북아 지역의 국가 간 민족적 갈등은 세계 평화를 위협하는 요인으로 급부상하고 있다. 중국의 부상에 따른 지역 내 국가 간 질서의 재편과 한·중·일 갈등의 최전선에 있는 남북의 협력과 갈등은 앞으로 이 지역의 발전에 큰 도전이 되고 있다. 또한 한국은 저성장과 저출산 고령화로 인해 새로운 패러다임이 요구되며, 전환기에 들어선 동북

---

3   "Sustainable development is development that meets the needs of the present without compromising the ability of future generations to meet their own needs."

아의 중심에 서 있다.

'지속가능 발전'이 모든 분야에서 우선적으로 고려해야 할 기초 개념이자 새로운 세계의 규범으로 자리 잡고 있다. 유엔을 주축으로 환경보호와 경제성장, 그리고 사회 발전이 선순환하는 새로운 세계 문명의 발전 모델인 지속가능 발전(Sustainable Development)을 개발했다. 유엔은 올해 2015년 2016~2030년에 추진할 지속가능 발전 목표(Sustainable Development Goals: SDGs)를 설정할 예정이다. 앞으로 세계는 경제력보다는 지속가능 발전의 성과를 기준으로 선진국과 후진국으로 재편될 것이다.

2015년 1월 한국은 탄소배출권 거래를 시작했다. 2000년 지속가능한 국가 발전에 관한 업무를 총괄하는 대통령 자문 지속가능발전위원회가 출범한 지 15년이 지났다. 해방 70년 동안 저개발 단계, 개발도상 단계, 정체 단계라는 선순환과 악순환을 거쳐왔다. 저개발 국가에서 선진화 국가의 문턱까지 발전한 모범국으로서의 저력을 유지 발전시키고 한국 사회의 현안인 격차 사회를 치유하기 위해서는 지속가능 발전이 추구하는 가치를 공유하고 실천하는 포용적이고 창조적인 자세가 필요하다. 한국 역사에는 지속가능 발전 정신이 면면히 흘러왔다. 화(和)와 인간과 자연의 공생(共生)을 실천하면서 반만년 역사를 이어왔다. 한국의 역사와 자원에 맞는 지속가능 발전 모델을 탐색해볼 시점이다. 현재 처한 구조적 전환기를 새로운 발전의 기회로 창조하기 위해서는 지속가능 발전의 구조와 전략을 재검토해야 한다.

2. 지속가능 발전의 포용적 이해

1) 지속가능 발전의 진화 과정

지속가능 발전은 유럽에서 1970년대 환경문제에 대한 반성으로부터 시작해 1980년대에 이론적으로 정립되었으며, 1990년대에 국제적으로 공론화를 거쳐 2000년대에 실천 체계를 갖추게 된다. 환경문제를 국제적 담론의 중심 주제로 발전시켰다는 점에서 지속가능 발전의 가치가 크다.

급격히 추진된 산업화, 도시화 등 경제 개발 방식이 환경에 부정적 영향을 미친다는 점에 대한 반성이 1970년대부터 시작되었다.[4] '하나뿐인 지구(Only One Earth)'라는 슬로건하에서 1972년 스웨덴 스톡홀름에서 열린 유엔 인간환경회의(UNCHE)는 환경적인 한계를 고려하지 않는 경제 개발은 낭비적이고 지속 불가능하다고 주장해 지구 환경보전을 세계 공통의 과제로 부각시켰다. 이 1972년은 지속가능 발전의 원년으로 평가되고 있다. 유엔 세계환경개발위원회(WCED)가 1987년 발간한 보고서인 「우리 공동의 미래(Our Common Future)」는 '지속가능 발전'을 환경보전과 개발을 동시에 추구하는 새로운 개념으로 정립하고, '지속가능 발전'의 정의를 공식화했다. 지속가능 발전의 바이블(bible)로 평가되는 이 보고서의 발간으로 지속가능 발전은 전 지구적인 주제로 이슈화되었다.

1992년 브라질 리우에서 열린 유엔 환경개발회의(UNCED)에서 지속가능 발전의 실천 전략이 구체화된다. 114개국 국가 정상을 비롯해 3만여 명의 민간 환

---

4 로마클럽이 1972년 출간한 『성장의 한계(The Limits To Growth)』는 유한한 환경에서 계속해서 인구 증가, 공업화, 환경오염, 식량 자원 감소, 자원 고갈이 일어나면 100년 안에 성장은 한계에 이른다고 분석하고 적극적인 성장억제 정책과 인구 안정화 정책으로 세계를 균형 상태로 유도해야 한다고 설파한다.

경단체 대표 등이 참가한 이 회의는 '리우선언'과 행동 계획인 '의제 21(Agenda 21)'을 채택했다. 인간은 자연과 조화를 이루며 건강하고 생산적인 삶을 향유해야 한다는 '환경적으로 건전하고 지속가능한 발전(Environmentally Sound and Sustainable Development: ESSD)' 개념을 발표해, 인간 중심의 지속가능 발전 개념을 발전시켰다. 유엔 지속가능발전위원회(UNCSD)는 1996년 사회적·경제적·환경적 영역의 3기둥(the three pillars)을 지속가능 발전의 틀로 제시하고 2007년 14개 주제[5]와 44개 소주제로 구분된 96개의 지표 체계를 개발했다. 2002년 남아프리카공화국 요하네스버그에서 "인간, 지구, 번영(People, Planet & Prosperity)"을 주제로 열린 지속가능발전세계정상회의(WSSD)는 지속가능 발전의 최고 목표인 동시에 필수적 요건으로 빈곤 퇴치, 지속 불가능한 생산과 소비 패턴으로부터의 변화, 경제·사회 발전의 기반인 자연 자원의 보호를 명시하고, 각국의 실천 계획으로 '국가 지속가능발전 이행계획'의 작성을 의무화했다. 2012년 브라질 리우데자네이루에서 열린 유엔 지속가능발전 정상회의인 일명 'Rio+20 정상회의'는 "지속가능 발전과 빈곤 퇴치 맥락을 위한 녹색 경제"와 "지속가능 발전을 위한 제도적 틀"을 의제로 "녹색 경제"로 세계경제 패러다임의 전환을 제시하고, '우리가 원하는 미래(The Future We Want)'를 채택했다.

유엔 본부는 2000~2015년에 걸쳐 빈곤을 반으로 줄이자는 범(汎)세계인의 약속인 새천년발전목표(MDGs)를 추진했다. 이어 후속 프로그램으로 2016~2030년에 추진할 지속가능 발전 목표(SDGs)를 설정했다. 보고서 「2030년까지 존엄을 향한 길(The Road to Dignity by 2030)」에 따르면, 환경을 강조하면서 사회 통합과 경제를 포괄하는 방향으로 17개 예비 의제[6]를 확정했다. 본격적인

---

5 빈곤, 거버넌스, 건강, 교육, 인구, 자연재해, 대기, 토지, 해양 수산, 담수, 생물 다양성, 경제성장, 경제 국제협력, 소비와 생산양식.

논의를 거쳐 2015년 9월 최종 의제를 확정할 예정이다.

한국에서 지속가능 발전 계획과 실천은 1995년 이후 환경문제 중심으로 추진되어 오고 있다. 1990년과 1991년 낙동강 페놀(phenol) 오염 사건 등 1990년대 발생한 크고 작은 환경문제로 인해 국민들은 환경문제의 심각성을 깨달았다. 이후 본격적인 환경 운동이 전개되었고, 1995년부터 지방자치단체들이 리우회의의 '의제21'에 따라서 구체적인 활동을 실천하기 시작했다. 중앙정부는 2000년 '새천년국가환경비전'을 선언하고 지속가능한 국가 발전에 관한 업무를 총괄하는 대통령 자문 지속가능발전위원회를 출범시켰다. 2006년 경제·사회·환경 분야 통합관리 전략 및 실천 계획인 '제1차 국가 지속가능발전 전략 및 이행 계획(2006~2010)'이 발표되었고, '지속가능발전기본법'이 2008년 시행됨으로써 지속가능 발전의 제도적 장치가 마련되었다. 2010년 저탄소녹색성장기본법이 제정되면서 기존의 '지속가능발전기본법'은 '지속가능발전법'으로 기능이 축소되고 지속가능발전위원회도 환경부장관 소속으로 운영되어 오고 있다.

환경 분야는 그동안 많이 개선되었으나[7] 아직도 국제적으로 낮은 수준이다. 최근 불안이 가중되고 있는 사회적·경제적 문제들과 함께 환경적 문제들을 통합적으로 해결하기 위해서는 현재의 환경 중심 정책으로부터 좀 더 포괄적인 지속가능 발전 정책으로 진화를 모색할 필요가 있다. 국민적인 합의 과정을 거쳐서 지속가능 발전을 국가 발전의 비전으로 설정하고 사회 발전, 경제성장 그

---

6 영양 공급 확대, 양성 평등과 여권 신장, 물과 위생 시설의 유지, 안전한 주거, 기후변화 방지 긴급 대처, 지속가능 생산과 소비, 안정적 에너지 자원 활용, 적절한 경제성장과 고용, 해양자원 활용, 지상자원 보호 등.

7 환경 시스템, 환경부하 저감, 인간 생명 취약성 저감, 사회제도적 수용 용량, 세계에 대한 의무 분담 5개 구성 요소로 평가하는 환경성과지수(EPI)는 2002년 136위, 2005년 122위, 2010년 세계 94위에서 2012년 43위로 약진했다.

리고 환경보호를 통합하는 시스템과 거버넌스를 구축해 전 국가적으로 지속가
능 발전 역량을 강화할 시점이다.

2) 지속가능 발전의 이해

현세대과 후세대 그리고 경제, 환경, 사회를 포괄하는 지속가능 발전의 개
념은 복잡하여 이해하기 쉽지 않다. 자유 경쟁과 영리 추구의 자본주의 체제하
에서 후세대를 위해 이익을 유보해야 하는 지속가능 발전의 실천은 더욱 어려
울 수 있다. 그래서 선진국 유럽 몇몇 국가를 제외한, 미국을 비롯한 세계 대부
분의 국가들은 지속가능 발전의 이행을 머뭇거리고 있는 실정이다. 한국도 지
속가능 발전이 도입된 지 15년 정도 되었지만 비슷하다고 볼 수 있다. 우선 지
속가능 발전에 대한 바른 이해가 필요하다. 아직 한국은 지속가능 발전에 대해
전문교육을 받은 그룹이 없다. 일반인들은 지속가능 발전 개념 자체를 오해하
는 경우가 허다하다. 각 분야의 전문가들은 각자의 시각에서 지속가능 발전을
편협하게 인식하는 경향이 있다. 그러나 일상 대화나 각종 인쇄물 등에서 '지
속가능 발전'이라는 단어를 쉽게 조우할 수 있어 지속가능 발전에 대한 사회적
기대를 엿볼 수도 있다. 지속가능 발전은 다음과 같은 성격을 지닌다.

첫째, 지속가능 발전은 고정된 상태의 지속적인 발전을 의미하는 것이 아니
라, 현재의 필요와 미래의 필요를 동시에 만족시키는 변화와 혁신의 과정이다.
'지속적(being long-lasting)'과 '지속가능한(sustainable)'을 서로 혼동해 사용되는
경우가 종종 있다. '지속적'의 의미는 '지속가능한'의 의미와 반대일 수도 있다.
'지속적'은 어떤 상태가 오래 지속되는 것을 뜻하는 단어이나, '지속가능한'은
후세대가 현세대보다 더 나은 삶을 살아갈 수 있도록 하기 위한 전 지구, 국가,
지역, 개인의 다자적인 개념이다.

둘째, 지속가능 발전은 인간 기본권과 열망 그리고 자연 기본권의 충족을

기본 개념으로 한다. 식량, 의복, 거주지, 직업과 같은 인간의 필수적인 욕구 충족과 삶의 질을 향상시키고자 하는 열망을 추구한다. 또한 재생 불가능한 화석연료와 광물, 생물종 등 천연 자원들의 탄력성(resilience) 유지나 보호를 추구한다.

셋째, 지속가능 발전은 경제성장, 사회 발전, 환경보호의 3기둥(the three pillars)을 기존 구조로 한다. 지속가능 발전이 환경과 개발에서 시작되었지만, 삶의 질 등 인간 중심 개념으로 발전하면서 빈곤, 양성 평등 등 사회문제와 GDP 성장률 등 경제문제를 포괄하는 통합적 시스템으로 진화했다. 2005년 세계정상회의 문서(World Summit Outcome Document)에서 '상호 의존적이고 상호 증진적인 지속가능 발전의 기둥'으로서의 경제성장, 사회 발전, 환경보호를 주창했다. 지속가능 발전은 경제, 산업, 사회, 정치, 교육, 문화, 역사, 관광, 방송, 안전, 보건, 과학기술, 디자인, 건축, 도시, 국토, 기후변화, 생태 등 전 방위적으로 모든 분야를 포괄해 통합한다. 이런 포괄적 성격 때문에 지속가능 발전이 전문 분야로 발전할 수 있느냐 하는 회의론이 있는 것도 사실이나, 최근 미국과 일본을 중심으로 '지속가능 과학(Sustainability Science)'이라는 영역이 탄생해 '지속가능 발전을 향한 통합 과학'을 정립하기 위해 다양한 연구를 시도하고 있다.

넷째, 지속가능 발전은 분야-영역-항목-지표의 지표 체계로 구체화되었다. 유엔 지속가능발전위원회는 2001년 지속가능발전 지표 체계를 개발했으며, 각국은 이를 모델로 각국의 특성을 고려한 국가지표 체계를 개발해 운영 중에 있다. 2006년부터 운영되고 있는 한국의 국가지속가능발전지표는 〈표 1〉과 같이 경제, 사회, 환경 3개 분야에 영역항목-지표의 계층으로 구성된 77개 지표를 설정하고 있다.

〈표 1〉 국가지속가능발전지표 체계

분야	영역	항목(지표)
사회	형평성	빈곤(빈곤 인구율, 지니계수, 실업률), 노동(월평균 근로시간, 정규직 대비 비정규직 임금률), 남녀평등(남성 대비 여성 임금률, 여성 경제활동 참가율)
	건강	영양 상태(유소년 영양 상태), 사망률(영아 사망률), 수명(기대 수명), 식수(농어촌 상수도 보급률), 건강 관리(건강보험 보장률, 사회복지 지출, 유소년 전염병 예방주사)
	교육	교육 수준(중등학교 순졸업률, 초등학교 학급당 학생 수, 공교육비 지출)
	주택	생활환경(최소 주거 기준 미달 가구 수, 주택 수, 소득 대비 주택 가격률)
	재해 안전	범죄 재해(범죄 발생률, 자연재해 피해)
	인구	인구 변화(인구 증가율, 인구밀도, 고령 인구율)
환경	대기	기후변화(온실가스 배출량, 1인당 온실가스 배출량, GDP 대비 온실가스 배출량), 오존층(오존층 파괴 물질 소비량), 대기질(광역 도시별 대기오염도)
	토지	농업(농지 면적률, 친환경인증 농산물 생산률, 식량 자급률, 화학비료 사용량, 농약 사용량), 산림(산림 지역률, 1인당 도시공원 면적, 목재 벌채 정도), 도시화(도시화율, 수도권 인구 집중률)
	해양·연안	연안(연안 오염도, 폐기물 해양 투기량, 갯벌 면적 증감), 어업(수산자원량, 양식 어업량)
	담수	수량(취수율, 1인당 1일 물 사용량), 수질(주요 상수원 수질오염도, 하수도 보급률)
	생물 다양성	생태계(자연보호 지역률, 국가 생물종 수, 멸종위기종 수)
경제	경제구조	경제 이행(GDP, 1인당 GDP, 경제성장률, GDP 대비 순투자율, 소비자물가지수), 무역(무역수지), 재정 상태(조세 부담률, GDP 대비 대외채무율), 대외 원조(GNI 대비 공적 대외 원조 비율)
	소비·생산	물질 소비(자원 생산성), 에너지 사용(1인당 에너지 소비량, 총에너지 공급량, 신재생에너지 공급 비중, 에너지 원단위), 폐기물 관리(생활 및 사업장 폐기물 발생량, 지정폐기물 발생량, 폐기물 재활용률), 교통(대중교통 수송 분담률, 자전거도로 총연장, 자동차 사고 건수)
	정보화	정보 접근(초고속인터넷 가입자 수, PC 보유 가구율), 정보 인프라(온라인 신청 가능 민원 종류), 과학기술(GDP 대비 R&D 지출률)

3. 한국 현대화 70년과 지속가능 발전

지속가능 발전의 측면에서 한 시대를 보는 관점의 의미는 정치나 경제뿐만 아니라 사회, 경제, 환경, 문화, 과학기술 등을 포괄해 성장과 함께 형평성과 평화를 중시하는 통합성에 있다. 해방 이후 70여 년의 성과를 한마디로 요약하면 '현대화(modernization)'라고 할 수 있다. 해방 이후 70년을 크게 1945년 해방~1960년 4·19 학생혁명의 저개발 국가 단계, 1960년 학생혁명~1996년 OECD 가입의 개발도상국가 단계, 그리고 1996년 OECD 가입~현재의 선진화 국가 진입 단계로 구분할 수 있다. 이 현대화 과정에서 한국은 발전 단계마다 지속가능 발전의 전 스펙트럼에 걸쳐서 이슈가 노출·극복되고 또는 연기되어 온 대표적 국가이다. 저개발 국가 단계는 실업률, 유소년 영양 상태, 영아 사망률, 1인당 GDP, 상·하수도 보급률, 토지 면적 중 산림 면적률 등 모든 영역이 빈곤해 지속가능 발전의 전 영역이 취약했던 시기이다. 개발도상국가 단계는 경제성장과 소득 증가 그리고 교육 여건과 거주 환경이 획기적으로 개선되는 등 선순환 발전을 이루었다. 그러나 강권 정치와 노사분규 그리고 지역 간 갈등 등으로 인해 사회적 갈등이 증폭되었으나, 정치민주화운동 등으로 1980년대 후반이 되면 인권 상황 등이 개선되었다. 선진화 국가 진입 단계는 세계화 체제 편입 과정에서 위험 요인들이 노출되고 국제적으로 지속가능 발전에 대한 요구가 높아짐에 따라 이전과는 다른 선진국형 이슈들이 등장했다. 자산과 소득 양극화, 중산층 축소, 좋은 일자리 창출 부족, 재정 건전성 우려, 복지 체계의 불확실성, 삶의 만족도 하락 등 사회적 문제와 기후변화, 생태, 에너지, 폐기물 등 환경문제 그리고 공적 대외 원조(Official Development Assistance: ODA) 등 지구적 협력 문제 등이 크게 부각되고 있다.

1) 1945~1960년: 국가체제 탄생과 저개발 단계

첫째, 전 영역에 걸쳐서 개발이 이루어지지 못한 극빈곤 상태로 민생은 피폐했다. 1950년대 급격히 진행된 도시화(1960년 28%)에 따른 주거난, 상하수도 오염 등 도시문제, 1인당 GDP 100달러의 빈곤, 산업화 정체[8] 속에서 250만 명의 완전실업자, 200만 명으로 추정되는 농어촌 잠재실업자 등 경제적·사회적 환경은 더 악화되었다. 또한, 산림이 훼손된 벌거벗은 '붉은 산'으로 인해 집중호우 시 홍수가 빈발했다.

둘째, 공공 부문의 권력 남용과 부패, 부정 선거, 무리한 헌법 개정 등으로 폭력이 난무하고 사회적 갈등이 증폭되었다. 또한 한국전쟁 이후 공공 투자는 민생과 관련이 미약한 경찰력과 군사력 증강에 집중되었다. 정권을 안정시키고 국가체제를 수호하기 위해 대폭 증강된 경찰 조직과 군사 조직은 국내 최강의 조직이 되었다. 증강된 군사력과 고급 장교의 외국 연수 등을 통한 정예화는 이후 5·16 군사혁명의 기초를 마련했다.

셋째, 미래가 암담한 난국에서도 국민들은 재산을 털어 자녀 교육에 전력 투자했다. 남한의 자원이라고는 북한 인구의 약 2배[9]인 인구가 유일했다. 국가는 인재 육성을 최우선 과제로 추진했다. 정전 직후 열악한 재정 여건에서도 전 국민 대상의 의무교육 6년을 시행했고, 각급 학교를 대폭 증설하는 등 국민 기초 교육의 수준은 비약적으로 향상되었다. 1959년 전국 초등학교 취학률은 95.3%에 도달했고, 광복 당시 80%대였던 문맹률은 20%대로 낮아졌다. 여학생의 수도 광복 직후와 비교해 1958년에는 초등학교 3.1배, 중·고등학교 6.1

---

8   1950년대 후반 중소기업 공장 가동률은 약 50%로 추정된다.

9   약 220만 명의 해외 귀환 동포와 월남한 사람들을 포함한 1950년 남한 인구는 1921만 명으로 북한 인구 1055만 명의 2배에 가까웠다.

배, 대학교 8.5배로 증가했다. 자유민주주의 교육을 받은 많은 학생들은 이후 4·19 학생혁명의 주역이 되었으며 개발도상국가 건설 과정의 주체가 된다.

넷째, 사회적·경제적 평등에 대한 욕구가 팽배했다. 한 여론조사에[10] 의하면 사회주의 선호도가 70%를 차지했다. 1950년 실시된 농지개혁으로 봉건적 지주제가 폐지되고 자작농 토지소유제가 실시되어 부의 분배와 함께 사회적 평등 여건이 일부 개선되었다. 8·15 해방 당시 전체 경작 면적의 35%에 불과했던 자작 농지의 비율이 92.4%로 상승했다. 이러한 사회적·경제적 평등 욕구는 이후 현대사에서 정치 민주화, 경제 민주화의 큰 줄기로 이어지게 된다고 볼 수 있다.

다섯째, 운명적으로 한국은 주변 강대국인 소련, 중국과 일본과의 단교 그리고 북한의 재침 위협 속에서 고립된 섬이었다. 제2차 세계대전 이후 많은 식민지 국가가 추구했던 냉전 체계로부터 독립된 제3세계에도 속하지 않았다. 한미방위조약의 체결과 함께 미국 편중의 외교 노선을 구축해 미국으로부터 경제, 군사 그리고 교육 부문에서 혜택을 받았으며, 자립 외교에 대한 논란이 일어났다.

2) 1960~1996년: 고도성장과 사회적·환경적 문제 발생 단계

첫째, 경제성장으로 의식주 등 민생 여건이 획기적으로 개선되고 중산층이 두텁게 형성되어 사회적 안정성이 크게 높아졌다. 많은 중소기업이 창업되고 중소기업이 대기업으로 성장하면서 많은 일자리가 창출되었다. 노동생산성, 실질 임금, 1인당 GDP가 1960년 이후 지속적으로 증가해 1997년 1만 달러로

---

10 1947년 미군정이 실시한 여론조사에 의하면, 선호한 정치체제는 사회주의 70%, 자본주의 13%, 공산주의 10%였다.

증가한다. 1960년대 초 20% 미만으로 추정되는 중산층이 1980년대 초에는 40%를 넘었다. 1995년이 되면 중산층의 일반적인 주거 형태는 3.3인 핵가족을 가족 단위로 1인 1침실, 입식 부엌, 수세식 화장실, 온수 목욕 시설이 갖추어진 집에서 거주하게 된다.[11] 이들 중산층은 사회적·정치적으로 시민층을 형성해 한국 사회의 중추 세력으로 성장해간다.

둘째, 사회적 인프라의 현대화와 공공복지제도의 확충이 이루어진다. 광역교통망 확충과 지방 산업 단지의 육성으로 지역 일자리가 창출되고 생활환경이 개선되는 등 지역 균형 발전의 토대가 마련된다. 1970년 경부고속도로 개통을 필두로 고속도로와 철도 등 전국 대중교통망이 완비되며, 1967년 구로 수출공업 단지의 준공을 필두로 전국에 걸쳐 중화학공업 단지가 조성되어 지역에 많은 일자리를 창출했다. 도시의 대중교통망이 지하철을 중심으로 정비되었으며, 상하수도 시설도 선진국 수준에 도달했다.[12] 또한 1972년 새마을운동이 시작되어 농촌 현대화 사업이 추진되었다. 교육 환경과 교육의 기회 등은 선진국 수준에 근접해, 1995년 중등학교 취학률 93.5%, 고등학교 취학률 82.9%, 대학 취학률 36.0%가 된다. 또한 건강의료보험 적용 인수가 1988~1990년 사이에 급증하게 된다. 이러한 과정에서도 인구의 수도권 집중률은 계속 증가해 1960년 20.8%에서 1990년 42.8%로 증가하고, 도시화율도 1960년 35.4%에서 1990년에는 79.6%로 증가했으며, 수도권과 지방 그리고 도시와 농촌 간의 불균형이 발생했다.

---

11 1995년 평균 가구원 수 3.3인, 핵가족률 79.8%, 중등학교 취학률 93.5%, 고등학교 취학률 82.9%, 대학교 취학률 36%, 주택 보급률 86.0%, 입식 부엌 보급률 84.1%, 수세식 화장실 보급률 75.1%, 온수 목욕실 보급률 74.8%, 방별 인수 1.08인이며, 1997년이 되면 아파트 거주 비율이 단독주택을 추월한다.

12 1995년 전국 상수도 시설 보급률 83%, 하수도 보급률 45%가 달성된다. 서울시의 경우, 1987년까지 지하철 2·3·4호선을 완공하고, 제2기 지하철을 2002년까지 완공했다.

셋째, 계속된 민주화운동으로 1980년대 후반부터 자유화가 진척되고 인권이 개선되기 시작한다. 10월 유신으로 인한 헌정 중단 사태와 5·18 광주 사태로 대표되는 군사정권의 강권 통치를 반대하는 정치적 민주화운동이 빈발하고, 경제적 형평성과 근로 환경 개선의 요구가 거세게 일어났다. 또한 영호남 간 경제적 격차와 정치적 갈등이 심화되어 국론 통합이 크게 훼손되었다. 1993년 문민정부가 들어서면서 정치적 민주화는 크게 진척된다.

넷째, 급속한 도시화와 산업화 과정에서 발생한 물질적 욕구의 증폭으로 인해 역사적 문화유산이 파괴되고 인문적 가치가 추락하는 등 정신적·문화적 역량이 축소된다. 농촌 공동체는 붕괴되고 도시 재개발로 인해 도시의 전통적인 물적·사회적 자원들이 해체된다. 물질적 풍요를 추구하면서 정신적 가치의 영역이 상실되고, 개인화 경향과 효율성을 중시한 적자생존의 생활 방식으로 인해 대대로 이어져온 덕과 의, 인의 공동체 정신이 단절된다. 또한 사회 통합과 정체성의 기초가 흔들리게 된다.

다섯째, 제조업 중심의 가공무역 생산 방식으로 인해 수질과 공기의 질 등 환경오염이 가중되었다. 조립 가공 과정이나 축사에서 나온 폐수와 폐기물 그리고 분뇨 등의 처리 기반이 취약해 1990년대 초반에 발생한 원진 레이온 사건, 낙동강 페놀 오염 사건 등 환경오염 사건이 빈번히 발생했다. 그러나 생산 원료와 중간재를 해외에서 수입함으로써 산림자원이나 농업 자원, 어족 자원은 비교적 잘 보존된 측면이 있었다. 일제강점기 이후 계속적으로 헐벗었던 '붉은 산'은 산림녹화사업에 의해 아름다운 푸른 산으로 복원되었다.

3) 1996년 이후: 저성장과 격차화 단계

첫째, 정규직과 비정규직, 대기업과 중소기업, 지방과 수도권 등 이중 구조화로 빈부 격차가 심화되고 있다. 재벌기업[13]과 중소기업, 수출 기업과 내수기업, 그리고 수도권 산업 단지와 지방 산업 단지의 격차가 구조화되면서 성장의 탄력성을 상실하여 '고용 없는 성장'이 지속되고 있다.[14] 고용 비중 약 90%를 차지하는 중소기업의 생산성 하락과 고용의 약 70%를 차지하는 서비스업의 저생산성으로 인해 좋은 일자리 창출이 급격히 줄어들고 비정규직 종사자가 급증하는 등 노동시장 구조가 악화되고 있다. 빈부 격차의 심화, 실질 소득의 정체, 고용 불안정성 등으로 인해 사회적 형평성이 크게 훼손되고 미래 불확실성이 증가하고 있다. 이로 인해 복지제도 등 사회안전망 요구가 증폭되어 재정 부담을 가중시킨다. 가계 부채와 공공 부채의 증가는 후세대에 큰 짐이 되고 있다.

둘째, 중산층이 축소되고 살기 힘든 세상(squeezed middle)이 되고 있다. 중산층이 빈곤층으로 옮겨가고 있다. 부동산 자산 가치의 하락과 가계 부채의 증가, 비정규직 수의 양산은 중산층에게 큰 위협이 된다. 소득에 따른 중산층 비율은 1990년 75.4%로 최고점을 기록하고 계속 하락해 2010년 67.5%로 떨어졌다. '사회를 떠받치는 허리'로서 사회적 갈등의 완충지대 역할을 해오던 중산층은 그 자체가 사회적 갈등의 진원지가 되고 있다. 또한, 청년층 실업과 노인층 빈곤 등 세대 간 격차가 확대되고 양극화 경향마저 보인다. 청년 실업률과 노인 빈곤율이 급속히 악화되고 있다. 청년 실업률(2013년, 7.5%)은 전체 실업률(2013년, 2.7%)의 3배 이상이다. 청년층 경제활동 참가율(2013년, 43%)은 OECD 평균(2013년, 59%)보다 낮은 실정이다. 청년 실업의 실상은 대졸자 정규직 및 비정규직 취업 상황에서 정확히 알 수 있다. 대졸자 정규직 취업률은 3분의 1 정도로 추산된다. 노인층은 OECD 국가 중 최하위 빈곤율과 자살률[15]

---

13 10대 재벌기업 매출 규모는 한국 GDP의 76.5%, 시가 총액 규모도 전체의 52.8%이다.

14 최근 10여 년간 3~4%의 저성장 기조가 계속되고 있다.

15 노인 자살율(65~74세)은 81.8명/10만 명으로 일본 17.9명, 미국 14.1명보다 크게 높으며, 특히 75세 이상은 160명을 초과한다.

등 인권의 사각지대화하고 있다. 청년층과 노인층의 빈곤은 지속가능 발전에 큰 위험 요인이 되고 있다.

셋째, 주변국의 환경오염이 공기 및 해양 자원의 오염과 식품 안전 등 국내 문제로 확산되고 있다. 후쿠시마 원전 사고로 발생한 방사능 피해는 국내 원전의 안전성과 증가 추세에 있는 원전 비중 문제를 사회적 이슈로 크게 부각시켰으며, 해양 자원 오염과 식품 안전에 대한 불안감을 조성했다. 중국의 황사와 미세 먼지가 유입되어 공기 오염의 주요 요인이 되었으며 환경성 질환[16] 등이 발생했다. 또한 중국으로부터 다량의 바다 폐기물이 서해안으로 유입되고 있다. 그리고 국내 기업의 수익성 악화는 환경 관리와 안전 관리 투자를 인색하게 함으로써 환경오염과 안전사고가 빈발하고 있다.

넷째, 동북아 국가 간의 역사적 갈등과 영토 분쟁 그리고 남북 간의 대립이 고조되고 있어 외교 환경의 불확실성이 증폭되고 있다. 탈냉전 시대 도래에 따른 새로운 국제 질서화 그리고 100여 년간 동북아에서 주도권을 행사하던 일본의 퇴조와 중국의 급부상으로 동북아는 극히 민감한 정세 속에서 재편되고 있다. 북한은 대내적으로 시장경제가 싹트고 있지만, 대외적으로는 반(反)개방 정책을 고수하고 있으며, 북핵은 동북아뿐만 아니라 세계의 안보를 위협하고 있다. 동북아 국가들의 군사력은 날로 확충되어 악순환을 거듭하고, 국지전의 위험성을 안고 있다.

---

16 알레르기성 비염 환자 수는 2002년 302만 명에서 2008년 495만 명으로, 아토피 피부염 유병률은 1995년 19.7%에서 2005년 29.2%로 증가하는 등 환경성 질환이 증가하고 있다.

4. 한국형 지속가능 발전의 탐색

1) 한국의 지속가능 발전 진단

(1) 국가지속가능발전체계의 의한 진단

최근 발표된 국가지속가능발전지표를 중심으로 2008~2012년 추이를 분석하고, OECD와 비교해[17] 한국의 상황을 진단하면 〈표 2〉와 같다.

첫째, 사회 분야에서 2008~2012년에 개선된 지표는 사회복지 지출률, 농어촌 상수도 보급률, 초등학교 학급당 학생 수, 최소 주거 기준 미달 가구 수, 주택 호수 등이며, 악화된 지표는 빈곤 인구율, 지니계수, 정규직 대비 비정규직 임금률, 소득 대비 주택 가격률, 범죄 발생률, 자연재해 피해, 고령 인구율 등이다. OECD 평균 대비 양호한 지표는 실업률, 영아 사망률, 인구 증가율, 고령 인구 비율 등이며, 취약한 지표는 빈곤 인구율, 지니계수, 월평균 근로시간, 사회복지 지출 등이다.

빈곤 항목의 지표인 빈곤 인구율과 지니계수는 시계열적으로도 악화되고 있고 OECD 평균을 크게 초과하고 있어,[18] 소득 분배의 불균형이 심화되고 있음을 알 수 있다. 노동 항목에서 월평균 근로시간은 OECD 평균의 1.22배이며, 정규직 대비 비정규직 임금률은 계속 하락해 비정규직 임금은 정규직 임금의 50% 내외이다. 실업률,[19] 범죄 발생률, 자연재해 피해액은 계속 증가하고 있

---

17 환경부, 「2014년도 국가지속가능성보고서」(지속가능발전위원회, 2014.11) 참조. 국가지속가능발전지표 77개 중 28개 지표를 OECD (유사)지표와 비교한 것으로 비교 분석의 한계를 갖는다.

18 빈곤 인구율은 2010년 14.6%로 OECD 평균 11.9%를, 지니계수는 2013년 0.353으로 2011년 OECD 평균 0.31%를 크게 초과하고, 회원국 35개 중 상위 7위이다. 상대적 노인 빈곤율로 45.1%로 OECD 평균 17.1%(2012년 OECD)에 비해 매우 높으며 노인 1인 가구 빈곤율도 76.6%로 OECD 30.7%(OECD 2008)에 비해 높다.

<표 2> 한국의 지속가능발전지표 진단

분야	2008~2012년 추세		OECD 비교	
	주요 개선 지표	주요 악화 지표	양호 지표	취약 지표
사회	근로시간, 영아 사망률, 사회복지 지출률, 농어촌 상수도 보급률, 초등학교 학급당 학생 수, 최소 주거 기준 미달 가구 수, 주택 호수	빈곤 인구율, 지니계수, 정규직 대비 비정규직 임금률, 유소년 영양 상태, 소득 대비 주택 가격률, 범죄 발생률, 자연재해 피해, 고령 인구율	실업률, 영아사망률, 인구 증가율, 고령 인구 비율	빈곤 인구율, 지니계수, 월평균 근로시간, 사회복지 지출
환경	화학비료 사용량, 폐기물 해양 투기량, 수자원량, 양식 어업량, 하수도 보급률, 자연보호 지역률, 국가 생물종 수	온실가스 배출량, 1인당 온실가스 배출량, GDP 대비 온실가스 배출량, 친환경인증 농산물 생산 비율, 식량 자급률, 농약 사용량	—	농약 사용량, 양식 어업량
경제	GDP, 1인당 GDP, 무역수지, GNI 대비 ODA 비율, 신재생에너지 공급 비중, 방사성폐기물 발생량, 자전거도로 총연장, 자동차 사고 건수, 초고속인터넷 가입자 수, 온라인 신청 가능 민원 종류, GDP 대비 R&D 지출 비율	GDP 대비 순투자율, GDP 대비 대외채무 비율, 1인당 에너지 소비량, 총에너지 공급량, 생활 및 사업장 폐기물 발생량, 지정 폐기물 발생량	GDP 성장률, GDP 대비 순투자율, 무역수지, 초고속인터넷 가입자 수, GDP 대비 R&D 지출 비율	1인당 GDP, 조세부담률, GNI 대비 ODA 지원 비율, 신재생에너지 공급 비중, 에너지원 단위

다. 고령 인구율은 2014년 현재 12.6%로 OECD 평균에 못 미치나 급속도로 증가하고 있어[20] OECD 평균(1.74)에 크게 못 미치는 합계출산율(1.30)과 함께 한

---

19 실업률은 3% 내외로 OECD 평균 7.8%에 비교하면 양호한 편이나 청년 실업률은 급격히 증가 추세이다. 국제노동기구(ILO)의 '2014년 세계고용동향'에 따르면 2013년 청년 (15~24세) 실업률은 13.1%로 24세 이상 실업률 4.6%의 3배이다.

20 고령 인구율은 2003년 8.3%, 2010년 11.0%(2017년 14%, 2026년 20%로 추정) 급속히 고

국의 인구 구조는 지속가능 발전에 큰 위험 요인이 될 것으로 분석된다.

교육 수준은 전반적으로 양호한 상황이나 공교육비 지출이 OECD 평균보다 높게 나타나고 있다. 주택 부문은 전반적으로 양호하나, 과중한 주택 담보 대출로 인해 하우스푸어(house poor)가 양산되고 있다.[21] 국민의료보험체계는 건전 요인으로 판단되고 있으나 2000~2009년 국민의료비 연평균 증가율이 9.3%로 OECD 증가율 3.4%보다 크게 높아 앞으로 관리가 요구된다. 현재 600~850만 명으로 추산되는 비정규직의 증가와 임금 격차 그리고 고용 불안정성은 한국 사회의 빈곤 문제 등 사회적 형평성을 위협하는 뇌관으로 분석된다. 자살률은 1985년 10.2명, 2006년 21.5명, 2010년 33.5명으로 급속히 증가했으며, OECD 34개국(평균 12.8명) 중 최고치이다.

둘째, 환경 분야에서 2008~2012년에 개선되고 있는 지표는 화학비료 사용량, 폐기물 해양 투기량, 수자원량, 하수도 보급률, 자연보호 지역률 등이며, 악화되고 있는 지표는 온실가스 배출량, 친환경인증 농산물 생산 비율, 식량 자급률, 농약 사용량 등이다. OECD 평균 대비 취약한 지표는 농약 사용량, 양식 어업량 등이다. 기후변화에 직접적으로 영향을 미치는 온실가스 배출량은 계속 증가 추세이다. 농산물과 수질의 오염원인 농약 사용량은 계속 감소하고 있으나 OECD 국가 중 최고 수준이며 OECD 평균과는 큰 차이를 보인다.[22] 식량 자급률은 계속 하락해 2012년 22.8%이며, 친환경인증 농산물 생산 비율도 축소되어 2012년 9.6%이다. 환경 분야는 전반적으로 개선되고 있으나 OECD 평균에는 못 미치며, 기후변화 관련 온실가스 배출량이나 농약 사용량 등 친환

령화되고 있다(OECD 평균 14.8%).

21 하우스푸어는 2010년 기준 주택 보유 가구 1070만 5000가구 중 14.7%인 156만 가구로, 주로 수도권에 거주하면서 아파트에 거주하는 30~40대 중산층이다.

22 농약 사용량(kg/ha)은 2008년 13.8, 2010년 11.2, 2012년 9.9로 크게 감소하고 있으나, 2008년 OECD 평균 0.7은 크게 초과한다.

경 관련 지표들은 계속 악화되고 있다.

셋째, 경제 분야에서 2008~2012년에 개선되고 있는 지표는 1인당 GDP, GNI 대비 공적 대외 원조 비율, 신재생에너지 공급 비중, 방사성 폐기물 발생량, 초고속인터넷 가입자 수, GDP 대비 R&D 지출 비율 등이며, 악화되고 있는 지표는 GDP 대비 순투자율, GDP 대비 대외 채무 비율, 1인당 에너지 소비량,[23] 생활 및 사업장 폐기물 발생량 등이다. OECD 평균 대비 양호한 지표는 GDP 성장률, GDP 대비 순투자율, 초고속인터넷 가입자 수, GDP 대비 R&D 지출 비율 등이며, 취약한 지표는 1인당 GDP, GNI 대비 공적 대외 원조 비율, 신재생에너지 공급 비중, 에너지 원단위 등이다. GDP 대비 R&D 지출 비율은 계속 증가해 2012년에는 4.4%가 되며 OECD 평균인 2.4%를 크게 상회한다. 경제 분야에서 정보화 영역의 정보 접근 항목과 정부 인프라 항목은 양호한 편이며, 경제구조 영역은 보통 수준으로 볼 수 있으나, 생산과 소비 영역인 에너지 사용 항목과 폐기물 관리 항목이 취약한 것으로 분석된다.[24]

(2) OECD 대비 삶의 질 평가 분석

OECD는 2012년 BLI(Better Life Initiative) 지수를 발표했다. 삶의 질과 관련한 11개 영역(주거, 수입, 직업, 공동체, 교육, 사회 참여, 치안, 환경, 일과 생활의 균

---

23 1인당 에너지 소비량은 1990년 OECD 평균의 절반 수준에서 2010년 2배 이상으로 급격히 증가했다. 온실가스 배출량은 세계 12위 수준이며, 연평균 증가율은 4.15%로 OECD 국가 중 최고 수준이다. 1인당 온실가스 배출량은 1990년 이후 2010년까지 약 2배 증가했다. 대기 중 황산화물과 질소산화물은 감소 추세이나, 미세 먼지와 휘발성 유기화합물 배출량은 2000년 이후 지속적으로 증가하고 있고, 특히 미세 먼지는 2007년 이후 급속히 증가했으며 2000년 6만 1719톤에서 2010년 11만 6808톤으로 증가했다〔이미숙·김종호, 『지속가능성 관점에서의 산업구조 변화분석』(한국환경정책평가연구원, 2013.11)〕.

24 1인당 에너지 소비량(TOE/인)은 2008년 5.0, 2010년 5.3, 2012년 5.6으로 증가했으며, 생활 및 사업장 폐기물 발생량(톤/일)은 2008년 35만 9296에서 2012년 38만 2009로 증가하고, 지정폐기물 발생량(톤/일)은 2008년 9594에서 2012년 1만 2501로 증가했다.

<표 3> 한국 국민행복도 순위

한국 순위	지표	한국 순위	지표
5	상해율	26	살해율
17	고등학교 졸업률	27	가처분소득
18	기대 수명	28	빈곤율
20	여성차별	28	소수 그룹 관대성
21	지니계수	28	인생만족도
21	고용률	31	필수 시설물 비가구율
23	1인당 GDP	32	주관적 건강 상태
25	(국가기관) 신뢰도	34	사회적 네트워크 안정성
25	1인당 방 수	34	유지가능성
26	투표참가율	25	종합순위

형, 건강, 삶의 만족도)과 19개 지표를 분석했다. BLI는 일반성을 가지고 있는 유엔 지속가능위원회의 지속가능발전지표체계를 보완할 수 있다. 저개발국, 개발도상국 그리고 선진국의 상호 협력을 통해 작성된 지속가능발전지표체계와는 달리 OECD 국가용으로 개발되었으며, 사회, 환경, 경제를 총괄하는 지속가능발전지표의 부족한 측면인 삶의 질에 초점을 둔다. 삶의 질을 중심으로 작성되었기 때문에 사회 문화 부문이 강조되었다. 특히 소수 그룹에 대한 관대성, 인생 만족도, 주관적 건강 상태, 사회적 네트워크 안정성 등을 포함한다.

　분석 결과 한국인의 행복도는 34개 회원국에서 종합 25위로 평가되었다. 총 19개 지표 중에서 상해율을 제외한 나머지 18개 지표에서 OECD 34개국 평균 이하 순위였다. 즉 한국인의 삶의 질은 거의 모든 영역에서 행복도가 OECD국 평균에 못 미치는 것으로 평가되었다. 특히, 소수 그룹 관대성, 인생 만족도, 주관적 건강 상태, 사회적 네트워크 안정성, (환경생태) 유지 가능성에서 취약한 것으로 나타난다. 한국인들의 행복도는 사회적·심리적인 면으로부터 열악한 수준인 것으로 분석된다.

2) 한국형 지속가능 발전 틀 탐색

(1) 한국형 지속가능 발전 구조

　지속가능 발전이 그 실천력을 높이고 양극단의 정쟁 도구가 아니라 포용적 화합의 길이 되기 위해서는 경제, 사회, 환경과 더불어 문화와 과학기술을 포함할 필요가 있다. 경제, 사회, 환경의 3원 구조에서 경제, 사회, 환경, 문화, 과학기술의 5원 구조로 진화를 모색할 필요가 있다. 문화는 인류의 창조성(creativity)과 정체성 그리고 발전의 근원이다. 문화는 구성원들의 특유의 정신적·물질적·감성적 특징의 총체로서 예술·문학뿐만 아니라 생활양식, 가치 체계, 전통과 신념을 포함한다.[25] 세계화와 국제 이주의 확대로 인해 문화 다양성이 사회 통합의 핵심 가치로 떠오르고 있으며 문화 산업은 사회의 지속가능한 성장의 핵심 경쟁력으로 자리 잡았다. 오늘날 세계적으로 지속가능 발전에서 문화의 역할이 주목을 받고 있다. 지속가능 발전의 구조에 문화 발전을 추가해야 할 이유는 다음과 같다.

　첫째, 경제·사회·환경이 삶의 하부구조와 관계가 있다고 하면, 문화는 그 상부구조와 관계가 있다고 할 수 있다. 형평성, 건강, 교육, 주택 등 사회 분야와 대기, 토지, 담수, 생물 다양성 등 환경 분야 그리고 경제구조, 생산과 소비, 정보화 등 경제 분야는 인간의 삶을 위한 제도적·물적 토대이지, 인간의 삶 자체는 아니다. 이러한 하부구조와 상부구조가 조화를 이룰 때에 삶의 질은 보장된다. 물질적 성장과 정신적 발전의 상호 보완적 균형을 추구하는 부탄의 국민행

---

25 유네스코 세계문화다양성 선언(The Universal Declaration on Cultural Diversity), 제31 차 유네스코총회, 2001.11.01.

복지수(GNH)[26]를 참고할 필요가 있다. 삶의 질을 높이기 위해서는 주관적 행복, 정신적 건강 등 문화의 영역이 중요하다.

둘째, 문화의 기본 가치는 다양성이며, 활력 그리고 치유 능력이다. 모든 구성원들이 소속감(sense of belonging), 참여(participation), 인정(recognition), 합법성(legitimacy)을 가지는 통합 사회로 가기 위해서 문화의 역량은 필수적 요소이다. 문화 다양성은 만족스러운 지적·감정적·윤리적·정신적 삶을 달성하기 위한 기초적 덕목이다. 문화는 경제, 사회, 환경 등 하부구조의 취약함을 치유할 수 있는 기능을 가진다. 세계적으로도 저성장 국면에 들어서고 있다. 성장의 한계로 인해 물질적 풍요의 시대는 가고, 정신적 영역이 점점 중요해지고 있다. 문화는 사회 통합과 포용적 사회 발전의 열쇠이다.

셋째, 유엔도 2010년 '문화와 발전' 의제를 총회 결의안으로 채택한 바 있다. 즉, 세계화로 인해 심화된 양극화와 환경 파괴, 지역공동체 훼손 등의 문제를 해결하기 위해 경제 중심의 발전 방식을 성찰하고, 문화 다양성, 인권과 민주주의 등 보편적인 가치를 존중하면서 지속가능한 경제적·사회적·환경적 발전을 달성하자는 것이다. 특히 문화 다양성을 존중함으로써 획일적인 서구식 발전 모델에서 벗어나 각기 다른 문화권에 적합한 발전 모델을 발굴하는 것이 '문화와 발전' 논의의 주요 목표이다. 2016~2030년 세계 발전 목표를 '지속가능 발전 목표'로 설정하면서 문화의 중요성을 인정하고 지속가능 발전 목표에 포함시켜야 한다는 논의가 진행되고 있다.

과학기술은 지속가능 발전 실현의 지렛대로 사회 발전, 경제성장, 환경보호를 실천하기 위한 수단이다. 사회적 합의, 구조적 혁신 등을 제대로 성취하기

---

26 부탄의 국민총행복지수(Gross National Happiness index)를 측정하기 위한 9개 영역은 교육, 심리적 안정, 건강, 시간 활용, 문화적 다양성과 복원력, 좋은 정부, 공동체의 활력, 환경의 다양성과 복원력, 생활수준이다.

<〈그림 1〉기존 지속가능 발전 3원 구조도>

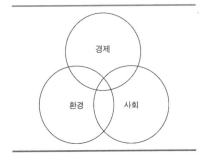

〈그림 1〉기존 지속가능 발전 3원 구조도

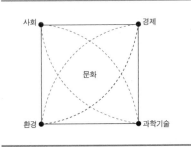

〈그림 2〉한국형 지속가능 발전 5원 구조도

위해서는 과학적 사고와 과학기술의 역할이 중요하다. 정치적 논리보다는 과학적 데이터와 과정을 근거로 사회적 합의를 도출해야 하며, 패러다임의 변화와 함께 사회 곳곳에서 이루어져야 할 사회적·경제적·환경적 혁신은 결국 과학기술을 통해 성취되기 때문이다. 1992년 유엔 지속가능발전위원회는 '의제 21'에서 과학기술계, 특히 엔지니어, 건축가, 산업설계사, 도시 계획가들의 역할을 강조했다.[27]

(2) 한국형 지속가능 발전체계

지금은 1960년대에 이어 제2의 전환기적 상황이다. 해방 이후 70년을 조선 중기의 정치가인 이이(李珥)의 '고쳐서 확장한다'는 경장(更張) 사상[28]으로 보는

---

27 "과학기술계, 특히 엔지니어, 건축가, 산업 디자이너, 도시 계획가 및 다른 전문가와 정책 결정자들은 환경과 개발에 관한 정책 결정 프로세스에 좀 더 공개적이고 효과적으로 기여해야 한다. 인간 생활에서 과학기술의 역할을 널리 알리고 이해시키는 것이 정책 결정자뿐만 아니라 일반 시민에게도 중요하다. 과학기술계와 일반 시민의 협력적인 관계를 확대하고 완전한 파트너십으로 발전시켜야 한다."

28 역사적으로 선각자들이 주장한 경세론에서 경장은 지속가능 발전과 유사한 개념일 것이다. 해이해진 정치·경제·사회제도 등을 기존 체제의 틀 속에서 다시 새롭게 개혁하는 것을 의미한다. 조선 시대 경장론의 대표적 정치가는 이이(李珥)이다. 왕도(王道)와 인정(仁

것은 의미가 있다. 그는 왕조의 변천을 창업(創業)·수성(守成)·경장(更張)의 세 단계로 나누고 16세기 후반의 조선 사회를 '중쇠기(中衰期)'로 판단해 일대 경장이 요구되는 시대라 보았다. 한국의 현대화 제1단계인 해방으로부터 1960년까지는 자본주의, 민주주의 국가체제를 수립하고 한국전쟁으로부터 국가체제를 지킨 창업 단계, 제2단계인 1960년부터 1996년까지는 세계 경제대국화, 외교 및 민주 역량 신장, 거주 환경의 현대화가 달성되어 국가로서 자주 자립권을 확보한 수성 단계, 제3단계인 1996년 이후부터 현재까지는 경제적 활력이 감퇴되고 사회적 갈등이 확산되는 등 경장이 필요한 단계로 볼 수 있다. 해방 이후 15년간 자본주의와 자유민주주의에 집터를 닦았고, 그 후 37년간 공공 부문과 민간 부문이 합세해 튼튼한 집을 지었다. 그 이후 시간이 지남에 따라 기둥 재목이 썩고 지붕 누수가 발생하고 있다. 집터를 버리고 이사할 수는 없으며, 그렇다고 지붕을 땜질하거나 기둥의 상한 부분만 수리할 수도 없는 수준이다. 낡은 서까래와 기둥을 교체하고 집의 구조를 바꾸어야 한다. 이러한 개혁 방법이 경장이다. 헌법의 기본적 가치를 근간으로 그동안 축적한 저력을 지렛대 삼아 현재 한국 사회에 심화되고 있는 빈부 격차, 사회적 갈등 등의 문제를 연착륙시켜야 한다.

세계적인 환경으로는 세계경제와 중국의 부상, 세계화와 지역화 그리고 지속가능 발전 요구를 들 수 있다. 유럽과 미국 등 서방국가들은 저성장을 지속하다가 금융위기를 겪으면서 경제성장이 멈추었지만, 최근 경기 회복 징후들이 나타나고 있다. 중국은 1980년대 이후 30여 년 계속 급성장하다가 빈부 격차의 심화와 환경오염 악화로 불확실성이 증가하고 있지만 성장세는 지속될

政)과 삼강(三綱) 등 유학의 근본이념에 입각해 점진적이고 화합적인 사회 개혁의 방법론을 제시했다. 이이의 개혁론은 한꺼번에 모든 것을 달성하려는 조급함이 아니라 하나씩 고쳐 나가서 궁극적인 개혁에 이른다는 점진성과 조정의 모든 신하들이 뜻과 지혜를 함께 모아 경장에 적극 참여하고 지지해야만 성공할 수 있다는 화합성에 기초를 둔다.

〈그림 3〉 전환기 한국형 지속가능 발전 체계도

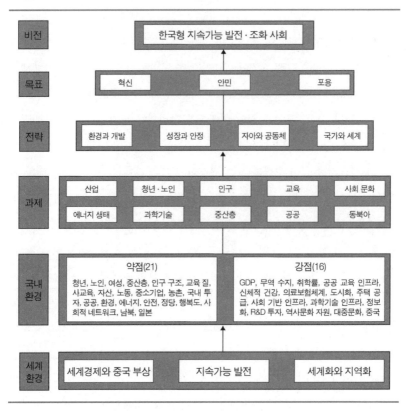

것으로 추정한다. 글로벌 정보지식사회가 진전되면서 빈부 격차가 확대되고 청년 실업 문제가 심화되고 있지만, 디지털 혁명으로 인해 새로운 시장이 형성되고 있다. 자유무역체제의 확산으로 세계화가 진척되면서도 구소련 연방들의 민족 갈등, 이슬람권의 종족 간 갈등, 동북아 민족 갈등 등 지역적 문제가 급부상했다. 이러한 것들은 한국의 지속가능 발전에 기회 요인(opportunity factor)일 수도 있고 위협 요인(threat factor)이 될 수도 있다.

국내적인 환경으로는 약점 요인(weakness factor) 21개, 강점 요인(strength

factor) 15개, 총 36개의 요인으로 정리할 수 있다.[29] 약점 요인으로는 청년, 노인, 여성, 중산층, 인구 구조, 교육의 질, 사교육, 자산, 노동, 중소기업, 농촌, 국내 투자, 공공, 환경, 에너지, 안전, 정당, 행복도, 사회적 네트워크, 남북, 일본이며 강점 요인으로는 GDP, 무역수지, 취학률, 공공 교육 인프라, 신체적 건강, 의료보험체계, 도시화, 주택 공급, 사회 기반 인프라, 과학기술 인프라, 정보화, R&D 투자, 역사문화 자원, 대중문화, 중국 등이다.

강점 요인을 계속 발전시키면서 약점 요인을 해소하기 위해서 인구, 에너지와 생태, 과학기술, 산업, 청년과 노인, 중산층, 교육, 사회 문화, 공공, 동북아의 10개 과제를 도출할 수 있다. 이들 과제의 추진 전략으로는 환경과 개발, 성장과 안정, 자아와 공동체, 국가와 세계의 조화와 균형 발전을 들 수 있다. 신규 개발을 하면서 자연 환경을 보호하고, 경제성장을 하면서도 고용 안정성을 유지하고, 정신적으로 자아를 구현하면서도 공동체의 발전을 이루며, 국가가 발전하면서도 세계 평화에 기여해야 한다. 한국의 지속가능 발전 목표는 안민(安民)과 혁신(革新) 그리고 포용(包容)이 되어야 한다. 각 분야에서 구조 혁신이 이루어지면서 자연히 발생할 약자를 포용해 국민을 평안하게 해야 한다. 지속가능 발전이 근본적으로 추구하는 상태는 '조화'이다. 기존 것을 '고쳐서 확장하는' 경장의 정신으로 차별성을 인정하고 그러면서도 화합하는 조화로운 사회를 만들어야 한다. 따뜻한 지속가능 발전으로 화이부동(和而不同)의 조화(調和) 사회로 나아가야 한다.

---

29 양이 음이 될 수 있고 음이 양이 될 수도 있는 바와 같이, 약점 요인들이 강점 요인이 될 수도 있고, 그 반대가 될 수도 있어 고정적인 것이 아니다.

3) 한국의 지속가능 발전의 과제

첫째, 청년 정규직 고용률을 높이고, 노인 일자리를 창출해 세대 간 균형과 생애 주기별 발전의 토대를 마련해야 한다.

지속가능 발전에서 최우선 해결 과제는 청년 문제이다. 청년 문제의 핵심인 취업 실상은 청년 실업률보다는 대졸 정규직 취업률과 근로소득을 통해 보아야 정확히 알 수 있다. 청년(15~29세)의 실업률이 아닌 대학 등 정규 교육을 마친 20대 중반~30대 중반의 10년간 세대(졸업+10세대)의 취업률을 살펴보아야 한다.[30] 한국 사회의 비정규직 문제, 합계출산율, 가족 문제, 실업률, 사회적 갈등과 미래 불확실성 등 많은 문제들 속에는 청년 문제가 관련되어 있어 청년 문제의 해결을 통해 많은 문제들이 개선될 수 있다. 최근 10% 내외로 발표된 청년 실업률로는 실상을 알 수 없다. 대졸자의 2분의 1(2014년 54.8%)이 취업하고 있으며, 대졸자 정규직 취업률은 3분의 1로 추정된다.[31] 첫 월급은 180만 원이다.[32] 이러한 대졸자의 현실로 인해 경제의 모체인 생산가능인구율 자체가 의미가 없는 상황이 닥칠 가능성이 있다. 미취업, 비정규직의 고용 불안정, 1인 생활비 수준의 급여로 인한 빈곤이 자력으로는 결혼, 출산, 주택 등 미래를

---

30 한국은 대졸 평균 연령이 28.5세, 대학 취학률이 80%를 상회하고 있어 청년 연령대인 15~29세는 대부분 학생 신분이다. 즉, 청년 연령대의 한국 청년들은 학생 신분이라 이 연령대를 가지고 취업률을 논하는 것은 의미가 없다. 현재 발표된 청년 실업률 10%와 대졸자 실업률과는 큰 차이가 있을 수밖에 없다. 또한 서방국가 대학 취학률이 40~50%(미국 64%, 일본 48%, 독일 36%, 스위스 38%, 네덜란드 15%)로 한국의 청년 실업률을 서방국가와 비교하는 것은 유의도에서 한계가 있다.

31 2014년 대졸 취업률 54.8% × 취업자 중 정규직 취업률 64.7%(2011년 졸업 전 취업률) = 35.4%.

32 한국고용정보원, 2011년 졸업 전 취업자 중 정규직 취업률은 64.7%, 대졸 첫 급여는 2200만 원으로 발표.

위해 투자할 수 없는 우울한 세대(gloomy generation)를 양산하고 있다. 청년 빈곤은 25년 후 중산층의 붕괴, 50년 후 노인 빈곤 문제를 더욱 악화시킬 우려가 있고 이것은 미래 경제성장과 사회 발전에 뇌관이 될 수 있다. 정부의 강력한 의지가 필요하다. 현재, 정부에서 추진하는 인턴이나 비정규직 채용 시 인센티브제도는 정규직 채용을 회피하고 노동 인권을 훼손하는 등 악용될 소지가 많아 근본적인 대책이 되지 못한다. 최우선 정부 취업 정책은 청년 정규직에 두어야 한다. 우선, 공공기관이나 민간기업의 정규직 취업자의 연령 분포를 공개해 청년층의 취업 실태를 알 수 있도록 해야 한다. 공공기관별로 청년 세대들이 앞선 세대보다 정규직 취업률이 낮지 않도록 종사자 수의 일정 비율을 청년(졸업＋10년) 정규직으로 채용하도록 하는 할당제를 도입해야 하며, 민간기업에서 일정 비율 이상의 청년 정규직 채용 시 인센티브를 제공하는 혁신적 조치를 시행해야 한다. 청년은 성장 동력이기에, 청년 세대의 취업률이 낮은 기업이나 기관은 건강하지 않다고 볼 수 있다. 각 기관이나 기업이 지속가능발전보고서를 작성할 때에는 청년 고용에 관한 사항을 필수적으로 담도록 해야 한다.

노인 세대에게는 일자리와 사회 안전망 구축이 중요하다. 노인 빈곤율과 함께 노인 취업률을 국가지속가능발전지표에 포함해 노인 일자리 과제를 지속적으로 관리할 필요가 있다.

둘째, 빈부 격차를 완화하고 비정규직 등 고용의 안정성을 높여 중산층이 건강하도록 해야 한다.

지니계수와 중위 소득은 소득 분배의 형평성과 소득 실효성을 가늠하는 요소이다. 고도성장기에 비교적 안정적으로 유지된 지니계수와 늘어나는 중위 소득은 지속가능 발전에 큰 힘이 되었다. IMF체제 이후 확대되고 있는 지니계수와 정체 상태에 있는 중위 소득은 경제성장의 위험 요인이면서 사회 갈등의 주요인이 되고 있다. 분석 기관에 따라 서로 다르지만 최근 지니계수는 0.3~

0.4에 분포한다. 지니계수 0.4는 빈부 격차로 인해 사회적 갈등을 유발하는 수준으로 지속가능 발전의 위험 수치이다. 최근 IMF와 OECD도 국제적으로 비교할 때 한국의 소득 불평등 정도는 상당히 심각하다고 지적한다.[33]

빈부 격차는 자산과 소득의 불평등에 의해 발생한다. 자산의 분배에서 큰 차이가 있으며, 하우스푸어로 통칭되는 가계 자산의 불안정성은 주택 가격의 하락 추세와 함께 자산의 빈곤을 가중시킨다. 한 통계에 따르면 국민 상위 1%가 전체 사유지 57%, 상위 10%가 전체 사유지의 98%를 소유하고 있다고 보고하는데, 이는 일제강점기의 4배의 토지 독점을 보이는 것이다.[34] 자본 수익률이 노동 수익률보다 높다면, 위기 사회의 징조가 나타나고 있다고 볼 수 있다. 정규직 대비 비정규직의 임금 수준이 3분의 2이고, 전체 임금 근로자 대비 비정규직 비중이 3분의 1로 비정규직 문제는 지속가능 경영의 핵심 과제이다. 지속가능 경영의 범위는 하청업체도 포함한다. 대기업의 하청업체화되어 있는 중소기업에 비정규직이 집중되어 있다. 비정규직 문제는 중소기업과 대기업이 분담해 해결해야 할 과제이다. 대기업의 지속가능발전보고서에 하청업체의 고용 실태를 담도록 해야 한다. 빈부 격차가 심화되는 상황에서 가구당 소득은 1인당 GDP가 아닌 중위 소득을 기준으로 해야 한다. 2012년 기준, 중위 소득은 3600만 원이며, 중산층 소득은 1800~5400만 원 범위이다. 2.7인의 핵가족, 30평대 아파트, 자가용, 자녀의 대학 교육이라는 중산층의 소박한 꿈은 멀어져가고 있으며, 이러한 생활을 영위하기 위해서는 부채에 의존해야 하는 실정이다. 비정규직 문제는 2500만 원 이하로 추산되는 저임금도 문제지만

---

33 'OECD 2014 통계 연보(Fact Book)'는 한국의 빈곤 가구 소득이 최소 생활에 필요한 소득 수준에서 동떨어져, 빈곤 격차 비율이 39%로 스페인(42%)과 멕시코(41%)에 이어 OECD 회원국 중 3위로 발표했다.

34 1945년 북한의 지주는 전체 인구의 4%로 전체 사유지의 50%를 소유하고 있었다는 보고가 있다.

고용의 불안정성이 더 큰 문제이다.

중산층 비율이 2000년 71.7%, 2010년 67.5%로 급격히 축소되고 있어 중산층의 붕괴 조짐이 나타나고 있다. 그동안 경제적·사회적·정치적으로 어려운 시기에도 안전판 역할을 충실히 해냈던 중산층이 붕괴하면 사회 안전성이 크게 훼손되어 지속가능 발전은 큰 시련에 직면하게 된다. 빈부 격차를 완화하면서 중위 소득과 고용의 안정성을 높여 건강한 중산층을 복원해야 한다.

셋째, 내수산업의 균형 발전을 도모하고 수출산업의 경쟁력을 강화해 안민부업(安民富業)하도록 해야 한다.

최근 10여 년간 3~4% 경제성장률은 지속가능 발전을 위한 한계 성장률인 2%[35]에 근접한 수치이다. 고도성장기에 지속가능 발전의 선순환 동력이었던 경제 부문이 최근 저성장 기조가 계속되면서 여러 가지 위험 징후를 보이고 있다. 대기업과 중소기업, 수출 기업과 내수기업, 제조업과 서비스업 간의 구조적 격차가 심화되면서 경제적 활력이 현저히 떨어지고 있다. 글로벌 기업과 수출산업은 지속적으로 성장하는 반면, 고용률 90%를 차지하는 중소기업과 내수산업은 고전을 면치 못하고, 국내 산업 공동화 징후마저 보이고 있다.

자원 빈국인 한국에서 수출 기업의 경쟁력은 경제의 동력원이며 한국의 생존 문제이다. 세계 최고의 대외 의존도는 쉽게 세계 경제·경기의 영향을 받는다는 점에서는 우려될 수 있지만, 자원 빈국이면서 축소되는 내수 시장 규모로 볼 때 어쩔 수 없다. 경제 서비스화 시대를 맞아 1700만 명 종사자들이 일하는 서비스업의 수출산업화는 큰 과제가 되고 있다. 유수 글로벌 대기업의 성과로 경상수지는 흑자를 기록하고 있고 국제적으로 국가 위상이 높아지고 있다. 그러나 대기업의 독점적 경제구조가 심화되고 있다. 3~4% 성장의 과실은 대기

---

35 세계적 컨설팅 회사 베인앤드컴퍼니(Bain & Company)의 오릿 가디시(Orit Gadiesh) 회장은 GDP 성장률 2%를 지속가능 성장을 위한 최소 성장률로 보고 있다.

업에 돌아가고 나머지 기업들은 현상 유지가 어려운 지경이다. 자본의 독점적 횡포를 견제할 기업 윤리가 없다. 막스 베버(Max Weber)는 자본주의가 이윤 추구라는 인간의 기본적 욕망과 금욕이라는 윤리적 통제를 통해 발전한다고 했다. 대기업이 지속적으로 성장하기 위해서는 기업의 사회적 책임 경영[36]을 정착시켜야 한다. 단기적 성과보다는 '장기적 성과 창출을 통한 지속가능경영' 에 대한 인식을 기업 내부에서 확실히 공유해야 한다.

실질 임금이 상승되지 않은 상태에서 내수 시장 확대 정책은 가계대출 증가 등 부작용이 더 많을 수 있다. 내수 시장의 확대를 위해서 관건은 중소기업의 성장이다. 재벌기업의 문어발식 확장을 제어해 국민의 약 90%를 점유하는 중소기업의 종사자들의 생존권을 보호해야 한다. 한국의 노동시장은 심각하게 경직되어 있다. 노사 관계는 세계 최하위 수준이다.[37] 폐쇄적이고 비효율적인 노동시장과 대결적 노사관계는 외국인 직접 투자(Foreign Direct Investment: FDI) 감소와 국내 기업의 해외 이전 그리고 비정규직 양산과 신규 일자리 창출 저해의 중요한 요인으로 지적되고 있다. 내수산업은 기업의 성장과 함께 안민 (安民)을 중요시해야 한다.

넷째, 자아실현의 인재상을 구현하기 위해 지속가능 발전 교육(Education for Sustainable Development: ESD)을 기초로 하는 교육 패러다임을 구축해야 한다.

국제적 평가기관들은 한국의 교육이 전반적으로 우수한 것으로 평가한다. 일부 항목에서 부정적인 평가가 있는 것은 사실이나 아직은 건전한 상황이다.

---

36 사회적 책임 경영(Corporate Social Responsibility: CSR)은 기업이 이익이라는 경제적 측 면만이 아니라 기업 윤리, 고용, 소비자, 환경 대책, 지역사회 공헌 등의 사회적 측면에도 균형 있게 대응해 지속가능 발전을 추구하는 기업 행동.

37 세계경제포럼(World Economic Forum: WEF)의 「국제경쟁력 보고서」에 따르면 한국 노 동시장의 효율성은 세계 144개국 중 86위, 특히 노사관계는 세계 최하위인 132위로 기록 되었다.

수출산업과 과학기술의 경쟁력과 함께 교육은 한국의 동력으로 건재하다. 현대화 과정에서 교육의 역할은 지대했다. 그동안 세계 최고 수준의 취학률, 초·중등 과정의 입시 몰입 교육체계와 대학 과정의 전문교육체계는 한국 교육의 근간이었으며, 실보다는 득이 많았다. 한국 사회가 직면한 경제성장의 둔화, 사회적 형평성 악화 그리고 동북아 갈등 등을 해소하기 위해 창의적·통합적·윤리적 인재상이 요구되고 있다. 한국의 교육체계에 대한 근본적인 검토가 필요한 시점이다.

교육의 목표는 자아실현이다. 교육은 균형이 중요한데, 한국 교육은 전문교육 편중에 따른 인성 교육의 실종, 입시 몰입 교육에 따른 창의 교육의 실종, 사교육의 과열에 따른 공교육 기능의 약화 등 그 균형이 깨진 것이 문제이다. 적자생존식 교육이 심화되고 있다. 현 교육체계의 유효성은 한계에 봉착했다. 그동안 이룩한 교육의 양적 성장을 기반으로 질적 발전을 도모할 수 있는 창조적 혁신이 필요하다. 혁신력과 포용력을 갖춘 인재를 육성할 수 있는 교육 패러다임으로의 전환이 요구되고 있다. 지속가능 발전 교육은 그 대안이 될 수 있다. 지속가능 발전 교육은 모든 사람들이 질 높은 교육의 혜택을 받을 수 있으며, 이를 통해 지속가능한 미래 사회 변혁을 위해 필요한 가치, 행동, 삶의 방식을 배울 수 있는 사회를 지향하는 교육이다. 인류의 미래 비전인 지속가능 발전의 실현은 지속가능 발전 교육으로부터 시작해야 한다.

다섯째, 경제적 빈곤과 사회적 갈등 등을 치유하고 따뜻한 공동체를 조성하기 위해 정신적 문화적 역량을 키워야 한다.

지속가능 발전은 인권을 보호하고 삶의 질을 향상시켜 행복한 인간과 사회를 지향한다. 행복은 물리적 요인과 정신적 요인의 합에 의해 결정된다. 물리적 결핍은 정신적 풍요에 의해 보완될 수 있다. 사람에 따라 체력이나 신체적 건강 상태가 다른 것처럼, 역사적으로 어느 사회든지 빈부 갈등과 사회적 불안정이 있어왔다. 경제적 부가 삶의 질에 미치는 영향은 제한적이라는 연구도 있다.[38] 행복은 결국 정신적 영역의 몫이다. 경제적·사회적 결핍을 치유해 따뜻한 공동체를 이루기 위해서는 정신적·문화적 역량이 중요하다. 한국 민족은 춤과 노래를 좋아하는 민족이다. 민중들은 춤과 노래를 통해 아픔을 치유하고 공동체의 결속을 다졌다. 한국은 역사적으로 강대국 중국, 일본과의 대응 관계 속에서 일찍부터 중앙 집중적 권력 구조를 발전시켜왔는데, 이러한 정치권력이 지속적으로 발전할 수 있었던 원인은 유교나 불교문화를 중심으로 한 문치에 있다. 문화의 통합적 세계관으로 중앙 권력의 남용을 견제해온 것이다. 경제적으로 사회적으로 어려운 난국에서도 대중문화를 통해 사회적 결속을 다지고 상처를 치유했다. 한류로 상징되는 대중문화는 크게 성장하고 있으며, 사회적으로 활력을 불어넣고 있다. 대중문화는 지속가능 발전에 든든한 버팀목이 될 수 있다.

저성장 시대에는 정신적 역량이 더욱 중요하다. 한국의 행복지수는 OECD 국가 중 최하위 수준이다. 지속가능 발전은 물질의 기본적 욕구(basic needs) 충족이 중요하며 자원 낭비를 수반하는 물질적 풍요(affluence)의 반대 개념일 수 있다. 시장 중심의 적자생존 사회와 부의 불균형, 저성장 시대 진입과 사회안전망의 미비 등으로 증폭되고 있는 상대적 박탈감과 미래 불안감을 완화하고 치유하기 위해서는 사회적·경제적 처방과 함께 문화적 포용력과 다양성을 고양하고 정신적 가치를 되살리는 조화가 중요하다.

여섯째, 지속가능 발전의 실천력을 높이고 환경문제를 효율적으로 해결하기 위해서는 따뜻한 과학기술을 육성해야 한다.

과학기술은 문명 발전의 원동력이 될 수도 있고 인류를 파멸에 몰아넣을 수

---

38 이스털린의 역설(Easterlin Paradox)은 일반적으로 개인이 느끼는 행복의 수준은 빈곤선에 근접할수록 소득과의 강한 관련성이 나타나며, 어느 정도의 기본 욕구(basic needs)가 충족되면 개인의 행복 체감도가 소득에 반드시 비례하지 않음을 주장한다.

도 있다. 지속가능 발전 정신을 동반할 때에 따뜻한 과학기술이 될 수 있다. 한국 과학기술의 국제 경쟁력은 세계 10위권에 랭크(rank)되고 있다.[39] 이 역량을 지속가능 발전의 동력으로 만드는 것이 중요하다. 정보화는 세계 최고 수준이고, 보건의료 수준은 계속 상승하고 있으며, 의료보험 체계도 우수한 것으로 평가되고 있다. 대중교통망 등 국토와 도시의 물리적 인프라는 세계적으로 우수한 편이며, 산림자원 관리는 선진국 수준에 도달했고, 수자원 관리도 개선되고 있다. 사회적 합의, 구조적 혁신 등을 효율적이고 대담하게 추진하기 위해서는 과학적 사고와 과학기술이 중요하다. 경제성장, 사회 발전, 환경보호라는 서로 이질적인 이해관계가 상충될 수 있는 갈등을 통합해 최적해(最適解)를 구하기 위해서는 과학적 데이터와 과학적 접근 과정을 동원할 수밖에 없다. 사회 곳곳에서 이루어져야 할 사회적·경제적·환경적 혁신은 결국 과학기술을 통해 성취된다. 한국 현대사에서 최대 재난이라고 볼 수 있는 세월호의 구조 완패는 과학기술자의 역할 없이 정치가나 관료들만이 우왕좌왕했기 때문이다. 1970년대 재난 영화인 〈타워링(The Towering Inferno)〉에서 건축구조 기술자의 기술적 판단이 구조 활동에 결정적인 역할을 했다는 점을 음미할 필요가 있다.

지속가능 발전에서 과학기술은 '적정기술(appropriate technology)' 그 이상이다. 적정기술이란 제3세계의 빈곤 문제를 해결하기 위해 현지의 재료와 적은 자본 그리고 비교적 간단한 기술을 활용해 그 지역의 사람들에 의해 이루어지는 소규모 생산 활동을 지향한다. 적정 기술은 제3세계의 지속가능 발전을 위한 특수 사례일 뿐이다. 기후 온난화, 생물 다양성 보호 등을 해결하기 위해서는 고도의 과학기술이 요구된다. 특히, 엔지니어, 건축가, 도시 계획가, 산업 디자이너의 역할이 중요하다.

---

39 스위스 국제경영개발원(IMD)이 2013년 발표한 국제 경쟁력 평가에서 한국의 과학 분야는 7위, 기술 분야는 11위에 랭크되었다.

일곱째, 인구 감소와 기후변화 시대의 도래를 고려해 자원 절약 사회 인프라를 구축해야 한다.

국제적 평가기관들은 한국의 에너지와 생태환경 관리를 국제 최하위 수준으로 평가한다.[40] 1990년대부터 대두된 에너지와 환경문제는 아직 낯선 주제일 수 있다. 한국은 적정한 기후와 아름다운 산하를 가지고 있어 폭풍, 강우, 지진, 황사 등 자연재해가 상대적으로 적고 자연 생태계가 잘 발달해 있었다. 해방 이후 급속한 인구 증가와 도시화, 공업화 등 환경 용량을 초과하는 현대화 과정에서 자연 생태계는 축소·훼손되고 환경은 오염되었으나 환경성은 변두리 주제였다. 에너지 자원 등 자원 빈국인 한국이 지속가능발전을 하려면 환경 용량의 부족으로 인해 인내가 필요하다.

온실가스를 효과적이고 경제적으로 감축하기 위해서는 공동이행제도(joint implementation), 청정개발제도(clean development mechanism), 배출권거래제도 (international emission trade)를 능동적으로 활용해야 한다. 또한 생물 다양성을 유지하기 위해 물새 서식지로서 국제적으로 중요한 습지에 관한 협약인 람사 협약(The Ramsar Convention on Wetlands)과 멸종위기에 처한 동식물보호협약 (CITES)을 적극적으로 추진해야 한다.

한국의 에너지 대외 의존도는 96%에 육박하며, 신재생에너지 생산은 아직은 타산성이 떨어져 크게 기대할 형편이 못된다. 원자력 에너지 비중도 점점 늘어가는 추세이다. 원자 력에너지의 방사능 피폭 가능성과 핵폐기물의 안전성이 지속가능 발전에 큰 위험 요인이다. 에너지와 환경문제를 해결하기 위해 생산과 소비 행태의 개선이 중요하다. 제품 디자인에 콤팩트 디자인(compact

---

40 스위스 국제경영개발원(IMD)은 2014년 기준 최종에너지, 생태균형(보존과 결핍), 국내 총에너지 생산(TOE), 재생에너지 비중, 이산화탄소 배출, 경작 면적 등의 환경 분야는 60개국 중 51~56위권으로 평가했다.

design), 유니버설 디자인(universal design), 장수명 디자인(long-lived design), 재생 디자인(recycling design) 등을 도입해 자원 절약 사회 시스템을 구축할 필요가 있다. 더 나아가 장기적으로 인구 감소 시대를 고려할 필요가 있다. 해방 이후 인구 증가로 도시 면적은 계속 확장되어왔다. 인구수가 축소되면 도시화 면적도 축소될 여지가 있다. 일부 도시 근교 지역을 자연 생태 지역으로 복원하고 시가화 면적을 가능한 축소해 고밀도 개발하는 콤팩트 시티(compact city) 개념을 도입할 필요가 있다. 또한 철도와 자전거를 중심으로 하는 녹색 교통 시스템을 더욱 확충하고 녹지율을 높여 친환경적인 도시 환경을 조성해야 한다.

여덟째,; 지속가능 발전의 동력원인 공공 부문을 구조 개혁하고 구성원들에게 지속가능 발전에 관한 교육을 실시해야 한다.

국제 평가기관들의 한국 공공 부문에 대한 평가는 상당히 낮은 수준이다. 공공 부문이 과연 한국 발전에 기여하는 것인지, 장애 요인은 아닌지 의구심이 증가하고 있다.[41] 공공 부문의 유효성이 심각하게 도전받고 있다. 공공 부문은 각종 규제와 제도를 이용해 보신주의를 넘어서 특권 기관화하고 있다. 민간 부문이 취약했던 개발도상국 단계에서 공공 부문은 각종 자원을 통합하면서 진두지휘해, 비록 부작용도 있었지만 사회 발전에 많은 기여를 한 바 있다. 세계화 시대, 지식정보 시대에 선진화 문턱에 있는 한국에서 공공 부문의 역할이 과연 무엇인지 재정립해야 한다. 국제통화기금(IMF)은 1997년 글로벌 기준에 따라 기업 구조 조정, 금융 개혁, 노동 개혁, 공공 개혁의 4대 개혁을 지목했으나, 공공 부문의 개혁은 이루어지지 않았다. 한마디로 요약한다면 공공 부문은 아직도 개발도상국 단계의 공공 부문의 역할에 집착하고 있는 점이 문제다. 특히, 국회는 특권 기관화하면서 국민과 멀어지고, 국론 분열을 가중시키고 있

---

41 2014년 현대경제연구원은 공적 신뢰를 OECD 32개국 중 31위로 평가했다.

다. 공룡화한 정당 구조와 포퓰리즘(populism) 그리고 정경 유착으로 인해 국민의 진실이 정책에 반영되지 못해 대의(代議) 민주주의의 존립 의미가 퇴색되고 있다. 특권층인 국회의원의 특권 부여를 재검토하고 권한을 축소해야 한다. 디지털 역량을 활용해 시민 참여(參與) 영역을 확대하면서 토의 민주주의(deliberative democracy)를 정착시켜야 한다. 행정부도 권한을 축소해 민간에 이양하고, 유연하고 효율적인 시스템과 개방적인 거버넌스를 구축해야 한다. 민간의 자율성을 저해하지 않도록 각종 규제와 제도를 혁신해야 하며, 약자를 위한 사회 안전망 구축에 집중해야 한다. 공공성을 중시하는 지속가능 발전에서 공공 부문의 역할은 결정적이다. 공공 구조 개혁도 중요하지만 더 중요한 것은 개개인이다. 개인이 바뀌지 않으면 구조 개혁의 결과는 빈 껍질뿐일 수 있다. 우선, 공공 부문 구성원들에게 지속가능 발전에 관한 교육을 시행해야 한다.

아홉째, 동북아 평화 기반을 구축하기 위한 시범 사업으로 동북아 버전의 에라스뮈스(Erasmus) + 청소년 교육 프로그램과 원자력 등 공동 환경 관리 프로그램을 가동할 필요가 있다.

지속가능 발전 측면에서 동북아 문제는 이득(favor)보다는 리스크를 중시해야 한다. 외연적 지속가능 발전 조건은 중국·일본과의 평화 공존, 북한과의 화해와 협력 등 동북아의 개방적 협력 기반의 구축이다. 동북아 국가들은 역사적으로 정치, 경제, 문화, 환경 등 전 범위에 걸쳐 서로 영향을 미쳐왔다. 중국의 최전성기로 평가되는 당나라 때에 한국과 일본은 안정된 국가 체제를 유지하고, 당의 문물을 받아들여 고도의 문화를 발전시켰다. 또한 일본 남북조 시대의 정치 불안으로 남조에 기반을 둔 왜구가 한국과 중국을 괴롭혔고, 이 시기에 고려와 원나라는 명운을 다했다. 조선 시대는 대외 폐쇄 정책으로 인해 전 국토가 유린되는 민족의 비운을 겪었다. 중국의 부흥은 도전이면서 기회이며, 일본의 침체는 장기적으로 큰 위협이 될 수 있다. 역사 문제, 영토 분쟁 등 점증하고 있는 동북아 민족 갈등을 해소하기 위해서는 정치사의 아픔을 치유하

고 서로의 차이점을 이해하고 포용하는 화이부동의 문화적 역량을 강화해야
한다. 첨예한 역사 문제를 넘어서 한·중·일 삼국의 청소년 문화 교류를 활성화
해야 한다. 유럽은 제국주의 시대를 거치면서 제1차, 제2차 세계대전을 겪었으
나, 20세기 후반에 공동 정부 형태의 유럽연합을 구성했다. 동북아 지역의 평
화와 상생 발전을 위해서는 유럽연합의 성과를 참조할 필요가 있다. 유럽연합
이 유럽 청소년의 교육 이동성과 교육 협력을 위해 시행하는 에라스뮈스+프
로그램[42]의 동북아 버전을 실시할 필요가 있다. 또한, 공동의 관심사인 원자력
방사능 관리, 황사와 미세 먼지 등 공기 오염과 해수 오염 등 환경문제에 공동
관리 조직을 상시 운영할 필요가 있다.

주체사상과 자급자족 경제를 이념으로 지탱해오던 북한은 이미 인간의 기
본권마저 붕괴되어 지속가능 발전의 최악 상황이다. 1950년대의 남한처럼 세
계 최빈국 상태로, 해외 원조 없이는 생존할 수 없는 지경에 이렀다. 남북 사이
에 놓여 있는 길은 통합의 길뿐이다. 연착륙이 남북 통합을 위한 지속가능 발
전 전략이다. 군사적 충돌을 피하고 인권 보호와 사회 안정성 확보를 최우선해
야 하며, 민족문화의 교류부터 시작해야 한다.

그리고 열째, 한국의 인구문제는 저출산과 고령화 그리고 생산가능인구의 감
소라는 인구 구조이다.

한국의 지속가능 발전을 논의할 때에 등장하는 첫 문제는 아마도 인구문제
일 것이다. 환경 용량에 비해 과중한 인구 관점에서 볼 때에 인구가 줄어드는
것은 일면 바람직한 일이다. 문제의 핵심은 감소하는 생산가능인구와 잠재 부
양인 수이다. 생산가능인구의 잠재 부양인 수는 노인뿐만 아니라 아동도 포함

---

42 유럽연합이 경제·군사·정치에 이어 문화적 유대를 강화하기 위해 마련한 유럽 내 대학 교
류 프로그램. 1971년부터 논의를 시작한 뒤 1987년 에라스뮈스 플랜을 완성했다. 이 제도
덕분에 유럽 대학 간 교환 학생, 교수 교환, 상호 학점 인정, 공동 커리큘럼 연구 등 다양
한 형태로 교류가 이뤄졌다.

해 추산해야 하는데 한동안은 자녀가 줄어들면서 노인이 증가하므로 잠재 부양인 수는 큰 변동이 없을 것으로 판단된다. 20여 년 이후에 생산가능인구가 급격히 줄어들 때가 문제인 것이다. 인구는 이동한다. 남북한 통합은 인구 구조를 제로 베이스(zero-base)에서 다시 보게 할 것이다. 세계 최저 수준의 합계 출산율은 인구문제보다는 청년의 사회적·경제적 문제에 방점을 찍어 볼 필요가 있다.

5. 나가며

한국 사회는 경장이 필요한 전환기에 들어섰다. 냉전 체계의 종식과 세계화 추세, 중국의 부상과 일본의 퇴조에 따른 동북아의 재편, 불확실성이 높아지는 남북관계 등 대외적으로는 전환기에 직면했다. 한국 사회는 37년의 고도성장 단계 이후 더 발전하지 못하고 20여 년 정체하고 있다. 모든 생물체나 조직, 국가가 탄생, 성장, 성숙, 쇠퇴라는 반복되는 주기가 있는 것과 같이, 고도성장 이후 다방면에서 문제가 발생하는 것은 당연한 현상일 수 있다. 성장에서 바로 쇠퇴기로 이어지지 않고 성숙 단계로 발전하기 위해서는 '고쳐서 확장해야 한다'. '조화가 만사를 이루게 한다〔和萬事成〕'라는 말과 같이 동북아 국가 간, 남북 간, 국내적으로는 세대 간, 빈자와 부자 간, 공공 부문과 민간 부문 간, 인간과 자연 간 조화가 이루어질 때에 성숙 단계인 태평성대에 도달할 수 있다.

지속가능 발전이 근본적으로 추구하는 상태는 '조화'이다. 지속가능 발전이 정착하기 위해서는 친밀하고 따뜻한 한국형 지속가능 발전의 개념과 구조, 전략을 개발해야 한다. 한국 사회는 지속가능 발전 측면에서 위험 징후들이 나타나고 있다. 경제적·사회적 문제들이 이중 구조화 조짐이 있고 에너지 소비와 환경오염이 계속 증가하고 있다. 이러한 문제들은 서로 인과관계에 있기 때문에 통합적 진단과 대책이 필요하다. 한국형 지속가능 발전의 목표는 '안민'을 중심으로 혁신성과 포용성을 병립하는 구도가 되어야 한다. 지속가능 발전의 구조는 경제, 사회, 환경의 3원 구조로부터 경제, 사회, 환경, 문화, 과학기술의 5원 구조로의 진화해야 한다. "경(敬)으로써 안을 바르게 하고 의(義)로써 밖을 바르게 한다"[43]는 한 고문에 따르면, 바르게 되기 위해서는 내적 수양과 외적 실천의 조화가 중요하다고 한다. 기존의 지속가능 발전 틀이 "의로서 밖을 바르게"에 치중하고 내적 수양을 도외시한 측면이 있다. 또한, 한국은 구한말부터 80여 년간 폭력과 외세 침탈로부터 극빈곤의 시련을 겪었으며, 고도성장 과정에서 경제성장의 성과에 매몰되어 정신적·문화적 역량을 키워내지 못했다. 문화는 사회적 상처를 치유하고 사회의 통합을 이룰 수 있는 힘이 있다. 한국의 지속가능 발전에서 문화 역량은 필수적인 것이다. 또한 양면성(the paradox of technology)이 있는 과학기술이 지속가능 발전의 한 축을 담당할 때에 진정으로 인류 평화에 기여할 수 있다.

지속가능 발전의 최대 과제는 청년 빈곤 문제의 해결이다. 대졸 정규직 취업률은 3분의 1이다. 청년 빈곤 문제는 중산층의 붕괴와 생산가능인구의 부실화 등 사회적·경제적으로 미래 사회의 건전성을 극도로 해칠 수 있다. 고령화 문제는 청년 문제에 비하면 2차적일 수 있다. 정부는 공기관과 사기업별로 전체 정규직 취업자 대비 대졸 이후 10년까지의 정규직 취업률을 공개하게 하여 세대별 정규직 취업률의 형평성을 유지하도록 인센티브와 페널티(penalty)를 부여하는 등 강력한 청년 취업 정책을 추진해야 한다.

한국 사회가 지속가능 발전을 하기 위해서는 구조 개혁과 함께 구성원 교육을 시작해야 한다. 구조 개혁으로 한 사회를 변화시키는 데는 한계가 있다. 결국은 사람이다. 초·중등학교 과정의 교육 이념이 지속가능 발전 교육에 기초

---

43 『주역』, 敬以直內, 義以方外.

해야 하며, 공공 부문이 지속가능 발전을 선도할 수 있도록 구성원을 대상으로 하는 지속가능 발전 교육의 재교육 프로그램을 가동해야 한다.

참고문헌

세계환경발전위원회. 2005. 『우리 공동의 미래』. 조형준·홍성태 옮김. 새물결.

유네스코 한국위원회. 2014. 『한눈으로 보는 유네스코 2014 문화와 발전』.

윤강재 외. 2010. 『OECD국가 행복지수 산정 및 비교』. 한국보건사회연구원.

이영한. 2014. 「우리의 사회적 지속가능성 진단」. 지속가능과학회 심포지엄.

차하순 외. 2013. 『한국현대사』. 세종연구원.

통계개발원. 2008. 『한국의 사회동향』.

_____. 2014. 『한국의 사회동향』.

환경부. 2014. 「2014 국가지속가능성 보고서」. 지속가능발전위원회.

제1부

제**1**장

지속가능한 문화생태계 선순환 구조와 창조 사회

류정아 | 한국문화관광연구원 문화예술연구실 실장

1. 창조 사회의 도래와 문화예술의 역할

하드웨어와 기간산업 중심의 토건적 산업사회에서 정보사회를 거쳐 IT 강국으로 성장한 한국은 이제 창조 사회로 달려가고 있다. 기존 비즈니스 영역에 문화적 상상력과 예술적 창의력을 불어넣어 새로운 부가가치를 창출하는 기업들이 활발하게 성장하면서 다양한 분야의 일자리가 생겨나 해당 사회의 선순환 발전 구조가 확립되는 사회를 창조 사회라 할 수 있다. 가시적 효과는 산업에서 나타나는 것이지만 그러한 효과의 원천은 문화와 예술의 창의성이라는 말이다. 각각의 발전 과정과 표현 방식이 다른 산업구조와 문화예술적 창의성이 만나 실질적인 경제 효과를 내는 경제를 창조경제라 할 수 있을 것이다.

창조경제는 이미 유엔개발기구(UNDP)와 유엔무역개발기구(UNCTAD)에 의해 그 범위가 확대되고, 개념도 더욱 정제되었다. 창조경제는 잠재적으로 경제성장과 발전을 만들어내는 창조적인 자산을 기반으로 하는 개념이며, 사회적 통합을 유도하고 문화적 다양성을 진작시키면서도 일자리를 창출하고 소득을 발생시키는 경제 시스템이다. 영국은 이미 1990년대부터 창조 산업을 국가적인 차원에서 육성하고 있으며,[1] 유엔은 2000년을 넘어서자마자 전 세계적으로 창조 산업이 매년 최소한 10%씩 증가할 것으로 예상했고, 유엔무역개발기구에서는 창조 산업을 4개 분야의 9개 산업군으로 분류했다.[2]

2004년부터 유네스코(UNESCO)는 창조도시를 선정해 '창조도시 네트워크 사업'을 시행하고 있다. 이 사업은 문학, 음악, 공예·민속예술, 디자인, 미디어 예술, 음식, 영상 등의 아이템 중 대표적인 문화 자원을 선정해[3] 문화예술 자원의 보존과 활용 → 문화 자원의 창조적 개발 → 문화 자원의 산업적 가치 극대화 → 지역 경제 활성화 → 지역민의 삶의 질 향상 → 문화예술 자원의 보존과 활용이라는 선순환 구조가 지속되면서 지역의 창조적 역량이 강화되고 지역민의 삶의 질이 동시에 향상되도록 사회구조적인 시스템을 개선하는 데 성공한 곳을 선정하는 것이다.

여기서 공통적으로 강조되는 것이 문화예술적 창의성과 감성 그리고 상상

---

1 영국 문화미디어스포츠부(DCMC)는 "개인의 창조성과 기술, 재능 등을 이용해 지적 재산권을 설정하고, 이를 활용함으로써 부와 일자리를 만들어낼 수 있는 잠재력을 지닌 산업"으로 정의했다(DCMC, 1998).

2 유엔은 (1) 유산과 관련된 것으로, 문화 장소(고대 유적, 도서관, 전시회)와 전통문화(공연, 축제), (2) 예술과 관련된 것으로 시각예술(회화, 조각, 사진, 고미술품)과 공연 예술(라이브 음악, 연극, 무용, 오페라, 서커스), (3) 미디어와 관련된 분야로, 출판·인쇄매체(책, 신문)와 오디오 비주얼(영화, TV, 라디오, 기타 방송), (4) 기능적 창작물로, 디자인(인테리어, 그래픽, 패션, 보석, 완구), 창조 서비스(광고, 건축, 창조적 R&D, 레크리에이션), 새로운 미디어(소프트웨어, 비디오게임, 디지털 콘텐츠) 등을 창조 산업의 범위에 포함한다(UN, 2004: 4~5).

3 문학으로 에든버러, 멜버른, 아이오와시티 등을, 디자인으로 베를린, 부에노스아이레스, 몬트리올, 나고야, 고베, 신전, 서울 등을, 음악으로 불로냐, 세비야, 글래스고, 켄트 등을, 공예와 민속예술로 아스완, 산타페, 가나자와, 이천 등을, 음식으로 포파얀, 전주 등을, 미디어아트로 리용, 광주 등을, 영화로는 브래드포드, 부산 등을 선정했다(유네스코 홈페이지 참조).

력이다. 이것이 실생활의 양적인 풍요로 가시화되어 최종적으로 발현되는 모습이 창조 산업의 발전 그리고 창조경제의 대표적인 모습인 것이다. 최종 성과물을 창출하는 과정에서 감성은 공동 선(善)의 정서적 토대를 제공하고, 상상력은 사회적 갈등의 해결책을 제시하는 역할을 한다. 찰스 랜드리(Charles Landry)는 창의성을, "본질적으로 다루기 어렵고, 예상하지 못한 비일상적인 문제나 상황을 해결하기 위한 방법을 평가하고 발견하는 능력을 가진 다면적이고 재치가 풍부한 어떤 종류의 것"이라고 정의했다(Landry, 2005: 15). 그가 말하는 창의성은 종착역이 아닌 여정이고 결과가 아닌 프로세스라는 말이다. 즉 창의성이란 발견과 그 후의 잠재력을 이끌어내게 하는 프로세스이고, 이 과정에서 지성, 혁신, 학습과 같은 특성을 활용하는 능력이 상상력에 부가된다. 창의적이라는 것은 주로 예술가, 또는 과학자의 작업과 연결시켜서 말하는 것이지만, 어떤 분야에 있더라도 문제를 다루는 방식이 대단히 창의적인 사람은 사회·경제·정치 분야에서도 탁월한 역량을 발휘할 수 있다. 물론 사회적 관행이나 관습이 얼마나 탄력적으로 그러한 창의성을 허용하는지, 실수를 얼마나 용인하는지, 개방적인 사회인지가 중요한 것이 사실이다. 안타깝게도 한국 사회는 이러한 측면에서 그다지 긍정적인 평가를 받고 있지 못하지만, 창의성과 혁신적인 행동의 범위는 지속적으로 확대되는 추세임은 분명하다.

2. 서비스산업과 문화 상상력

최근 경기의 양극화와 고용 없는 성장에 직면하면서 서비스산업은 경제성장과 일자리 창출을 위한 중요한 산업으로 인식되고 있다. 미국, 영국, 프랑스 등 OECD 국가들을 보면, GDP에서 차지하는 제조업의 비율은 줄어든 반면 서비스산업의 비중은 증가한 것을 알 수 있다. 창조경제 속의 창조 산업에서 가장 중요한 비중을 차지하는 분야가 서비스산업이다 보니, 이 분야에 더 많은 관심을 기울여야 하는 것은 분명하다. 그러나 이 분야는 한국이 가진 잠재력에 비해서 가시적 성과가 아직 충분히 나오지 않고 있다.

2011년 서비스산업의 부가가치율은 제조업(19.54%)에 비해 높은 35.66%로 나타났다. 서비스산업은 고용 파급 효과가 높은 산업으로, 최근의 고용 문제를 해결할 수 있는 가장 효과적인 대안으로 부각되고 있다. 이미 '고용 없는 성장'을 이어가고 있는 제조업의 경우 2010년 취업 유발 효과가 8.9명/10억 원에 불과하지만, 서비스산업은 18.5명/10억 원으로 제조업에 비해 절대적으로 높은 수준이다(박정수 외, 2013: 37~38).

2002~2012년 동안 부가가치 추이를 보면, 제조업(6.1%)에 비해 다소 낮지만, 서비스산업의 경우 연평균 3.0%의 증가율을 기록했다. 2012년 부가가치 규모는 2002년에 비해 1.3배 정도 늘어난 570조 7600억 원 규모로, 한국 총부가가치의 57.4%에 달한다. 그러나 서비스산업의 성장은 2008년을 기점으로 정체되고 있다(박정수 외, 2013: 41).

이것은 서비스산업의 노동생산성이 1993년 제조업 대비 102.7% 수준이었으나 2010년에는 제조업의 51.1%까지 하락한 것에서도 잘 나타난다. 이는 제조업의 경우 기술 진전과 함께 대량 생산이나 비용 절감 등의 노력으로 노동생산성이 빠르게 향상된 반면, 서비스산업은 노동 투입에 의존하는 경우가 많아 노동생산성 증가율이 높지 않았기 때문이다. 추가로 외환위기 이후 도소매업이나 음식, 숙박업과 같은 저부가가치 업종의 지나친 비대화도 서비스산업의 저생산성 요인으로 볼 수 있다(박정수 외, 2013: 49).

현재 베이비부머 세대들의 조기 은퇴와 함께 이러한 저부가가치 업종의 비대화 현상은 더욱 심화될 것으로 우려되며 이로 인한 서비스산업의 생산성 증가율 둔화 현상도 당분간 지속될 것으로 보인다. 서비스산업의 낮은 노동생산성 증가율은 서비스산업이 전체 경제에서 차지하는 비중이 지속적으로 증가

<표 1-1> 업종별(실질) 부가가치 추이와 비중 변화

구분	2002년	2007년	2012년	부가가치 비중 변화			연평균 증가율	
				2002년	2007년	2012년	2007년/2012년	2002년/2012년
농림·어업·광업	26,657	29,204	29,367	3.9	3.4	3.0	0.1	1.0
제조업	173,607	247,408	315,205	25.1	28.8	31.7	5.0	6.1
전기·가스·수도 사업	14,761	19,026	23,219	2.1	2.2	2.3	4.1	4.6
건설업	53,526	62,135	56,558	7.2	7.2	5.7	-1.9	0.6
서비스산업	424,366	502,054	570,760	61.3	58.4	57.4	2.6	3.0
총부가가치 (기초 가격)	692,289	859,518	994,082	100.0	100.0	100.0	3.0	3.7

자료: 한국은행경제통계시스템.

하고 있다는 사실에 근거해볼 때 경제 전체의 노동생산성 하락 요인이 될 수 있다.

현재 한국에서 이야기하는 창조경제의 범위는 해외 사례와 비교해볼 때 포괄하는 범위가 대단히 넓다. 일반 서비스산업은 물론이고, 산업 간 융합, 의료 산업, 고부가 융복합 관광 산업 등까지 확대된다. 특히 문화예술과 관광 등을 창조 산업과 연계시켜 문화 참여 기회를 확대시키면서 문화 격차를 해소하는 것 등이 창조경제의 중요한 분야로 강조되고 있다.

굴뚝 없는 산업인 관광 산업은 최근 한국뿐만 아니라 동남아시아, 라틴아메리카 등에서 전략 산업으로 육성하는 산업 분야이다. 그러나 이 관광 산업도 그것이 확고한 문화적 토대 위에서 펼쳐질 때 진정한 성과를 낼 수 있다. 한국의 고유한 문화예술적 자원을 글로벌한 수준의 콘텐츠로 개발하는 과정과 이것이 고부가가치를 가지면서 매력적인 요인이 되게 하기 위한 인력 양성 등이 연계되지 않으면 지속가능한 효과를 보지 못하게 될 것이기 때문이다. 양적인 관광객 수의 증가에만 집착한다면 싸구려 저가 관광, 쇼핑 관광의 오명에서 벗어나기 힘들고 지방의 관광 활성화도 요원하다.

관광이 질적으로 발전하기 위해 문화예술 생태계(art ecosystem)가 건강한 흐름을 유지하고 있어야 할 것이다. 따라서 가시적인 성과를 빨리 내려고 하는 것보다 성과가 날 수 있는 건강한 환경을 조성하고 육성하는 작업이 우선되어야 한다. 오로지 최종적인 성과물에만 집착한다면, 이러한 생태계가 선순환할 수 있는 지속가능한 시스템이 정착하기 힘들어질 것이다.

창조 사회의 가장 기본인 문화예술 활동을 충분히 보장받고 있는지, 이와 관련한 역량을 충분히 발휘할 수 있는 여건이 마련되어 있는지 등에 대한 검토 없이 창조경제가 내실 있게 발전할 수 있을 것이라는 기대는 무모하다. 문화예술적 창조성이 없이는 창조 사회의 기반이 다져질 수 없고, 이것이 없이는 질적 경제구조를 원칙으로 하는 창조경제 구조가 만들어지지 않으며 창조 산업은 더욱더 발전할 수 없다. 그렇다면 그것을 기초로 하는 서비스산업이 발전할 리 만무하다. 따라서 현시점에서 가장 중요한 것은 사회의 기본 틀이 되는 문화적 구조를 개선하는 작업이다.

예술적 요소가 풍부한 도시는 경제의 로컬화를 통해 기업 간의 연계를 촉진시킨다. 또한 이러한 곳에서 창조 산업은 집중 성향이 강해 관련 기업들이 서로 인접해 입지하는 경향이 강하다. 따라서 비위계적·비공식인 관계와 평등한 네트워크 구조는 창조 산업 발전에 중요한 토대가 된다. 또한 창조 산업이 발전한 지역은 이른바 창조력을 발휘하는 창조 계층, 즉 창조 인력이 많아 지역을 매력적인 곳으로 만들어 지역의 생명력을 높인다.

3. 문화예술 창조 활동의 여건과 소비 향유 조건

창조 사회를 견인하는 힘은 창조적인 인적 자원을 얼마나 보유하고 있으며,

일반 국민이 창조적인 활동을 할 수 있는 여건이 어느 정도 충분히 마련되어 있느냐에 달려 있다고 해도 과언이 아니다. 가장 대표적인 창조 인력은, 창조적인 영감으로 활동하고 타 분야에 이러한 영감을 전수하는 문화예술가들이다. 이들이 문화예술적 창조력을 충분히 발휘할 수 있는 여건이 마련된 사회인지의 여부가 창조 사회의 중요한 지표이다. 그러나 한국의 경우 문화예술 창작자들의 활동은 물론이고 일반 국민의 문화예술 향유 활동의 여건도 열악하기 그지없다.

예술인 복지와 관련된 예산은 200억 원 전후이다. 한국 전체 복지 예산이 100조 원을 넘으니까(2015년 115조 원) 예술인 복지 예산은 약 0.02% 정도이다. 전체 예산에서 문화 관련 예산이 차지하는 비중을 고려해볼 때 예술인 복지 예산은 극히 미미하다고 봐도 과언이 아닐 것이다.

2015년 전체 예산에서 문화 관련 예산이 차지하는 비중이 1.57%를 차지하는데 예술인 복지 예산은 전체 복지 예산에서 0.02%밖에 되지 않는다는 것이 한국에서 예술인의 창작활동에 대한 국가적 차원의 고려 정도를 그대로 반영하는 수치라고 볼 수 있다.

『문화예술인 실태조사』(문화체육관광부·한국문화관광연구원, 2012)에 따르면, 예술인들의 문화예술 활동 관련 월 평균 수입을 구간별로 살펴보면, 50만 원 이하가 25.2%, 51~100만 원이 15.1%, 101~200만 원 이하가 16.9%, 201만 원 이상이 16.7%이며, 수입이 없는 경우가 26.1%에 달해 본인의 전공을 살린 활동이 실질적인 생계에 실질적인 도움이 되지 못하거나 전혀 안 되는 100만 원 이하의 수입 비율이 66.4%에 달하는 것으로 나타났다. 말하자면 예술을 전공한 사람들이 자신의 전공을 살려 최저 생계 수준을 유지할 확률은 겨우 30% 남짓이라는 것이다. 그러나 가족이 있을 경우 문제는 더욱 심각해진다.

문화예술가 개인의 월평균 총수입을 구간별로 살펴보면, 수입이 전혀 없는 사람이 7.4%, 100만 원 이하가 22.1%, 101~150만 원이 11.%, 151~200만 원이

13.6%, 201~300만 원이 22.4%, 301만 원 이상이 23.4%였다. 40.5%에 해당하는 문화예술인들이 한 달에 총 150만 원 이하의 수입을 얻는 것으로 나타났다. 문화예술 활동을 하는 사람들의 절반 정도는 실질적인 생계에 위협을 느끼며 살고 있는 것으로 나타났다.

문화예술 정책에 대해서는 문화예술인의 62.9%가 불만족스럽다고 했고, 6.9%만이 만족한다고 대답했다. 문화예술의 발전을 위해 정부에서 가장 역점을 두어야 할 부분으로는, 예술가에 대한 경제적 지원이 34.7%로 가장 높았고, 예술가 지원을 위한 법률과 제도 정비라고 대답한 비율이 24.8%, 문화예술 행정의 전문성 확보 10.9%의 순으로 나타났다. 문화예술인들에게 경제적인 지원액이 가장 절실한 상황임을 알 수 있다. 문화예술 정책 의사결정 과정에서 문화예술계의 의사가 반영되는 정도에 대해서는 반영되지 않는다고 보는 의견이 52.4%, 반영된다고 보는 의견이 6.7%로, 반수 이상이 반영되지 않는 것으로 생각하는 것으로 나타났다.

문화예술인들의 건강보험 가입 형식에서 사업장 가입자가 36.1%에 불과하고 나머지는 지역 가입자이거나 피부양자로 가입되어 있는 것으로 나타났다. 이를 통해 취업 여부를 부분적으로 확인할 수 있다. 국민연금 가입 여부는 가입하지 않은 사람이 33.3%인 것으로 나타나 이들의 노후는 전혀 준비가 안 되고 있는 것으로 나타났다. 산재보험을 가입하지 않고 있는 사람들은 56.6%, 고용보험에 가입하지 않은 경우가 57.3%였다. 문화예술인들의 학력(2012년 기준)은 대학원 이상이 43.8%, 대학 재학과 대졸이 39.9%로 한국 인구 평균 학력 수준을 월등하게 뛰어넘는 수준이다.

『문화향수실태조사』(문화체육관광부·한국문화관광연구원, 2012)에 의하면, 일반 국민들의 문화예술 향유 여건 또한 열악한 것은 마찬가지이다. 문화예술 관련 최다 지출 항목(2012년 기준)은 영화 관람이 80.0%, 문학 관련 도서·잡지 구입 및 대여가 8.2%로 가장 높은 비율을 차지했다. 예술 행사 관람률(2010년 기준)에서도 영화 관람이 57.8%로 가장 많았고, 그다음이 연극(10.7%), 미술 전시회(9.1%), 대중가요 콘서트·연예(7.3%), 전통예술 공연(5.5%), 클래식·오페라(4.6%), 문학 행사(3.6%)순으로 나타났다. 영화 관람이 절대적으로 높은 비율을 차지하고 있어 지나치게 한 장르로 치중된 것을 알 수 있었다. 그런데 좀 더 엄밀하게 따지면 순수 문화예술 분야라기보다는 대중문화 쪽에 기울어져 있어 순수 문화예술에 대한 관람객 층은 여전히 대단히 얇다고 봐야 할 것이다.

예술 행사 관람의 걸림돌(2012년 기준)로 지적된 것은, 시간이 없다는 대답이 41.5%로 가장 많았고, 그다음이 비용이 많이 듦(29.3%), 관련 정보 부족(10.7%), 관심 있는 프로그램 없음(8.4%), 교통 불편(5.7%)의 순으로 나타났다.

그런데 관람하고 싶은 예술 행사(2010년 기준)에서도 현재 관람하는 것에서 크게 벗어나지 않는 것으로 나타난 것은 흥미로운 결과였다. 즉 영화 관람이 38.4%로 실제 관람률보다는 낮지만 희망사항에서는 여전히 가장 많은 비중을 차지하며, 그다음은 대중가요 콘서트·연예가 19.4%로 이것인 현재 향유하는 것보다 더 많은 비중을 차지하면서 희망 항목이 되었다. 그다음이 연극 17.8%인데, 이것은 다른 장르에 비해 실제 관람률보다 희망하는 비중이 상대적으로 더 높았다.

현재 영화를 제일 많이 보듯이 앞으로도 당분간은 영화를 볼 비중이 제일 많다는 것은, 정책적으로 아무리 순수예술 분야의 향유 비중을 높이려고 해도 국민들이 그것을 받아서 체화시킬 수 있는 문화적 환경 속에 살고 있지 않으면 정책의 효과가 높아질 수 없다는 것을 말한다.

이상의 결과들을 종합해볼 때, 문화예술 창조 활동가들의 삶은 물론, 일반 국민들의 문화적 삶의 질 또한 상당히 낮은 것을 알 수 있었다. 물론 청소년기는 조사해볼 필요도 없이 문화적으로 대단히 척박한 삶을 살고 있다. 20여 년간 문화예술과 담을 쌓고, 간혹 유행하는 영화로 문화적 갈증을 채우는 정도로 사는 사람에게 성인이 된 후 문화적 삶이 갑자기 높아질 것이라고 기대하기는 어렵다. 이 긴 단절의 시간이 국민들의 문화예술적 삶의 선순환 생태계의 고리를 끊어내고 있다는 사실을 심각하게 받아들여야 할 것이다.

4. 문화예술의 선순환 생태계 구성의 필요 요건

1) 문화적 권리와 예술적 창조의 조화

정치적·경제적으로 어려운 상황을 해결하는 데 많은 사람들이 엄청난 시간과 노력을 기울이지만, 그 문제 해결 여부와 정도는 해당 사회가 얼마나 견고한 신뢰와 소통의 기반 위에 존재하고 있는가에 달려 있다. 문화예술적 창조 활동과 향유 활동은 이러한 신뢰와 소통의 중요한 매개체가 된다.

문제는 이러한 문화와 예술적 환경이 일반인들의 삶의 기본 원칙이 되고 인간적 신뢰감을 형성하는 토대가 형성되기 위해 절대적으로 필요한 체득의 시간을 확보해야 한다는 것이다. 특히 여기서 문화예술이 건강한 사회를 형성하는 선순환 생태계의 순환 구조 속에서 분명한 자리를 차지하고 있는지의 여부는 대단히 중요하다.

일반 국민의 문화적 삶을 보장하기 위한 국가적 의무를 명시한 것이 '문화기본법'(2013.12 제정)이다. '문화기본법'은 "문화의 가치와 위상을 높여, 문화가 삶의 질을 향상시키고 국가 사회의 발전에 중요한 역할을 할 수 있도록 하는 것"을 목적으로 삼고 있다. 기본 이념(제2조)에서는 "문화가 민주국가의 발전과 국민 개개인의 삶의 질 향상을 위해 가장 중요한 영역 중의 하나"임을 명시하고, "문화의 가치가 교육, 환경, 인권, 복지, 정치, 경제, 여가 등 한국 사회 영역 전반에 확산될 수 있도록 국가와 지방자치단체가 그 역할을 다하며, 개인이 문화 표현과 활동에서 차별받지 아니하도록 하고 문화의 다양성, 자율성과 창조성의 원리가 조화롭게 실현되도록 하는 것"을 기본 이념으로 규정한다. 이러한 목적과 이념에 따라 다층적인 차원에서 문화예술 및 산업에 대한 진흥 등이 추진되어야 함을 제시한다. 즉 국민의 문화적 권리를 명시한 법이다.

문화권(文化勸)의 문제는 국제사회에서 중요한 의제로 다루어져왔음에도 한국은 '헌법'상 기본권으로 구체화되어 있지 않았다. 이에 '문화기본법'은 국민이 누려야 할 문화적 권리를 보장하고 문화의 가치를 사회 영역 전반에 확산시키기 위해, 국가의 책무를 명시하고자 하는 취지에서 법제화되었다.

'문화기본법'이 문화예술에 대한 일반법적인 성격을 가지고 있다면 예술을 업으로 삼고 있는 예술 창작자들의 창작 활동을 보장하기 위한 기본적인 법률이 '예술인 복지법'(2011.11 제정)이다.

예술의 사회적 역할에 대한 관심은 증가하고 있는 반면 예술계 현실은 대단히 어렵다. 예술 생태계의 불안정성과 열악한 창작 여건 등에 관한 문제가 끊임없이 사회적 이슈로 부상하는 데서 알 수 있듯이, 예술의 사회적 역할에 대한 관심 및 수요에 대해 예술계가 적극적이고 능동적으로 부응하지 못하는 이유는 예술 생태계의 현실이 대단히 열악하기 때문이다.

'예술인복지법'에서는, 예술인을 "예술 활동을 업으로 하여 국가를 문화적·사회적·경제적·정치적으로 풍요롭게 만드는 데 공헌하고 창작·실연·기술 지원 등의 활동을 증명할 수 있는 자"로 정의한다. 이 법은 예술인의 지위와 권리에 대해, 예술인은 문화 국가 실현과 국민의 삶의 질 향상에 중요한 공헌을 하는 존재로서 정당한 존중을 받아야 하며, 자유롭게 예술 활동에 종사할 수 있는 권리가 있으며, 예술 활동의 성과를 통해 정당한 정신적·물질적 혜택을 누릴 권리가 있다고 본다. 예술인은 유형·무형의 이익 제공이나 불이익의 위협을 통해 불공정한 계약을 강요당하지 아니할 권리를 가진다는 점 또한 강조한다.

'문화기본법'이 국민의 문화권에 대한 실천적 대안 없이 구호로서만 끝나지 않기를 바라는 것과 마찬가지로 '예술인복지법'이 예술인들의 현실을 고려하지 않아 실제 예술인들의 복지에는 직접적인 도움이 되지 않고 관련 기관 설치를 위한 법적 근거로서만 사용되지 않도록 법의 실행 계획안이 구체적으로 정리되어야 할 것이다.

건강한 문화생태계를 구성하기 위해서는 아주 평범한 개인들의 일상 문화적 삶에서부터 문화예술을 업으로 삼아 생계를 이어가는 창조적 전문가들의 삶까지 자연스럽게 연결된 흐름이 있어야 할 것이다. 문화예술의 수요와 공급이 적당한 선에서 만나고 이러한 만남들이 사회적인 선과 개인들의 행복한 삶으로 이어지는 것이 바로 문화예술의 선순환 생태계가 될 것이다. 문화예술 생태계는 예술의 창작뿐 아니라 매개, 향유 등의 영역, 그리고 공공적·경제적 부문 등에 참여하는 다양한 주체들 사이의 유기적인 상호 연관 및 영향 관계를 이해하고, 그 안에서 발생하는 구조적 문제점들을 해결하기 위한 전략까지 모두 포괄하는 개념이다.

문화예술의 선순환 구조를 생태계라는 관점으로 보는 이유는 최근 예술계의 확장과 함께, 예술이 단순히 개인적 차원의 감성적 기여를 넘어, 공공적 차원의 국민 삶의 질 제고, 경제적 차원의 활동 영역 등이 더욱 강조되는 경향이 두드러지고 있기 때문이다(박소현, 2014: 4~5). 이와 같이 예술이 더 이상 좁은 의미의 예술계에 국한되는 문제가 아니라면 예술 생태계의 존립과 건전한 발전은, 개인적·사회적 기여, 그리고 새로운 창조 산업의 발굴을 통한 국가 경쟁력 강화라는 틀에서 예술의 가치와 가능성을 발휘할 수 있는 기본적인 조건이자 전제가 된다.

2) 지역 문화 콘텐츠에서 부가가치 창출

산업경제 시대의 발전 동력이 토지, 노동, 자본이었고, 1990년대 이후의 지식경제 시대에는 정보와 지식이 발전의 원동력이었다면, 창조경제 시대에는 상상력과 창의성이 발전의 원천이 된다. 여기서 상상하고 창조하는 것은 주변의 일상적이고 평범한 자원, 또는 오랜 역사를 거치면서 자연스럽게 전수된 전통과 역사적·민속적 자원에서부터 출발한다. 즉 그대로 둔다면 현대인의 일상생활에서 유용하게 활용될 가능성은 거의 없지만, 가공해 콘텐츠로 만들고 거기서 부가가치를 끄집어낸다면 본래 가졌던 내재적 가치와는 완전히 다른 새로운 가치를 창출한다.

유형의 자원뿐만 아니라 무형의 자원, 이야기 등도 활용될 수 있다. 이러한 자원들이 만화, 드라마, 영화, 소설, 뮤지컬, 축제, 관광 상품 등 다양한 외양을 띠면서 개발되어 엄청난 부가가치를 창출하는 것이다. 특히 이 자원들이 지역이라는 맥락과 만날 때 이 자원의 부가가치는 더 높아진다. 이러한 지역 문화를 활성화시키기 위해 지역의 원천 문화 자원의 활용 여건을 보장하는 것을 주요 내용으로 하는 '지역문화진흥법'이 2014년 1월 국회를 통과했다.

'지역문화진흥법'은 국가와 지방자치단체의 지역 문화 진흥 정책의 수립·추진, 문화 환경 취약 지역에 대한 지원, 문화 도시 및 문화 지구의 지정 지원, 지역문화재단 및 지역문화예술위원회의 설립, 지역문화진흥기금의 설치 등 그간 지역 문화의 발전을 위해 필요하다고 논의된 사항들을 담고 있다.

특히 주민 문화예술단체 또는 동호회 활동 지원과 생활문화 시설 확충에 필요한 지원 및 농산어촌 등 문화 환경이 취약한 지역을 우선 지원 지역으로 선정해 지원하도록 한 것은 생활문화 활성화와 지역 문화가 '지역 주민에 의한 지역 주민을 위한 풀뿌리 문화'로 정립할 수 있는 계기가 될 것이다. 이 법은 지역 간의 문화 격차를 해소하고 지역별로 특색 있는 고유의 문화를 발전시킴으로써 지역 주민의 삶의 질을 향상시키고, 문화 국가를 실현하기 위한 것이다. 아울러 대학, 한국문화예술위원회, 지역문화재단, 지방문화원 등을 전문인력 양성기관으로 지정해 지역 현장 중심의 전문 인력 양성이 가능하도록 했고, 지역문화 정책의 역량을 강화시키기 위해 상기 기관들을 자문사업단으로 지정하고 필요한 경비를 지원할 수 있도록 했다. 이를 통해 지역 문화를 책임지고 진흥시킬 우수 인재 양성과 지역 문화예술 정책의 개발, 지역 문화 콘텐츠 개발 등을 위한 지역 문화 컨설팅 사업을 효과적으로 추진할 수 있는 법적 기초를 만들게 되었다.

지역 문화를 활성화시키기 위해 필요한 요소들은 대단히 많으나, 그중에서 가장 중요한 것이 지역의 고유한 문화 콘텐츠 개발이다. 지금까지의 콘텐츠 개발 정책 사업들의 주요 관점은 한국이라는 한 나라를 대표하는 콘텐츠 개발에 초점이 맞춰진 것이었다. 즉 국가적 입장에서의 콘텐츠 개발에 집중되어 있어 콘텐츠가 본래 생성되었거나 개발된 지역적 맥락의 중요성을 간과해왔다고 볼 수 있다. 그러나 지역의 다양한 문화적 특성은 하나의 국가라는 이름으로 묶어버리기에는 그것이 담고 있는 다양성의 범위가 대단히 넓다. 세계적으로 지역의 문화 다양성 자체가 엄청난 부가가치의 핵심이 된 지가 꽤 오래되었음에도, 한국은 이 지역적 특성(locality)에 대한 관심을 이제야 갖기 시작했다.

지역의 문화 콘텐츠를 개발하는 작업은 그다지 많은 예산을 들이지 않고도 참신한 아이디어 하나만으로 엄청난 부가가치를 창출하는 효과를 낼 수 있다. 이것은 특히 1차 산업의 경제적 효용성과 생산성이 현격하게 낮아진 상황에서 다양한 산업군을 엮어내면서도 지역의 고유한 가치를 창출할 수 있는 무한한 가능성을 내포하고 있어 미래 지역 발전의 블루오션(blue ocean)이 된다고 해도 과언이 아닐 것이다.

3) 문화 다양성에서 상생적 연대 가치 도출

1990년대 이후 한국은 노동, 가족, 결혼, 소비생활, 교육, 일상 등 다양한 차원에서 이전과는 다른 구성과 구조로 급속히 재편되고 있으며, 특히 외국인 이주민(노동 이주민 및 결혼 이주민)이 급증함에 따라 '다문화'는 2000년대의 중요한 어젠다(agenda) 및 정책 과제로 부상했다. 다문화에 대한 논의는 이제 문화 다양성에 대한 논의로 확대되고 있으면서 동시에 문화 정책의 전반적인 패러 다임의 변화를 예고하고 있다.[4]

특히 최근에는 '다양성을 문화가 지닌 보편적 본질로 인식'하고, 단지 문화 간 차이를 인정하는 것뿐만 아니라, 문화 다양성을 '새로운 문화 창조의 원동 력'으로 간주해야 한다는 관점이 급부상하고 있다. 즉 소수자 문화를 더 이상 '온정주의적 시선'으로만 바라보는 것이 아니라, 다양성 그 자체를 문화의 본질 로서 이해하고 접근해야 한다는 인식이 형성되기 시작했다는 것이다.

한국은 현재 인종적 차별은 물론이고, 지역, 성, 세대, 학력, 경제적 수준, 계 층적 차원 등 다양한 수준에서 드러나는 직간접적인 차별과 배제로 사회적인 비효율성과 낭비를 경험하고 있는 상황이다. 다문화 이주민이 한국에서 여전 히 제대로 뿌리를 내리고 살지 못하고 있는 것과 같이 살아가는 방식의 차이가 다양한 삶의 방식으로 인정되지 않고, 배제와 차별의 기준이 된다는 것은 여전 히 진정한 선진국으로 나아갈 방향을 제대로 잡지 못하고 있음을 드러내는 것 이다.

2005년 유네스코 제33차 정기총회 이후 문화 다양성에 대한 새로운 대안을 모색하는 과정을[5] 거쳐 채택되었던 '문화적 표현의 다양성 보호 및 증진 협약

---

4 '다문화'는 근대 역사에서 프랑스, 영국, 스웨덴, 러시아, 캐나다, 미국 등 단일 인종·문화 국가에 다인종·다민족이 유입되거나 처음부터 다인종·다민족 국가로 출발한 국가들이 처 한 사회적·역사적·정치적인 문제들, 즉 "특정 시공간에서 다양한 인종·민족·종족은 어떻 게 공존할 수 있으며 공존해야 하는가"에 관한 문제를 집약하는 용어이다. 반면 '문화 다 양성'은 "모든 문화가 지닌 본질적이고 보편적 특성이며, 인간의 기본 권리"라는 개념에서 출발한다. 즉 다양성이 문화 창조의 자양분이고 새로운 문화의 출현은 인간 삶의 방식과 가능성의 확대를 의미한다는 점에서, 문화 다양성은 '문화 간 공존'뿐만 아니라 '새로운 문 화의 창조'를 함의한다고 볼 수 있다.

5 문화 다양성 보호와 증진을 위한 국제적 노력은 1995년 세계문화발전위원회 보고서인 「우리의 창조적 다양성」에서 시작되었으며, 2001년 유네스코의 「세계 문화다양성 선언

(이하 '문화 다양성 협약')에 한국이 110번째 비준 국가가 되고 2010년 7월, 국내에 이 협약이 정식 발효됨에 따라, 한국에서도 2014년 5월 28일 '문화 다양성 보호와 진흥에 관한 법률'이 제정되었다.

'문화 다양성 협약' 제4조 1항에 따르면, "문화 다양성은 집단과 사회가 표현되는 다양한 방식으로서 전승된 방식 이외에도 각 집단과 사회의 예술적 감수성에 유통되는 다양한 양식의 예술적 표현을 포괄하는 것"으로 이해된다. 문화적 표현 방식은 집단과 사회의 정체성을 명확하게 하는 동시에 집단과 사회 내부에서 전승되는 인류의 본질적인 특성임을 강조한다.

한국에서도 법률 제정을 통해 그동안 부분적으로 추진되어 오던 문화 다양성 정책의 방향을 명확하고 종합적으로 설정하는 동시에, 문화 간 소통·교류사업, 문화 다양성 교육, 문화 다양성 콘텐츠 제작 등의 문화 다양성 정책 사업들을 더욱 탄력적으로 추진할 수 있는 제도적 기반이 마련되었다는 데에서 이번 법률 제정의 의의를 찾을 수 있다. 이 법은 궁극적으로 개인의 문화적 삶의 질을 향상시키고 문화 다양성에 기초한 사회 통합과 새로운 문화 창조에 이바지하는 것을 목적으로 한다.

문화 다양성 보호와 진흥을 보장하는 법률의 제정을 통해, 그동안 정책적인 차원에서 적극적인 관심을 가지지 못했던 '소득 계층 간, 세대 간, 지역 간의 문화 차이', '다문화 이주민·노인·장애인·청소년·여성 등 사회의 다양한 소수자 문화와 주류 문화의 갈등', '농어촌과 도시 문화의 격차' 등과 관련해 한국 사회에 내포해 있는 다양한 문화 갈등을 해소하고 사회 통합의 토대를 마련할 수 있는 더 적극적인 정책이 펼쳐질 것으로 기대된다.

(Universal Declaration on Cultural Diversity)」이 채택된 것을 중요한 기점으로 문화 다양성에 대한 활발한 논의가 시작되었다. 캐나다에서 개최한 IPU(국제의회연맹) 제127차 총회(2012.10.21~26)에서 채택된 '퀘벡선언문' 제16조에서는 문화 다양성 보호에 관한 사항을 법률에 규정할 것을 권고하고 있다.

세계 인권 문제와 연계해 문화 주권은 국민, 국가의 문화정체성과 문화유산의 특성을 보존하기 위한 권리와 국가 내 소수민족이나 종족들의 언어와 관습, 문화유산을 보호하기 위한 권리로 논의된다. 여기서 문화 다양성은 인간의 능력과 가치를 육성해주는 풍요롭고 다양한 세계를 창조하고, 공동체, 민족, 국가의 지속가능한 발전의 원천으로 간주된다. 따라서 문화 다양성은 민주주의와 관용, 사회정의의 관점에서도 피할 수 없는 단계이며 문화 간의 상호 존중이라는 관점에서 바라봐야 하는 것이다.

즉 이제는 '공간 내 공존'에서 '상생적 연대성 제고'로 사회적 관계 전반에 걸쳐 질적인 변화가 요구되고 있음을 정확하게 직시해야 할 것이다.

5. 정책의 한계 넘기: '수사(修辭, Rhetoric)'를 넘어 '실천(實踐, Action)'으로

전체 사회의 문화적 수준이 올라가는 데 정책이 절대적인 것만은 아니지만, 정책의 방향이 사회 변화에 중요한 영향을 미치는 것만은 분명하다. 문화예술을 창조하는 사람이든 그것을 주로 향유하는 사람들이든 이들이 지속가능한 문화예술적 생태계 속에서 살 수 있을 때 그 사회는 창조 사회로 발전할 수 있는 기본 토대를 구성하고 있는 것이며, 이것이 결국 창조적 경제의 실현으로 이어지는 것이다. 이를 위해서 다음과 같이 네 가지 정책 제언으로 글을 마무리하고자 한다.

첫째, 문화 다양성은 창조 사회의 시금석(試金石)이다.

문화는 자율과 소통, 진정성의 토대 위에서 꽃피는 것이다. 창조성과 내발성, 그리고 연대성과 소통 의지를 가진 개인들이 각자의 욕구를 쏟아내고, 정책은 이것에 속도감을 주면서 구체적으로 실천해내기 위해서 노력하는 것이다. 따라서 정부는 국민이 원하는 것이 무엇인지를 듣고 이해하고, 그것을 정책적으로 구현하기 위한 구체적인 실천 전략을 마련해야 한다.

여러 연구 결과에 근거해서 보면 한국 국민은 여전히 문화 다양성이 구현될 때 나타날 수 있는 긍정적 효과에 대한 인식 정도가 낮은 것으로 평가된다(고희송, 2013: 32). 다문화 정책은 정부 주도로 이주민들의 조기 정착과 생활 안정에 정책적 기여를 했으나, 한국인들의 다문화 수용성 정도는 유럽 사회보다 월등히 낮은 수준으로 나타났고, 따라서 이주민 집단은 물론이고 주류 문화에 속하지 못하는 소수 집단의 문화에 대해서는 부정적 또는 배타적 태도를 보이는 경향이 강하다. 문화 다양성에 대한 인식은 정책적 패러다임은 물론이고 일반인들의 문화적 인식의 근본적인 토대를 재검토하게 하는 것으로, 다양한 문화예술적 역량을 토대로 발전하는 창조 사회로 나아가는 가장 우선적인 시금석이 된다는 것을 잊지 말아야 할 것이다.

둘째, 융합과 협력은 문화 정책의 필요충분조건이다.

문화가 포괄하는 범위는 계속 넓어지고 있으며, 국가의 품격을 나타내는 대표적인 지표가 된 지 오래되었다. 더군다나 이제는 문화를 다루지 않는 정부가 없다고 할 정도로 모든 정부 부처가 개별 정책과 문화를 엮어내고자 한다. 따라서 문화체육부의 업무 대부분은 타 부처와 협의 또는 타 부처의 협조 없이는 성과를 낼 수 없는 상황에 처하게 되었다. 이것은 한편으로는 문체부의 위기이기도 하지만, 다른 한편으로는 문화체육관광의 역량을 전 부처에 확산할 수 있는 엄청난 기회도 될 수 있다.

따라서 중앙정부와 지방정부, 국제기구, 민간단체, 공공기관 등이 포괄적인 주체로 참여하여 관련 정책을 추진하는데 긴밀한 협력체계를 구축해야 할 것이다.

셋째, 문화는 미려한 구호가 아닌 구체적 행동으로 보이는 것이다.

국민으로부터 시작되어야 할 문화융성이 추상적 담론에서 벗어나지 못하는 한계는 하루라도 빨리 극복해야 한다. 문화는 단기간에 실질적인 성과를 낼 수 있는 것이 아니기 때문에 단기간에 무리한 욕심을 부리다가 오히려 엉뚱한 방향으로 흐르거나 정치적인 흐름에 종속되어버려 본래 가야 할 길을 잃어버리기도 했다. 사실 문화라는 것은 그 실체가 특별히 가시화되는 것이 아니다. 따라서 표 나게 잘되고 있는지, 아니면 엉망으로 망가지고 있는지 잘 모르고 지나가기 십상이다. 시간이 어느 정도 흐르고 나면 과거의 과오가 도저히 손을 쓸 수 없는 지경이 되어 그 험악한 모습을 드러낸다. 대부분의 경우 이미 손을 쓰기에는 너무 문제가 심각해져 있는 경우가 다반사이다.

문화융성 기조의 명목적 지향점과 실질적 현실이 같이 가지 못하고 있는 상황을 직시해야 한다. 문화 정책은 문화부에서 추진하는 정책이지만 그것의 시작은 국민에게서 나온다. 문화 정책은 결코 정부의 일방적인 주도로 이루어질 수 있는 것이 아니다. 문화융성의 꿈은 원대하지만, 그것은 아주 구체적인 부분에서 시작된다. 즉 문화 정책의 시작은 저 아래 국민 개개인의 구체적인 일상에서부터 시작되어야 한다는 점을 다시 한 번 인식해야 할 것이다.

넷째, 일상적 삶 속에서 문화예술의 기회를 확대해야 할 것이다.

문화 정책의 성공을 위해서는 장기적으로 그 성과를 도출하고자 하는 비전과 당장 실천해야 하는 세부적 정책 사업을 분명히 구분해야 한다. 광의의 문화를 이야기하면서 성과를 내야 한다는 조바심에 단기적 일회성 개별 사업에만 관심을 가진다면 어느 것도 달성할 수가 없고, 오히려 어느 순간에 답이 없는 막다른 골목에 다다를 수밖에 없게 될 것이다.

문화와 예술을 향유하고, 또 창조한다고 하는 것은 일상과 동떨어진 특별한 세계의 일이거나 특정한 상황에서만 도출될 수 있는 것이 아니다. 그리고 외부의 자극에 의해서 강제로 유도될 수 있는 행위도 아니다. 그 행위 자체가 실질적인 경제가치를 당장 이끌어내는 것도 아니고 생계에 직접적인 도움을 주는 것도 아니기 때문에 외부에서 강제한다고 해서 문화예술의 향유와 창조 행위가 생겨날 수는 없다. 이것을 위해 절대적으로 필수불가결한 요소가 바로 자발성이다. 자발성은 어느 날 갑자기 나타날 수 있는 것이 아니라, 일상적인 차원에서 의식적 또는 무의식적 학습을 통해서, 그리고 경제적 환산 가치만이 아닌 '무용성의 가치'가 때로는 인간적 삶을 유지하고 그 수준을 높이는 데 더 많은 기여를 할 수도 있다는 체험적 경험을 통해서 체득되는 것이다. 이러한 사항들이 자연스러운 문화예술 생태 구조 속에서 선순환 구조를 형성할 때 비로소 문화예술적 삶이 지속가능성을 확보하게 될 것이다.

참고문헌

고희송. 2013. 「문화다양성 사업 어떻게 갈 것인가」. '2013 문화다양성정책공감 및 성과공유행사 문화다양성 공유 공감' 발표 자료.

국무조정실·국무총리비서실 보도자료. 2014.1.15. "다문화가족정책 수요자 중심 지원으로 개편, 유사·중복사업 대폭 정비".

국회예산정책처. 2014.10. 『2015년도 예산안 분야별 분석 I』.

_____. 2014.10. 『2015년도 예산분석종합』.

김덕기. 2014. 『관광진흥개발기금 지원사업과 일자리 창출 연계방안』. 한국문화관광연구원.

김수이. 2013. 「최근 한국시에 나타난 문화다양성」. 『다문화사회연구』. 숙명여자대학교 다문화통합연구소.

김연진. 2013. 『문화기본법 제정안 연구』. 한국문화관광연구원.

김정순. 2012. 「다문화사회의 문화다양성 증진을 위한 문화예술법제 개선연구」. 한국법제연구원.

김효정. 2012. 『문화다양성 증진을 위한 문화정책 방안』. 한국문화관광연구원.

김휘정. 2014. 「문화기본법 제정의 의의와 입법 과제」. 《이슈와 논점》 제810호. 국회입법조사처.

농림축산식품부 보도자료. 2014.2.28. "농촌 다문화가족 교육 지원사업, 수요자 중심으로 개선".

류정아. 2009. 『다문화 지표 개발연구』. 한국문화관광연구원.

_____. 2012. 『한국축제와 지역문화콘텐츠』. 커뮤니케이션북스.

랜드리, 찰스(Charles Landry). 2005. 『창조도시』. 임상오 옮김. 해남.

문화체육관광부. 2011. 『다문화정책의 실효성 제고를 위한 문화예술법제 연구』(연구책임: 정상우).

_____. 2010, 2012. 『문화향수 실태조사』.

_____. 2013. 『2012 문화예술정책백서』.

문화체육관광부·한국문화관광연구원. 2012. 『문화예술인 실태조사』.

박영정. 2014. 「문화분야 법제 정비와 지역의 문화정책」. 『문화관련법 제정과 인천문화정책』(제7회 도시인문학 세미나 자료집). 인천발전연구원.

박소현. 2014. 『예술분야 연구지원 활성화 방안 연구: 예술대학을 중심으로』. 한국문화관광연구원.

박정수 외. 2013. 『창조경제 실현을 위한 서비스산업 전략과제』. 산업연구원.

손동혁. 2014. 「문화기본법과 지역문화진흥법의 제정과 인천문화정책 개선방안」. 『문화관련법 제정과 인천문화정책』(제7회 도시인문학 세미나 자료집). 인천발전연구원.

안전행정부 보도자료. 2014.7.03. "외국인 주민 수 157만 명, 주민등록인구 대비 3.1%".

여성가족부·관계부처합동. 2012. 「제2차 다문화가족정책 기본계획(2013~2017)」.

연합뉴스. 2014.9.19. "결혼이주자·귀화자 중심 … 다문화정책 배타성 배포".

윤소영. 2014. 「지역문화진흥법 제정과 관련한 지역문화진흥 체계 개선 방안」. 지역문화융성 대토론회.

이준일. 2014. 「상권: 헌법과 소수자 보호」. 《안암법학》, 43권.

중앙일보. 2014.2.10. "해마다 뛰는 다문화 예산 한부모 가정 역차별 논란".

DCMC. 1998. "Creative Industries Mapping Document."

UN. 2004. Sao Paulo. "Creative Industries and Development"(TD(XI)/BP/13). United Nations Conference on Trade and Development.

UNDP/UCTARD. 2010. "Creative Economy Report 2010."

제2장

지속가능 발전을 위한
교육 패러다임의 재정립

최돈형 | 국가환경교육센터 센터장, 한국교원대학교 명예교수

이 글은 한국의 지속가능 발전을 실현하기 위한 여러 가지 요소 중에서 '교육'을 다룬다. 교육은 지속가능 발전의 세 차원인 환경, 경제, 사회 영역 중에서 인간의 삶의 질에 가장 큰 영향을 미치는 것으로 평가받는 사회적 영역에 속하며, 사회적 영역 안에서도 핵심적인 위치를 차지한다. 교육은 사람을 사람답게 기르면서 나라를 나라답게 만들어가는 일이라 정의할 수 있고, 인간의 자아실현과 사회의 안정과 번영이 목적(정범모, 2014)이기 때문이다. 이러한 한국의 교육을 지속가능 발전의 측면에서 진단하고 교육이 지속가능 발전에 기여할 수 있는 방안을 제시한다.

1. 한국의 교육 진단

1) 유엔 지속가능발전위원회 기준에 따른 한국 교육의 진단

유엔 지속가능발전위원회에서는 이미 지속가능성을 평가할 수 있는 지표들을 발표한 바 있다. 이 지표는 환경, 경제, 사회(제도) 분야로 구분되어 있고 각 분야는 하위 영역과 세부 지표들을 포함한다. '교육'은 사회 분야의 하위 영역이며, 세부 지표로 '중등학교 순졸업률, 성인 문맹률'이 제시되어 있다. 이를 보면 유엔 지속가능발전위원회에서는 "얼마나 많은 인구가 고등학교 수준까지 교육을 받고 있는지(중등학교 순졸업률)와 성인들이 글을 읽고 쓸 줄 아는 비율이 어느 정도인지(성인 문맹률)"를 알면 어떤 국가가 교육과 사회 분야에서 지속가능한지를 확인할 수 있다고 판단하고 있음을 알 수 있다.

그렇다면 앞서 제시한 이 두 지표가 사회 영역 중 교육 분야의 지속가능성을 대표하는 지표로 충분하다고 할 수 있을까? 만약 이 두 지표가 교육 분야의 지속가능성을 충분하게 대표한다면, 이 지표들이 충분하게 달성된 국가의 교육 분야 지속가능성은 다른 국가에 비해 높아야 할 것이다.

한국의 경우 이미 고등학교 졸업생 비율이 98%에 이르고(통계청, 2013), 성인 문맹률은 단 1% 수준이다(국립국어원, 2013).

이러한 결과는 OECD 국가들의 고등학교 졸업 비율 평균이 82%이고(OECD, 2014), 미국의 경우 성인 문맹률이 10%에 이른다는 사실에 비추어 보면, 한국의 교육 영역 지속가능성은 매우 높다고 평가할 수 있다. 하지만 정말 그러한가? 한국의 교육이 전 세계 어떤 나라보다 더 국가와 사회 및 지구를 지속가능하게 하는 데 충분한 기여를 하고 있고, 교육을 받은 학습자는 교육을 받기 전보다 삶의 질이 나아지고 있으며, 더 행복해지고 있다고 할 수 있는가?

아마 이 글을 읽고 있는 대부분의 사람들은 이러한 질문들에 선뜻 그렇다는

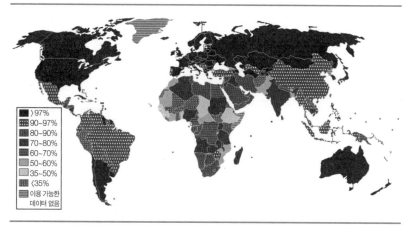

자료: UN(2011).

답을 하기 어려울 것이다. 단적인 예로 한국의 청소년 자살률은 10만 명당 9.4명으로 OECD 평균인 6.5명을 훨씬 웃돌고(통계청, 2011), 교육부에서 발표한 자료에 따르면 2010년부터 2014년 9월까지 4년 9개월 동안 전국 초·중·고등학생 중 자살한 학생의 수는 630명으로 2.74일에 1명꼴로 자살이 일어나는 것으로 보고되었다. 또한 글자를 단순하게 읽고 쓰는 능력이 아닌 글을 '이해하는 능력'을 조사하는 '실질 문맹률'의 경우 OECD 국가 중 최하위로, 한국 국민의 75%는 새로운 기술이나 직업에 필요한 지식을 습득하는 능력이 현저하게 떨어지는 것으로 나타났다(OECD, 2014). 단순 문맹률은 OECD 국가 중에서 가장 낮지만, 실질 문맹률은 가장 높은 것이다.

이런 상황을 보았을 때, 단순히 고등학교 졸업생 비율이나 성인 문맹률만으로 교육 분야의 지속가능성을 평가하는 것은 무리라는 것을 알 수 있다. 교육 분야의 지속가능성을 평가하기 위해서는 단순한 결과를 파악하는 지표보다는 학생들이 '어떤' 교육을 '어떤 방식으로' 받고 있는지를 확인하는 일이 더 중요

〈표 2-1〉 교사 1인당 학생 수 비교 　　　　　　　　　　　　　　　　　　　(단위: 명)

구분	2006년		2007년		2008년		2009년		2010년		2011년		2012년	
	한국	OECD 평균	한국	OECD 평균	한국	OECD 평균	한국	OECD 평균	한국	OECD 평균	한국	OECD 평균	한국	OECD 평균
초등 학교	26.7	16.2	25.6	16.0	24.1	16.4	22.5	16.0	21.1	15.9	19.6	15.4	18.4	15.3
중학교	20.8	13.3	20.5	13.2	20.2	13.7	19.9	13.5	19.7	13.7	18.8	13.3	18.1	13.5
고등 학교	15.9	12.6	16.2	12.5	16.5	13.5	16.7	13.5	16.5	13.8	15.8	13.9	15.4	13.8

자료: 교육부(2014).

〈표 2-2〉 한국의 교육 경쟁력 순위 　　　　　　　　　　　　　　　　　　　(단위: 순위)

구분	2010년	2011년	2012년	2013년	2014년
초등교육의 질	31	22	14	23	44
교육체제의 질	57	55	44	64	73

자료: WEF(2014).

할 수 있는 것이다.

이렇게 '청소년 자살률, 실질 문맹률' 이외에 교육의 질을 간접적으로 확인할 수 있는 지표로는, '교사 1인당 학생 수, 교육 경쟁력, 청소년 행복지수' 등이 있다.

청소년 자살률과 실질 문맹률의 경우 앞서 제시한 것처럼 한국은 OECD 국가 중 가장 상황이 나쁘다. 또한 교사 1인당 학생 수의 경우에도 〈표 2-1〉과 같이 지속적으로 개선되고 있지만 여전히 OECD 평균에는 한참 부족한 수치를 보인다.

또한 세계경제포럼(World Economic Forum: WEF)에서 발표하는 교육 경쟁력 순위를 보면 〈표 2-2〉와 같이 한국은 2014년에 144개국을 대상으로 한 순

<표 2-3> 청소년 주관적 행복지수 순위

순위	국가	주관적 행복지수
1	스페인	113.6
2	그리스	112.5
3	네덜란드	110.3
4	오스트리아	108.2
:	:	:
22	헝가리	86.7
23	한국	65.98

자료: 연세대사회발전연구소(2011).

위에서 초등교육의 질 분야에서는 44위, 교육체제의 질 부분에서는 73위를 기록했다.

이 두 항목의 순위에서 주목해야 할 부분은 2010년 이후 2012년까지는 순위가 점차 높아지다가 최근 들어서 다시 순위가 급속히 하락하고 있는 것이다. 이러한 상황을 통해 한국의 교육이 지속가능 발전의 측면에서 아직 많이 부족하다는 것을 간접적으로 알 수 있다.

교육의 실질적인 지속가능성을 확인할 수 있는 또 다른 지표는 '청소년 행복지수'이다. 2011년에 진행된 연구에 따르면 <표 2-3>과 같이 한국 청소년의 주관적 행복지수는 평균을 100으로 조정한 점수에서 65.98점을 기록하며 OECD 국가 중 최하위(23위)를 기록했다. 심지어 한국 바로 위 순위인 22위를 기록한 헝가리와 비교해서도 20점 이상 차이가 났다. 교육 활동이 주가 되는 기간인 청소년기에 학생들의 행복지수가 이렇게 낮다면 한국 교육의 지속가능성이 높다고 할 수 있을까?

이상의 논의와 같이 유엔 지속가능발전위원회에서 제시한 교육의 지속가능 발전 지표(중등학교 순졸업률, 성인 문맹률)만 보았을 때는 한국의 교육이 상당히 좋은 평가를 받을 수 있는 반면 교육의 양적 측면이 아닌 질적인 측면까지 확인할 수 있는 지표들(청소년 자살률, 실질 문맹률, 교사 1인당 학생 수, 교육 경쟁력, 청소년 행복지수)을 보았을 때에는 한국의 교육이 지속가능 발전 측면에서 아직 많이 부족하다는 것을 확인할 수 있다.

2) 지속가능 발전 교육 측면에서 본 한국 교육 진단

앞서 언급했던 것처럼 한국은 기초 소양교육의 양적인 성취에서는 세계 최고 수준이다.

많은 교육자들은 국민의 기초 소양교육이 충분하게 실현되면 인간의 삶의 질이 높아지고, 지구적으로도 많은 문제들이 해소될 것으로 예상했었다. 하지만 기초 소양교육이 어느 정도 달성된 현재 여전히 양극화 문제나, 환경파괴 문제, 사회적 갈등 문제, 경제적 불안 문제 등이 끊이지 않고 있어 한국 사회의 지속가능 발전을 위협하고 있다. 따라서 기초 소양교육은 반드시 필요한 교육이기는 하지만 이것만으로 지속가능한 국가(사회) 실현은 불가능하거나 가능하다 해도 충분하다고 보기는 어렵게 되었고, 이에 따라 현재는 기초 소양교육을 기본으로, 이에 더해 국가와 사회가 지속가능하게 발전할 수 있는 지속가능 발전 교육을 반드시 병행해야 한다는 것에 많은 교육 전문가들이 동의한다.

이런 측면에서 보면 지속가능 발전과 관련된 내용을 학교 현장에서 어느 정도 교육하고 있느냐가 한국 교육적 측면에서 지속가능성을 평가하는 중요한 지표가 된다. 이러한 지속가능 발전에 대한 교육적인 접근을 지속가능 발전 교육(Education for Sustainable Development: ESD)이라고 한다. 지속가능 발전 교육(ESD)은 모든 사람들이 질 높은 교육의 혜택을 받을 수 있으며, 이를 통해 지속가능한 미래 사회 변혁을 위해 필요한 가치, 행동, 삶의 방식을 배울 수 있는 사회를 지향하는 교육(UNESCO, 2012)으로서, 인류의 미래 비전인 지속가능 발전을 실현하는 데 필수적이며 근본적인 접근이 되어가고 있다.

지속가능 발전 교육은 절대적인 것이 아니라 사회적·문화적 상황에 따라 강조점이 달라지는데, '현세대의 삶과 미래 세대의 삶을 개선하고 유지하는 데 필요한 교육'으로서 창조적 문제 해결력, 과학적·사회적 소양, 책임 있는 개인적·집단적 행동에 참여할 열성을 지닌 학식 있고 참여적인 시민을 양성하는 평생의 학습 과정(최돈형 외, 2011b)이다. 지속가능 발전 교육은 교육의 전반적인 재구조화를 추구하며, 사회의 변화를 목표로 하는 만큼 기존 교육에 비해 다양한 특성(조성화 외, 2015)을 가진다.

이미 국제적으로는 지속가능 발전 교육의 중요성을 인식하고 유엔에서 "지속가능 발전 교육 10년(Decade of Education for Sustainable Development 2005-2014: 이하 DESD)"이 제안되었고, DESD 기간에 각 국가의 상황에 맞는 지속가능 발전 교육을 계획·실행했으며, 현재는 DESD가 마무리된 시점에 이르렀다.

DESD가 종료됨에 따라 2014년 11월 10일부터 12일까지 일본 나고야에서는 '내일을 위해 오늘을 배우기(Learning Today for Tomorrow)'라는 주제로 유네스코 지속가능 발전 교육 세계대회(UNESCO World Conference on Education for Sustainable Development)가 개최되었다. 이 회의에는 148개국에서 정부 관계자와 전문가가 참가해 전 세계의 지속가능 발전 교육의 현황과 사례를 분석하고 이후 과제를 제시했다. DESD 이후의 계획은 일명 GAP으로 불리는 "지속가능 발전 교육 국제실천프로그램(Global Action Programme on ESD: GAP, 2015~2019)"이다. 이제 한국을 포함한 전 세계 국가들은 2019년까지 이 계획에 따라서 지속가능 발전 교육을 실천해갈 것이다.

지속가능 발전 교육의 측면에서 한국 교육을 진단하기 위해서는 지속가능 발전 교육의 몇 가지 접근 방법을 먼저 이해할 필요가 있다. 지속가능 발전 교육은 학교, 사회, 기업 등 다양한 주체들이 독립적으로 또는 상호 연계를 통해 이루어질 수 있다. 이러한 주체들 중에서 학교는 지속가능 발전 교육의 핵심 주체라고 할 수 있다. 학교에서 이루어지는 지속가능 발전 교육은 학교 전체적 접근, 교과적 접근, 동아리 접근, 창의적 체험 활동을 활용한 접근 등 다양한 방식의 접근이 가능하다.

이 글에서는 한국 학교에서 이루어지는 지속가능 발전 교육의 교과적 접근 결과를 분석하고, 학교 전체 수준에서 진행되는 관련 사업과 동아리 운영 결과를 분석해 봄으로써 지속가능 발전 교육 측면에서 한국 교육을 진단해보고자 한다.

지속가능 발전 교육의 교과적 접근 분석 결과는 현재 중등학교에서 선택과 목으로 운영하고 있는 '환경' 및 '환경과 녹색성장' 과목의 선택 비율을 중심으로 논의를 진행하도록 하겠다. 이 교과를 선택한 이유는 지속가능 발전 교육과 환경 교육이 정확하게 일치하는 것은 아니지만, 현시점에서 한국의 교육과정에 포함되어 있는 독립된 교과 중에서 지속가능 발전 교육과 가장 직접적으로 관련이 있는 것이 이 교과이기 때문이다.

실제로 '환경' 및 '환경과 녹색성장' 과목에서는 '지속가능 발전'을 독립된 하나의 장으로 다루고 있을 정도로 지속가능 발전 교육의 내용을 중점적으로 다룬다(최돈형 외, 2009; 2011a).

최돈형 외의 연구에 따르면 전국 학교 중 약 10%의 학교에서 직접적인 지속 가능 발전 교육을 추진하고 있으며, 지속가능 발전 교육과 관련된 동아리를 운 영하는 학교가 약 50%에 달했다. 또한 국가 차원에서 지원되는 다양한 지속가 능 발전 교육 관련 사업에 참여한 교사들은 대체적으로 사업에 대해 만족 (78.9%)했다(최돈형 외, 2012; 2013).

연구 결과를 구체적으로 보면, 지속가능 발전 교육을 직접적으로 교육하는 교과인 '환경' 및 '환경과 녹색성장' 과목을 선택한 학교를 조사한 결과 전국 의 5500여 개 중등학교 중에서 547개(중학교 175개, 고등학교 372개) 학교에서 '환경' 및 '환경과 녹색성장' 과목을 선택하고 있다. 이는 약 10.1%의 학교가

<표 2-4> 전국 중등학교 '환경' 및 '환경과 녹색성장' 과목 선택 현황 　　　　　　(단위: 개교)

연번	지역	학교	선택학교 (비율)	중학교		고등학교	
				학교	선택학교 (비율)	학교	선택학교 (비율)
1	서울	691	44(6.4%)	377	8(2.1%)	314	36(11.5%)
2	부산	313	15(4.8%)	171	9(5.2%)	142	6(4.2%)
3	대구	215	22(10.2%)	123	4(3.3%)	92	18(19.6%)
4	인천	249	9(3.6%)	131	2(1.5%)	118	7(5.9%)
5	광주	152	15(9.9%)	86	5(5.8%)	66	10(15.2%)
6	대전	148	16(10.8%)	87	2(2.3%)	61	14(23.0%)
7	울산	113	9(8.0%)	61	2(3.3%)	52	7(13.5%)
8	경기	1007	172(17.1%)	586	17(2.9%)	421	155(36.8%)
9	강원	280	10(3.6%)	163	5(3.1%)	117	5(4.3%)
10	충북	214	55(25.7%)	131	35(26.7%)	83	20(24.1%)
11	충남	309	53(17.2%)	192	25(13.0%)	117	28(23.9%)
12	전북	340	25(7.4%)	208	10(4.8%)	132	15(11.4%)
13	전남	402	26(7.0%)	246	19(7.7%)	156	7(4.5%)
14	경북	472	46(9.7%)	279	19(6.8%)	193	27(14.0%)
15	경남	457	23(5.0%)	269	10(3.7%)	188	13(6.9%)
16	제주	73	7(9.6%)	43	3(7.0%)	30	4(13.3%)
계		5,435	547(10.1)	3,153	175(5.6%)	2,282	372(16.3%)

'환경' 또는 '환경과 녹색성장' 과목을 선택하고 있다는 것을 의미한다. 중학교의 경우 과목 선택률은 약 5.6%(175/3153)이고, 고등학교의 선택률은 약 16.3%(372/2282)로 나타났다. 이를 보면 중학교보다는 고등학교에서 약 3배 정도 더 많이 '환경' 및 '환경과 녹색성장' 과목을 선택해 운영하고 있음을 알 수 있다.

지역별 선택률을 보면, 가장 높은 선택률을 보인 지역은 충북(25.7%)이었고,

가장 선택률이 낮은 지역은 인천(3.6%)과 강원(3.6%)이었다. 선택률이 가장 높은 지역과 가장 낮은 지역의 선택률 차이는 약 7배 정도로 지역별로 선택률 차이가 크다는 것을 알 수 있다. 또한 선택률이 가장 높은 3개 지역(충북, 경기, 충남)을 제외하면 2012년도 전국 중등학교 '환경' 및 '환경과 녹색성장' 과목 선택 비율은 6.8%(당초 10.1%)로 감소한다. 선택률이 가장 높은 세 지역 선택 학교(267개)가 전국 전체 선택 학교의 약 절반 정도(48.8%)를 차지하는 것이다.

이렇게 학교에서 지속가능 발전 교육을 어느 정도 하고 있는지를 직접적으로 확인할 수 있는 지표 중 한 가지인 교과 선택률을 보았을 때, 지속가능 발전 교육은 교과 차원에서는 아직까지 확산이 많이 되지 못했다는 것을 알 수 있다. 또한 해당 과목을 선택한 학교에서 실제로 '어떤' 교육을 하는지 확인한 것은 아니기 때문에 선택률 이상의 의미를 도출하기에는 한계가 있다. 전국 중등학교 '환경' 및 '환경과 녹색성장' 과목 선택 현황은 〈표 2-4〉와 같다.

교과 선택 현황을 파악하는 것이 학교에서 지속가능 발전 교육이 교과 차원에서 어느 정도 이루어지고 있는지를 직접적으로 알아보는 것이라면, 학교에서 참여하고 있는 지속가능 발전 교육 관련 사업에는 무엇이 있고, 얼마나 많은 학교에서 이러한 사업에 참여하고 있는지를 알아 본 연구도 있다.

지속가능 발전 교육 관련 학교 지원 사업의 현황을 조사한 결과 전국 초·중등학교 1만 1317개교 중 1097개교가 관련 학교 지원 사업을 통해 지속가능 발전 교육을 추진하고 있는 것으로 조사되었다(최돈형 외, 2012).

시도 교육청별로 응답한 관련 학교 지원 사업 현황은 〈표 2-5〉와 같고 전국적인 지원 사업과 각 시도 교육청이 자체적으로 실시하는 사업이 포함되어 있다. 예를 들어, 서울시 교육청은 관내 78개 학교가 환경부가 지원하는 '환경교육 연구학교'와 서울시 교육청이 지원하는 '환경교육 특화학교', '서울형 생태 환경 모델학교' 등 5개 학교 지원 사업에 참여했다고 응답했다. 충남 교육청은 전국적인 지원 사업이나 시도 차원의 지원 사업이 아니라, 개별 학교 단위에서

<표 2-5> 지속가능 발전교육 관련 학교 지원 사업 현황 (단위: 개교)

지역	전체 학교 수(초·중·고)	지속가능 발전 교육 관련 사업 수	참여 학교 수
서울	1,282	5개 사업(환경교육연구학교 외)	78
부산	610	8개 사업(녹색성장연구학교 외)	63
대구	431	8개 사업(녹색성장시범학교 외)	60
인천	481	다수 사업(기후보호시범학교 외)	149
광주	299	5개 사업(환경교육시범학교 외)	73
대전	289	3개 사업(환경교육시범학교 외)	42
울산	232	다수 사업(환경교육연구학교 외)	38
경기	2,166	다수 사업(녹색성장프로젝트 운영 학교 외)	155
강원	633	다수 사업(에너지교육연구학교 외)	40
충북	474	13개 사업(녹색성장교육시범학교 외)	41
충남	739	23개 사업(학교 자체 사업만 응답)	23
전북	754	3개 사업(녹색성장 프로젝트 운영 학교 외)	93
전남	83	다수 사업(에너지교육연구학교 외)	46
경북	963	5개 사업(녹색교육실천학교 외)	64
경남	952	8개 사업(녹색환경봉사단 외)	96
제주	181	4개 사업(환경교육 시범학교 외)	36

시행하는 학교 자체 사업만을 응답했고, 경기도 교육청과 강원도 교육청 등은 전국적인 지원 사업과 시도 차원의 지원 사업과 함께 다수의 개별 학교 단위의 녹색성장 관련 사업을 응답했다.

이러한 학교 지원 사업에는 전국적으로 실시되는 사업뿐 아니라 각 시도 단위에서 운영되는 사업도 있다. 우선 전국적으로 실시되는 학교 지원 사업으로는 교육부가 지정해 시도 교육청과 함께 운영하는 '지속가능발전교육 연구학교, 지속가능발전교육 선도학교, 지속가능발전교육 융합교실 구축' 등이 있고, 환경부가 지원하는 '환경교육 연구학교', 유네스코에서 지원하는 '지속가능발전교육 시범학교, 유네스코 지속가능발전교육 공식프로젝트 인증, 지속가능발전교육 한마당', 에너지관리공단의 '에너지교육 연구학교', 한국과학창의재단의 '지속가능발전교육 프로젝트 운영학교', 국토해양부의 '해양교육시범학교' 등이 있다. 이들 지원 사업은 주로 1년 또는 2년 동안 학교 프로그램을 지원한다.

각 광역시나 도 또는 시도 교육청 단위에서 운영되는 특화된 지원 사업도 있었다. 예를 들어 서울시 교육청은 '서울형 생태환경 모델학교'와 '환경교육특화학교' 등을, 인천시 교육청은 '기후 보호 시범학교' 등을 지원했었다. 경기도 교육청의 '저탄소 녹색성장 시범학교'와 '친환경녹색성장 선도교'를 비롯해 충북교육청의 '환경생태교육 시범학교', 경북교육청의 '녹색교육 실천학교', 경남교육청의 '환경생태교육 시범학교' 등도 각 시도 교육청에서 추진하는 지속가능 발전 교육 유관사업으로 볼 수 있다.

경기도 교육청 등이 개별 학교에서 참여한 학교 지원 사업을 확인한 결과, 이외에도 다수의 지자체, 시민단체 등이 관련 학교 지원 사업을 실시하고 있는 것으로 나타났다. 특히 '학교숲'과 관련해서는 산림청, '생명의숲'뿐 아니라 시도 교육청, 시·군청, 지역 시민단체 등 매우 다양한 수준에서 지원 사업이 이루어지고 있었다.

이상과 같이 지속가능 발전 교육과 관련된 사업에 참여하는 학교는 전체 학교의 9% 정도로 교과 선택률과 비슷한 수준이었다. 또한 시도 교육청별로 다양한 관련 교육 사업이 운영되고 있다는 것도 확인할 수 있다. 이러한 결과를 보면 한국의 학교에서 지속가능 발전 교육 실태는 교과를 비롯한 다양한 사업을 통해 점차 그 영역이 확장되고 있다고 볼 수 있다.

2. 지속가능 발전 교육[1]

1) 지속가능 발전 교육의 목표

지속가능 발전 교육은 단순히 지속가능 발전과 관련된 내용이나 원칙들을 가르치는 것 이상의 의미를 지닌다. 가장 넓은 의미에서의 지속가능 발전 교육은 좀 더 지속가능한 사회를 만들고자 하는 목표를 가지고 사회를 변화시키기 위한 교육이라고 할 수 있다. 따라서 지속가능 발전 교육은 교육 계획, 교육 정책 개발, 프로그램 시행, 교육 재정, 교육과정, 교수·학습, 평가, 행정을 포함하는 교육의 모든 측면에 관계되어 있다.

유네스코에서는 지속가능 발전 교육의 핵심 목표와 강조 분야를 다음과 같이 제시하고 있다.

첫 번째 핵심 목표는 기초 교육에 대한 접근성을 향상시키고 이를 유지하는 것이다. 학생들이 양질의 기초 교육을 지속적으로 받는 것은 그들의 삶과 그들이 살아가고 있는 사회 전반의 복지를 위해 매우 중요하다. 기초 교육이 잘 이루어졌다고 해서 지속가능 발전이 실현되는 것은 아니지만, 기초 교육이 충실히 이루어지지 못하면 지속가능 발전과 지속가능 발전 교육이 성공할 수 없다. 기초 교육은 학생들이 지속가능한 삶을 유지하는 데 필요한 기본적인 지식, 기능, 가치, 관점을 습득할 수 있도록 돕고, 시민들이 지속가능한 삶을 영위할 수 있도록 지원할 수 있기 때문이다.

두 번째 핵심 목표는 지속가능성을 다루기 위해 기존 교육 프로그램을 재구조화하는 것이다. 교육의 재구조화는 유아교육부터 고등교육에 이르는 교육 전반의 변화를 요구하는데, 이를 위해서는 무엇을 가르쳐야 하고, 어떻게 가르

---

[1] 지속가능 발전 교육의 목표와 특성은 조성화 외(2015)에서 인용했다.

처야 하며, 평가를 어떻게 해야 하는지와 같은 것을 지속가능성을 중심으로 검토해볼 필요가 있다.

세 번째 핵심 목표는 지속가능 발전에 대한 대중의 이해와 인식을 증진하는 것이다. 지속가능 발전의 목표를 달성하기 위해서는 지역사회와 국가의 지속가능성 목표를 실현하는 데 필요한 일상의 실천에 대해 충분히 인지하고 있는 시민들이 필요하다. 이를 위해 교육이 기여해야 하며, 시민들이 평생에 걸쳐 학습할 수 있도록 지역사회의 광범위한 교육과 책임감 있는 홍보 미디어가 필요하다.

마지막 핵심 목표는 모든 직업인에 대한 교육 실시이다. 직업 인력은 자신의 일을 통해 지역적·국가적 차원의 지속가능 발전 실현에 기여할 수 있다. 공공 및 민간 영역의 직업인들은 지속가능 발전의 원칙이 반영된 직업·전문 훈련을 지속적으로 받을 수 있으며, 이를 통해 모든 직업인들이 지속가능한 방식으로 의사결정을 하고 업무를 추진하는 것이 가능하다. 따라서 모든 직업인들에게 지속가능 발전을 이해하고 실행하는 것과 관련된 지식·기능에 접근할 수 있는 기회를 제공해야 한다.

핵심 목표 중 처음의 두 핵심 목표(기초 교육의 접근 향상, 교육 프로그램 재구조화)는 주로 형식 교육과 관련이 있고, 마지막 두 목표(대중의 이해와 인식 증진, 모든 직업인 대상 교육)는 비형식 교육 또는 무형식 교육과 연관되어 있다. 이를 보면 지속가능 발전 교육 목표를 달성하기 위해서는 형식, 비형식, 무형식 부문을 포함한 모든 교육공동체 활동과의 연계가 요구되는 것을 알 수 있다.

2) 지속가능 발전 교육의 특성

지속가능 발전 교육은 교육의 전반적인 재구조화를 추구하며, 사회의 변화를 목표로 하는 만큼 기존 교육에 비해 다양한 특성을 가지고 있다. 일반적으

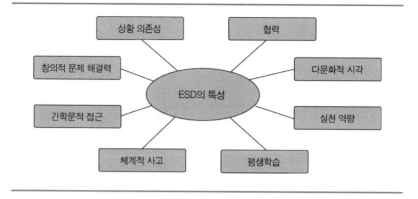

로 논의되는 지속가능 발전 교육의 특성은 〈그림 2-2〉와 같다.

(1) 상황 의존성

지속가능 발전 교육은 교육을 진행하는 사회·국가의 상황에 적합한 방식으로 진행되어야 한다. 모든 지속가능 발전 교육이 지속가능한 사회를 목표로 하지만 국가나 사회마다 현재 처해 있는 상황이 각각 다르기 때문에 상황에 따라서 다른 방식의 접근이 가능하다.

예를 들어 선진국의 경우 많은 시민들이 충분한 기초 교육을 받았고, 경제적으로도 일정 수준 이상에 도달해 있기 때문에 책임 있는 지구 시민으로서 삶에 초점을 둔 지속가능 발전 교육이 필요하다. 반면에 개발도상국에서는 우선적으로 기초적인 소양 교육과 빈부 격차의 해소를 위한 방안 마련, 민주적인 의사결정 구조의 정립을 위한 노력 등에 초점을 둔 지속가능 발전 교육이 가능할 것이다.

이렇게 지속가능 발전 교육은 사회·국가의 상황과 여건에 적합한 방식으로 접근할 필요가 있으며, 이러한 접근이 잘 이루어졌을 때 성공 가능성이 훨씬 높아진다.

(2) 창의적 문제 해결력

창의적 문제 해결력은 지속가능 발전 교육을 통해 학습자들이 기를 수 있는 능력 중 한 가지이다. 지속가능 발전 교육에서는 현실 문제가 교육의 주제로 등장하고 학습자는 이를 해결하기 위한 다양한 방안을 찾아보며, 가능한 수준에서 현실 문제를 해결하기 위한 행동에 참여하기도 한다. 이러한 과정에서 반드시 필요한 능력이 바로 창의적 문제 해결력이다.

각 국가나 사회의 상황에 적합한 창의적인 해결 방법을 도출하고, 효율적이며 합리적인 해결 방안을 찾는 것은 쉬운 일이 아니다. 따라서 지속가능 발전 교육은 학습자들이 창의적 문제 해결력을 가질 수 있도록 하는 것을 중요한 특징으로 한다.

(3) 간학문적 접근(학문 간 통합)

지속가능 발전 교육의 특징 중 한 가지는 간학문적 접근이다. 간학문적 접근이란 다양한 학문 영역이 하나의 주제를 중심으로 통합되는 접근 방식을 의미한다. 지금까지는 학교에서 분절된 교과목 중심의 교육을 받아왔다. 이러한 분절된 교육은 각각의 학문 영역을 깊이 있게 이해하는 것에는 효과적일 수 있지만, 다양한 학문 영역을 연계해서 이해하고 통합적으로 생각하기에는 적합한 방법이 아니다.

이러한 문제를 해결하기 위해 최근에는 융합인재교육(STEAM)과 같이 다양한 학문을 통합적으로 접근하는 방식이 교육에 적극적으로 도입되고 있다.

지속가능 발전 교육에서 다루는 내용이나 문제들 역시 어느 하나의 학문을 이해하는 것만으로는 그 본질을 정확하게 이해하거나 문제의 해결 방법을 찾기가 쉽지 않다. 예를 들어 지역 하천의 수질 문제를 다룬다면 수질 측정 및 수질 개선을 위한 다양한 공학적 지식이 필요하고 지역에서 이 하천 수질에 영향을 주는 다양한 지리적·공간적·사회적 측면에서의 요소 분석이 필요하며, 만약 수질을 개선한다면 이를 위한 다양한 경제적·사회적·문화적 요소를 고려해야 한다. 이러한 하나하나의 요소들은 독립적인 학문 영역이라고 할 수 있는데, 만약 이들 중 어느 하나만을 고려한다면 지역 하천의 수질 문제를 올바르게 다루는 데 많은 한계가 있을 것이다. 또한 하천 생태를 지속시키는 것은 쉽지 않을 것이다.

이러한 사례에서 볼 수 있는 것처럼 어떤 주제에 대해 지속가능 발전 교육의 측면으로 접근한다는 것은 그 주제와 관련된 다양한 학문적 영역들을 통합적으로 고찰한다는 것과 같은 의미가 된다.

(4) 체계적 사고

지속가능 발전 교육이 간학문적인 접근을 해야 한다는 것과 같은 맥락에서 지속가능 발전 교육은 학습자들이 체계적인 사고(system thinking)를 할 수 있도록 교육하는 특성을 갖는다. 체계적 사고는 산업·경제·과학·사회 분야의 복잡성과 변화를 이해하고 설명하는 방법 중 하나이다. 체계적 사고는 선형 방식의 사고에 대한 대안으로 등장한 사고방식으로 다양한 요인들이 독립적이지 않고 인과관계를 가지고 있으며, 결과가 다시 원인에 영향을 줄 수 있다고 가정한다. 이를 통해 원인과 결과가 지속적으로 상호 영향을 주면서 자기 강화나 자기 약화가 일어날 수 있다고 본다.

이러한 체계적 사고방식은 상황에 따른 다양성·변화·복잡성을 가지고 있는 지속가능 발전 교육의 주제를 이해하고 해결하는 데 적절한 방식이라고 할 수 있다. 예를 들어 최근 이슈가 되고 있는 기후변화 현상의 경우에도 여러 학문에서 간학문적인 접근을 하는 것과 동시에 기후변화라는 복잡한 현상을 이해하기 위한 체계적인 사고를 통해서만 현상을 올바르게 이해하고 대응해나갈 수 있다. 기후변화의 "원인-영향 및 결과-해결 방안"이라는 선형적인 도식으로는 복잡한 양상으로 드러나는 기후변화 현상의 완화와 적응에 적절하게 대응하기에 역부족인 것이다.

(5) 협력

지속가능 발전 교육을 성공시키기 위해서는 다양한 주체들 간의 협력이 중요하며, 이는 지속가능 발전 교육의 중요한 특성이다. 지속가능 발전 교육을 위해서는 우선 교수자 간의 협력이 이루어져야 한다. 앞서 제시한 것처럼 지속가능 발전 교육은 다양한 학문 간의 연계와 시스템적 사고가 필수적으로 요구되기 때문에 특정 교사 한 명이 지속가능 발전 교육 전체를 효율적이고 효과적으로 담당하는 것은 불가능한 일이다.

따라서 지속가능 발전 교육에 대한 내용을 다룰 때에는 관련이 있는 같은 학교에 근무하는 교수자 및 전문가 등과 협력해 교육을 진행해야 한다. 이와 같은 맥락에서 학교와 사회, 기업, 정부 등 다양한 주체들의 적극적인 의지와 협력을 통해 학습자가 지속가능 발전에 대해 이해하고, 이를 내면화할 수 있도록 도와주는 것이 무엇보다 중요하다고 할 수 있다.

(6) 다문화적 시각

지속가능 발전 교육에서 다루게 되는 주제들 중 대부분의 주제들이 지역 수준을 넘어서 국가와 지구 수준까지 확대되는 경우가 많다. 이렇게 다루는 주제의 범위가 넓어짐에 따라 필수적으로 요구되는 것이 다양한 문화를 받아들이고 인정하며, 이들 문화를 존중해주는 태도이다. 이는 지속가능 발전의 한 영역인 '사회적 영역'에서 특히 강조하는 것으로 각기 다른 문화와 국가, 지역이 가지고 있는 불평등을 인지하고, 이를 해소하는 것이 지속가능 발전 교육의 목표 중 하나이다.

한국도 이미 다문화 사회로 접어들고 있고, 다문화 교육이 학교교육에서 중요한 위치를 차지한다. 다문화 교육은 다른 사회 및 국가를 있는 그대로 받아들이고 서로 이해하는 것을 중요한 가치로 삼는다. 지구의 여러 사회와 국가들이 지속가능하기 위해서는 상호 존중과 이해가 중요하기 때문에 지속가능 발전 교육에서 다문화적 시각은 중요한 특성이 된다.

(7) 실천 역량

지속가능 발전 교육의 장기적인 목표 중 하나는 학습자의 실천 역량을 길러 주는 것이다. 실천 역량은 말 그대로 특정 주제나 문제에 대해 알고 있는 수준에서 머무는 것이 아니라 실천하고 행동할 수 있는 힘을 의미한다. 따라서 지속가능 발전 교육은 학습자가 지속가능 발전과 관련된 주제에 대해 단순하게 인식하고 이해하는 수준을 넘어 그러한 주제를 자신과 직접적으로 관련된 것으로 내면화하고, 이를 위해 행동할 수 있도록 하는 것을 목표로 한다. 다시 말해 지속가능 발전 교육은 국가나 사회, 지구의 변화를 최종적인 목표로 하는 만큼 변화할 수 있는 역량을 기르는 것이 중요한 것이다.

(8) 평생학습

지속가능 발전 교육은 평생학습의 특성을 갖는다. 지속가능 발전 교육에서는 복잡한 지구적 문제나 현시점에서 직면한 지역적·사회적 문제들을 다루는데, 이는 개인의 삶과 직접적으로 관련된 것들이다. 따라서 지속가능 발전 교육은 특정 시기나 공간에서만 이루어질 수 있는 성격의 교육이 아니다. 학습자 개인으로 보았을 때 지속가능 발전 교육은 태어나서 죽을 때까지 시간적인 모든 영역에서 교육이 이루어져야 하며, 특정 시점에서 보았을 때는 교육의 다양한 주체(학교, 지역사회, 가정 등)에서 동시에 이루어져야 하는 교육이다.

모든 주체에서 통합적이고 조직적으로 지속가능 발전 교육이 잘 이루어지기 위해서는 구심점이 필요하며, 한국의 여건에서는 우선적으로 '학교'를 중심으로 다양한 주체가 협력해서 교육을 진행하는 것이 가장 효과적인 방법이라고 할 수 있다.

3. 지속가능 발전 교육을 실현하기 위한 제언

지금까지 지속가능 발전을 위해 한국 교육을 진단해보고, 교육적 차원에서 접근하는 지속가능 발전 교육에 대해 논의했다.

지속가능 발전 교육이 장기간에 걸쳐 점차 자리를 잡아가고 있는 상황이지만, 좀 더 지속가능 발전 교육이 활성화되기 위해서는 교육의 보다 높은 차원에서 다음과 같은 부분을 고민해볼 필요가 있다.

우선 한국의 지속가능 발전 교육 추진 방식은 대부분 국가 주도형의 '톱다운(top-down) 방식'이다. 지속가능 발전 교육이 외형적인 확장을 하고 있고, 국가 수준에서 강한 추진력을 가지고 있지만 이러한 방식은 지속가능 발전의 기본적인 가치(개개인의 민주적인 의사결정과 자기 주도적인 행동, 다양한 의견의 조율과 사회적 합의 과정 등)와 대립되는 측면이 크다. 현재는 지속가능 발전에 대한 기본적인 인식 확산을 위해 불가피하게 이러한 방식으로 진행되고 있지만, 추후에는 학생, 교원, 일반인들이 각자의 수준에서 지속가능 발전을 고민하고 실행하면서 합의해가는 분위기가 국가 전반에 퍼져가는 방식으로 전환될 필요가 있다.

또한 지속가능 발전 교육은 교육의 전반적인 방향을 근본적으로 바꾸는 패러다임적 변화이어야 하는데, 지금까지 한국에서 추진되고 있는 지속가능 발전 교육의 모습은 간단한 프로그램을 개발하거나 교원의 인식을 높이기 위한 연수를 하는 것과 같은 수준의 활동에 머물러 있다. 다시 말해 지속가능 발전

교육에 대한 큰 그림 속에서 교육의 목표를 재정립하고 내용과 방법을 고민하며, 학교 운영 전반에 대한 변화를 추구해야 하는데, 아직까지 그러한 수준에는 이르지 못하고 있는 것이다. 지속가능 발전 교육이 성공하기 위해서는 지속가능 발전 교육이 교육 전반을 바꾸는 패러다임적 변화라는 것을 반드시 인식할 필요가 있다.

마지막으로 고민해야 할 부분은 고착화되어 있는 교육자들의 인식이다. 한국은 교육을 통해 현재와 같은 성취를 이루어냈고, 이러한 성취는 세계의 많은 나라로부터 부러움의 대상이 되고 있다. 한국이 이만한 성취를 이루는 데 기여한 것은 기초 소양교육에 국민이 열정적인 모습을 보였고, 교육자들은 헌신적으로 교육 활동에 전념했으며, 국가가 이를 적극 지원했기 때문이다.

하지만 이제는 상황이 달라졌다. 이제는 단순한 기초 소양교육만으로는 국가와 사회의 지속가능 발전을 기대하기가 어려운 상황이다. 따라서 교육자들도 이러한 시대적인 변화에 민감하게 반응하고 스스로 교육의 모습을 바꿔나갈 필요가 있다. 기초 소양교육을 충실히 하면서도 지속가능 발전 교육으로의 전환을 과감히 시도해야 하는 것이다. 이런 측면에서 한국의 교육자들은 아직까지 과거의 교육 형태를 벗지 못하는 경향이 강하며, 이러한 모습은 반드시 극복되어야 할 부분이다. 학생들이 신체적 그리고 정신적으로 건강하고, 가정·친구·직장 그리고 사회에서 화목한 인간관계를 중시하고, 어떤 일에 무아지경으로 몰입할 수 있으며, 사람들을 자주 칭찬하고 도와주고 선행을 베풀 줄 아는 행복한 인간(정범모, 2014)으로 성장할 수 있도록 교육하는 것이 진정한 교육임을 교육자 모두가 인식할 필요가 있다.

이상에 제시한 제언은 교육의 상위 수준에서 전반적으로 변화해가야 하는 부분이라고 할 수 있다. 이러한 상위 수준의 제언에 추가해 좀 더 구체적으로 교육 분야에서의 지속가능 발전 역량을 강화하기 위한 제언은 다음과 같다.

첫째, 학교 교육과정 운영에서 모든 교과를 본래의 목적에 맞게 교육해야 한다.

앞서 '간학문적 접근', '체계적 사고'를 지속가능 발전 교육의 특성으로 제시한 바 있는데, 간학문적 접근, 체계적 사고는 학문 간의 연계와 융합을 기본으로 한다. 2015 개정 교육과정(교육부가 2015년 9월 고시 예정)의 또 다른 이름이 '문·이과 통합형 교육과정'일 정도로 학문 간의 통합은 이미 한국 교육이 나아가야 할 방향으로 제시되고 있다. 이러한 간학문적 접근이 성공하고 체계적 사고가 가능하기 위해서는 기본적으로 교육과정에 포함되어 있는 여러 교과들을 본래의 목적에 맞게 제대로 교육해야 한다. 모든 교과가 각각의 목적과 가치에 충실한 교육이 이루어지는 상황에서 융합이든 통합이든 체계적 접근이든 가능하다는 것은 너무나 당연하다.

하지만 한국 국민이라면 누구나 알고 있는 것처럼, 현재 한국의 학교교육은 상급 학교로의 입시에 집중되어 있다. 입시와 관련이 없는 교과는 아무리 그 가치가 높아도 학교에서 정당한 가치를 인정받지 못하고 있다. 그러다 보니 국·영·수로 대표되는 과목들이 좋은 학교에 진학하기 위한 도구로써 과도하게 강조되며, 그나마 각각의 과목들도 자신들만의 울타리 안에서 분절적으로 교육 활동을 하고 있는 실정이다.

지속가능 발전 교육이 실현되기 위해서는 이러한 교육 현실이 정상화되어야 한다. 지속가능 발전 교육을 위해 교육 분야에서 어떤 특별한 조치를 취하기에 앞서 이미 하고 있는 교육의 기본을 다지는 작업이 선행되어야 하는 것이다.

둘째, 문학·역사·철학·자연과학·사회과학에 걸치는 넓은 교양교육이 내실 있게 이루어져야 한다.

사람이 지(知)·정(情)·덕(德)·체(體)의 조화를 어우르고 인문·사회·자연·예술의 기본 소양을 갖추는 것은 인간의 자아실현과 사회의 발전에 기본적인 요건이기 때문이다(정범모, 2014). 이 원칙은 대학 교육의 경우에는 교양과정의 충실화를 의미한다. 교양과정이 형식적이고 피상적으로, 중진 교수보다는 시간 강사에 의해 이루어지는 현실은 시정되어야 한다. 지속가능한 사회 창조의 지도층이 배출될 가능성이 많은 대학생에겐 인문학·과학에 걸친 기본 교양교육이 더욱더 필요하다. 모든 사람들이 질 높은 교육의 혜택을 받을 수 있으며, 이를 통해 지속가능한 미래 사회 변혁을 위해 필요한 가치, 행동, 삶의 방식을 배울 수 있는 사회를 지향하는 지속가능 발전 교육 패러다임으로 전환하는 첫걸음은 "사회 문화의 문제와 향방을 내 것으로 내면화한 것"(정범모, 2014)이라고 정의할 수도 있는 '교양' 교육을 충실화하는 것이다. 교양교육에는 범문화적 가치로서 사람과 사람 간의 '사회 정의 가치'(인간의 기본적 필요 충족, 세대 간 평등, 인권 존중, 민주주의 실현) 그리고 사람과 자연 간의 '보존 가치'(만물의 상호 의존성 존중, 생물 다양성 보존, 지구에서 가볍게 살기, 종간 평등 존중)에 대한 학습이 포함되어야 한다.

셋째, 미래 대비 교육이 이루어져야 한다.

최근 10년 내지 20년 동안의 변화를 생각해보면 미래는 과거와 달리 빠르게 닥쳐온다. 인류는 지구 온난화, 인구, 빈곤, 생물 다양성 감소, 환경오염과 생태계 파괴, 불평등한 소비 등의 지구적 쟁점에 대해 염려하지만, 이러한 미래를 대비한 준비가 부족하다(최돈형 외, 2011b).

지속가능 발전은 당장의 발전에 집중하는 것이 아닌 장기적인 미래를 고려한 발전의 방식이다. 즉 지속가능 발전에서 미래는 항상 고려해야 하는 변수인 것이다. 미래는 맞이하는 것이 아니라 창조하는 것이며, 미래는 고정된 하나가 아니라 다양한 가능성을 가진 복수로 창조되어야 한다. 미래 대비 교육은 문제 해결 기능, 비판적 사고 기능, 가치 명료화, 책임 있는 시민 행동 등을 길러 바라는 미래를 창조하고 앞당길 수 있게 하며, 이러한 교육은 지속가능 발전 교육의 핵심적인 부분이기 때문에 지속가능 발전 교육의 활성화를 위해서는 미래 대비 교육에 관심을 가질 필요가 있다.

넷째, 초·중등학교에서 직업 수행에 요구되는 지적·정서적·윤리적인 특성들이 포함된 직업교육이 필요하다.

기본적인 소양을 강조하는 초·중등학교 교육은 넓은 의미에서 직업교육이라 볼 수 있다. 학교교육에서 앞으로의 직업 세상에서 필요한 기본적인 과학 지식과 사회생활에 관한 지식뿐만 아니라, 일하기를 원하고 여러 어려움을 극복하며 그 일을 훌륭하게 해내려는 의욕과 성취 동기 등의 정서적 특성, 근면이 의무고 미덕이라는 신념과 시간·약속·신용을 지키는 '일의 윤리' 교육이 필요하다. 초·중등학교에서 직접 직업과 관계되는 교육을 하는 것이 바로 기본 소양교육이라는 인식 전환을 갖고 직업적 소양을 기를 수 있는 지속가능 발전 교육 특성이 반영된 프로그램을 적극적으로 개발·실시해야 한다.

지속가능 발전은 현재의 발전이 현세대 내에서만이 아니라 현세대와 미래 세대, 인간과 생물종 간의 형평성을 실현하는 방식으로 전개되고, 그 실천에서는 주요 집단 간의 파트너십이 매개되어야 한다. 이러한 지속가능성이 실현되려면 무분별한 소비생활, 경제 중심의 사고, 과도한 에너지를 사용하는 산업 생산, 비민주적 정책 등과 같은 기존의 생활 행태와 직업 생활이 모두 바뀌어야 하는데, 이를 위해서는 지속가능 발전 교육으로서의 직업교육이 학교교육의 초기 단계에서부터 실시되어야 한다.

다섯째, 교육의 질적 평가 시스템을 마련해야 한다.

한국 교육은 양적 차원에서는 전 세계 어느 국가와 비교해도 손색이 없는 수준이다. 하지만 교육 분야에서 너무 양적인 잣대만을 적용하다 보니, 교육의 질적인 부분이 양적인 성장 속도를 못 따라가는 실정이다. 앞선 한국 교육의 진단에서 논의했던 것처럼 지속가능 발전 교육에서는 교육의 양적인 측면과 질적인 측면이 함께 균형을 이룰 필요가 있다. 따라서 추후 국가 수준에서 교육 평가는 교육의 질적 영역을 평가할 수 있는 요소(교육 대상자들의 교육에 대한 만족도, 학업 이외의 인성 부분에 대한 평가, 교육 활동의 건전성 등)를 포함할 수 있도록 구조화하고, 정기적으로 평가 결과를 모니터링할 필요가 있다. 또한 새로운 패러다임인 지속가능 발전 교육에서는 지필고사뿐만 아니라, 다양한 평가 방법으로 지(知)·정(情)·의(意), 필요하면 체(體)를 포함하는 전인(全人) 평가가 이루어져야 한다.

여섯째, 교육과 사회, 기업, 정부 간 네트워크를 구축해야 한다.

지속가능 발전의 핵심 가치 중 한 가지는 여러 주체들 간의 연계와 협력이다. 지속가능 발전의 세 영역인 환경, 경제, 사회 영역을 통합적으로 고려하는 것이 중요한 만큼, 교육에서도 교육과 관련된 다양한 관계자들의 연계가 필요하다. 한국의 교육은(특히 학교교육은) 굉장히 폐쇄적인 성격을 가지고 있다. 학교에서 이루어지는 교육을 잘 알지 못하며, 같은 학교에 있는 교사들 사이에서도 다른 교실에서 어떤 교육이 일어나는지 알지 못한다. 이러한 폐쇄적인 학교 문화를 극복하고, 지속가능 발전 교육의 역량을 강화하기 위해서는 학교, 사회, 기업, 정부 등 교육과 직간접적으로 관련되어 있는 주체들 간의 네트워크가 구축되어야 한다.

이미 여러 학교들이 이러한 네트워크를 시도하고 있는 것이 사실이지만 학교마다 자체적으로 네트워크를 구축하는 일은 많은 시간과 노력이 필요한 일이며, 그 과정에서 시행착오를 겪거나 실패하는 경우가 많다. 따라서 국가 수준에서 이러한 네트워크 구축을 위한 지원 체계를 마련한다면 좀 더 많은 학교들이 학교 주변의 교육 관련 주체들과 네트워크를 구축하고 지속가능 발전 교육을 활성화시킬 수 있을 것이다.

일곱째, 체계적인 평생교육 시스템을 구축해야 한다.

우리는 교육을 너무 좁게 해석하는 경향이 있다. 다시 말해 교육을 '학교교육'으로 좁혀서 생각하는 경우가 많다. 이에 따라 지금까지 교육의 지속가능성을 평가하는 지표들 대부분은 초·중·고등교육인 형식 교육에 국한해서 제시되는 경우가 많았다. 하지만 교육이 사회와 국가, 지구의 지속가능 발전에 기여하기 위해서는 교육을 평생교육 측면에서 생각해야 한다.

　지속가능 발전을 실현하기 위해 형식 교육이 중요한 것은 너무나 당연하지만 형식 교육을 마친 성인들도 바람직한 학습 활동을 지속할 수 있도록 체계적인 지원을 받을 필요가 있는 것이다. 한국과 같이 점차 고령화 사회로 진입하는 국가의 경우 형식 교육 이후의 삶이 굉장히 길기 때문에 이러한 필요성이 더 크다고 할 수 있다. 사회와 국가의 지속가능성에 미치는 영향을 생각해보더라도 이미 성인이 된 현세대가 어린 학생들에 비해 영향력이 훨씬 크기 때문에 기성세대를 대상으로 한 교육 서비스가 체계적으로 제공될 필요가 있다.

　이상이 한국에서 지속가능 발전 교육이 더 활성화되기 위한 구체적인 방안들이다. 좋은 교육은 "학습자 삶의 질을 높여주고, 그들이 좀 더 행복해질 수 있도록 도와주는 활동"이다. 학생들의 행복한 삶, 질 높은 삶이 획일적이거나 고정된 것이 아니며 정점이 있는 것도 아니라면, 한국 교육의 체제, 목적, 내용, 교수 학습 방법, 환경 등도 끊임없이 변화 발전시켜야 할 것이다. 그리고 현시점에서 그 변화의 방향은 지속가능 발전 교육의 가치를 실현하는 것이다.

　이 글에서 제안하는 지속가능 발전 교육의 확산을 위한 방법들이 실현된다면, 학습자들이 더 행복해지고, 그들로 인해 국가와 사회가 좀 더 지속가능하게 변화될 수 있을 것이며, 지구 수준의 지속가능 발전도 가능해질 것이다.

참고문헌

교육부. 2014. 『교육문화체육관광위원회 통계』.

국립국어원. 2013. 『2013년 국어 정책 통계 조사』.

연세대사회발전연구소. 2011. 「2011 한국 어린이·청소년 행복지수 국제비교 연구」. http://ahnlab.tagtree.co.kr/track.click?zone=32&ad=108.

정범모. 2014. 『격동기에 겪은 사상들』. 서울대학교출판문화원.

조성화 외. 2015. 『교사를 위한 지속가능발전교육: 교육과 지속가능발전의 만남』. 북스힐.

최돈형 외. 2009. 『중학교 환경』. 미래엔컬처그룹.

_____. 2011a. 『고등학교 환경과 녹색성장』. 미래엔컬처그룹.

_____. 2011b. 『교사가 실천하는 지속가능발전교육: 미래 세대와 동행하기』. 유네스코한국위원회.

_____. 2012. 『초중등 녹색성장 교육 실태조사 및 개선방안 연구』. 한국과학창의재단.

_____. 2013. 「중등학교 녹색성장교육 실태조사 연구」. ≪환경교육≫, 제26권 제2호.

통계청. 2011. 『청소년통계』.

_____. 2013. 『교육통계』.

OECD. 2014. *Education At a Glance: EAG*.

UN. 2011. 「유엔인간개발보고서」.

UNESCO. 2012. "Shaping the Education of Tomorrow: 2012 Full-length Report of the UN Decade of Education for Sustainable Development."

_____. 2014. "UNESCO Roadmap for Implementing Global Action Programme on Education for Sustainable Development". UNESCO: Paris.

World Economic Forum. 2014. "The Global Competitiveness Report."

제3장

지속가능 고령화사회를 위한 새로운 정책 패러다임

최성재 | 한양대학교 공공정책대학원 석좌교수

1. 인류사회 발전의 위대한 결과, 고령화사회 도래의 불가피성

20세기부터 평균수명이 급속히 증가하기 시작해 21세기 초 현재 전 세계의 평균수명은 67세(남녀 평균)에 이르렀고 선진국은 이미 80세를 넘어섰었으며 이에 따라 노인 인구의 비율 역시 빠르게 증가하고 있다. 한국의 경우도 평균수명이 선진국 수준에 도달했으며(〈그림 3-1〉 참조), 21세기 전반기에 노인 인구수와 비율이 사상 유례없이 급격히 증가해 2050년이 되면 세계에서 노인 인구 비율이 가장 높은 사회가 될 것으로 예측된다(〈그림 3-2〉 참조). 1970년대까지만 해도 대부분의 선진국에서는 평균수명 연장과 노인 인구의 비율 증가를 생애 주기상의 노년기 문제, 여러 가지 사회문제 중의 하나인 '노인문제'로 인식했을 뿐, 사회 전체에 영향을 미치는 '고령화사회'[1] 문제로는 거의 인식하지

---

1 고령화사회(aging society)라는 용어는 많은 경우 인구 고령화(population aging)와 같은 의미로 사용되지만 한국과 일본에서는 노인 인구의 비율에 따른 사회 분류 중 하나로 사용된다. 즉, 전체 인구 중 65세 이상 노인 인구 비율이 7~14%면 고령화사회(aging

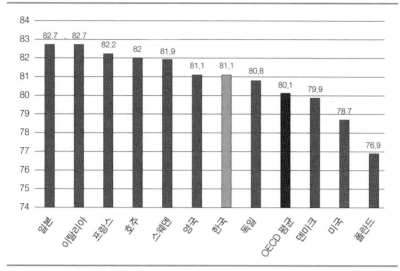

자료: OECD(2013).

society), 14~21%면 고령사회(aged society), 21% 이상이면 초고령사회(super-aged society)로 분류하는 것이다. 일본의 많은 문헌은 유엔에서 이 같이 분류했다고 주장하고 있으나 실제로 그렇게 분류한 유엔의 문헌은 발견할 수 없고 일본에서도 최근 그런 분류 근거는 불확실하다(일본내각부, 2009). 다만 그런 분류의 근거로 찾을 수 있는 것은 유엔 경제사회국에서 1956년에 출판한 *Population Studies* 26권 제1장에서 "인구에서 65세 이상 사람들의 비율이 4% 미만이면 청년(young) 인구, 4~7% 사이면 장년(mature) 인구, 7% 이상이면 고령(aged) 인구라고 〔연구자〕 임의로 정의한다면 세계 인구의 압도적 부분은 청년 인구나 장년 인구이고 다만 극히 일부분만 고령 인구일 뿐이다"라고 서술한 것에서 7%와 그 배수(14%, 21%)의 아이디어를 얻어 분류한 것으로 추정된다. 흔히들 초고령사회를 노인 인구 20%이상부터라고 하는 것도 7의 배수 논리에 맞지 않다(21%부터가 되어야 한다). 현재 유엔이나 국제학계에서는 그런 분류는 사용되지 않으며, 노인 인구의 비율에 관계없이 인구가 고령화하고 있는 사회라는 의미에서 고령화사회라는 용어를 공통적으로 사용하고 있다. 고령화사회라고 할 수 있는 최소 노인 인구의 비율을 정한다면 7%로 하는 것은 바람직할 것으로 보인다. 한국에는 이 같은 분류가 너무 일반화되어 있다.

<그림 3-2> 주요 OECD 국가의 노인 인구 비율　　　　　　　　(단위: %)

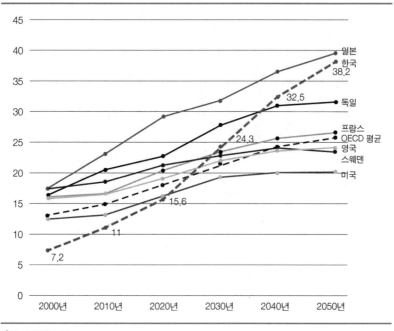

자료: OECD(2010).

못했다.

　1982년 비엔나에서 유엔 주관 제1차 세계고령화총회(The First World Assem-
bly on Ageing)가 개최되면서 고령화 현상은 세계적 관심사가 되기 시작했지만
아직은 선진국에서만 공통적 사회문제로 인식되는 정도에 그쳤다. 그 후 20년
이 지난 2002년 마드리드에서 개최된 제2차 세계고령화총회(The Second World
Assembly on Ageing)에서 고령화 현상은 선진국은 물론 개발도상국에서도 공
통적 사회문제로 공감되었고 세계화(globalization)만큼이나 미래 사회의 중요
한 변화 동력으로 인식되기 시작했다(UN, 2002). 그러나 2000년대 초에만 해도
고령화 현상의 영향은 사회의 몇몇 측면만이 아니라 사회 전체에 영향을 미치

는 고령화사회 문제라는 인식은 약했다.

고령화(aging) 개념에는 개인 고령화(individual aging)와 인구 고령화(population aging) 두 가지 면이 있다. 개인 고령화는 개인 수명〔평균 (기대) 수명〕이 연장되는 현상을 의미하고, 인구 고령화는 사회 전체 수준에서 개인 고령화와 저출산으로 국가 사회 전체 인구 중 노인 인구 비율이 증가하는 현상을 의미한다. 많은 경우 개인 고령화와 인구 고령화는 '고령화(aging or ageing)'라는 용어로 통칭되고 그 의미도 때로는 각각 개인 고령화, 인구 고령화 또는 개인 고령화와 인구 고령화 모두의 의미로 사용된다. 고령화의 주된 원인은 수명 연장과 저출산(출산율 저하)이기 때문에 고령화라는 말은 저출산을 핵심 내용으로 포함한다.

고령화는 인류사회 발전의 위대한 업적이고 인류가 추구해온 장수의 꿈을 실현하고 있는 것으로 볼 수 있지만, 다른 한편 그것의 부정적 영향이 과도하게 부각된 결과 인류사회의 지속적 발전을 저해하고 미래 사회에 불안과 두려움을 초래하는 주요 원인으로 인식되고 있다.

수명 연장으로 장수의 꿈을 실현하면서 동시에 출산율도 높여 고령화사회로의 진전을 지연시킬 수는 있지만 출산율을 높이는 것이 아주 어려운 과제이고, 출산율을 높인다 하더라도 출산율 증가에 비해 수명 연장이 더 빨리 이루어질 것이기 때문에 장기적으로는 인류사회가 고령화사회로 진전하는 것을 피할 수 없다. 고령화사회는 인류사회의 발전 결과로 형성되는 지금까지 경험해보지 못한 '새로운 사회'이기 때문에 과학적 입증을 바탕으로 개인과 사회가 고령화사회에 대한 의식과 관점을 바꾸어 적절히 대응한다면 고령화사회는 지속 가능한 밝은 미래가 될 수 있을 것이다.

2. 고령화사회에 대한 부정적 시각

고령화는 앞에서도 언급한 개인 고령화와 인구 고령화 두 가지 모두를 포함하는 것으로 이해하는 것이 바람직하다. 고령화사회의 영향을 인식하는 시각은 전문가든 일반인이든 상관없이 부정적인 경우가 거의 대부분인데 부정적 인식의 주요 원인을 정리해보면 다섯 가지 정도로 요약할 수 있다.

첫째, 노화와 노인에 대한 부정적 편견이 원인이 된다. 연령 증가에 따른 외형적·신체적 변화로 노화를 판단하거나 노인은 신체적·정신적 능력과 건강이 약해지고 생각과 태도가 고루해지며, 사회적·경제적 부담의 대상이 된다고 생각하는 것은 과학적 근거가 없거나 근거가 불충분한 편견이나 고정관념(ageism 또는 stereotype of aging)이다. 그럼에도 이러한 편견이 사회에 팽배해 비노년층뿐 아니라 노년층까지도 노인의 수와 비율이 늘어나는 고령화사회의 도래를 원하지 않는 것으로 나타나고 있다(최성재 외, 2012).

둘째, 고령화사회의 진전에 따라 개인적·사회적 부담이 커진다는 생각이 원인이 된다. 이러한 사회적 부담 논리는 "노화에 따라 능력이 하락한다"는 편견으로 인해 중년기 이후 교육과 훈련에 의한 능력 개발의 가능성을 무시하고 능력이 하락한 고령 노동자나 노인을 노동시장에서 배제해 사회복지제도로 부양해야 한다는 가정 위에 서 있다. 고령화사회로의 진전에 따른 사회적 부담 논리는 아직 역사적으로 충분히 검증된 바가 없다. 노화에 따른 생산성 하락의 논리는 인간 잠재력과 개발 가능성을 고려하지 못하고 체계적 교육과 훈련을 통한 충분한 과학적 검증도 없이, 노화 → 능력 하락 → 고령 노동자 유지의 비용 증가 → 생산성 하락 → 경제성장 둔화라는 단순한 논리적 유추에 불과한 것이다.

경제성장의 둔화는 기후변화, 금융위기, 세계화 등과 연계된 경기변동이 훨씬 더 큰 원인임에도 고령화를 더 큰 원인으로 부각시켜 희생양으로 삼고 있다

(Williamson et al., 1999). 고령화사회에 따른 사회적 부담을 피해야 한다고 주장을 하는 사람들, 특히 세대 간 형평성 논리를 주장하는 사람들은 과학적 근거가 없거나 불충분함에도 불구하고 자신들의 논리와 가정이 타당하다는 것을 설득시키기 위해 고령화의 사회적 부담을 과도하게 부각시킨다. 이들은 고령화를 '피할 수 없는 재앙(inexorable disaster)', '인구 지진(demographic earthquake)', '인구의 시한폭탄(demographic time bomb)', '거대한 빚더미(colossal debt)'라 표현해 사회적 부담이나 문제를 사실보다는 훨씬 위협적으로 부각시켜 고령화사회에 대한 부정적 시각이 널리 확산되고 있다(Williamson et al., 1999).

중년기 이후 교육과 훈련을 통해 직업능력(생산성)을 향상시키고 고령자의 경험과 지식을 활용하도록 계속 취업의 기회를 제공하는 것은 개인의 수입 증대, 건강 유지, 자기 가치성 유지의 효과를 가져올 수 있고 사회적으로는 연금 기여금을 계속 내거나 연금의 수급 시기를 연기시킴으로써 연금 기금의 적자와 고갈을 방지 또는 지연시키는 데 크게 기여할 수 있다. 향후 저출산으로 인해 전통적으로 생각하는 노동시장의 생산 인구(15~64세)가 줄어들 것이기 때문에 중년기 이후 사람들의 능력 향상을 통해 65세 이상을 넘은 고령 노동자를 노동시장에서 유지하지 않을 수 없을 것이다. 정년 후 반드시 노동시장 참여가 아니더라도 자원봉사 활동이나 건전한 스포츠와 레저의 참여도 심리사회적 의미에서 생산적 노화를 증진하는 효과를 가져올 수 있다. 이 같은 노인의 사회 참여와 활동은 고령화사회의 부정적 영향을 크게 감소시킬 수 있을 것이다.

셋째, 대중매체가 고령화사회의 영향을 부정적으로 크게 부각시키는 것도 원인이 된다. 일반적으로 대중매체는 노인에 대한 편견이 일반인보다 더 심하고 고령화사회의 부정적 영향도 과장해서 부각시키는 경우가 많다(LaPierre and Hughes, 2009). 이 같은 언론 보도는 고령화로 인한 사회문제를 부각시켜 사회적 경각심을 갖게 하는 목적도 있지만 사실을 주관적으로 과장되게 왜곡

보도하는 경우도 많다. 거의 대부분 불가피한 고령화사회의 도래와 관련해 부정적 측면만 부각시키고 대안을 제시하는 경우는 없어 대중매체의 사회적 책임을 다하고 있다고 보기 어렵고, 부정적 측면의 강조로 인한 영향에 대해서는 책임을 방기하는 것으로밖에 볼 수 없다.

넷째, 사회적 부담에 대한 세대 간 갈등의 우려도 원인이 된다. 현재 고령화 정도가 상대적으로 높은 선진국의 경우 퇴직한 노인들이 연금을 받아 어느 정도 유복하게 살고 있는 사실에 주목해 일부 사람들은 세대 간 갈등을 부추기고 있다. 다시 말해서 앞으로 저출산 현상으로 인해 노동 세대들이 노인이 되면 현재의 노인만큼 사회로부터 경제적 부양을 받지 못하게 될 가능성이 있기 때문에 부담을 피하려는 노동 세대와 계속 혜택을 받고자 하는 노인 세대 간에 갈등이 생길 것이라고 추정하는데 이 같은 추정은 고령화사회에 대한 부정적 인식을 강화시키고 있다(Mullan, 2002). 그런데 최근 OECD 국가 대상 조사에서(OECD, 2011) 노인이 사회적으로 큰 부담이 된다고 생각하는 비율은 아주 낮게(14% 정도) 나타났으며, 한국의 여론조사(KBS 방송문화연구소, 2011)에서도 노인들을 위해 세금을 더 부담할 용의가 있다는 비율이, 없다는 비율보다 훨씬 더 많이 나타난 점을 생각하면 부담을 둘러싼 세대 간 갈등 발생 가능성은 낮을 것이다. 사회정책의 기본적 가치관 중 하나는 세대 간 유대와 상호 의존이기 때문에 세대 간 갈등은 사회정책 존속과 사회 존속을 위협하는 중요한 도전이 될 수도 있다는 의미에서 세대 간 갈등이 발생할 가능성은 낮을 것이다.

다섯째, 생애 과정에 대한 전통적 고정관념과 노화 과정의 불가역성(irreversibility)[2]에 대한 고정관념이 원인이 되고 있다. 중년기 이후 생애 과정의 활동을 소극적으로 생각하는 전통적 사고방식이 아직도 지배적이어서 중년기 이후의 생애 과정을 새롭게 인식하지 못하는 경우가 대부분이다. 또한 노화 과정에

---

2 기능의 퇴화와 상실이 계속 진행되어 돌이킬 수 없음을 의미한다.

대한 과학적 연구, 특히 노화 과정의 불가역성이라는 고정관념에 사로잡혀 지난 20~30년간 과학적 연구를 통해 계속 나타나고 있는 노화 과정의 가역성(reversibility)과 뇌 과학(brain science)의 진전에 따른 중년기 이후 능력 개발의 가능성에 대한 과학적 연구 결과를 주목하지 못하고 있다(Rowe, 1997). 생애과정 진전에 따른 인간 능력의 개발 특히 중년기 이후 교육과 훈련을 통한 능력 개발, 노동 능력의 유지와 향상은 중년기 이후 체계적 능력 개발의 가능성을 고려하지 못하고 전통적 사고방식에 사로잡혀 있는 사람들(기업인과 일반 대중)이 생각하는 고령화사회에 대한 부정적 영향을 크게 감소시킬 수 있다.

3. 고령화사회를 위한 새로운 정책 패러다임의 필요성

사회현상을 바라보는 사고방식을 패러다임(paradigm)이라 할 수 있는데 패러다임은 행동 방식을 지배하는 것이 일반적이다. 현재까지 전개되어왔고 앞으로 전개될 고령화사회 현상은 현재와 같은 패러다임으로는 올바르게 이해할 수 없을 뿐만 아니라 적합한 대응책을 찾아내기도 어려울 것이다. 달리 말해 지금까지와 같은 고령화사회의 이해와 고령화사회에 대응하기 위한 사회정책의 패러다임으로는 향후 불가피하게 다가오는 고령화사회를 지속가능하게 유지하고 발전시키기 어려울 것이라는 것이다.

국제사회, 즉 유엔에서 1995년 사회개발 정상회의 이후의 정책 기조를 좀 더 구체적으로 반영해 2000~2015년의 15년간 사회개발 목표를 새천년 개발목표(Millennium Development Goals: MDGs)로 설정한 데 이어 2016~2030년의 15년간(Post-2015) 사회개발 목표가 지속가능한 개발 목표가 되어야 함을 강조하는 상황에서 지속가능성은 이제 국제사회의 대세이고 시대적 사명이 되고 있다. 유엔에서 지난 몇 년간 2016년부터 30년간의 새로운 사회개발 목표를 심도 있게 토론해 2015년 9월, 세계 정상들이 유엔에서 지속가능성을 높일 수 있는 핵심적 사회개발의 구체적 목표를 합의·설정할 계획이다. 급속하게 진전되는 고령화는 사회의 지속가능성에서 배제할 수 없는 중요한 과제가 되고 고령화와 관련한 목표도 지속가능 사회개발의 중요 목표 중의 하나가 되어야 할 것이다(UN, 2015a; UN, 2015b). 2015년 이후 15년간의 지속가능 사회개발의 중요한 정책 방향 중 하나는 '아무도 뒤처지지 않는(leaving nobody behind) 사회', '모든 세대가 함께하는 사회(a society for all ages)'가 되도록 하는, 바로 '사회적 포함과 참여(social inclusion and participation)'가 될 것이다.

고령화사회에 대응하는 기존의 사회정책 패러다임은 앞에서 언급한 고령화사회의 부정적 영향을 그대로 가정하고 원칙적으로 노인을 퇴직이라는 사회적 제도에 의해 사회의 주류에서 배제해 사회복지 내지는 사회적 보호(social protection, 사회보장을 최근에는 사회적 보호로 부르는 경향이 있음) 차원에서 다양한 프로그램을 제공하는 것을 핵심 내용으로 한다.

사회복지가 사회의 경제적 약자와 사회적 능력 약자 등 일부 계층의 욕구 해결의 잔여적 복지(residual social welfare)[3]에서 사회구성원 전체의 공통적 문제(욕구)를 국가가 적극적으로 해결하는 제도적 복지(institutional social welfare)[4]로 지향하고 있다. 노인을 위한 사회복지는 그것이 제도적 복지라 할지라도 노인을 사회의 주류에서 배제하고 그 배제의 대가로 복지 혜택을 제공하는 것이라 할 수 있다.

---

3 개인과 가족 문제(욕구)의 원인을 1차적으로 개인과 가족의 책임으로 돌리고 개인과 가족이 해결하지 못하는 문제를 최종적으로 국가가 최소한으로 개입해 선별적 대상에게 도움을 주어 문제를 해결하는 복지제도이다.

4 개인과 가족의 문제(욕구)의 원인을 개인과 가족의 책임이자 사회 구조·환경의 책임으로 보고 국가가 적극적으로 개입하는 제도를 마련하고 대상을 보편적으로 확대해 문제 해결을 도와주는 복지제도이다.

노인을 복지제도를 통해 기본적으로 보호해야 할 측면이 분명히 있지만 사회구성원으로서 수적 비중이 커지고 있고, 건강이 크게 향상되었으며 다양한 경험과 지식을 축적하고, 역량 강화(empowerment)로 능력 향상이 가능한 노인을 사회의 주류에서 제외해 복지제도로 보호한다는 것은 사회적 부담을 크게 증가시키는 것은 물론 노인의 가치성과 자존감을 크게 저해하게 될 것이다.

따라서 산업사회의 문제를 해결하는 주된 수단이 되어온 기존의 사회복지 제도와 정책은 고령화사회의 대응책이 되기에는 커다란 한계가 있고 오히려 고령화사회의 부정적 영향을 강화하거나 필요 이상의 부정적 영향을 과장할 가능성이 크다. 다시 말해 인생 주기 및 생애 과정, 인간의 능력, 노화에 따른 생산성, 인구학적 요소에 의한 사회적 부양 인구의 규정, 복지제도에 의한 사회문제 해결 등에 대한 기존의 이론과 가치관의 틀로서 고령화사회의 문제를 예단하거나 추론하는 것은 고령화사회를 부정적으로 부각시킬 가능성을 높여 주고 합리적 대응책을 찾기 어렵게 만들 뿐만 아니라 그 효과성도 기대하기 어려울 수 있다.

한국은 2000년대에 들어와서 급속한 고령화가 진행되고 이와 관련한 노인 복지 차원의 문제를 넘어 사회 전반에 다양한 문제와 욕구가 표출되기 시작했고 향후 그러한 경향이 심화될 것을 예상해 2005년, '저출산고령사회기본법'을 제정해 포괄적 고령화 대응책을 수립해 시행하도록 했다. 이러한 포괄적 고령화 대응책은 2006년부터 5년 단위로 저출산고령사회기본계획을 14개 정부 부처가 협력해 마련하고 실천하도록 하는 것이다. 제1차 5개년 계획(2006~2010)은 이미 끝났고, 현재는 제2차 5개년 계획(2011~2015)이 실행 중이고, 제3차 계획(2016~2020)이 마련 중에 있다. 이 같은 5개년 계획의 시각은 단순한 노인 복지 차원, 더 나아가서는 사회복지 차원의 대책을 넘어 사회정책 전반에 걸친 다양한 대책을 담고 있다.

고령화사회 대응의 저출산고령사회 5개년 계획은 그 계획의 포괄성에도 불구하고 몇 가지의 중요한 문제점을 안고 있다. 첫째, 5개년 계획은 아직도 고령화사회에 대한 부정적 시각에서 크게 벗어나지 못하고 있으며, 따라서 고령화사회의 진전으로 인해 나타나게 될 심각한 문제점을 단순히 해결한다는 시각이 더 우세한 것으로 보인다. 다가오는 미래 사회인 고령화사회는 현상으로 나타나는 문제점 해결의 시각보다는 증가하는 노인 인구를 사회적 주류로 포함함으로써 지속가능한 사회로 발전시켜나가려는 시각에서 고령화사회의 대책이 마련되고 실천되어야 할 것이다. 둘째, 출산율 제고 대책에 1차와 2차 계획이 10년간 60조 원 정도의 예산을 투입하고도 출산율을 거의 제고할 수 없었는데 이는 핵심 정책 요인의 적합성을 의심하지 않을 수 없다. 셋째, 계획의 실천 과정에서는 정부 부처 간 이기주의로 인한 협의·조정의 부족 문제와 더불어 정책 시행 각 부처는 아직도 고령화사회 대책을 노인 복지와 아동 복지 차원으로 한정하는 시각에서 크게 탈피하지 못하는 문제점이 노출되고 있다. 넷째, 계획의 실천에는 민간(기업과 일반 국민)과의 이해와 협력의 중요성을 강조하고 있으나 실제로는 민간 측에서 고령화에 관련된 다양한 해결 과제에 대한 이해와 사회적 책임감이 크게 부족한 것도 문제점으로 드러났다.

고령화 현상은 더 이상 생애 주기상 노년기에 주로 나타나는 노인문제(빈곤, 질병, 사회심리적 소외와 고립 등으로 묶여진 노년기의 문제)라는 '하나'의 사회문제가 아니라 그 범위와 영향은 국가 사회 전체와 연계된 '사회 전체의 문제'이다. 따라서 전통적 산업사회, 특히 자본주의 사회경제적 생산 체계를 갖고 있는 사회에서 사회문제 해결을 위한 가장 대표적인 사회제도로 기능을 수행해왔던 사회복지제도로는 사회 전체가 연관된 고령화사회 문제를 근본적으로 해결할 수 없게 되었다. 또한 사회복지제도는 대부분의 경우 사후 치료 내지는 표출된 문제의 해결을 위주로 하기 때문에 더욱이 근본적 대응책이 될 수 없다.

고령화 현상은 국가 사회 전체와 관련된 현상이고, 고령화사회는 인류사회의 발전 과정에서 종전과는 질적으로 다른 새로운 사회가 되어야 할 것이기 때문에 기존의 정책 패러다임으로는 고령화 현상을 올바로 이해하고 새로운 사회를 구축하는 대응책을 적합하게 창출해 낼 수 없을 것이다. 따라서 고령화사회를 지속가능하고 발전가능하게 구축할 수 있는 새로운 정책 패러다임이 절실히 요청되고 있다.

4. 고령화사회를 위한 새로운 정책 패러다임: 연령통합사회 패러다임[5]

새로운 정책적 패러다임은 단순히 당위적 주장이 되어서는 곤란하다. 적어도 논리적이고 이론적인 근거를 가지고 있어야 한다. 여기서 제시하는 새로운 정책 패러다임은 기존의 다양한 이론과 국제기구의 권고안 및 조사연구 결과에 근거한다. 즉 ① 기능주의 이론(functionalism), ② 사회 체계 이론(social system theory), ③ 연령 계층화 이론(age stratification theory), ④ 생애 과정 이론(life course theory), ⑤ 성공적 노화 이론(successful aging model), ⑥ 활동적 노화 이론(active aging model), ⑦ 새로운 노화 이론(new aging), ⑧ 유엔 1999년 세계노인의 해(International Year of Older Persons) 주제[‘모든 세대가 함께하는 사회(A Society for All Ages)’], ⑨ 1995년 유엔 사회개발 정상회담 선언, ⑩ 유엔 새천년 개발 목표 및 2015년 이후 지속가능 개발 목표, ⑪ 유엔 ‘마드리드 국제

---

5 여기에 제시하는 연령통합사회 정책 패러다임은 필자가 국제노년학·노인의학회(International Association of Gerontology and Geriatrics, 유엔 경제사회이사회 자문기구)를 대표해 2015년 2월 4~13일에 개최된 유엔 경제사회이사회(Economic and Social Council)의 사회개발위원회(Commission for Social Development) 제53차 회의에서 2015년 이후 지속가능 개발 목표(Post-2015 Sustainable Development Goals) 설정의 원칙으로 삼을 것을 제안했다.

고령화행동계획(Madrid International Plan of Action on Ageing: MIPAA)', ⑫ 노화와 생산성 유지·향상 가능 이론, ⑬ 제3기 인생론과 ⑭ 뇌 과학 이론 등이다.

고령화 현상을 사회 전체의 변화와 연계된 것으로 보고 향후 고령화사회를 지속가능하고 발전 지향적 새로운 미래 사회로 구축하기 위해서는 고령화사회를 '연령통합사회'라는 새로운 정책 패러다임으로 접근이 필요함을 제안한다. 연령통합사회 정책 패러다임은 핵심적으로 노년 세대를 사회의 주류에 계속 포함시켜 모든 세대가 함께하지 않으면 사회가 지속적으로 유지·발전할 수 없다는 것을 제시하고, 고령화사회를 노인 복지 차원을 넘어 사회 전체 차원의 통합적 접근을 제시하며, 공공 부문과 민간 부문 모두에서 변화를 지향한다. 이제 연령통합사회 정책 패러다임의 핵심 내용을 제시하면 다음과 같다.

1) 획기적 출산 장려 인센티브 제공

고령화사회는 인구 고령화로 초래되는 것이고 인구 고령화의 가장 중요한 요인 중 하나는 저출산이다. 한국은 1970년대 중반 이후 출산율이 급속하게 하락하기 시작해 1980년대 말에는 1.5명 수준으로 하락했고, 2000년대에 들어와서는 더욱 하락해 평균 1.20 수준을 유지하기에 이르렀는데 이는 세계에서 가장 낮은 출산율이다. 저출산과 고령화로 인한 연령 집단별 구성 비율의 부적합성 심화는 사회생활의 제반 측변에서 연령집단 간 갈등을 불러일으켜 사회통합을 해칠 가능성을 높일 수 있다.

정부에서는 2005년 '저출산고령사회기본법'을 제정해 ① 일-가정 양립의 일상화, ② 결혼·출산·양육의 부감 경감, ③ 아동·청소년의 건전한 성장 환경 조성의 정책을 수행해왔으나 출산율 제고의 효과가 거의 나타나지 않은 것은 이같은 정책의 계획과 시행의 적합성에 큰 문제가 있었다고 판단된다. 2000년대 이후 세계 경제와 국내 경제의 저성장 기조도 출산율 제고 정책의 효과성을 약화 내지는 상쇄하는 면이 없지는 않았겠지만 기존의 정책을 철저히 재검토해 2016년부터 시행되는 제3차 계획부터 출산율을 획기적으로 높일 수 있는 인센 티브(명실상부한 보편적 보육 및 유아교육 서비스, 다자녀 가구에 대한 다양하고 과감한 세제 혜택 및 교육비 지원, 초등학교 방과 후 아동 돌봄 및 교육 서비스 확대, 신혼 부부 가구에 대한 과감한 주거 서비스 제공 등)를 제공하지 않으면 출산율 제고를 기대하기는 대단히 어려울 것이다.

현재 규모의 한국 인구 자체를 유지하기 위해 2.1명의 출산율(대체출산율)을 유지해야 하는데 현재와 같은 저출산 추세가 계속된다면 한국의 절대인구 수 는 2018년부터 줄어들기 시작하면서 인구 구조상 노인 인구 비율은 더욱 커지 게 될 것이다. 정부가 정책적으로 획기적 인센티브를 제공하는 것과 더불어 기업과 일반 국민에게도 고령화사회에 대한 이해를 증진하고 대응책을 충분 히 홍보해 기업과 일반 국민 스스로 일-가정의 양립이 가능하도록 하는 문화 를 적극적으로 조성하는 책임을 통감하고 협조하도록 하는 것도 병행되어야 한다.

2) 연령 아닌 능력 위주의 사회 지향

사회는 편견과 비과학적 요소가 많은 연령 기준으로 개인 능력을 평가하는 것을 지양하고 객관적이고 과학적인 기준으로 능력을 평가해 사회적 처우와 역할을 결정해야 할 것이다.

연령은 단순한 시간의 경과에 불과한 지표라는 것이, 같은 연령이라도 개인 간에 건강과 능력 등에서 격차가 크다는 사실이 경험과 다른 연구를 통해 입증 되고 있고, 외국의 정년 폐지 정책에서도 입증되고 있음에도 불구하고 전통적 이고 비과학적인 잘못된 상식에 얽매여 연령을 노화와 능력 평가의 가장 대표 적 지표로 삼는 것은 참으로 수준 낮은 사회를 자처하는 것이 아닐 수 없다.

연령에 의한 능력 평가는 연령 차별을 피할 수 없을 뿐 아니라 인간의 기본적 인권을 침해하는 것이 된다. 선진국의 여러 국가, 특히 미국에서는 1967년 '연령차별금지법(The Age Discrimination in Employment Act: ADEA)'을 제정해 40대에서 60대까지는 연령을 이유로 고용 제한과 해고를 할 수 없게 했고, 이후 수차례 개정을 거쳐 드디어 1986년에는 어떤 연령도 고용 제한과 해고 조건이 될 수 없도록 함으로써 사실상 정년제를 폐지했다. 다시 말해 능력이 있으면 아무리 나이가 많아도 일할 수 있도록 한 것이다. 2012년까지는 공무원을 제외한 민간 부문에서는 법적으로 정년을 규정하지 않았고 기업이나 사회단체 자체 정관으로 정년을 규정해왔었다. 연령을 가장 중요한 능력의 기준으로 삼는 관행에서 크게 벗어나지 못하고 있는 한국의 민간기업과 사회단체의 퇴직 연령은 선진국에 비해 크게 낮은 편으로 평균 퇴직 연령은 57세 정도였다.

2013년 '고용상 연령차별 금지 및 고령자 고용 촉진에 관한 법률'을 개정해 모든 민간 분야의 조직에서 정년을 60세 이상으로 규정한 것은 다행이다. 이에 따라 2016년부터 300인 이상 사업장에서, 2017년부터는 300인 미만 사업장에서 정년은 60세 이상이 되어야 한다. 그러나 정년을 60세 이상으로 연장하는 데는 현실적 어려움이 클 것이고 더욱이 정년을 폐지해 능력 위주의 사회로 지향하기는 어려움이 더 클 것으로 예상된다. 그럼에도 한국 사회의 급속한 고령화 추세를 감안하면 하루 속히 연령 위주의 기준이 아닌 과학적이고 객관적인 기준의 능력 평가를 지향하는 쇄신 없이는 고령화사회는 사회적 부담을 증가시킬 수밖에 없을 것이다. 이와 병행해 특히 중년기 이후 노화하는 개인은 스스로 새로운 지식과 기술을 연마하는 노력을 할 필요가 있고 기업, 사회단체 및 국가는 중년기 이후 근로자의 능력 향상을 위한 체계적 교육과 훈련을 강화해가야 할 것이다.

3) 노년층에 대한 사회보장

사회는 노년층이 인간으로서의 존엄성과 가치를 유지하고 스스로 발전할 수 있도록 적절한 수준의 소득 보장, 의료 보장, 주거 보장 및 삶의 질 향상을 위한 사회 서비스를 제공해야 한다.

사회보장의 수준은 보편화는 국민적 최저 수준의 확보, 사회적 합의에 의한 사회적 부담 의지, 미래 사회에 대한 대응 등을 고려해 결정되어야 할 것이다. 특히 노인과 노인 집단이 사회 전체를 구성하는 중요한 한 체계로서 생존과 발전적 기능을 잘 수행할 수 있는 정도면 적정한 수준이라 판단된다. 적정 수준 이상의 사회복지는 결코 바람직하지 않다. 인간의 존엄성과 가치를 유지하는 가장 핵심적 사회보장의 부문은 바로 절대적 빈곤 문제를 해결하고 나아가서는 그 사회의 국민으로서 보편적인 삶의 질을 누릴 수 있는 기본적 경제적 보장이라 할 수 있는 상대적 빈곤 문제를 해결하는 것이다.

한국 사회는 현재까지의 복지제도로서 노인의 절대적 빈곤은 해결했지만 소득의 양극화와 부의 불평등 분배로 인한 상대적 빈곤율은 노인 개인이나 가구 단위로 거의 50%에 이르는데 이는 OECD 34개 회원국 중에서 단연히 가장 높은 수치이다. 이 같이 높은 상대적 빈곤율 문제는 단순히 사회복지제도만으로는 해결이 불가능하고 사회 전체적 차원에서 연계된 대책(예를 들면, 노인과 노화에 대한 부정적 인식 개선, 고령자에 대한 생산능력 향상과 교육, 정년제도의 개선, 능력에 따라 일할 기회의 보장 등)이 같이 이루어져야 가능할 것이다.

4) 융통성 있는 생애 과정 구분

사회는 평균수명과 건강수명 연장 및 사회적 의식 변화에 따라 중년기와 노년기를 구분하는 연령을 70세 나아가서는 75세 또는 그 이상까지도 융통성 있게 연장하고 이에 따라 사회경제 제도도 이에 상응하게 변화시켜야 할 것이다.

노화 과정은 전체 생애에 걸친 과정으로 이해해야 하고, 노후의 삶은 과거 삶의 축적된 결과로도 볼 수 있어 사회적·문화적 맥락에 따라 다르게 이해되고 생애 단계도 다르게 정의될 수 있다. 따라서 생애 전체의 각 과정에서 연령에 관계없이 학습, 일, 여가를 즐기는 현상이 고령화와 더불어 자연스럽게 나타나고 있기 때문에 노년기에 일, 학습, 여가 어느 것을 해도 전혀 이상할 것이 없다(Riley, 1994). 이에 따라 연령적으로 65세를 넘어 70세나 75세까지로 중년기를 연장할 수도 있고(Sadler, 2000), 따라서 노년기를 75세 이후로 규정할 수도 있다.

연령으로 생애 과정을 구분하는 것이 최선의 방편은 아니나 전통적으로 연령 규범에 따라 역할이 규정되는 것이 지배적이었고, 또한 한국 사회의 문화적 특성이기도 하기 때문에 연령 이외의 지표로 생애 과정을 구분하기는 어려운 문제가 있다. 따라서 연령으로 생애 과정을 구분한다면 평균수명 연장과 전반적 건강 증진에 따라 중년기를 연장하는 것이 바람직하다. 앞에서도 말한 바 있지만 단순한 평균수명의 연장과 건강 증진뿐만 아니라 연령과 건강 상태에 상응하는 사회적 역할을 국가 사회가 부여할 필요가 있으며 더 나아가서 고령화하는 개인의 능력 향상을 위해 사회와 국가가 획기적인 노력을 하는 것이 병행되어야 생애 주기를 융통성 있게 연장할 수 있을 것이다. 최근 일부 언론에서는 60~75세를 신중년이라 칭하는 것(≪조선일보≫, 2013.9.9)도 이런 맥락에서 충분히 주목할 만한 것이라 생각된다.

5) 노년층의 능력에 따른 적합한 역할 부여와 활동적 노화 증진

사회는 노년층에게 그들의 경험과 지식을 사회적 자원으로 활용하고 능력에 따라 적합한 노동시장의 참여와 자원봉사 활동의 참여 등 사회적 역할을 부여함으로써 사회적 통합과 활동적 노화를 증진해야 한다.

노년층이 평생을 축적해온 지식과 기술은 귀중한 사회적 자원이 되기 때문에 사회는 노인이 그 지식과 기술을 활용할 수 있도록 새로운 직업 활동이나 사회봉사 활동에 참여할 수 있는 기회와 여건을 마련해주어야 할 것이다. 다시 말해서 노화하는 개인의 지식과 경험에 따라 사회와 국가는 전체적으로 필요한 사회적 자원을 활용할 수 있는 노동시장 일자리(정상임금 또는 최저임금 이상의 일자리), 사회공헌 일자리(소득 보충이 필요한 계층이 약간의 수당을 받으면서 사회적으로 필요한 활동이나 일을 하는 것), 그리고 완전한 자원봉사 활동을 창출하거나 이런 활동에 참여할 수 있는 기회를 제도적으로 보장해줄 수 있어야 할 것이다. 이 같은 사회적 프로그램은 노인의 건강을 증진시킬 수 있기 때문에 건강 보호를 위한 사회적 비용을 절약해주고, 일을 하는 경우 공적 연금의 지급 시기를 늦추어 연금 기금의 지속성을 높여줄 수 있을 것이다. 이 같은 프로그램은 또한 노인을 사회의 주류 속으로 통합되게 하는 사회심리적 효과도 크게 얻을 수 있다.

연령 계층화 이론에 따르면 사회는 기본적으로 연령 계층으로 구성되어 있으며 서열화되어 있다고 본다. 각 연령 집단에 속해 있는 사람들은 사회적 역할 수행의 능력이나 의지도 다르고 기대되는 역할도 다르고 또한 사회에서 부여하는 권리와 특권도 다르다. 따라서 노인층은 다른 연령층과의 관계 속에서 자신들의 지위와 역할을 찾아야 하고 동시에 사회와 국가는 노인에게 적합한 여러 지위와 역할을 부여할 수 있어야 한다(Riley & Foner, 1968).

한국의 경우 65세 이상 노년층이 사회 전체를 구성하는 비율이 점차 증가해 2050년에는 노년층이 전체 인구의 40% 가까이 될 것이다. 이 같이 큰 비중을 차지하는 노년층에게 각자의 능력에 따른 적합한 일자리와 사회 활동(자원봉사 활동 포함)의 기회를 제공해 이들을 사회에 참여시키지 못하면 노년층은 노동시장에서의 소외는 물론 사회 전체로부터 소외되고 복지의 대상이 되어 결국은 사회적 부담을 증가시킬 수밖에 없을 것이고, 사회적으로 가치 없는 존재라는 인식으로 자존감이 크게 훼손될 것이다.

노년층은 단순한 권리로 주어지는 복지 급여나 서비스보다는 자기의 능력에 따라 적절한 사회적 역할을 수행한 대가로 사회의 보상을 받는 것을 더 자랑스럽게 생각한다. 연금, 건강 보호, 일정한 사회 서비스를 권리로 누리는 것은 떳떳하지만 생활의 모든 욕구 충족을 사회적 권리로 누리기에는 한계가 있기 때문에 노년층에게 적합한 역할을 부여해 사회에 활동적으로 참여하도록 하는 것은 복지 비용을 포함한 고령화 관련 사회적 비용을 크게 절약할 수 있어 더 바람직하다. 이를 위해 사회와 국가는 노화하는 개인이 가정, 이웃, 지역 사회 및 국가 사회에 개인의 능력에 따라 적극적으로 활기차게 참여하면서 노후의 삶을 즐길 수 있도록 하는 활동적 노화(active aging)를 증진하는 정책을 적극 추진해나가야 할 것이다. 활동적 노화는 고령화사회의 가장 중요한 정책 방향이고 유엔과 세계보건기구(WHO)에서 적극 권장하는 정책 방향이다.

6) 노화하는 개인의 능력 개발을 위한 교육·훈련 기회 제공

사회는 중년기부터 능력 개발을 위한 체계적 교육과 훈련 과정을 제도화해 노년기까지 생산성(경제적·심리적·사회적)을 유지 또는 증진할 수 있어야 한다.

노화하는 개인이 사회에 계속 참여할 수 있기 위해서는 현재까지의 경험과 지식만으로 한계가 있기 때문에 특히 중년기 이후에 새로운 지식과 기술로 역량을 강화할 수 있어야 한다. 특히 지식·정보화 사회로 진전하는 경향에 따라 노인도 새로운 지식과 기술을 갖추어야 직업 활동이나 자원봉사 활동에서도 더욱 능력을 발휘할 수 있을 것이고 젊은이들과의 경쟁에서 뒤지지 않을 수 있을 것이다.

중년기 이후에도 능력 개발이 충분히 가능하다는 것이 과학적으로 계속 입증되고 있음에 유의해야 한다. 노화와 생산성에 대한 연구 결과는 노인의 생산성 또는 직업능력의 향상 가능성을 시사하고 있다. 현재까지의 연구 결과는 노화에 따라 능력이나 직업능력이 하락한다는 경우는 많지 않을 뿐 아니라 일반적 상식이나 가설에 상반되거나 불확실한 경우도 많다(Butler et al., 1990). 그리고 노인의 생산성은 훈련에 의해 크게 향상될 수 있다는 연구도 점차 증가하고 있다(Belwal and Haight, 2006; 문국현, 2006). 성공적 노화의 모델을 제시한 로우(J. Rowe)와 칸(R. Kahn)은 많은 사람들이 자기효능감(self-efficacy, 나는 할 수 있다는 자신감) 부족으로 건강 유지와 정신적·신체적 기능 유지를 하지 못한다고 역설한다(Rowe and Kahn, 1998). 또한 45세에서 80세까지 200명을 12년간 조사한 결과를 정리한 제3기 인생론(the Third Age)에 의하면(Sadler, 2000) 자신의 의지와 새로운 태도에 의해 중년기 이후 새로운 직업이나 사회 활동을 도모해 성공할 수 있음을 제시한다. 또한 뇌 과학의 진전으로 뇌는 사용할수록 신경세포가 새로 생성될 수 있고 필요에 따라 기능적 영역도 바뀌고 학습 능력도 유지 발전시킬 수 있다는 것을 시사하고 있다(서유헌, 2014; Garrett, 2013). 이상의 연구로 보면 적어도 70대까지 생산성은 훈련이나 개인적인 인식과 태도의 변화에 따라 유지 또는 향상될 수도 있다는 잠정적 결론을 내릴 수 있다.

로우와 칸에 의해 제안된 성공적 노화 모형에서는 성공적 노화의 주요 요소를 ① 질병 피해가기, ② 인지적·신체적 기능 높게 유지하기, ③ 사회 참여의 세 가지로 제시한다(Rowe and Kahn, 1998). 이 성공적 노화 모형은 "왜 80대인 어떤 노인은 크로스컨트리(cross-country) 스키를 타는데, 어떤 노인은 요양원에서 휠체어에 앉아 있는가"라는 질문에 답하기 위해 10년간 진행된 추적 연구의 결과를 요약한 것이다. 이 연구에서 노화 과정의 불가역성에 사로잡혀 있는 전통적 의생물학적(bio-medical) 사고와 이에 따른 사회과학적·사회정책적 사고에서 벗어나 노화 과정의 가역성에 주목할 것을 주장했다(Rowe, 1997).

질병을 피해간다는 것은 노화 과정에서 나타나는 질병의 대부분이 습관병

(성인병)이고 이러한 질병의 거의 70% 정도는 유전적 요인이 아닌 개인적·사회 환경적 요인으로 나타나는 것이기 때문에 개인의 노력과 사회적 개입으로 노화 과정에서 질병의 대부분은 피해갈 수 있다는 것이다. 따라서 노화 과정은 일반적으로 퇴화해, 기능이나 상태의 회복이 모두 불가능한 것(불가역성)이 아니라 가능한 부분(가역성)도 상당히 많다는 것이다. 건강 조건 외의 중요한 성 공적 노화의 요소로 사회 참여를 꼽는 것도 의식적 노력으로 노화 과정을 가역 적으로 만들 수 있음을 강조한다. 이 이론은 개인적 노력의 중요성을 강조하고 있지만 개인적으로 노화의 중요성을 스스로 깨닫고 노력할 수 있는 전반적인 여건은 사회가 마련해주어야 함을 내포한다.

7) 노화 과정의 이해 및 노후 준비 교육의 기회 제공

사회는 국민이 공교육 과정과 평생교육 과정을 통해 노화 과정을 이해하고 평생 건강관리와 노후 준비 의식을 강화하도록 해야 한다.

국민이 스스로 노화 과정을 이해하고 노후 생활을 스스로 계획해 준비하면 개인적으로는 물론 사회적으로 의미 있고 가치 있는 노후 생활을 할 수 있고 노후 삶의 만족도를 크게 높일 수 있을 것이다. 특히 이 같은 사회적 노력은 중년기 이후 사람들의 노화 및 노년층에 대한 긍정적 시각을 제공하고 개인적 용기와 노력의 역량을 키워줄 뿐만 아니라 고령화사회의 사회적 부담을 크게 줄여줄 수 있을 것이고 결국은 고령화사회를 새로운 모습으로 발전시킬 수 있을 것이다.

현재 한국 사회에서는 공교육은 말할 필요도 없고 사회교육(평생교육)에서도 노화 과정에 대한 기본적 이해, 특히 생물학적·심리적·사회적 노화와 그 결과에 대한 이해를 증진시키는 교육은 전무한 상태이다. 지난 10여 년간 고령화가 사회적 화두로 되어오면서 퇴직 준비, 노후 준비, 생애 설계 등(여기서는 생애 설계로 통칭함)에 대한 필요성이 제기되어왔고 일부 기업이나 사회단체에서는 그런 교육 프로그램을 개발해 시행해오고 있다. 그러나 그 내용은 단순하고 피상적이며 비체계적인 수준에 머무르고 있을 뿐만 아니라 국민의 거의 대다수는 생애 설계의 필요성과 방법이나 실천 방법을 모르고 있다. 선진 외국에서도 오래전부터 생애 설계의 필요성과 교육 프로그램이 제공되어왔다. 국민 스스로 노화 과정을 잘 이해하고 가능하면 젊은 시절부터 생애 설계를 수립해 실천할 수 있도록 사회적 제도를 만들어준다면 사회적으로 가장 비용을 적게 들이고 가장 효과적으로 노후 생활을 준비할 수 있을 것이기 때문에 노화 과정의 이해를 포함한 생애 설계의 수립과 실천 방법을 체계적으로 개발해 일반 국민에게 홍보하고 교육하는 것이 절실히 필요하다.

8) 고령친화적 환경 조성 및 고령친화산업 조성

사회는 일상생활에서 노년층의 신체적 독립과 이동이 가능하도록 지역사회의 주거, 교통, 여가, 문화 시설과 서비스를 고령친화적으로 조성하고 노년층의 일상생활 편의와 삶의 질 향상을 위한 교육, 정보, 통신, 의학, 과학과 기술을 개발하고 이를 이용한 산업을 조성해야 한다.

한국 사회는 주택을 포함한 사회 대부분의 물리적 환경을 노인이 안전하고 편리하게 생활하도록 조성하는 데는 거의 관심을 쏟지 못하고 있는 것이 현실이다. 사회적 환경을 고령친화적으로 만들면 이 역시 많은 사회적 비용을 절약할 수 있을 것이다. 그리고 증가하는 고령 인구의 생활에 편리한 금융, 상품 판매, 배달 서비스, 건강 유지·증진을 위한 기기, 나아가서는 노인의 특성에 맞는 갖가지 상품과 서비스를 개발하는 것은 고령화사회에서 새로운 산업으로 각광받을 수 있다. 그런데 한국 사회에서는 고령친화산업의 중요성과 유망성을 공감하고는 있지만 정부나 기업에서 적극적으로 이 분야에 대해 연구하고 투자

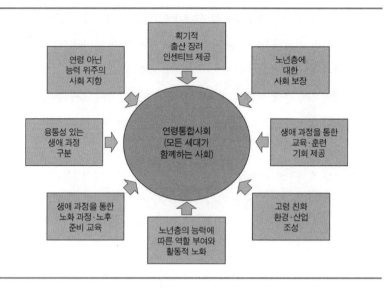

하려는 의지가 약한 것이 문제이다.

이상에서 제시한 연령통합사회의 사회정책 패러다임을 그림으로 정리하면 〈그림 3-3〉과 같다.

5. 연령통합사회: 지속가능한 미래 사회를 위한 정부 주도와 민간 협력의 과제

평균수명이 연장되어 노인 인구의 비율이 높아지는 고령화사회는 피할 수 없고 빠른 속도로 다가오고 있다. 고령화사회를 질적으로 다른 새로운 미래 사회로 만들기 위한 시간은 아직도 충분하다.

제시한 연령통합사회 패러다임은 이론적·경험적 연구에 근거를 두고 의식을 그렇게 변화시키는 방향을 제시한 것이다. 새로운 미래 사회인 고령화사회를 지속가능하게 구축하는 일은 21세기 국제사회의 과제인 동시에 급속한 고령화가 예상되는 한국 사회가 도전해야 할 역사적 과제가 아닐 수 없다. 제시한 정책 패러다임은 고령화사회를 지속가능하게 발전시키기에 적합한 정책 패러다임이 될 수 있으며 한국뿐만 아니라 세계 다른 나라에서도 적용될 수 있을 것이다.

평균수명이 100세까지 연장되어도 아동에서 노인에 이르기까지 모든 연령계층이 함께하면서 행복을 향유할 수 있는 고령화사회는 연령통합사회 패러다임에 따라 장기적이고 체계적인 계획으로 정부, 기업, 언론, 시민사회, 전문가, 노동 분야의 모든 국민이 같이 노력함으로써 이루어낼 수 있으리라 확신한다. 새로운 패러다임에 의한 고령화사회 대응책은 정권 차원이나 단기적으로 주도하는 정책이 되어서는 안 될 것이고, 지속적 관심과 의지를 가지고 장기적으로 사회 각계각층의 협조하에 정부가 주도해야 할 것이다.

참고문헌

문국현. 2006.9.8. 「고령화시대의 기업의 사회적 책임」. 서울복지재단 주최 심포지엄 발표 논문. 서울 프레스센터.

서유헌. 2014. 『나이보다 젊어지는 행복한 뇌』. 비타북스.

일본내각부(日本內閣府). 2009. 『高齡社會白書』. 東京: 內閣府.

최성재 외. 2012. 『모든 세대가 함께하는 고령화사회』. 서울: 서울대학교출판문화원.

KBS 방송문화연구소. 2011. 「여론조사」.

≪조선일보≫. 2013.9.9. "신중년".

Belwal, U. and J. M. Haight. 2006. "Designing for an aging workforce." Paper presented at a seminar session of Pennsylvania State University.

Butler, R. N., M. R. Oberlink and M. R. Schechter (Eds.). 1990. *The promise of productive aging*. New York: Springer Publishing Company.

Garrrett, M. D. 2013. "Brain plasticity in older adults." *Psychology today* (Apr. 17, 2013).

LaPierre, T. A. and M. E. Hughes. 2009. "Population aging in Canada and the United States." in P. Uhlenberg (ed.). *International handbook of population aging*. New York: Springer Publication Co.

Mullan, P. 2002. *The imaginary time bomb*. London: I.B. Tauris Publishers.

OECD. 2010. *OECD Factbook 2010*.

_____. 2011. "Paying for the past, providing for the future: Intergenerational Solidarity." Background paper of session 3 for the OECD Ministerial on Social Policy held in Paris on May 2~3, 2011.

_____. 2013. *OECD Health at a Glance 2013*.

Riley, M. W. 1994. "Ageing and society: past, present and future." *The Gerontologist*, No.34.

Riley, M. W. and A. Foner. 1968. *Aging and society, Vol.1: An inventory research findings*. New York: Russell Sage Foundation.

Rowe, J. and R. Kahn. 1998. *Successful aging*. New York: Dell Publishing.

Rowe, J. W. and R. L. Kahn. 1987. "Human aging: Usual and successful." *Science*,

Vol.237, No.4811.

Rowe, J. W. 1997. "The New Gerontology." *Science*, Vol.278, No.5337.

Rowe, W. R. and R. L. Kahn. 1997. "Successful aging." *The Gerontologist*, Vol.34, No.4.

_____. 1998. *Successful aging*. New York: Dell Publishing.

Sadler, W. 2000. *The third age: 6 principles for growth and renewal after forty*. Cambridge, MA : Da Capo Press[윌리엄 새들러. 『서드 에이지: 마흔 이후 30년』. 김경숙 옮김. 사이].

Torres-Gil, F. 1992. *The new aging: Politics and change in America*. Westport, CT: Auburn House.

United Nations General Assembly, Plenary Session. 1991. A/RES/46/91 (December 16, 1991). Resolution to encourage governments to incorporating five principles for older persons into their national programs.

_____. 1998. A/RES/52/80 (January 30, 1998). Resolution to adopt international year of older persons in 1999 with a theme of "a society for all ages."

United Nations. Department of Social and Economic Affairs. 1956. *Population studies*, No.26 (The aging populations and its economic and social implications). New York: United Nations.

_____. 2002. *Report of the second world assembly on ageing, March 8~12, 2002*. New York: United Nations.

_____. 2015a. Rethinking and strengthening social development in the contemporary world (Economic and Social Council Document E/CN.5/2015/3).

_____. 2015b. Emerging issues: contributions of social development to the transition from the Millennium Development Goals to the sustainable development goals (Economic and Social Council Document E/CN.5/2015/6).

Vaillant, G. E. 2002. *Aging well*. Boston: Little, Brown and Company.

WHO. 2002. *Active ageing: A policy framework*. Geneva: WHO.

Williamson, J., D. Watts-Roy and E. Kingston 1999. *The generational equity debate*. Bognor Regis, West Sussex, England: Columbia University Press.

제4장
지속가능한 보건 의료의 조건과 과제

김창엽 | 서울대학교 보건대학원 교수

1. 들어가며

이 글을 읽는 많은 사람들이 보건의료의 전문가가 아니라는 점을 전제한다
면, 먼저 몇 가지 개념을 명확하게 해두는 것이 도움이 될 것 같다. 우선 건강
그리고 보건이나 의료(이하 '보건의료'라 한다)가 무엇을 뜻하는가 하는 것이다.
간단하게 요약하면 보건의료는 인간의 사회적 활동인 반면 건강은 그 활동의
결과물이라는 점에서 구분된다. 이 둘 사이에는 밀접한 관련이 있지만, 보건의
료는 건강이라는 결과물을 산출하는 데 영향을 미치는 여러 요소 가운데 하나
에 지나지 않는다.

건강은 전통적으로 생물학적인 것으로 설명해왔다. 유전을 비롯한 타고난
소인, 그리고 신체의 생물학적 변화가 건강을 결정한다고 이해했던 것이다. 이
런 요소들을 건강을 결정하는 생물학적 요인이라고 한다. 지금 건강과 질병,
그리고 의학과 의료를 해석하는 주류 패러다임은 건강과 질병을 생물학적 요
인으로 설명하려 하는 것이다. 이른바 건강의 생의학적(biomedical) 모형은 인
체를 정교한 기계로 그리고 질병은 그런 기계가 고장 난 것으로 이해한다. 보

건의료는 고장 난 기계를 고치는 것으로 비유하는 것이 당연하다.

개인 수준에서 생의학적 모형이 여전히 효과적으로 적용되고 있다는 것을 부인할 수 없다. 항생제를 비롯한 약물과 자기공명영상법(MRI)과 같은 의학 기술만으로도 근거는 충분할 것이다. 그러나 집단과 사회 수준에서는 이에 덧붙여 다른 설명이 필요하다. 효과적인 예방 방법이 확립된 많은 질병이 여전히 유행하고 있다는 것 한 가지만 보더라도 생의학적 모형은 만능이 아니다. 이것만으로는 저소득 국가에서 설사, 말라리아, 위험한 출산이 아직도 중요한 사망 원인이라는 것을 설명하지 못한다.

최근 소득이나 교육, 노동과 같은 건강의 '사회적 결정 요인'이 주목을 받는 것은 이 때문이다. 한 나라 안에서 또 국가 사이에 사회적 결정 요인의 차이에 따른 건강 수준의 차이는 일관되고 뚜렷하다. 건강 현상과 문제는 물론이고 그 것의 해결 가능성이 정치·경제·사회의 변화와 촘촘하게 결합되어 있기 때문이다. 생의학적 모형이 개인의 건강을 잘 설명할 수 있다고 했지만, 여기에서 다시 사회적 결정 요인과 만난다. 빈곤은 집단과 사회 전체의 건강을 위협하는 사회적 요인이지만 동시에 개인의 건강 수준에도 영향을 미친다. 따라서 건강에 관심을 갖는다면 보건의료뿐 아니라 사회적 결정 요인을 포함한 좀 더 넓은 범위에서 접근해야 한다.

이 글에서 한 가지 더 명확하게 할 일은 지속가능성이 무엇을 뜻하는가 하는 것이다. 그것은 건강의 지속가능성인가 아니면 보건의료의 지속가능성인가? 또는 다른 사회적 가치나 삶이 지속하기 위한 건강이나 보건의료의 조건을 말하는 것인가? 그리고 좀 더 근본적으로 '지속가능성'은 무엇을 뜻하는가?

물론 건강 자체의 지속가능성도 문제가 된다. 인류의 건강 수준은 대체로 향상되어온 것이 사실이다. 생명은 연장되었고 많은 질병이 정복되었다. 그러나 사회적 시간 또는 '국면(conjuncture)'으로 보면 꼭 그렇다고 하기 어렵다. 최근의 변화만 하더라도 사하라 사막 이남 아프리카의 많은 나라에서 에이즈가 창궐하면서 평균수명이 감소했다. 1990년과 2013년 사이에 평균수명이 5.1년이나 줄어든 것이다(GBD 2013 Mortality and Causes of Death Collaborators, 2014). 소련이 붕괴하면서 사망률이 급격하게 상승한 것도 널리 알려진 건강 수준의 후퇴다.

이런 측면에서 건강과 보건의료 자체의 지속가능성을 논의할 수 있다. 그러나 이 글에서는 그보다는 건강과 보건의료가 다른 본질적인 사회적 가치의 지속가능성에 어떤 영향을 미치는가 하는 관점을 택한다. 즉 건강과 보건의료의 지속가능성을 내재적인(intrinsic) 것이 아니라 외재적·도구적(instrumental) 관점에서 본다. 건강과 보건의료의 가치가 도구적이라면, 본질적인 가치는 추상적인 것으로 좋은 삶 또는 옳은 삶을 가능하게 하는 공간이자 체계로서, 한 사회가 공유하는 가치를 말한다. 또 한 가지 전제할 것은 공간적 범위로, 이 글에서 논의하는 것은 하나의 정치 공동체(polity)로서 한국(남한) 사회에 한정한다.

지속가능성의 관점에서 보면, 한국에서 건강 수준이 크게 향상된 것 그리고 앞으로도 건강 수준이 더 나아질 가능성이 크다는 것 자체가 기회이자 위기다.[1] 우선 기회의 측면에서 보자. 일찍이 경험한 적이 없는 긴 수명이야말로 어떤 의미든 한국 사회가 지속할 수 있게 하는 토대로 작동한다. 많은 사람이 더 좋은 삶을 살 수 있는 기회가 확대되었고 물리적 공간이 넓어졌다. 경제적으로도 더 많은 생산과 소비가 가능하게 되었고, 앞으로 더욱 그렇게 될 것이다.

하지만 바로 여기에 지속가능성을 위협하는 위기 또한 배태되어 있다. 바로 노령 인구의 증가가 그것이다. 인류 역사상 노인 인구가 가장 많아졌고 한국 사회도 마찬가지다. 이미 익숙하지만 위협이자 도전인 것은 틀림없다. 65세

---

1 통계청이 2014년 발표한 자료에 따르면 2013년 현재 한국인의 평균 기대 수명은 81.9년 (남성 78.5년, 여성 85.1년)이다.

이상 노인의 비율이 이미 전체 인구의 12%를 넘었다는 것, 그리고 다른 나라와 비교할 때 증가 속도가 가장 빠르다는 것을 지적하는 것만으로 충분하다.

이 글에서는 건강과 보건의료의 사회적 성격(아울러 이의 도구적 측면), 그리고 유례없이 향상된 건강 수준이라는 두 가지 조건을 맥락으로 삼아 건강과 보건의료의 지속가능성을 탐색하고자 한다. 이들 조건이 심층 구조와 메커니즘으로 작용해 지금 인식하고 경험하는 보건의료의 위기를 빚어낸다고 파악하는 것이다. 구체적인 현상은 세 가지에 집중한다. 비용과 지출의 급증, 불평등의 심화, 그리고 새로운 보건의료에 대한 요구가 그것이다.

2. 비용과 경제적 지속가능성

의료비의 폭발과 이를 부담할 사회적 능력은 한국에 국한된 문제가 아니다. 의료비 부담은 결국 자원과 비용의 과제이므로 경제로 표현되는 보건의 지속가능성이라 할 수도 있다. 또한 보건의료가 경제를 통해 사회에 미치는 영향이라는 의미도 포함한다.

의료비의 증가는 개별 수준과 집합적 수준에서 동시에 일어난다. 개인 수준에서는 가계와 개인의 소비지출 증가, 사회적으로는 건강보험을 비롯한 사회적 비용의 증가라는 형태로 나타난다. 두 가지 비용은 서로 밀접한 관련을 가지지만 반드시 일치하지는 않는다. 의료비 부담을 사회적으로 어떻게 분산하는가에 따라 비용 부담의 주체와 분포가 달라진다.

1) 사회적 비용 부담

2012년을 기준으로 의료비 지출의 전체 크기는 국내총생산의 7.6%를 차지

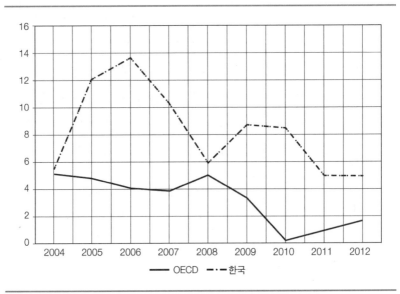

자료: OECD(2014).

한다. 절대 수준으로만 보면 다른 고소득 국가와 비교해 아직 그리 높은 편은
아니다. OECD의 2014년 보건통계 자료를 참고하면, 전체 OECD 국가는 국내
총생산의 9.3%를 보건의료비로 지출한다(OECD, 2014). 미국이 가장 높아서
16.9%이고, 네덜란드(11.8%), 프랑스(11.6%) 등의 순서다.

절대 수준이 아니라 빠른 증가 속도가 문제다. OECD 회원국과 비교하면 국
내총생산 대비 보건의료비 비중은 지속적으로 높은 증가율을 보인다(〈그림
4-1〉 참고). 2004년 이후 OECD 국가들이 연평균 5% 이하의 증가율을 보이는
데 비해 한국은 높게는 14%, 낮아도 6%씩 증가했다.

앞으로 증가 추세가 더 심화된다는 것이 큰 도전이다. 고소득 국가에서 의
료비 지출이 증가하는 이유는 크게 소득 상승, 의학 기술의 발전, 인구 노령화
등이 꼽힌다(Xu, 2011). 한국에서 이들 요소가 변화하는 속도는 다른 어느 나라

보다 빠를 것으로 예상된다. 대부분의 나라가 비슷한 도전에 직면해 있지만 한국에서 같은 문제에 대응하는 어려움이 더 클 것이다.

노령 인구의 증가와 이에 따른 의료비 증가를 특히 주목해야 한다. 한국의 노령 인구 증가 속도는 세계적으로도 가장 빠르다. 통계청의 2011년 「장래인구추계」에 따르면 65세 이상 노인 인구의 비중은 2020년 15.7%, 2030년 24.3%, 2040년 32.3%로 늘어날 것으로 전망된다.

노인 인구가 보건의료비를 많이 지출하는 것은 당연하다. 최근에는 만성화 경향을 보이는 비감염성질환의 비중이 커짐에 따라 보건의료 이용은 더욱 많아졌다. 2013년 현재 노인 1인당 연평균 진료비는 322만 원으로 전체 인구의 1인당 진료비 102만 원의 3배를 넘는다(건강보험심사평가원, 건강보험공단, 2014). 노인 인구가 빠르게 늘어나고 이들의 보건의료비 지출이 많아지면 전체 의료비 지출이 급격하게 늘어나는 것은 당연한 결과다.

의료비 지출에서 주목할 것은 크기와 증가 속도에 그치지 않는다. 한국의 보건의료비 지출을 분해하면 공공 부문(건강보험 포함)의 비중이 낮다는 특징이 드러난다. OECD 전체로는 공공 부문이 부담하는 의료비 비중이 평균 72%인 것에 비해 한국은 55%에 지나지 않는다(OECD, 2014). 그만큼 개인이 직접 부담하는 비용의 비중이 크다는 것을 뜻한다.

상대적으로 공공 부문이 허약하다는 것은 지속가능성의 측면에서 이중적인 의미를 갖는다. 정부가 기여하는 재정의 비중이 작다는 것이므로, 장기적으로 정부 재정에 미치는 부정적 효과를 줄일 수 있다. 그러나 민간 부문의 비중이란 곧 개인과 가계가 부담하는 것이므로, 공공 부문의 역할이 작으면 의료비 증가에 따른 개인 부담이 커질 수밖에 없다. 개인과 가계의 경제적 부담이 그만큼 늘어난다는 뜻이다. 특히 민간 부문에 의존할수록 의료비 지출의 비효율성은 더 크고, 이는 더 많은 의료비 부담으로 이어지게 된다.

2) 개인과 가계의 부담

개인의 부담과 사회적 비용은 항상 일치하는 것은 아니어서 사회적 비용을 어떻게 분담하는가에 따라 개인의 부담이 달라진다. 조세나 사회보험 방식의 공적 건강보장체계에서는 개인의 부담이 비교적 고르게 분산된다. 하지만 민간보험이나 개인의 직접 지불에 의존하면 개인의 경제적 능력에 따라 의료비 지출이 달라진다.

개인과 가계의 부담이 지나치게 클 경우 가계의 파탄과 빈곤으로 이어지는 것이 문제다. 소비지출 가운데 의료비를 일정 비율보다 더 많이 지출하는 것을 '과부담(catastrophic)' 의료비 지출이라 부르는데, 개인의 의료비 부담 정도를 나타내는 지표로 쓰인다. 비교적 최근의 상황(2008년)을 분석한 한 연구에서 가구 생활비의 10%를 기준으로 할 경우 19.7%, 가구 소득의 10%를 기준으로 할 경우 15.7%의 가구가 과부담 의료비에 해당하는 것으로 나타났다(이태진 외, 2012). 저소득층과 만성질환자가 있는 가구에서 과부담 의료비 발생률이 높았다.

이러한 과부담 의료비 발생률은 건강보장제도의 보장성이 높은 나라들에 비해 매우 높은 수준이다.[2] 개인과 가계의 부담 정도가 전체 비용의 분담 방식과 관련된다는 점에서 이런 결과가 나타나는 것은 당연하다. 공공 부문을 통한 지출의 비중이 늘어나지 않는다면 개인과 가계가 경제적 위험에 빠질 가능성은 그만큼 더 높아진다.

---

2 좀 오랜 통계지만 같은 기준을 적용한 한 조사에서 나타난 고소득 국가의 과부담 의료비 발생률(가구 단위)은 다음과 같다(Xu, et al., 2003). 캐나다 0.09%, 프랑스 0.01%, 영국 0.04%, 미국 0.55%, 독일 0.03%, 한국 1.73%.

3) 의료비 증가의 도전과 과제

비용의 위기는 두 가지 측면의 사회적 과제로 나타난다. 첫 번째는 전체 비용을 어떻게 조달할 것인가의 문제다. 어떤 방법(건강보험의 보험료나 조세를 통한 국가 예산)을 택하든 빠르게 늘어나는 비용을 제때 충분히 마련하는 일은 만만치 않다. 두 번째 과제는 늘어나는 비용 부담으로부터 개인과 가계를 보호하는 것이다. 사회적 보호가 여전히 불충분한 것은 해결하지 못한 근대적 과제다. 하지만 비용 지출이 계속 증가하는 상황이면 보호의 수준은 크게 개선되기 어렵고, 빈곤과 불평등 문제가 뒤따를 수밖에 없다.

필요한 재정을 조달하는 것은 다시 두 가지 과제로 나눌 수 있다. 하나는 재정의 크기를 키우는 것이고, 두 번째는 지출을 효율화하는 일이다. 여기서 효율화란 기대하는 성과를 유지하면서도 비효율적인 지출을 없애거나 줄인다는 것을 의미한다.

필요한 만큼 재정의 크기를 키우는 것은 당분간 피할 수 없는 과제로 보인다. 건강보장을 위한 재원이 주로 보험료를 통해 조달된다는 것을 고려하면 재원 조달의 가장 유력한 방법은 보험료의 인상이다. 2014년 현재 건강보험의 보험료율은 보수월액의 5.99%(직장가입자)로, 고소득 국가에 비해 크게 낮다.[3] 따라서 이론적으로는 보험료 인상을 통한 재정 확충이 가능하다고 할 수 있다.

그러나 보험료의 인상은 간단한 문제가 아니다. 재원의 부담과 배분은 서로 다른 계층과 집단의 이해가 상충하는 전형적인 정치의 대상이다. 특히 생산 인구의 비중이 감소하면서 건강보험료의 토대가 약화되고 노인 인구가 증가하면

---

3   건강보험공단의 자료(외국의 건강보험제도, http://www.nhis.or.kr)를 보면, 2014년 현재 건강보험료율은 독일 15.5%, 프랑스 13.55%, 일본 10.0%(2012년 전국건강보험협회 건강보험료 기준) 등이다.

부담과 배분의 이해 상충은 더욱 심화된다. 또 다른 토대인 사회적 연대와 제도에 대한 신뢰 역시 충분한 수준에 이르지 못한 상태다.

이미 담배 부담금을 통해 일부 재원이 조달되지만, 술, 화석연료 등의 물품에도 목적세를 부과하는 것이 또 다른 방법이다. 그러나 이것 역시 정책의 문제라기보다는 정치 문제에 속한다. 재원 조달의 책임을 누가 얼마나 지는가 하는 문제를 둘러싼 논란과 갈등이 계속될 가능성이 크다.

간접적으로 재원을 확충하는 한 가지 방법이 지출을 효율화하는 것이다. 달리 표현하면 지출을 줄이거나 증가를 최대한 억제하는 것을 말한다. 여러 나라가 효과적인 수단을 찾기 위해 부심하고 있으며, 실제로 다양한 방법이 쓰인다. 병원과 의사를 비롯한 의료 제공자에게 진료비를 보상하는 방법을 바꾸는 것부터 의료기관과 시설의 신설을 제한하는 것까지 한두 가지로 요약하기는 어렵다.[4] 한국에서는 진료비 수준(건강보험의 진료 수가)을 억제하는 것을 주된 방법으로 사용해왔다.

여러 방법 가운데에 뚜렷하게 성과를 본 방법이 많지 않고 전망도 밝지 않다는 것이 객관적 평가이다. 한국은 수가 통제를 빼면 비용 절감을 위한 정책을 본격적으로 시도하지 않았으나, 빠른 시간 안에 효과적인 정책 수단을 형성하고 채택할 수 있을지 확신하기 어렵다. 부분적으로 시행한 진료비 지불제도의 변화, 예를 들어 행위별 수가제를 포괄 수가제로 바꾸는 것도 제대로 추진되지 않을 정도다. 개혁의 필요성에 대한 정치적 의지와 사회적 합의, 정책 역량, 공통의 경험과 지식이 모두 부족하다.

노인 인구 증가를 비용의 핵심 요인으로 지목했지만, 한국의 고비용형 보건의료체계가 비용 증가를 가속시킨다는 점을 강조한다. 민간 부문의 비중이 지

---

4 구체적인 방법은 다음을 참고할 것. 김창엽, 『건강보장의 이론』(한울, 2009), 특히 제16장 "건강보장 재정의 거시 관리".

나치게 높고 이들은 이윤과 영리에서 자유로울 수 없다는 것이 핵심 구조이자 메커니즘이다. 민간 의료기관들은 생존과 확장을 위해 경쟁적으로 서비스 생산을 증가시킬 수밖에 없다.

보건의료의 기본 성격에서 비롯된 것이지만, 시장의 효율성보다는 시장 실패의 비효율성이 두드러지는 것이 당연하다. 개별 의료기관으로서는 더 많은 환자를 유치하기 위해 MRI를 설치하는 것이 효율적인 행동이지만, 사회적으로는 인구 대비 고가 의료장비의 과잉이라는 비효율로 귀결된다. 이와 같은 구조적 요인을 그냥 둔다면 재정을 확충하고 비용 지출을 줄이는 미시 정책만으로는 충분한 효과를 달성할 수 없다.

그렇다고 환원주의적으로 모든 것을 구조 개혁에 의존하는 것도 불가능하다. 결국 다양한 정책 수단을 포괄하고 정책 기조 또는 정책 패키지의 형태로 그것을 일관되게 정렬하는 것이 필요하다. 이때 보건의료체계의 (자유지상주의적) '시장성'을 완화해나가는 것이 중심 과제가 되어야 한다.

4) 보장성의 확충

의료비 증가가 한편으로 개인과 가계를 사회적으로 보호할 필요성을 높인다는 것은 심각한 딜레마다. 건강보장이 지속가능한 것이 되려면 재정에 대한 압박이 심화되는 가운데에도 다른 편으로는 건강보장제도의 보장성을 높여야 한다. 보장성의 수준이 앞서 말한 사회 연대와 제도 신뢰의 토대로 작용하는 것도 중요하다. 현실에서 흔히 보장성의 확대와 재정 효율화가 충돌하는 데서 딜레마가 생긴다.

보장성을 올리기 위해서는 급여(서비스) 범위를 더 넓히고 본인 부담은 줄여야 한다. 이에 필요한 재정은 늘어날 수밖에 없는데, 지금의 고비용형 보건의료체계를 그냥 둔 채로는 딜레마와 충돌을 피하기 어렵다. 건강보장체계의 지속가능성을 위협하는 가장 중요한 이유 가운데 하나다.

재정의 효율과 보장성을 조화시키기 위해서는 앞서 말한 보건의료체계의 시장성 완화를 근본 과제로 삼아야 할 것이다. 공공 재정의 비중을 더 높이고, 의료 이용과 재정의 흐름에 대해 사회적·민주적 통제를 강화해야 한다. 여기서 통제란 단순히 정부 규제를 의미하지 않는다. 1차 의료 강화, 의료전달체계 개혁, 진료비 지불제도의 개편, 환자와 주민의 참여 등 공공성을 바탕에 두고 흐름을 체계화·조직화한다는 뜻이다.

소유를 비롯해 공공 부문의 비중을 늘리는 방안은 논쟁적이다. 민간 부문의 비중이 압도적으로 높은 상황에서 그것이 가능하겠는가 하는 현실론과 공공 부문이 비효율적이라는 효율성 논리가 중첩되어 있다. 그러나 민간 독점 또는 과점을 견제할 수 있는 '결정적 다수(critical mass)'의 수준에 접근하는 것은 필요할 뿐 아니라 가능하다고 판단한다. 공공 의료기관이 양적·질적으로 민간 의료기관의 독과점을 견제할 수 있는 수준까지 확대되어야 한다.

3. 건강과 보건의료의 불평등

두 번째 다루어야 할 위기와 도전은 불평등의 온존 또는 심화 현상이다. 먼저 건강과 보건의료에서 불평등이 무엇을 뜻하는지 명확히 규정할 필요가 있다. 보건에서는 단순한 차이(disparity, inequality)와 불평등(inequity)을 구분한다.

불평등은 사회적으로 유불리가 다른 집단 사이에 체계적으로 나타나는 어떤 종류의 차이를 뜻한다. '불평등이 아닌 차이'와 '불평등인 차이'가 나누어지는 것이다. 예를 들어, 여성과 남성 사이에는 평균수명의 차이가 있지만(대부분 여성이 더 오래 산다) 그냥 차이라고 하지 불평등하다고 하지 않는다.

체계적이란 말에는 좀 더 설명이 필요하다. 이는 어떤 차이가 사회구조적 요인 때문에 일관되게 나타난다는 것을 뜻한다. 개인 사이의 (우연한) 차이가 아니라 사회적인 처지가 다른 집단 사이의 차이를 문제 삼는다는 것도 맥락이 비슷하다. 미국에서 흑인과 백인 간에 나타나는 평균수명의 차이, 한국의 저학력 계층과 고학력 계층 사이에 존재하는 저체중 출산의 확률 차이, 이런 것들이 건강 불평등의 전형적인 예다.

이상을 종합하면 건강과 보건의료의 불평등은 "불필요하고, 피할 수 있으며, 공정하지 못한 차이"를 가리킨다(가장 유명한 정의이다). 마틴 루터 킹(Martin Luther King Jr.)이 말한 대로, "모든 불평등 가운데에 보건의료의 부정의가 가장 충격적이고 비인간적이다." 게다가 불평등은 단지 정의와 사회윤리의 문제에 그치지 않는다. 심각한 불평등을 그냥 두고도 사회가 계속 발전하고 공동체가 유지할 수 있을지 장담하기 어렵다.

1) 불평등의 현상

한국에서 건강과 보건의료의 불평등은 심각하다. 그중에서도 서로 다른 계급 또는 계층 사이의 격차는 뚜렷하고 일관된다.

우선 보건의료 불평등은 개인과 가정이 생생하게 경험하는 대로다. 전체 상황을 요약해서 나타내기 어려우므로 몇 가지 연구 결과를 제시하는 것으로 대신한다. 보건의료 이용의 불평등을 나타내는 대표적인 지표가 이른바 '미충족 필요(unmet need)'라는 것이다. 의학적 치료가 필요한데도 충족되지 않은 경우를 말한다. 2013년 한국보건사회연구원이 소비자 인식을 조사한 결과를 보면, 한국인 네 명 가운데 한 명 꼴로 자신이나 가족이 아플 때 미충족 필요의 경험이 있었다(윤강재 외, 2013). 진료비 부담과 생계 활동 때문이라는 이유를 합하면 55%가량이 경제적 이유다.

또 한 가지 주목할 것은 노인에서 나타나는 보건의료의 불평등이다. 전국적으로 실시되는 국민건강영양조사 자료를 활용해 노인의 의료 이용을 분석한 연구에서 현상 일부를 볼 수 있다. 개인 단위에서 외래와 입원 모두 경제적 상위 계층에 유리한 불평등이 나타났고, 집단별로도 교육 수준과 소득이 낮을수록 의료 이용이 불리했다(Kim, et al., 2012). 노인의 의료 이용이 사회경제적 계층에 따라 불평등 현상을 보인 것이다.

지속가능성의 측면에서 노인의 의료 이용에 불평등이 뚜렷하게 나타난다는 것을 특히 주의해야 한다. 노령 인구에서 의료 이용의 필요(needs)가 더 크다는 것은 두말할 것도 없다. 노인 인구가 급증하고 소득 보장이 충실하지 않은 가운데에 의료 이용의 불평등이 크다는 것은 앞으로 중요한 사회 문제이자 과제로 등장할 수 있다는 것을 뜻한다.

개인이 직접 경험하긴 어렵지만, 건강의 불평등도 덜하지 않다. 2010년 한 해 동안의 30~44세 연령의 사망률을 분석한 자료가 대표적이다(김동진, 2013). 남성에서 중졸 이하 집단은 대졸 이상인 집단보다 사망률이 8.4배 높았고, 고졸 집단은 대졸 이상에 비해 사망률이 2.2배 높았다. 같은 연령 집단의 여성 사망률도 대졸 이상 집단에 비해 중졸 이하는 8.1배, 고졸은 1.8배 높았다.

시간이 경과함에 따라 불평등이 증가하는 것도 주목할 만하다. 앞서 인용한 자료를 보면, 1995~2010년의 기간에 대부분의 연령 집단에서 교육 수준별 사망률의 상대적 불평등이 증가하는 양상을 보였다.

2) 불평등의 원인과 사회적 결정 요인

건강과 보건의료의 불평등은 사회적 결정 요인, 즉 사회적 맥락 안에서 이해하고 해결 방법을 구해야 한다. 지금까지 연구 결과를 종합하면, 소득과 교육의 불평등, 노동의 조건, 고용 불안정, 지역 간 불평등 따위가 건강 불평등을 결정짓는 중대한 요인들이다.

한국 사회에서 이러한 사회적 결정 요인의 현상과 추세는 분명하다. 건강과 보건의료의 불평등이 더욱 심화되어 사회 발전을 막고 삶의 질을 위협하는 요소가 되기에 충분하다. 이들 요소 하나하나를 자세하게 살펴보는 것은 이 글의 범위를 넘는다. 그러나 보건의 불평등이라는 시각에서 간단하게 추세와 현황, 그 문제점을 지적하는 것은 충분한 의의가 있을 것이다.

우선 소득 불평등에 충분히 주의를 기울여야 한다. 1998년 경제위기 이후 소득 불평등이 지속적으로 악화되고 있는 것은 잘 알려져 있다. 하지만 앞으로도 경향성이 더욱 심화되고 개선될 전망이 어둡다는 것이 중요하다. 강조할 것은 건강 불평등을 유발하는 요인으로서의 소득 불평등은 빈곤이나 양극화로 환원되지 않는다는 사실이다. 빈곤은 일정 수준 이하 집단의 문제이며, 양극화는 엄밀하게는 소득 분포가 양쪽 극단으로 갈리는 현상을 말한다. 건강 불평등의 관점에서 소득은 전체 범위에 걸쳐 비례해(gradient) 부정적인 영향을 미친다. 소득이 높은 사회에서도 불평등의 부정적 건강 효과가 감소하지 않는다는 것이 이를 말한다(Wilkinson and Pickett, 2009).

교육도 건강과 보건의료의 불평등을 결정하는 중요한 요인이다. 소득과 직접적인 관련이 있기 때문이기도 하지만, 그 자체로도 건강과 보건의료에 큰 영향을 미친다. 즉, 건강 행태와 생활 습관에는 인지적 요소가 중요하게 개입하는데, 교육이 이러한 인지적 요소를 긍정적으로 형성하는 데 결정적으로 기여한다. 같은 소득에서도 교육 수준이 높으면 건강 수준이 향상된다는 많은 연구는 교육이 건강에 독립적으로 영향을 미친다는 사실을 잘 보여준다. 특히 교육 불평등의 세대 간 이전은 악순환의 중요한 고리라는 점에서 소홀하게 다룰 수 없다.

소득이나 교육에 비하면 미시적이지만, 노동과 작업환경도 따로 언급할 필요가 있다. 비정규직 문제를 포함해 작업환경과 노동조건은 건강 불평등을 초래하는 중요한 요소다. 전통적인 요인인 장시간 노동이나 불안전한 작업환경은 물론이고, 최근의 변화된 노동과정 때문에 사회심리적 스트레스도 위험으로 작용한다. 특히 사회심리적 스트레스는 노동조직과 과정에 직접 연관된 것으로, 미시적인 접근뿐 아니라 노동과정에 대한 참여 또는 자기결정권이라는 문제를 동시에 제기한다.

이상과 같은 요인 이외에도 건강과 보건의료 불평등은 주거 조건, 지역사회의 특성, 환경적 요인 등과도 관련된다. 나아가 불평등에 영향을 미치는 요인들은 보건의료를 비롯한 정책, 정치적 참여, 사회관계망 등 넓은 범위에 걸쳐있다. 불평등을 매개로 한 건강과 보건의료의 지속가능성이 곧 이들 요인들과 긴밀하게 연결되어 있다는 것을 뜻한다.

3) 더 평등한 건강과 보건의료를 위한 접근

앞에서 건강과 보건의료의 불평등이 지속가능성에 중요한 영향을 미친다고 주장했다. 그러나 이것을 다루는 것은 문제의 진단이나 처방을 구별할 것 없이 첫걸음을 내디딘 것에 지나지 않는다. 인식과 의제화의 '지체' 현상 자체가 지속가능성을 위협한다.

문제가 생기는 경로를 포함해서 현상을 파악하고 이해하는 것조차 아주 미흡한 수준에 있다는 것을 우선 지적한다. 정책이나 프로그램의 개입이 가능할 정도로 근거가 축적되기 위해서는 관련 당사자들이 더 많은 노력을 기울여야 한다. 사회 구성원 전체가 문제를 이해하고 중요성을 인식하는 것이 필요하다.

이런 한국의 사정은 최근의 국제 동향을 고려하면 더욱 두드러져 보인다. 특히 세계보건기구 '건강의 사회적 결정요인위원회(Commission on Social Determinants of Health: 이하 CSDH)'가 비교적 최근인 2008년에 낸 최종보고서에서 제시한 접근은 한국의 현실을 크게 뛰어넘는 것이다(WHO Commission on Social

Determinants of Health, 2008). 「한 세대 안에 격차 줄이기(Closing the gap in a generation)」라는 이름의 이 보고서는 건강 불평등을 어떻게 이해할 것인가 하는 원론적인 측면이나 현상의 진단에 그치고 않는다. 방대한 근거에 기초해서 구체적인 권고를 담고 있는데, 3대 총괄 권고와 16개 영역에 걸친 56개의 권고는 건강 불평등에 접근하는 한국 사회가 이 문제에 어떻게 접근할 것인가 하는 점에서 참고할 것이 적지 않다.

보고서의 핵심이랄 수 있는 CSDH의 3대 권고는 포괄적이고 폭넓은 중재(개입, intervention)를 강조한다. 첫째 권고는 건강 불평등 문제를 해결하기 위해 일상적인 삶의 조건을 개선하라는 것이다. 건강 위험 요인에 대한 불평등한 폭로와 피폭로자의 취약성을 개선하기 위한 보편적 접근 전략이 강조된다. 구체적인 중재 영역으로 삶의 평등한 출발, 건강한 공간 만들기, 공정한 고용과 괜찮은 일자리, 생애 과정에 걸친 사회적 보호, 보편적 보건의료 서비스 등을 포함한다.

둘째 권고는 권력, 돈, 자원의 불공평한 분포를 개선해야 한다는 것으로, 이는 좀 더 근본적인 요인에 대한 개입과 중재를 가리킨다. 건강 형평성을 모든 정책과 사업에 통합시키기, 공정한 재원 조달, 시장의 책임성, 젠더 형평성, 정치적 역량 강화, 양질의 국제 거버넌스 등을 강조한다. 마지막 세 번째 권고는 문제를 측정하고 이해하며, 활동·중재의 영향을 평가해야 한다는 것이다.

사실 세계보건기구의 이러한 권고는 한국에서 논의되고 실천하는 수준을 훨씬 넘는다. 특히 전통적인 건강과 보건의료 정책의 범위에 한정되지 않는다는 점에서 도전적이고 논쟁적이다. 그러나 (구체적인 전략에서는 차이가 있을지라도) 불평등 문제를 해결하는 데에 사회적 결정 요인이 중요하다는 원칙을 부각시킨 점은 인정해야 한다.

앞으로 세계보건기구의 보고서를 비롯한 국제 사회와 세계 여러 나라의 문제의식과 노력을 창조적으로 수용하고 활용하는 것이 중요하다. 한국 사회에서 건강과 보건의료의 불평등이 이미 심각한 수준이고, 앞으로 악화될 가능성이 크며, 이는 다양한 사회적 결정 요인과 밀접한 관련을 맺고 있기 때문이다. 그뿐 아니라 세계적 차원의 경제구조의 변화, 노령화, 가족 구조의 변동 등은 사회적 결정 요인의 중요성을 더욱 키울 가능성이 높다. 이런 맥락에서 한국 사회가 특히 관심을 가지고 노력해야 할 과제 몇 가지는 다음과 같다(김창엽, 2007).

첫째, 건강 불평등 문제에 접근하는 인식과 문제 설정의 지평을 크게 넓힐 필요가 있다. 세계보건기구 보고서가 누누이 지적하는 것처럼 개인과 집단의 건강은 사회적 결정 요인에서 자유롭지 않다. 이는 단지 문제 원인을 탐구하는 데에서 그치는 것이 아니라, 중재와 정책 대안을 모색하는 데에도 적용된다. 소득, 교육, 노동과 고용, 주거, 물리적 환경, 지역사회, 정치적·사회적 참여 등 건강 불평등에 관련되는 여러 요인에 포괄적(comprehensive)으로 접근해야 한다. 보건 분야에서는 "모든 정책에 건강을(Health in All Policies)" 고려하자는 주장도 있다.

둘째, 사회적 결정 요인과 건강·보건의료를 연결하는 인과관계를 더욱 넓고 깊게 이해하는 것이 단기 과제다. 여기에는 세계보건기구의 보고서가 권고하듯이 측정과 이해, 영향 평가가 모두 포함된다. 문제의 이해와 영향의 평가는 이론적인 의미에 그치는 것이 아니라 문제 해결을 위한 실질적 기반을 제공한다. 예를 들어 저소득층 어린이에게서 더 많이 나타나는 사고로 인한 사망을 줄이기 위해서는 그러한 결과를 만들어내는 경로와 기전을 정확하게 이해해야 한다. 사망 불평등이 어떤 경로로 어느 곳에서 어떻게 일어나는지 알지 못하면 정확한 개입의 지점을 찾기 어렵다.

셋째, 건강 불평등 문제를 우선순위가 높은 의제(agenda)로 만들어가야 한다. 사회적 가치로서의 건강과 보건의료조차 여전히 우선순위가 낮은 형편이라면 건강 불평등 문제는 말할 것도 없다. 학술과 연구 활동에서도 마찬가지이고, 공공의 정책이나 민간 부문에서도 크게 다르지 않다. 그러나 건강 불평등 완화는 중요한 사회적 가치이자 지속가능한 사회 발전을 위한 과제로, 사회정책과 건강 정책이 지향해야 하는 핵심 목표이다. 우선 연구와 학술 활동이 촉매 노릇을 해야 하겠지만, 이를 적극적으로 공공화·공론화하는(publicize) 것이 의제의 우선순위를 높이는 첫걸음이 될 것이다.

4. 토대의 변화와 새로운 패러다임의 지체

도구적 관점에서 건강과 보건의료의 지속가능성을 본다고 했지만, 세 번째 논점은 내재적인 것과 겹친다. 매우 서서히 다가오고 실현되는, 느린 속도를 특징으로 하는 것이기도 하다. 이 위기는 하나의 역설이라 불러야 하는 것으로, 겉으로는 빠르게 발전하는 것 같은 건강과 보건의료, 그리고 그를 둘러싼 사회적 조건과 제도(넓은 의미에서)들이 진정한 인간 생활의 필요와 희망에 부합하는가를 묻는다.

이반 일리치(Ivan Illich)는 건강과 보건의료를 추구하는 데에서 스스로의 능력과 자율성을 잃어버렸다고 근대화된 보건의료(와 그 의식)를 격렬하게 비판했다(Illich, 1976). 하지만 꼭 이 정도로 급진적 관점은 아니어도 현대 보건의료의 '소외'는 무시하기 어려울 정도로 심화되고 있는 것으로 보인다. 토대의 변화와 이에 조응하지 못한 사회적 반응의 격차가 압축된 형태로 드러나고 있다.

1) 건강과 보건의료의 전통적 모형

새로운 패러다임이 필요한 출발점은 건강과 질병의 양상이 크게 바뀐 것이다. 생명은 비교할 수 없을 정도로 연장되었고, 사망과 질병의 이유는 과거와는 근본적으로 달라졌다.

30년 전인 1983년 한국인의 사망 원인 1위는 암(남자)과 뇌혈관 질환(여자)이었으나, 2012년에는 남녀 모두에서 암이 사망 원인 1위다(Lim, et al., 2014). 만성폐질환은 남자에서 47%, 여자에서 59.5% 줄었고, 간질환 사망률은 80% 가깝게 감소했다. 이에 비해 자살, 당뇨병, 폐렴은 크게 증가했다. 감염병은 더 이상 중요한 사망 원인이 아니며, 생활 습관과 노화와 연관된 만성 비감염성 질환이 대부분을 차지한다.

과거 감염병과 급성 질환의 비중이 큰 때에 보건의료는 주로 약품과 장비, 수술과 병원, 전문가에 의존했다. 질병은 짧은 기간 안에 치료되거나 사망에 이르는 것이었고 전문가의 지식과 기술이 중요할 수밖에 없었다. 생의학적 모형에 기초한 의학 지식과 기술의 발전이 이런 추세를 강화한 것은 물론이다. 이러한 특성들을 집약한 것이 근대 이후의 병원제도로, 특히 대형 병원은 많은 환자를 대상으로 서비스를 '자동' 생산하는 유사 포디즘적 체계를 갖추었다고 할 수 있다. 표준화와 자동화, 관료제 조직, 효율성 등은 근대 병원에서 나타나는 포디즘적 속성이다.[5]

사망 원인과 질병이 변화하면 보건의료 이용의 양상도 달라질 수밖에 없다. 가장 크게 바뀐 것은 만성질환이 증가하면서 의료기관 외부에서 환자들이 스스로 건강과 질병을 관리하는 것이 중요해졌다는 점이다.

증상이 비교적 약하거나 모호해 정상적인 변화(예를 들어 노화)와 구분이 어렵고, 단독으로 발생하는 경우가 드물다. 또 대부분의 질병은 만성적이고 퇴행적인 경과를 보인다. 기능은 지속적으로 악화되거나 완전한 회복이 불가능한

---

5 1910년대 후반 이후 미국 미시간 대학병원을 설계한 건축가가 포드 자동차 공장의 설계자였다는 점에서 근대 병원이 포디즘적 생산 방식을 모델로 했다는 것은 설득력이 없지 않다(Ahuja, 2012: 398~427).

경우가 대부분이다.

따라서 급성기 치료와 비교하면 보건의료 서비스의 직접 효과가 크지 않다. 이 때문에 보건의료는 증상이나 기능의 악화를 늦추고 기능(특히 일상생활)을 유지할 수 있도록 관리하는 것이 중요한 과제가 된다. 완전한 치료나 회복을 목표로 하는 경우는 드물다.

또한 주로 노인 인구에서 기능과 일상생활의 장애가 크게 증가하고 장기요양 서비스의 필요가 급증했다.[6] 이들의 기능적 상태는 육체적·정신적·사회적 요인에 의해 동시에 영향을 받고, 어느 한 요인의 기능적 장애는 전반적인 기능 상태에 영향을 미친다. 그 결과 회복 과정에서 타인 의존성이 매우 높고, 스스로 돌보기(self care)에 의해서 해결할 수 없는 경우가 많다. 이러한 타인 의존성은 특히 개인이나 가족 등이 제공하는 비공식 돌봄(informal care)이 미흡한 경우에 심각한 미충족 필요로 나타난다.

만성질환과 노인을 대상으로 한 보건의료에서는 비공식적인 서비스 제공이 큰 역할을 한다. 주로 가족 구성원이 제공자 역할을 하고, 이들은 경제적 보상을 받지 않기 때문에 흔히 '보수가 없는 보건의료 인력(unpaid health worker)'으로 불린다. 서비스 '생산자'라는 측면에서는 전문직이 아닌 비전문가가 서비스 생산에 참여한다고도 볼 수 있다. 그런 점에서 전문직이 주도하는 보건의료(주로 급성기, 중증, 의학적 성격)와는 생산자-소비자 관계가 다르다.

새로운 보건의료 수요는 일상생활의 지지나 생활 지원, 복지 수요와 잘 구분되지 않는 때가 많다. 많은 노인이 만성 퇴행성 질환을 가지고 있고, 많은 만성 질환은 다양한 기능 저하를 동반한다. 이러한 상황은 소득, 가족 구조, 지역사회 등의 사회경제적 요인과도 밀접한 관련을 가진다. 이제 보건의료는 의료, 생활, 복지가 통합된 상태에서 제공되어야 하는 경우가 점점 많아진다.

---

6 장기요양 서비스는 제도화되어 노인장기요양보험제도가 2008년 7월부터 시작되었다.

새롭게 요구되는 보건의료 서비스의 특성은 전통적인 제공자-환자(비전문가)의 관계에 변화를 불러온다. 전문 의료인과 의료기관의 개입과 영향은 제한될 수밖에 없고, 의사결정과 건강관리의 측면에서도 의료 비전문가의 역할은 과거와 비교할 수 없을 정도로 커진다. 전문가와 비전문가의 관계는 이제 협업과 참여가 필요한 수평적 관계로 바뀌게 된다.

2) 새로운 패러다임의 과제

현실의 요구에 비하면 이를 충족하는 지식과 담론, 문화, 사회 활동, 정책은 새로운 전환을 준비하지 못한, 말하자면 지체된 상태인 것으로 보인다. 의료기관은 여전히 급성 질환 치료와 수술을 기본으로 하는 구조와 기능을 탈피하지 못했고, 의료 전문직은 생의학적 모형에 기초한 보호자주의에서 벗어나지 못한 상태다. 의학 지식과 의료 기술을 가장 우선하는 기술 중심적 시각도 여전하다.

인력과 시설은 물론 경제적 보상체계와 인간 행동까지 이 틀에 기초해 있다. 새로운 건강과 보건의료 필요와 요구는 다른 특성을 가지고 있으므로 이 틀 안에서 양질의 서비스를 제공하고 받는 것은 쉽지 않다. 게다가 전통적 모형에 기초한 급성기 진료 역시 비용 절감과 효율화의 압박을 받고 있으므로, 바람직한 보건의료를 제공하는 것은 더욱 어렵다.

이런 상황에서 환자의 많은 요구가 충족되지 못하고, 만족도는 물론 보건의료의 질도 보장하지 못하는 것은 당연하다. 환자가 질병과 건강의 주체가 되어야 하나 의료기관과 전문가와의 역할 분담은 정립되지 못한 상태로 남아 있다.

결국 바람직한 새로운 보건의료와 현재의 공식-비공식 체계 사이의 긴장을 해소할 수 있는 좀 더 근본적인 대안이 필요하다. 대안이 될 만한 새로운 모델은 아직 분명치 않으나, 전환 계기와 동력은 시민사회와 갱신된 민주주의에서 나올 것으로 예상한다. 관료주의와 전문직업주의(professionalism)를 넘어서는 것과 함께 과잉 시장화 역시 사회적으로 통제되어야 하기 때문이다.

건강과 보건의료를 매개하는 새로운 네트워크와 공동체, 공론장과 참여를 통한 민주적 의사결정, 다양한 당사자 사이의 협력과 자율 등에서 새로운 가능성을 찾을 수 있다. 물론 아직은 더 많은 대안과 모델의 구성과 실험이 필요하다.

5. 나가며

앞서 설명한 비용 지출, 불평등, 새 패러다임의 지체라는 세 가지 위기는 서로 차원이 다르다. 근대적 과제(예를 들어 비용과 형평성)를 채 해결하지 못한 상태에서 새로운 과제를 요구받는다는 뜻에서, 구조적으로는 '이중의 부담'을 지고 있다. 어느 쪽도 지속가능성을 위협할 수 있다.

문제는 다차원인 이중·삼중의 위기가 접근과 해결의 복잡성을 가중시킨다는 데 있다. 한 가지 방법으로 모두를 해결할 수 없으며 변화와 반응도 단선적이지 않다는 것이 중요한 도전이다. 보건의료비의 지출이 급증한다고 해서 차별 없는 비용 절감을 채택할 수 없고, 역사적 경로를 무시하고 근본적 대책을 도입하는 것도 불가능하다. 결국 한국 보건의 지속가능성은 이러한 다중의 과제를 동시에 고려하면서 함께 풀어갈 수 있는가에 달려 있다.

덧붙여 한 가지 지적할 것은 시간의 문제가 중요하다는 점이다. 지속가능성을 둘러싼 논의 전체에 어느 정도 공통된 것이지만, 보건에서 지속가능성이라는 의제는 좀처럼 시간의 '주권(sovereignty)'을 갖기 어렵다.

변화는 천천히 일어나며 위험 요인은 명료하게 눈에 보이지 않는 때가 많다. 개입과 실천 역시 마찬가지다. 오랜 기간을 걸친 경우가 대부분이고 효과

역시 오래 지연된 이후에 나타나며, 그나마 그 효과조차 단선적인 인과관계로 포착되지 않는다.

이미 분산되어 있는 실천 주체에게는 행동의 동기가 생기기 어려운 조건을 두루 갖춘 셈이다. 지식과 담론의 역할이 중요하다는 문제의식은 이런 맥락에서 제기된다. 과학에 기초해 근거를 생산하고 보급하는 것은 물론이고, 공론과 참여를 토대로 한 '민주적 공공성'의 '건강 정치'가 긴요하다.

참고문헌

건강보험심사평가원·건강보험공단. 2014. 『2013년 건강보험통계연보』. 건강보험공단 건강보험심사평가원.

김동진. 2013. 「우리나라 건강형평성 현황 및 대책」. ≪보건·복지 Issue & Focus≫, 제194호. 한국보건사회연구원.

김창엽. 2007. 「건강불평등 어떻게 대처할 것인가」. 『추적, 한국 건강불평등』. 밈.

＿＿＿. 2009. 『건강보장의 이론』. 한울.

윤강재·최지희·조병희. 2013. 『보건의료서비스 분야 소비자 위상과 권리』. 한국보건사회연구원.

이태진·이혜재·김윤희. 2012. 「한국의료패널 1차년도 자료를 이용한 과부담 의료비 분석」. ≪보건경제와 정책연구≫, 18권 제1호.

Ahuja, Nitin K. 2012. "Fordism in the Hospital: Albert Kahn and the Design of Old Main, 1917~25," *Journal of the History of Medicine and Allied Sciences* Vol.67, No.3.

GBD 2013 Mortality and Causes of Death Collaborators. 2014. "Global, regional, and national age-sex specific all-cause and cause-specific mortality for 240 causes of death, 1990~2013: a systematic analysis for the Global Burden of Disease Study 2013." *Lancet.* doi: 10.1016/S0140-6736(14)61682-2.

Illich, Ivan. 1976. *Medical Nemesis.* New York: Pantheon Books.

Kim, Dongjin, Hosung Shin and Chang-yup Kim. 2012. "Equitable Access to Health Care for the Elderly in South Korea: Is Income-Related Inequality in Health Care Utilization More Pronounced?" *Research on Aging*, Vol.34, No.4.

Lim, Daroh, Mina Ha, and Inmyung Song. 2014. "Trends in the Leading Causes of Death in Korea, 1983~2012." *J Korean Med Sci*, Vol.29, No.12.

OECD. 2014. OECD Health Statistics 2014. http://www.oecd.org/health/health-systems/health-data.htm

WHO Commission on Social Determinants of Health. 2008. *Closing the Gap in a Generation Health Equity through Action on the Social Determinants of Health.* Geneva: World Health Organization.

Wilkinson, Richard G. and Kate Pickett. 2009. *The Spirit Level*. London: Allen Lane[리처드 윌킨슨·케이트 피킷. 2012. 『평등이 답이다』. 전재웅 옮김. 이후].

Xu, Ke, David B. Evans and Kei Kawabata. 2003. "Household Catastrophic Health Expenditure: A Multicountry Analysis." *Lancet*, Vol.362, No.9378.

Xu, Ke, Priyanka Saksenaa and Alberto Holly. 2011. *The Determinants of Health Expenditure: A Country-Level Panel Data Analysis*. Geneva: World Health Organization.

제5장

한국인의 주거 양식과 지속가능 발전

하성규 | 한국주택관리연구원 원장, 중앙대학교 명예교수

1. 들어가며

"집을 보면 집주인을 알 수 있다"라는 말이 있다. 이 말은 집을 통해 거주자 삶의 수준과 취향 그리고 인생관을 알 수 있다는 뜻이며 삶이 집에 투영되어 있다는 뜻이다.

한국인의 주거 양식 특징은 무엇이며 어떻게 설명해야 하나? 양식(樣式)이란 오랜 시간이 지나면서 자연히 정해진 방식을 말한다. 사람들의 주거도 세월이 지남에 따라 주거 형태, 주택 점유 방식, 주거 문화 등이 보편성을 지니기도 하고 변화하기도 한다. 그래서 한국인만의 독특한 주거 양식이 존재할 수 있다.

오늘날 한국인의 보편적 주거 양식은 물리적 속성으로 말하자면 '아파트'다. 전 국민의 약 70%가 공동주택(아파트)에서 거주한다. 도시는 말할 것도 없고 농어촌 어디를 가도 아파트가 대세를 이루고 있다. 시골 논 한복판에서부터 야산 꼭대기까지 아파트가 건설되고 보통 사람들의 주된 안식처로 변하고 있다.

인간의 주거 생활은 점차 그 양태와 모습이 변하고 있다는 것을 실감한다. 이러한 주거 생활의 변화 속에서 지속가능성(sustainability)을 찾을 수 있는가? 지속가능성이란 자원의 이용, 투자, 기술, 그리고 제도 변화가 서로 조화를 이루어 현재와 미래의 모든 세대의 욕구를 증진시키는 변화 과정이라 할 수 있다. 지속가능성이란 미래의 비전과 인간이 나아가야 할 방향인 것이다.

이 장의 목적은 한국인의 주거 양식의 특성과 문제점을 살펴보고 이를 토대로 지속가능 발전을 모색하고자 한다.

2. 한국인의 주거 양식

한국인의 주거 양식은 다음 다섯 가지 관점에서 그 특징과 문제점을 발견할수 있다. ① 주택 형태, ② 점유 형태, ③ 주거 수준, ④ 가구(家口) 특성, ⑤ 주거문화와 공동체.

1) 주택 형태

한국인의 전통 주거는 자연환경과 사회 문화적 환경의 영향을 반영한다. 고려·조선 시대 전통 주거의 물리적 특성은 목가 구조로 온돌과 마룻바닥의 이원 구조로 이루어졌으며 계층성·지역성을 지니고 있었다. 문벌귀족과 양반의 주거는 왕궁을 모방해 화려했고 양민(농·공·상 종사자)의 주거는 생활 공간이 분화되지 않아 살림체와 생산 공간이 결합된 형태가 특징이다. 천민(노비 계층)의 주거는 최소한의 주거로 살림체가 부엌과 방 한 칸으로 구성된 집이나 움막이었다. 솔거노비(率居奴婢)는 양반 주택의 행랑채나 문간채에 기거하기도 했다.[1] 현대 한국 사회의 주거 양식도 계층성이 뚜렷하게 보이고 있다. 고소득층의

<표 5-1> 주요 국가의 인구 1000명당 주택 수   (단위: 호)

구분	한국		미국	영국	일본
	2005년	2010년	2010년	2009년	2005년
1000명당 주택 수	330.4	363.8	409.8	438.7	450.7

자료: 통계청(2011).

주택은 고급 대형 아파트 혹은 정원이 있는 넓은 단독주택이다. 그리고 일반 주민의 대부분은 아파트에 거주한다. 아파트도 어디에 위치하느냐에 따라, 아파트의 건축 연도와 디자인에 따라 가격(주택 가격 및 임대료)이 천차만별이다. 서울의 경우 한강 이북 지역과 이남 지역, 즉 강북과 강남의 동일한 평수의 아파트도 가격 차이가 매우 심하다.

한국의 인구 1000명당 주택 수는 2010년 현재 363.8호이다. 그러나 〈표 5-1〉에 나타난 바와 같이 미국 등 선진국에 비해 주택수가 많이 부족함을 알 수 있다. 특히 이웃 나라 일본에 비해서도 인구 1000명당 주택 수는 큰 차이를 보인다.

주택의 유형 추이를 보면 2010년 현재 가구가 거주하는 주택 중 아파트는 818만 5000호이며 이는 전체 주택의 59.0%를 차지한다. 주목할 만한 특징으로는 단독주택의 비중은 점진적으로 감소하는 반면 아파트의 비중은 크게 증가하고 있다. 이는 한국인의 보편적 주택 형태가 단독주택에서 아파트로 점차 변모해가는 추세를 말해준다.

특히 아파트 비중이 높은 시·도는 광주로 76.5%이며, 다음은 대전(70.3%), 울산(70.2%)순이며, 제주가 29.1%로 가장 낮다. 일반적으로 서민이 많이 거주

---

1 솔거노비는 주인집에 함께 거주하면서 노동력을 제공한다. 경우에 따라서는 주인집 근처에 살면서 주인을 도와주는 솔거노비도 있었다(두산백과사전 참조).

<그림 5-1> 주택 유형의 변화 추이(1980~2010) (단위: %)

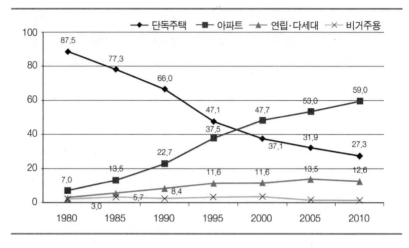

<표 5-2> 주택의 유형(1980~2010) (단위: 1000호, %)

조사 연도	1980년	1985년	1990년	1995년	2000년	2005년	2010년
주택 (빈집 제외)	5,319 (100.0)	6,104 (100.0)	7,160 (100.0)	9,205 (100.0)	10,959 (100.0)	12,495 (100.0)	13,884 (100.0)
단독주택	4,652 (87.5)	4,719 (77.3)	4,727 (66.0)	4,337 (47.1)	4,069 (37.1)	3,985 (31.9)	3,797 (27.3)
아파트	374 (7.0)	822 (13.5)	1,628 (22.7)	3,455 (37.5)	5,231 (47.7)	6,627 (53.0)	8,185 (59.0)
연립 / 다세대	162 (3.0)	350 (5.7)	603 (8.4)	1,071 (11.6)	1,266 (11.6)	1,685 (13.5)	1,750 (12.6)
비거주용 건물 내 주택	131 (2.5)	213 (3.5)	202 (2.8)	343 (3.7)	393 (3.6)	198 (1.6)	151 (1.1)

자료: 통계청(2011).

하는 다세대 주택의 비중이 가장 높은 곳은 인천이며 그다음이 서울이다. 그리고 단독주택이 상대적으로 많은 비중을 차지하는 곳은 전남, 경북, 전북, 강원 등 농촌 지역이 많은 곳이다(〈그림 5-1〉, 〈표 5-2〉 참조).

2) 점유 형태

한국의 주택 점유 형태는 매우 독특하다. 인구 및 주택 센서스(census)에서는 점유 형태를 자가(自家), 전세, 월세, 사글세로 구분한다. 이 중 전세는 세계 어느 국가에서도 보기 드문 형태이다. 전세는 주택을 매입하는 대신 일정 금액의 보증금을 담보로 제공하고 일정 기간 거주할 권리를 보장받는 제도이다. 이 제도는 고려 시대부터 시작되었다는 설이 있지만 본격 확산된 시기는 산업화가 시작된 1970년대 중반부터이다(≪파이낸셜뉴스≫, 2014.11.17). 전세제도는 주택담보대출(mortgage loan)이 일찍이 자리 잡은 선진국과 달리 정부가 산업 육성을 위해 금융업계에 가계대출을 최소한으로 유지하면서 본격화된 것으로 추정된다.

이 전세제도는 집주인이 보증금 형태로 받는 전세 목돈을 사업자금 등으로 활용하거나 다른 주택을 구입할 수 있다. 세입자는 집값의 50~60% 수준의 자금으로 거주할 집을 마련하고 나중에 돌려받을 수 있어 좋다. 집주인과 주택 수요자의 이해관계가 제대로 맞아떨어져 전세제도가 1970년대 이후 자가 다음으로 큰 비중을 차지하게 된 것이다. 그러나 최근 전세제도는 인기가 떨어지고 있다. 그 이유는 저금리가 수년째 계속되고 있는 데다 집값도 하향 안정세를 유지하면서 집주인이 전세보증금으로 돈을 굴릴 데가 없어졌기 때문이다.

1995년 이후 증가 추세를 보였던 자가 거주 비율이 2005년 55.6%에서 2010년 54.2%로 1.4% 포인트 감소한 것으로 나타났으며, 자가 보유율(자기 집을 가지고 있는 가구의 비율)은 2010년 현재 61.3%이다.[2] 2000년과 비교하면 전세 거주 비율은 2010년 21.7%로 감소 추세이며 반대로 월세 거주 비율은 20.1%로 증가 추세이다. 최근 들어 전세금 상승이 유래를 찾아보기 힘들 정도로 고공행

---

[2] 자가 보유율 = (자가 거주 + 전월세·무상 가구 중 타지주택 소유 가구) / 일반 가구 × 100).

〈표 5-3〉 점유 형태(1980~2010)   (단위: 1000가구, %)

구분	1980년	1985년	1990년	1995년	2000년	2005년	2010년
일반 가구	7,969 (100.0)	9,571 (100.0)	11,355 (100.0)	12,958 (100.0)	14,312 (100.0)	15,887 (100.0)	17,339 (100.0)
자가	4,672 (58.6)	5,127 (53.6)	5,667 (49.9)	6,910 (53.3)	7,753 (54.2)	8,828 (55.6)	9,390 (54.2)
전세	1,904 (23.9)	2,202 (23.0)	3,157 (27.8)	3,845 (29.7)	4,040 (28.2)	3,557 (22.4)	3,766 (21.7)
월세[1]	1,231 (15.5)	1,893 (19.8)	2,173 (19.1)	1,536 (11.9)	1,803 (12.6)	2,728 (17.2)	3,490 (20.1)
사글세	—	—	—	339 (2.6)	310 (2.2)	284 (1.8)	230 (1.3)
무상	162 (2.0)	350 (3.7)	358 (3.1)	328 (2.5)	406 (2.8)	490 (3.1)	464 (2.7)

주 1: 1980년, 1985년, 1990년 월세에는 사글세가 포함됨.
자료: 통계청(2011).

진이다. 전세 값의 급격한 상승은 세입자에게는 물론 주택시장 전체에 다양한 문제를 야기하게 된다.[3]

3) 주거 수준

한국인이 평균적으로 사용하는 방의 수는 3.7개이며, 사용 방 수가 1개이거나 4개 이상에서 가구 수가 증가했다. 개발 연대인 1960~1970년대에 비해 입식 부엌, 수세식 화장실, 온수 목욕 시설, 그리고 상수도는 꾸준히 증가해 주거

---

3 전세금이 집값에 근접하는 경우도 발생했다. 서울 강서구 등촌동 A아파트의 경우 전세금이 집값의 92%에 달하기도 했다(≪조선비즈≫, 2014.11.17 참조).

〈표 5-4〉 사용하는 방의 수 현황(2005년, 2010년)   (단위: 1000가구, %)

구분		2005년(A)		2010년(B)		증감(B-A)	
		가구 수	구성비	가구 수	구성비	가구 수	증가율
일반 가구		15,887	100.0	17,339	100.0	1,452	9.1
방 수	1개	1,025	6.5	1,310	7.6	285	27.7
	2개	1,323	8.3	1,195	6.9	-128	-9.7
	3개	4,070	25.6	3,701	21.3	-369	-9.1
	4개	6,887	43.4	7,473	43.1	586	8.5
	5개	1,916	12.1	2,817	16.2	901	47.1
	6개 이상	665	4.2	843	4.9	177	26.7
평균 사용하는 방의 수		3.6		3.7		0.1	

자료: 통계청(2011).

시설 수준에 괄목한 만한 개선이 이루어졌다. 주택 규모면에서 보면 국민주택 규모인 85m²가 속하는 60~100m² 구간의 주택 비율이 전체의 42.5%를 차지한다.

부동산 시장의 침체가 지속되는 가운데 작은 평수의 아파트 거래가 늘었다는 사실이 주목할 만하다. 넓은 평수의 아파트는 거래가 줄어들고 작은 평수의 아파트의 거래가 상대적으로 많은 것은 무엇을 의미하는가. 지난 1980년대 이후 아파트는 부의 과시용이거나 '소유' 목적으로 집을 거래한 경우가 많았다. 그러나 핵가족화로 인해 1인 가구의 증가와 젊은이의 분가 현상이 증가하면서 오피스텔, 원룸 등을 선호하는 사람들이 많아졌기 때문이라고 생각한다. 그리고 새로운 변화 중의 하나는 과거와는 달리 소유 목적이 아닌 '거주' 목적의 거래가 증가하고 있다는 점이다. 즉 소유 개념에서 거주 개념으로의 주택에 대한 인식 변화가 젊은 세대를 중심으로 확산되고 있다고 판단된다.

소형 평형을 선호하는 배경 및 이유는 첫째, 가족 구성원 감소다. 중형 아파트의 주요 수요층인 4인 가구가 줄어든 게 근본적인 배경으로 꼽는다. 통계청에 따르면 2005년까지만 해도 서울 4인 가구 수는 90만 가구를 넘었지만 최근에는 80만 가구에도 못 미친다. 이에 비해 1인 가구는 계속 늘고 있다. 2010년 기준 한국 1인 가구 비중은 23.9%였지만 2035년 34.3%까지 늘어날 전망이다. 1인 가구는 1990년 102만 가구에서 2012년 454만 가구로 20년 만에 4배 이상 많아졌다. 이러한 추세는 핵가족이 늘면서 굳이 방 3개 이상 중형 아파트의 필요성을 느끼지 못하는 분위기다. 그래서 중대형 아파트의 인기도 점차 줄어든다는 점이다(≪MK 뉴스≫, 2014.11.17).

둘째, 아파트 평면의 개선이다. 2008년 글로벌 금융위기 이후 부동산 시장이 실수요자 위주로 재편되면서 건설사들이 소형 가구의 평면 개발에 힘써왔다. 20평대 아파트에도 다양한 수납공간을 조성하는 등 평면 설계가 획기적으로 개선되었다. 20평대 아파트도 발코니 확장을 하면 얼마든지 30평대 못지않은 공간 활용이 가능하다는 의미다. 셋째, 가계소득의 감소와 부동산 경기 침체의 영향이 컸다. 경기 위축으로 가계 부채는 계속 늘어나는 반면 실질 가계소득은 줄어드는 분위기라 가구마다 주택 비용을 점차 줄이는 추세 등이 복합적으로 작용한 것으로 분석된다.[4]

주택이 어디에 입지해 있느냐에 따라 선호도와 가격이 큰 차이를 보인다. 특히 수도권의 경우, 수요 예측을 제대로 못 하고 수도권 외곽·중대형 위주 공급이 많은 문제점을 노정하고 있다. 주택은 입지가 얼마나 중요한가를 분양실적 등으로 판가름할 수 있다. 2기 신도시는[5] 2003년 노무현 정부가 서울의 집

---

[4] 중대형 아파트는 소형 아파트에 비해 가격이 빠른 속도로 하락하고 있다. 서울 송파구 L 아파트의 경우 20평대 아파트 가격이 30평대보다 높게 거래되기도 했다≪MK 뉴스≫, 2014.11.17 참조).

[5] 2기 신도시: 경기 분당·일산 등 1기 신도시 개발이 끝나고 나서 다시 집값이 급등하자 노무현 정부가 2003년부터 경기 판교·동탄·광교·김포·파주 등 수도권 일대에 새로 건설한

값 급등을 억제하기 위해 경기도 김포·화성·파주·판교·평택 등지에 대규모 주택 공급 계획을 발표하면서 시작되었다. 2006년 판교 분양 당시만 해도 2기 신도시의 미래는 장밋빛 일색이었다. 판교의 첫 민간 아파트 청약 경쟁률이 최고 868 대 1을 기록하면서 '로또 아파트'라는 말도 나왔다. 하지만 2기 신도시는 애물단지로 전락했다. 인천 검단2지구를 비롯해 경기 오산·충남 아산 등은 아예 취소되거나 사업이 축소되었다. 건설사들이 사들인 아파트 부지 역시 계약이 해지되는 바람에 허허벌판으로 남은 땅만 36곳에 달한다. 2기 신도시가 경쟁력을 잃게 된 것은 정부가 주택 수요자 필요성과 욕구(needs)를 제대로 파악하지 못한 채 신도시 지정을 남발했기 때문이라는 분석이다. 서울 강남권과 버블세븐 지역을[6] 대체하려고 주택 공급에만 급급한 나머지 정확한 입지 분석이나 수요의 예측 없이 개발이 쉬운 수도권 외곽 지역만 골라 지으면서 소비자에게 외면 받았다는 지적이다(≪조선일보≫, 2014.11.17).

지난 반세기 동안 주거 수준이 많이 향상되었다. 주택 보급률은 1990년 72.4%에서 2010년 101.9%로 높아졌으며 가구당 주거 면적과 주거 시설 수준도 개선되었다. 그러나 아직 최저 주거 수준 미달 가구가 전체 가구의 약 10% 수준이며 과거 판자촌, 달동네, 산동네 불리는 불량 주거지는 재개발사업으로 대부분 철거되었다. 그러나 여전히 새로운 형태의 불량 주택, 즉 쪽방, 지하 단칸방, 옥탑방, 고시원(고시텔) 등에 거주하는 주거 빈곤 가구가 존재한다.

주거 빈곤층을 위한 공공임대주택(장기공공임대주택) 재고는 2013년 현재 약 93만 호이며, 전체 주택 재고 대비 약 5% 수준으로 이는 OECD 평균인 11.5%를 크게 미달하는 수치다. 외국의 경우 공공주택의 비중은 스웨덴 18%, 영국

신도시를 말한다. 1기 신도시는 대체로 서울 도심에서 반경 20km 이내에 있고, 2기 신도시는 대부분 30km 이상 떨어져 있다.

6   2006년 집값이 급등한 버블 세븐(bubble seven) 지역은 '강남', '서초', '송파', '양천', '분당', '평촌', '용인'을 지칭하기도 했다.

17%, 프랑스 19% 등 전반적으로 한국보다 높은 재고율을 보인다. 주택정책의 목표는 모든 국민이 적정한 수준의 안정된 주거 생활을 누리는 데 있다. 주거 수준이 과거에 비해 많이 개선되었다. 그러나 소득 계층 간 주거 격차는 더 심화되는 양상을 보이고 있다. 보편적 주거 복지를 실현하기 위해서는 주택정책에 대한 인식 전환과 새로운 접근이 요구되고 있다.

4) 가구 특성

현재 한국의 인구 구성이 변화하고 있다. 그중 가장 특징적인 것은 혼자 사는 사람들이 급증하고 있다는 것이다. 1인 가구로 통칭되는 인구사회학적 특성을 가진 집단들의 등장은 젊은 세대의 결혼관의 변화에 따른 비혼·만혼의 증가, 교육 환경과 관련한 기러기 가족의 증가, 이혼·별거의 증가, 그리고 경제적 빈곤함으로 인해 해체된 가족들과 고령화 진전에 따른 노인 독신 가구의 증가 등 다양한 사회경제적 요인과 관련성이 높다.

인구 센서스 조사 결과에 따르면 1인 가구의 비중이 급격이 증가하고 있다. 1980년 전체 가구 중 4.8%에 불과했던 1인 가구는 2010년 현재 23.9%(414만 2000가구)로 증가했다(〈표 5-5〉 참조). 2010년 현재 1인 가구는 연령 계층별로는 70세 이상이 19.2%, 성별로는 여자가 53.5%(221만 8000가구)이며, 남성은 30대, 여성은 70세 이상에서 비율이 높다. 혼인 상태별로 보면 남성은 미혼(남성 1인 가구의 57.7%)에서, 여성은 사별(여성 1인 가구의 45.7%)에서 높게 나타났다. 1인 가구는 동 지역에 78.3%(324만 4000가구), 읍·면 지역에 21.7%(89만 8000가구)가 거주하며 1인 가구는 주로 단독주택에서 거주(59.4%)한다.

이러한 1인 가구의 증가세는 향후에도 지속될 것이라는 전망이다. 〈표 5-6〉에 나타난 바와 같이 1인 가구 비중은 미국, 영국 등 국가에 근접하고 있다. 한국 가구의 인구학적 특징은 1인 가구의 급속한 증가에 있음을 인식하고 이에

〈표 5-5〉 1인 가구 규모(1980~2010년)   (단위: 1000가구, %)

구분		1980년	1985년	1990년	1995년	2000년	2005년	2010년
일반 가구 (A)	합계	7,969	9,571	11,355	12,958	14,312	15,887	17,339
	읍·면	3,299	3,241	2,892	2,926	3,082	3,142	3,308
	동	4,670	6,331	8,462	10,032	11,229	12,745	14,031
1인 가구 (B)	합계	383	661	1,021	1,642	2,224	3,171	4,142
	읍·면	163	233	298	457	582	731	898
	동	220	428	724	1,186	1,643	2,440	3,244
1인 가구 비율 (B/A)	전체	4.8	6.9	9.0	12.7	15.5	20.0	23.9
	읍·면	4.9	7.2	10.3	15.6	18.9	23.3	27.1
	동	4.7	6.8	8.6	11.8	14.6	19.1	23.1

자료: 통계청(2011).

〈표 5-6〉 주요 국가의 1인 가구 비율   (단위: %)

구분	한국 (2010년)	미국 (2010년)	영국 (2010년)	일본 (2010)	노르웨이 (2011년)
1인 가구 비율	23.9	26.7	29.0	31.2	39.7

자료: 통계청(2011).

대한 사회경제적 특징과 형성 요인, 그리고 그들의 가치 변화를 살펴볼 필요가 있다. 1인 가구가 급증함으로써 새로운 문화와 가치가 형성되고 향후 도시정책과 주택정책에 새로운 접근이 요구된다. 1인 가구의 증가에 따른 도시의 사회구조 및 주거 문화의 변화 양상들은 새로운 주거 공간의 수요 증대, 싱글(single) 산업의 성장, 온라인(online) 중심의 신(新)사회관계망, 가족관계와 가족의 가치 변화, 소비 양식의 변화, 신복지 수요 등 매우 다양하게 전개되리라 전망한다.

한국 사회에서 가구 특성의 인구학적 또 하나의 변화는 다문화가구의 증가이다. 다문화가구란 귀화 등 출생이외의 방법으로 국적을 취득한 자 또는 외국인이 1명 이상 포함된 가구를 의미한다. 2010년 현재 다문화가구는 38만 7000가구로 한국 총 1757만 4000가구의 2.2%를 차지한다.

다문화가구 구성 중에서 1인 가구는 11만 8000가구(30.5%)로서 1인 가구 비율은 일반 가구 (23.9%)보다 6.6%포인트 높은 수준이다. 그리고 다문화가구의 거처 유형을 보면 단독주택에 사는 가구가 59.6%로, 일반 가구의 39.6%보다 높다. 다문화가구의 지하(반지하) 및 옥상(옥탑) 거주 비율은 12.8%로 일반 가구의 3.3%보다 9.5% 포인트 높다. 이러한 내용을 종합하면 다문화 가구의 증가와 함께 주거 수준이 일반 가구보다 열악하며 특히 1인 가구 비중이 높은 것을 감안해 향후 주택정책적 배려가 필요하다고 판단된다.

5) 주거 문화와 공동체

주거 문화는 자연생태환경 및 지리적 특성뿐만 아니라 해당 지역의 정치·경제·관습·종교, 개인의 취향에도 영향을 받는다. 이에 모든 인간 정주지에는 그들의 고유한 주거 문화가 있다. 주거 문화의 특성과 고유성은 자연환경의 차이에서 비롯되기도 하고 사회제도나 구조의 차이와 생활양식의 차이 그리고 신념과 가치관의 차이에서 비롯되기도 한다. 이러한 주거 문화의 고유한 특성은 다음 세대에 전수되면서 지속되기도 하고 새로운 사회적 경험에 따라 변화를 이루기도 한다.

예를 들어 주거 문화의 풍토성(風土性)에 관한 사항이다. 풍토성이란 지역 특성을 반영한 것으로 주거에 관한 해당 지역에만 존재하는 역사성을 지닌 것이다. 예를 들어 제주도는 신구간(新舊間)이라는 이사 기간 풍속이 오래전부터 내려오고 있으며 대다수 주민들은 이를 따르고 있다. 신구간이라는 세시풍속은 고대로부터 전해온 풍속이지만 기록에 의하면, 1737년(영조 13년)에 지백원

(池百源)이 지은 『천기대요(天機大要)』에서 유래한다. 『천기대요』에 '세관교승 (歲官交承)'이라는 항목이 있다. 그 내용을 보면 "대한 후 5일부터 입춘 전 2일까 지 신구세관이 교대하는 때이다(大寒後五日立春前二日新舊歲官交令之際)"라고 했 다. 24절기의 마지막 절기인 대한(大寒) 후 5일째부터 새로 시작하는 입춘(立春) 이 되기 3일 전까지 일주일 동안을 인간이 사는 지상에 하늘의 신들이 없는 기 간인 '신구간(新舊間)'이라 부르며 이사나 집수리 등을 하는 제주 특유의 세시풍 속이다(윤용택, 2008; 『한국민속신앙사전』, 2011).

최근 맞벌이, 핵가족화로 인한 독립 실버세대, 1인 가구 등의 증가 추세를 반영하듯 주거 문화는 많이 변모하고 있다. 그리고 소득의 증대에 따른 개인의 삶의 질 욕구가 향상됨에 따라 주거 상품과 주택 형태도 변화해 주거 문화에 영향을 미치고 있다. 그래서 종전의 주택 공급과 소비의 관점에서 하드웨어 (hardware)에 치우친 것들이 최근에는 소프트웨어(software) 지향의 주택 서비 스로 변화하는 것을 공급자, 소비자 모두 인식하고 있다.

현재는 아파트가 보편화된 주거 형태로, 과거와는 달리 아파트 문화가 자리 잡고 있다. 아파트는 구조적으로 1가구 중심이다. 즉 2~3가구가 동거하기에는 불편한 점이 많다. 물론 복층 구조의 아파트나 여러 가구가 함께 거주할 수 있 는 형태도 존재하지만, 단독주택 혹은 다세대·다가구 주택과는 다르다. 이러 한 1가구 중심의 주택 형태로서 아파트는 개인주의화 내지 프라이버시(priva-cy)의 중요성이 강조된다. 아울러 아파트는 공유 공간이 많다. 복도, 승강기, 정원, 주차장 등 거의 모든 공간이 개별 가구만을 위한 공간이 아니라 주거 단 지의 주민 전체가 함께 사용하는 공간이다. 그래서 아파트는 공유, 혹은 함께 나누어(share) 사용하는 생활 방식이 요구된다. 이러한 생활 방식은 전통적 단 독주택 중심의 주거 문화에서 아파트 문화로의 변화와 생성을 경험하게 되었 다. 아파트 주거 생활은 장단점이 다양하게 나타난다. 아파트는 현대식 주거 시설과 그 편리함으로 인기가 높다. 그러나 아파트가 지닌 구조적 특징으로 인해 발생하는 부정적 현상으로는 층간 소음으로 인한 이웃 간 다툼 등 다양한 갈등 요소가 존재한다.

한국인 대부분이 거주하는 아파트 단지는 주거 공동체이다. 흔히 주거 공동체를 커뮤니티(community)라고 표현하기도 한다. 커뮤니티라는 말은 매우 다양하게 적용되지만 두 가지 면을 지닌다. 하나는 사회조직체로서 공간적·지역적 단위를 가리킨다. 그리고 다른 하나는 이러한 단위와 관련되는 인적 네트워크와 소속감을 지칭한다. 공간적으로 가깝고 인적 네트워크가 이루어지면 소속감을 주는 것이 다른 말로는 '공동체'라고도 할 수 있다. 그런데 과연 도시의 아파트 단지는 공동체적 삶의 모습일까? 과거 전통적 주거지에서는 볼 수 없었던 새로운 현상인 아파트 주거 공동체에서 발생한 갈등과 사회적 배재 양상은 향후 주택정책의 주요 과제가 되고 있다(하성규·서종녀, 2006).

3. 주거와 지속가능성

한계 용량 내에서 인간의 삶의 질을 향상시키는 개발을 지속가능한 개발로 본다면 지속가능성은 크게 세 가지 차원, 즉 생태적 지속가능성, 사회적 지속가능성, 그리고 경제적 지속가능성에서 논의될 수 있을 것이다(Munro, 1993).

1) 주거의 생태적 지속가능성

인간 주거는 생태계의 한 부분이다. 생태계는 인간의 생명을 지탱하는 각종 요소들(공기, 물, 땅, 식물 등)의 공급원이다. 아울러 생태계는 각종 물질들이 순환하는 과정을 거치는 곳이기도 하다. 인간이 특정 장소에 정착해 주거 생활을 함은 이러한 생태계 속에서 공존하게 되며 생태계의 일부이자 생태계를 벗어날 수 없다.

인간의 의지와 욕구에 따라 생태계의 모든 것을 무한대로 사용가능하고 활용가능한가를 따져보아야 한다. 새로운 기술의 발전으로 지구는 한계 용량을 넘어 무한대로 활용되고 개발가능하다고 생각할 수 있다. 그러나 이미 지구는 한계 용량을 초과했다는 주장도 있다(Munro, 1995). 환경 한계용량이라는 관점에서 보면 인간 주거에 필요로 하는 물질, 자원 그리고 환경을 어떻게 사용하고 지속가능성을 유지하느냐가 중요한 과제이다.

예를 들어 주택을 건설하는 데 반드시 필요로 하는 물질, 즉 나무, 시멘트, 고무, 유리, 흙 등은 생태계의 일부인 자연 자원을 인간의 의지와 노력, 즉 기술을 통해 가공 과정을 거쳐 사용하게 된다. 최근에는 그동안 주택 건설에 많이 사용했던 석면의 사용을 자제하거나 아예 사용을 금지시키고 있다. 석면은 일반적인 다른 섬유상 물질에 비교해 우수한 성질을 갖고 있다. 장점으로 꼽히는 것으로 고항장력(장력이 대단히 커서 나일론의 7~10배, 목면의 7배, 양모의 29배), 그리고 불연성·내열성으로 잘 타지 않고 고온에 견디는 성질을 지닌다. 이와 같은 우수하고 경제적으로도 아주 좋은 물질이지만 석면의 주요한 결점은 채굴, 가공 또는 사용 시에 눈에 보이지 않는 섬유가 공기를 통해 인체 조직에 침투되기 쉽고 더욱이 일단 침투하면 체내에서 배출되기가 대단히 어렵다는 점이다. 국제암연구기구(IARC)는 석면을 1급(GROUP 1) 발암물질로 규정한다.

지속가능성 관점에서 이러한 인간의 치명적 손상을 입히는 유해한 석면 사용을 주택 건설에서 전면적으로 금지할 필요가 있다. 그뿐 아니라 주택 건설과 공급에 필요한 거의 모든 물질은 무한대로 영원히 사용가능하게 축적되어 있는 것이 아니다. 자연친화적인 소재를 이용해 환경에 악영향을 미치지 않도록 하고 인위적인 에너지를 적게 사용해 친환경적인 주택 건설이 필요하다. 그리고 단열재의 두께를 증가시키거나 태양광발전을 이용하고, 체열, 난방열 등을 외부로 빼앗기지 않도록 하는 등의 방법으로 난방에 최소한의 에너지를 이용하는 환경 친화적인 기술을 이용해야 한다.

아울러 생태적 지속가능성을 준수하는 주택이란 ① 에너지 사용이 적어 유지비가 저렴, ② 이산화탄소를 적게 배출, ③ 대기오염 물질을 적게 배출, ④ 실내 공기 오염의 최소화, ⑤ 인체에 미치는 악영향(아토피, 내분비계 물질, 화학 물질 등)이 적도록 하며, ⑥ 인체에 미치는 좋은 영향, 즉 일사량이 높고 자연 환기와 자연 채광이 잘되는 주택을 말한다. 결국 환경 친화적 주택 및 주택 단지 개발 시 필히 고려되어야 할 항목은 환경오염, 에너지 자원의 절약 및 재활용 시스템, 수자원 절약·관리, 생태 녹화 시스템 및 실내 환경으로 크게 4개 분야로 나눌 수 있다.

2) 주거의 사회적 지속가능성

사회적 지속가능성은 가치 규범과 연관이 깊다. 어떤 활동이 사회적인 윤리나 가치 규범에 부합되거나 그로 인한 변화를 사회가 용납할 수 있을 때 그 활동은 사회적으로 지속가능한 행동이라 할 수 있다(하성규 외, 2007: 69).

오늘날 주거 지역 혹은 주거 단지에서 발생하는 다양한 사회적 갈등 문제는 사회적 지속가능성 관점에서 면밀히 관찰·연구되어야 할 과제이다. 예를 들어 아파트 주거 단지에서 발생하는 갈등 유형은 층간 소음으로 인한 다툼, 주차 문제로 인한 감정 대립, 공유 공간의 사용과 활용에 관한 이웃 간 불화, 그리고 특정 집단 혹은 계층이 타 집단을 배제하거나 접촉을 기피하는 '사회적 배제' 현상 등 매우 다양하다. '사회적 배제'란 특정 개인이나 집단이 해당 사회의 일반적인 관행이나 정상적인 교류 관계로부터 배제되는 결과를 초래하고, 복합적이고 변화하는 요인들이 상호작용한 결과이다.

한국 사회에서 사회적 배제는 편견과 낙인의 공간 현상으로 영구 임대주택과 주거환경개산사업에서 임대주택 의무 건설 비율을 적용하면서 분양주택과 임대주택이 혼합된 단지에서 많이 나타난다.

서울 성북구 한 아파트 단지에서 임대 아파트 주민과 분양 아파트 주민 간 갈등의 결과였다. 임대 아파트 주민은 분양 아파트 뒤편 통로를 열어주면 임대 아파트에서 분양 아파트 건너편에 자리한 초등학교로 등교하는 아이들의 등교 길이 10분 정도 빠르고 편리하며 안전하다는 것이다. 그러나 분양 아파트 주민은 통로 때문에 쾌적한 주거 생활이 침해되기에 울타리를 설치했다고 한다. 임대 아파트 주민이 울타리를 헐어달라고 요구했고 이 과정에서 수차례 몸싸움이 있었고 부상자도 속출했다. 결국 아파트 단지의 철조망 울타리 사건은 법정 소송으로 치닫게 되었다. 하지만 법정에서 내린 판결은 임대 아파트 주민과 분양 아파트 주민 간 협의에 의해 조정하라는 판결이 내려졌다〔≪한겨레21≫, 제603호(2006)〕.

중앙정부와 서울시 등 지방자치단체에서는 분양 아파트와 일반 아파트를 한 단지나 한 동에 섞어 짓는 소셜믹스(social mix) 방식을 채택하고 있다. 사회적 혼합이란 소득 계층 간, 점유 형태 간, 인종 간 주거지 분리의 문제점을 해결하기 위한 방안으로 주거지를 계획할 때 다양한 계층을 분리하지 않고 함께 어울려 살아가도록 주택을 배치하는 것을 말한다. 이는 저소득층 주민들이 사회적·문화적으로 배제되지 않도록 배려하고자 하는 정책이다(김현호, 2010). 그러나 현실은 여전히 분양 아파트 주민과 임대 아파트 주민 간, 소득이 높은 주민과 가난한 주민 간에는 사회적 통합이 잘 이루어지지 않고 있다.

아파트 단지 내 발생하는 갈등은 너무나 많다. 즉 공동체라는 말이 무색할 정도로 이웃 간 배려도 인정도 없는 삭막한 주거 공간으로 변한 곳이 많다. 안전하며 살기 좋은 커뮤니티(혹은 단지)를 유지하지 못할 때는 그 커뮤니티 속에 존재하는 개별 주택은 충분한 보금자리 역할과 생활의 질을 기대할 수 없다. 아파트 단지 공동체에 가장 중요하고 핵심적인 고려 사항은 사회적 자본(social capital)이다.

사회적 자본은 사회 구성원들이 힘을 합쳐 공동 목표를 효율적으로 추구할 수 있게 하는 자본을 이르는 말이다. 사람과 사람 사이의 협력과 사회적 거래를 촉진시키는 일체의 신뢰, 규범 등 사회적 자산을 포괄해 말한다. 사회적 자본이 충만한 나라일수록 주민 간의 신뢰가 높고 이를 보장하는 법제도가 잘 구축되어 있어 거래 비용이 적고 효율성은 높다. 따라서 생산성이 올라가고 국민의 행복감이 높아지게 마련이다.

OECD 보고에 따르면 오늘날 선·후진국을 판가름하는 기준이 과거의 경제적 기준, 예를 들어 국민총생산액(GNP) 등이었으나 최근에는 사회적 자본이 얼마나 축적되어 있는가라는 새로운 개념을 제시하기도 했다. 주택을 둘러싼 사회 환경이 매우 중요하다. 해당 단지 혹은 커뮤니티의 사회적 분위기, 네트워크, 공동체적 활동 등이 활발하고 긍정적이며 발전적인 사회 환경이 조성될 수 있도록 해야 한다. 주민 간 갈등을 최소화 혹은 미연에 방지할 수 있는 주민 간 교류 증대와 사회적 자본(social capital), 즉 신뢰, 규범, 네트워크가 활성화될 수 있도록 관리하는 것이 매우 중요하다.

주거 공동체를 활성화하고 사회적 배제를 예방하며 좀 더 살기 좋은 아파트 단지를 만들기 위해 주택의 공급 단계에서부터 고려하는 정책적 배려는 사회적 혼합(social mix)이라 할 수 있다. 이 소셜믹스를 시도한 정책 프로그램은 미국의 HOPE VI, 영국의 PPG3 정책, 한국의 소형 임대주택 의무 비율, 정비사업 시 임대주택 일정 비율 의무 건설 등이 좋은 예라 할 수 있다.

한국은 오래전부터 도시개발사업지구 내 공동주택 용지에 적용되는 주택 규모별 배분 비율 규정이 있었다. 지금까지 아파트를 분양할 때 전용 면적 $85m^2$ 이하를 가구 기준 60% 이상 공급하고 20~30% 이상은 $60m^2$ 이하로 공급해야 했다. 그러나 2014년 10월 말부터 $85m^2$ 공급 기준은 남겨둔 채 $60m^2$ 이하 주택 공급 의무는 폐지하기로 했다. 그리고 분양 아파트 부지의 20~25% 이상 임대주택 건설 용지 비율을 적용했었다. 이 규제제도 역시 지역 실정에 맞게 10% 포인트 범위 내에서 조정할 수 있도록 했다. 지자체와 시행사가 판단해 탄력적으로 대응할 수 있도록 하겠다는 취지에서다. 상당 부분 의무 비율 적용이 완화되긴 해도 여전히 임대주택과 소형 평수 주택을 의무적으로 공급하게 하는 것은 소셜믹스를 실현하기 위한 정책이다.

정부가 소셜믹스를 추구하기 위해 제도적인 조치들을 취하고 있지만 현실은 정책 목적과는 거리가 먼 것으로 파악된다. 가난한 사람과 부자, 집을 가진 사람과 남의 집에 세 들어 사는 세입자가 함께 어울려 편견과 갈등이 없이 즐겁고 행복하게 이웃으로 살아간다는 것은 진정한 공동체의 모습인 것이다.

주거의 사회적 지속가능성은 사회적 자본의 확충으로 전개될 필요가 있다. 이웃 간에 규범과 신뢰가 구축되고 서로 교류가 없다면 지속가능한 주거 생활이라 규정할 수 없을 것이며 진정한 삶의 질을 담보할 수 없을 것이다.

3) 주거의 경제적 지속가능성

경제적 지속가능성이란 인간이 자원의 활용에서 효율성과 책임 의식을 인지해야 한다는 것에서 출발한다. 특히 서구 선진국의 경우 소비가 미덕으로 인식되어 과도한 소비가 지속되고 있다. 반면 후진국은 인구의 폭발적 증가와 빈곤의 만연으로 인간이 필요로 하는 기초 욕구(basic needs)도 충족하지 못하고 있다. 그러나 많은 후진국 국민들은 서구 선진국들의 풍요한 소비를 이상향으로 동경한다.

문제는 자원의 배분이 공평하게 분배되지 못할 뿐만 아니라 빈익빈 부익부의 악순환이 지속되고 있다는 점이다. 이러한 관점에서 경제적 지속가능성 모델은 좀 더 공평한 자원 배분과 장기적 관점에서 인류 모두에게 도움을 줄 수 있는 길을 찾는 데 있다.

지속가능한 개발 과정에 다양한 갈등 현상을 발견할 수 있다. 주택 부문에서 나타나는 대표적 갈등은 재산 갈등(property conflict)이다(Campbell, 1996). 자본주의 사회에서는 주택과 토지(택지)는 매우 중요한 사적 재산인 동시에 이재(理財)의 수단이기도 하다. 배분적·사회적 형평성과 투기 예방이라는 정책 목표를 표방한 택지소유 상한제, 양도 소득세, 다양한 투기 예방책 등은 개인의 재산권 보호라는 목표와 상반되어 갈등을 야기한다. 사유재산권의 보호 및 재산적 가치의 증대라는 경제적 목표와 공공성 및 미래 세대까지 고려한 사회적 목표(정부의 각종 규제책)와는 갈등관계를 지니게 된다. 아울러 택지 개발과 주택 건설에서 개인의 재산권 보호와 환경보호를 동시에 달성하고자 할 때 개발 갈등(development conflict)이 발생되기도 한다. 개인이 소유한 토지가 개발이라는 이름으로 침해받는 경우가 허다하다. 그래서 주택 개발에서 어떻게 개인의 재산(토지 등)을 보호하면서 공익을 위한 개발 행위를 할 것인가가 매우 중요한 사회적 이슈가 되고 있다.

경제성장이 절대적인 요소지만 국민 복리에 기여하는 모든 요인에 대한 이해 없이 경제성장만으로는 지속적인 빈곤 감소가 힘들다. 경제성장은 전반적인 삶의 질 향상, 교육 수준 및 평균수명의 확대와 상호 관계는 있으나 이러한 성장이 어떻게 이루어졌는지, 지속적인 추세인지 아닌지, 그리고 누가 혜택을 보고 누가 못 보는지 등은 말해주지 않는다. 특히 주거 부문에서 경제성장의 혜택이 골고루 주어지고 있는지 그리고 인간이 최소한 누려야 할 기본적 주거 조건과 환경을 유지하고 있는지 등을 면밀히 분석 검토해야 한다. 아울러 주거의 양극화를 완화하고 주거 빈곤층의 주안정을 위한 정책적 배려가 주거의 경제적 지속가능성의 기본이 되어야 한다.

4. 나가며

지속가능 발전은 인간과 자원의 공생, 개발과 보전의 조화, 현세대와 미래 세대 간의 형평 등을 추구한다. 그리고 지속가능성을 도시 및 주거 지역과 연계해 다양한 접근이 필요하다. 지속가능성은 첫째, 지역 문제는 지역적 해결책을 필요로 한다. 해당 지역은 각자 지닌 장점과 추구하고자 하는 목표가 있기 때문에 미래를 위한 방향 설정은 스스로 결정해야 한다. 둘째, 주민의 삶의 질 향상은 경제적 기회, 환경적 통합, 사회적 평등에 초점을 두어야 한다. 셋째, 지방정부(공무원)만으로는 지속가능한 주거 환경을 만들 수가 없다. 이를 위해서는 시민조직 등 다양한 조직체가 참여해야 하며 특히 시민 참여는 가장 중요한 핵심 요소이다. 넷째, 주변 지역과 함께 해결해야 할 문제는 공동 노력과 협력 시스템을 갖추어야 할 것이다(UNCHS, 1996; Robertson, 2014).

한국의 주거 문제와 주택정책은 지속가능성의 관점에서 논의해야 한다. 먼저 인간 주거는 자연과 분리된 것이 아니라 생태계의 일부 혹은 자연환경과 조화 속에서 주거 단지 및 주택을 개발·관리해야 한다. 오늘날 주거지 개발에서 지속가능성을 준수하기 위해서는 자연환경인 산, 구릉지, 물(강, 개울, 하천), 수목 등을 최대한 훼손하지 않는 범위 내에서 개발 행위가 이뤄져야 한다. 그러나 이러한 지속가능성 원칙이 외면당한 채 오직 사업성과 효과성에 근거한 주거지 및 주택 개발이 많았다. 주택 건설 시 자연에너지인 태양, 바람 등을 이용하고 무해한 자연 건축 재료와 자원절약형 건축은 지속가능성을 추구하는 기본적 자세이다.

대도시는 아파트의 고층·고밀도 개발을 선호한다. 이는 토지의 이용 및 공간의 효율적 활용과 이윤을 극대화하는 사업성이 크게 작용하기 때문이다. 그러나 고층·고밀 그 자체가 지속가능 개발에 역행하는 것으로 단정 지을 수는 없다. 문제는 이러한 고층·고밀 개발로 인해 야기된 인간 주거 생활에 부정적인 영향과 생태계 변화 등이며, 이를 좀 더 면밀히 검토할 필요가 있다. 도시 전체를 고밀도로 개발하는 것보다 몇 개의 거점을 둬 일종의 '분산된 고밀 집중 형태'의 계획 개념을 도입할 수 있을 것이다.

주거는 물리적 속성뿐 아니라 사회경제적 속성이 큰 영역을 차지한다. 예를 들어 빈곤층의 주거 안정 및 주거비 부담을 줄일 수 있는 방안을 강구해야 한다. 주택의 공급과 수요는 경제 부문과 사회 부문에 걸쳐 중첩되어 있다. 지속가능한 주거의 의미는 사회경제적으로 취약 계층(노인, 장애인, 극빈자 등)을 위해 적정한 주택을 공급하고, 이들이 이용 가능할 수 있어야 한다. 이는 '사회적 지속가능성과 형평성'의 목적을 추구하기 위함이다. 지속가능한 주거를 달성하기 위해서는 사회취약 계층에 대한 주택 정책적 배려가 좀 더 체계적이어야 하고 이들을 위한 저렴한 주택 공급을 증대해야 한다.

지속가능한 주거는 미래 세대가 스스로의 요구를 충족하는 데 문제가 없으면서 현세대가 필요로 하는 것을 충족하는 것이다. 특히 주택 및 주거지 개발은 환경적 지속성뿐 아니라 사회적·경제적 지속성까지 실현 목표로 삼아야 할 것이다. 이를 위해서는 개발과 보전을 상호 보완적이며 발전적 관계로 설정해야 한다.

참고문헌

경실련 도시개혁센터. 2000. 『더불어 사는 주거 만들기』. 보성각.

국립민속박물관 한국민속신앙사전. 가정신앙 편. 2011. http://folkency.nfm.go.kr/minsok/ (검색일: 2014.12.14).

김현호. 2010. 「소셜 믹스(Social Mix) 개념을 도입한 공동주택 계획기법」. ≪대한건축학회지≫, 제54권 제7호(통권 374호).

두산동아 사서편집국. 1997. 『두산세계대백과사전』. 두산동아.

윤용택. 2008. 『제주도 신구간 풍속 연구』. 제주대학교 출판부.

하성규. 2010. 『주택정책론』. 박영사.

하성규 외. 2007. 『지속가능한 도시론』. 보성각.

하성규·서종녀. 2006. 「공공임대주택과 사회적 배제에 관한 연구」. ≪주택연구≫, 제14권 제3호.

_____. 2012. 『현대주거복지정책』. 박영사.

_____. 2014. 『현대공동주택관리론』. 박영사.

통계청. 2011. 『2010 인구주택총조사, 집수집계결과(가구·주택 부문)』. 통계청.

≪파이낸셜뉴스≫. 2014.11.17. "전세제도 고려시대 기원설. 70년대 본격화"(http://www.fnnews.com/news/201411061719068626).

≪조선비즈≫. 2014.11.17. "집주인, 집값 75%가 빚(은행 대출+전세금) … 전세금 급락 땐 가계부채 大亂"(http://biz.chosun.com/site/data/html_dir/2013/11/08/2013110800216.html).

≪MK 뉴스≫. 2014.11.17. "중형 평형에 미래가 없다? 놀라운 상황이지만 트렌드까지는…"(http://news.mk.co.kr/newsRead.php?year=2014&no=1036329).

≪조선일보≫. 2014.11.17. "〔부동산, 活路를 열자〕〔4〕 新도시 지정 남발 … 아파트 부지 36곳(건설사 계약 해지) 허허벌판"(http://news.chosun.com/site/data/html_dir/2013/09/30/2013093000243.html).

≪한겨레21≫. 제603호(2006). "빈부의 철조망을 허물어라"(http://legacy.h21.hani.co.kr/section-021003000/2006/03/021003000200603290603084.html).

Campbell, S. 1996. "Green Cities, Growing Cities, Just Cities?" *Journal of American*

Planning Association, Vol.62, No.3.

Ha, Seong-Kyu, 2010a. "Housing, social capital and community development in Seoul." Cities, Vol.27.

_____. 2010b. "Housing Crises and Policy Transformations in South Korea." International Journal of Housing Policy, Vol.10, No.3.

Munro, D. A. 1999. "Sustainability: Rhetoric or Reality." in Trzyna Thaddeus(eds). 1995. A Sustainable World-Defining and Measuring Sustainable Development. CA: International Center for Environments and Public Policy.

Robertson, M. 2014. Sustainability Principles and Practice. London: Routledge.

UN Centre for Human Settlements (UNCHS). 1996. An Urbanizing World: Global Report on Human Settlements. Oxford: Oxford University Press.

제**6**장

주민자치위원회의 여성 역할과
여성친화도시

최금숙 | 한국여성단체협의회 회장, 이화여자대학교 법학전문대학원 교수

1. 들어가며

21세기는 여성이 큰 역할을 하는 시기라고들 한다. 국민소득 4만 달러 달성과 한국의 지속가능 발전의 중요한 과제는 무엇보다도 '일자리 창출', 특히 '여성 일자리 창출'이라고 생각한다. 현 정부의 정책 중, 2017년까지 고용률 70%를 이루려면 '일자리 창출'이 급선무이다. 고용률 70%가 되려면 무엇보다도 15여 년째 50%를 맴도는 여성 고용률을 2017년까지 62%로 끌어올려야 한다. 정부는 비정규직이 아닌 정규직으로서의 '시간 선택제' 정책을 내세워 고용 환경을 바꾸려 하고 있으나, 이것만으로 목적을 달성하기는 힘들 것이고 획기적이고 국민 스스로가 자발적으로 참여할 수 있는 창의적인 대책이 요구되고 있다.

여성들을 고용시장으로 이끌 수 있는 방법은 무엇일까? 제일 먼저 주목할 사람들은 전업주부이고, 다음은 현재 일하고 있는 맞벌이 여성들이다. 가사와 육아에 전념하고 있는 전업주부들을 위해서는 참여하기 쉬우면서도 보람 있는 '일자리 창출'이 대대적으로 있어야 하고, 맞벌이 여성들의 경력 단절을 예방하

기 위해서는 그들의 자녀들을 잘 기르기 위한 '효과적인 영·유아 보육 정책' 등의 방안이 도출되어야 할 것이며, 이미 경력이 단절된 여성들을 위해서는 이들이 다시 고용시장에 진입할 수 있도록 하는 정책이 좀 더 구체화될 수 있어야 할 것이다.

이를 위해서는 첫째, 고용시장이 좀 더 '양성평등'해져야 할 것이고, 나와 내 가족의 행복을 이루기 위해서는 국민 모두가, 이를 다시 말하면 마을 주민 모두가 행복해져야 한다는 '주민 공동체 의식'이 강화되어야 될 것이다. 주민 공동체 정신과 연결된 여성 정책은 '여성친화도시 만들기 정책'인바, 시·군·구마다 여성친화도시 정책을 펼 필요가 있다. 둘째, 한국 사회가 경제발전 일변도로 간다면 삶의 조화가 깨져서 행복한 사회를 이루기 어렵게 되므로 이를 해결하기 위해서는 어린이에서부터 어른에 이르기까지 '인성교육'이 강화될 필요가 있으며, 과거보다도 약화된 '시민의식교육'이 활발해져야 한다. 셋째, 여러 문제를 해결하기 위해서는 국민의 자발적이고 적극적인 참여정신과 서로 돕고자 하는 봉사와 희생정신이 함양되어야 할 것이다.

시민들이 스스로 여러 여성 정책에 적극 참여할 수 있도록 하기 위해서는 교육과 훈련이 있어야 한다. 시민 스스로도 교육을 받고 참여해야 할 것은 물론이지만, 정부 당국자들도 스스로 여성 정책에 대한 교육을 받아야 할 것이며, 여성 정책의 중요성을 충분히 숙지한 후에야, 시민과 여성들의 자발적 참여를 이끌어내어 정부 정책을 효과적으로 수행할 수 있다는 의식 개선이 있어야 한다. 즉 공무원들이 혜택을 주는 위치에 있다는 고자세를 취하면 어떤 정책도 효과를 보기 어렵고, 시민의 공복이라는 철저한 '서비스 정신'이 있어야만 시민의 공감대를 이끌어낼 수 있을 것이다.

여성 정책을 잘 시행하기 위해서는 이를 위해 중앙정부와 지방정부가 협력해 다양한 사업을 시행해야 할 것이고, 시민과 여성 모두가 이러한 여성 정책과 사업에 관심을 갖고 스스로 동참할 수 있는 환경을 만들어가야 할 것이다.

예컨대 경북 문경에서 오미자를 재료로 하는 오미자 사업을 전 시민의 성공적 사업으로 이끈 것은 여성 공무원 한 사람이 시민과 같이 꾸준히 노력한 결과였으며, 시흥시의 안전 정책이 성공적으로 될 수 있었던 것도 여성 공무원 1인이 시민 및 여성들과 함께 마을 곳곳을 살펴본 노력의 결과였다는 점을 주목할 필요가 있다.

이러한 보고에서 얻을 수 있는 여성 정책의 지속가능 발전의 실천 원리는 다음과 같다. 첫째, 주민 특히 여성과 더불어 정책을 펴 나가야 한다. 다시 말하면 정부 정책 위주가 아니라 주민이 필요로 하는 정책을 펴야 한다. 둘째, 확실하게 여성 일자리 창출이 되고 주민과 여성의 재정적 수입을 늘릴 수 있는 구체적이고 실천적인 정책이 필요하다. 셋째, 정책 추진을 위한 정책추진체계가 구축되는 것이 중요한데, 중앙정부와 지방정부가 연합전선을 구축해야 하고, 이를 위해서는 중앙정부와 지방정부 내에 '책임 부서'가 정해져야 하며 각 부서마다 '여성정책담당관'이 있어 책임 행정이 실효성 있게 추진되도록 해야 한다. 넷째, 여성 정책 추진을 위한 재정적 준비, 즉 '성인지(性認知) 예산'이 마련되어야 하며, 다섯째, 여성 정책의 성과를 평가할 수 있는 '성별영향분석평가제도'와 '성인지 통계제도'가 활성화되어야 한다. '성인지 예산제도', '성별영향분석평가제도' 및 '성인지 통계제도'는 법률적 근거를 가지고 전국적으로 중앙정부 및 지방정부에서 수년간 실시되고 있지만, 아직 그 성과가 크게 드러나지 못하고 있다.

바크라크(P. Bachrach)는 정치 부문에서 여성의 '낮은 대표성'은 인구의 반을 공적 이익의 반영 과정에서 제외함으로써 민주주의의 기본 이념인 기회 균등이나 다수결 원칙, 인간 존중 등, 민주주의 원리가 '작동되지 않고 있음'을 반증하는 것이라고 주장했다. 2014년 12월 현재, 여성 장관 1명, 여성 국회의원 15%라는 한국 현실하에서 바크라크의 기준에 따르면 한국 사회는 여성에게 지극히 비민주적인 사회라는 말이 된다. 이를 반증하는 것이 2013년 세계경제포럼이 발표한 한국의 성 격차 지수(Gender Gap Index: GGI)이다. 남녀 격차가 136개국 중 111위로 최하위에 머무르고 있으며, 특히 정치 참여 분야는 106위, 경제 참여·기회 부분은 118위로 더욱 낮다. 물론 유엔개발계획(UNDP)의 2008년 여성권한척도(Gender Empowerment Measure: GEM)에 의하면 한국은 100여 개국 중 68위였으므로, 이보다는 낫다고 할 수 있지만, 상대적 박탈감을 느끼게 하는 남녀 격차가 111위라는 지적은 남녀 모두가 심각하게 받아들이고 이를 극복하기 위한 정책을 시급히 추진해야 한국 사회가 지속가능 발전할 수 있다.

남녀격차지수 111위라는 의미는 한국 사회가 아직도 가부장적인 남성 중심의 사회이고 비민주성이 강하다는 것이다. 양성 평등 사회로 가는 길이 매우 더디다는 것을 실감하며 이를 극복하기 위한 길 또한 지난(至難)함을 예측하게 한다. 양성평등에 관한 국민 의식 교육이 다양한 방법으로 어렸을 때부터 이루어져야 하고, 민주시민 교육 및 훈련의 필요하다. 양성평등 교육과 민주시민 교육의 구체화된 정책으로 여성친화도시에 대한 교육과 훈련, 그리고 주민자치위원회에 여성 위원 역할을 증대하기 위한 교육이다.

2. 주민자치위원회의 여성 참여 확대

1) 주민자치위원회의 구성 및 운영

각 마을마다 주민자치위원회가 설치되어 마을의 일정한 행정을 담당하고 있다. 지방분권과 지방행정체제 개편을 종합적·체계적·계획적으로 추진하기 위해[1] 종전의 법률들을 통합하면서 '지방분권 및 지방행정체제개편에 관한 특별법'[2]이 2013년 5월 28일 제정되었다. 이 특별법 제27조는 "풀뿌리자치의 활성화와 민주적 참여의식 고양을 위하여 읍·면·동에 해당하는 행정구역의 주민으로 구성되는 주민자치회를 둘 수 있다"고 하고 있다. 여기에서의 주민자치회의 기능[3]은 이미 각 지역에서 '조례'에 의해 설치·운영하고 있는 주민자치위원회[4]의 기능과 거의 동일하다고 하겠다.

주민자치회 또는 주민자치위원회의 위원은 '조례'로 정하는 바에 따라 지방자치단체의 장이 위촉하는데(특별법 제29조 제1항) 각 지역의 '조례'는 대체로 전문인력이나 경력이 있는 인사를 자격 요건으로 하기 때문에 각 지역의 여성 위원 현황을 보면 매우 열악한 상황이다.

---

1 '지방분권 및 지방행정체제개편에 관한 특별법' 제1조(목적) 이 법은 지방분권과 지방행정체제 개편을 종합적·체계적·계획적으로 추진하기 위하여 기본 원칙·추진 과제·추진체제 등을 규정함으로써 성숙한 지방자치를 구현하고 지방의 발전과 국가의 경쟁력 향상을 도모하며 궁극적으로는 국민의 삶의 질을 제고하는 것을 목적으로 한다.

2 '지방분권 및 지방행정체제개편에 관한 특별법'(약칭: 지방분권법)〔시행 2013.5. 28〕〔법률 제11829호, 2013.5.28〕. 이 특별법의 제정에 따라 다음의 법률이 폐지되고 그 내용이 이 특별법에 흡수되었다(부칙 제2조).
    1. 지방분권촉진에 관한 특별법
    2. 지방행정체제 개편에 관한 특별법
    이 특별법의 최근 개정〔시행 2014.11.19〕〔법률 제12844호, 2014.11.19, 타법 개정〕.

3 '지방분권 및 지방행정체제개편에 관한 특별법' 제28조(주민자치회의 기능)
    ① 제27조에 따라 주민자치회가 설치되는 경우 관계 법령, 조례 또는 규칙으로 정하는 바에 따라 지방자치단체 사무의 일부를 주민자치회에 위임 또는 위탁할 수 있다.
    ② 주민자치회는 다음 각 호의 업무를 수행한다.
       1. 주민자치회 구역 내의 주민화합 및 발전을 위한 사항
       2. 지방자치단체가 위임 또는 위탁하는 사무의 처리에 관한 사항
       3. 그 밖에 관계 법령, 조례 또는 규칙으로 위임 또는 위탁한 사항

4 예컨대 '용인시 주민자치센터 설치 및 운영 조례' 제15조(설치) 읍·면·동의 자치센터의 운영 등에 한 사항을 심의하거나 결정하기 위하여 읍·면·동에 주민자치위원회를 둔다.〔개정 2006.4.12〕

2) 주민 자치위원회의 여성 참여 현황

전국 읍·면·동의 대부분에는 주민자치위원회가 설치되어 운영되고 있다. 하지만 지방자치 조직인 주민자치위원회의 여성 참여 현황은 저조하다. 한국여

〈표 6-1〉 여성 참여 지역별 현황(2014.1 기준)

구분		주민자치위원회 여성 참여 지역별 현황표					
지역	구분	전체 위원 수	여성 위원 수	전체 고문 수	여성 고문 수	여성 고문 비율	여성 위원 비율
서울	전체	10011	3533	1331	226	16.0%	36.0%
	평균	23.7	8.4	3.1	0.5		
부산	전체	5528	1415	633	57	7.8%	25.6%
	평균	26.3	6.7	3.0	0.3		
인천	전체	3742	1239	356	51	12.3%	33.3%
	평균	25.6	8.5	2.4	0.3		
대전	전체	1112	287	90	4	2.9%	26.5%
	평균	22.7	5.9	1.8	0.1		
경기	전체	11224	3959	1065	117	10.6%	35.7%
	평균	25.1	8.9	2.4	0.3		
강원	전체	2038	541	232	30	11.0%	26.5%
	평균	27.2	7.2	3.1	0.4		
충북	전체	3572	1119	297	21	6.3%	31.6%
	평균	26.9	8.4	2.2	0.2		
충남	전체	2189	638	186	15	0.1%	29.5%
	평균	25.2	7.3	2.1	0.2		
전북	전체	3078	918	294	25	6.8%	29.7%
	평균	24.2	7.2	2.3	0.2		
전남	전체	1539	496	145	13	9.8%	31.9%
	평균	25.2	8.1	2.4	0.2		
전국	전체	44033	14145	4629	559	10.8%	32.5%
	평균	25.0	8.0	2.6	0.3		
비고	주민자치위원회 여성의 참여 현황은 평균 32.5%임. 서울·인천·경기 지역을 제외하면 20%대에 머물고 있음.						

성정책연구원의 2014년 보고서에 의하면, 서울의 여성 참여는 36%로 가장 높고, 낮은 곳은 대전이 26.5%, 부산이 25.6%이며, 전국 4만 4033명 위원 중 여성은 1만 4145명으로 평균 32.5%를 차지할 뿐이다(최금숙, 2014). 서울·경기·인천 지역을 제외하면 대체로 20%대에 머물고 있다(〈표 6-1〉 참조). 지역에 머무르는 사람은 주부 등 여성이 대부분이며, 남성들은 직장 등으로 주민자치위원회 회의에도 참여할 수 없을 정도로 시간적·공간적 사정이 좋지 않은 실정임을 감안하면 여성의 참여는 매우 저조한 것이 문제이다. 이러한 현실을 볼 때 여성의 참여가 60% 이상이 되어야 합리적이라 할 수 있으며 여성의 참여 확대가 시급한 과제라고 하겠다.

주민자치위원회 구성 시, 적합한 위원 후보를 찾는 과정에서 위원 후보를 추천하는 통장이나 주민자치위원장의 남녀 차별 의식이 가장 문제이지만, 각 지역의 주민자치위원회에 관한 조례 규정을 보면 '위원의 자격'으로 전문가나 경력자를 요건으로 하고 있기 때문에 이 요건을 갖추지 않은 전업 주부들은 위원회에 참여할 기회를 거의 박탈당하고 있는 상태이다.

여성 또는 전업주부들이 참여할 수 있도록 이들 조례를 개정해야 하며, 특히 현재는 여성의 참여도가 40%도 되지 못하기 때문에 여성 참여의 확대를 위한 특단의 조치가 필요하다. 마을에서 여성, 특히 전업주부들의 역할을 존중한다면 여성이 더 많이 참여해야 하는 바, 여성이 60~70% 이상이 될 수 있도록 조례를 개정[5]해야 하며, 나아가 '주민자치위원회 활성화법'이 제정될 필요가

---

5 '용인시 주민자치센터 설치 및 운영 조례' 제17조 제3항을 보면 여성 위원이 2분의 1 이상 되도록 노력하는 규정을 가지고 있는 바, 용인시의 여성 위원은 약 80%에 달한다.
  '용인시 주민자치센터 설치 및 운영 조례' 제17조(구성 등)
  ① 원은 원장, 부원장 각 1인을 포함하여 25인 이내로 구성하되, 3인 이내의 고문을 별도로 둘 수 있다.
  ② 읍·면·동장은 당해 읍·면·동의 관할 구역 내에 거주하거나 사업장 또는 단체의 대표자로서 다음 각 호의 방법에 의하여 추천 또는 선정된 자 중 봉사정신이 투철하거나

있다. 마을의 주부들은 시간적·공간적으로 그 지역에 오래 머무르고, 그 지역의 사정을 잘 알 수 있으며, 또한 회의에도 쉽게 참석할 수 있기 때문에 여성 특히 전업주부의 참여 확대를 위한 조치들이 이 법에 규정될 필요가 있는 것이다. 남성 위원이 다수인 현실에서는 회의조차 개최하기 어려운 문제가 있으므로 이러한 상황이 지속된다면 주민자치위원회나 주민자치회는 예산만 낭비하는 조직이라는 비판 속에서 파국을 맞을 수도 있음을 알아야 한다.

3) 주민자치위원회의 여성 참여 확대를 위한 법제도

(1) 특정 성이 10분의 6을 초과할 수 없도록 하는 금지 규정

주민자치위원회의 여성 참여 확대를 위한 법제도는 이미 마련되어 있다. 정부 각종 위원회의 여성 참여 확대를 위한 규정은 '양성평등기본법'에 있고, '양성평등기본법'의 전신인 '여성발전기본법'에 이 내용이 이미 규정되어 있었다. 즉 '여성발전기본법' 제15조 제1항이 2013년 8월 13일 개정되어 2014년 2월 14일부터 시행되었는데, 각종 위원회에서 여성 위원이 40% 미만이 되어서는 안 된다고 하는, 즉 "특정 성이 위촉직 위원 수의 10분의 6을 초과하지 아니하여야 한다"고 하는 규정이었다. 이로써 여성 참여 확대의 기초가 만들어지게 되

자치센터의 운영에 필요한 전문 지식을 갖춘 자를 위원으로 하여야 한다〔개정 2008.3.3〕.
1. 당해 읍·면·동에 소재하는 각 학교, 통·이장 대표, 주민자치위원회 및 교육·언론·문화·술 기타 시민·사회단체에서 추천하는 자
2. 공개모집 방법에 의하여 선정된 자
③ 읍·면·동장은 제2항에 의한 위원을 함에 있어서 교육계, 언론계, 문화·예술계, 관계, 경제계, 일반 주민 등 각계각층이 균형 있게 참여할 수 있도록 하되, 어느 한 계층에 소속된 위원이 전체 위원의 3분의 1을 초과하여서는 아니 되며, 특히 여성원의 참여를 적극 장려하여 전체 위원의 2분의 1 이상이 되도록 노력하여야 한다. ― 이하 생략

었고 이 규정은 '양성평등기본법' 제21조에 좀 더 강화된 내용으로 규정되어 있다.

그 내용을 보면, '양성평등기본법'[6] 제21조는 정책 결정 과정에서 여성 참여를 위해 제1항에서 "국가와 지방자치단체는 정책 결정 과정에 여성과 남성이 평등하게 참여하기 위한 시책을 마련하여야 한다"고 규정해 정책 결정 과정에서 '양성평등을 위한 시책'을 마련하여야 한다는 의무 규정을 두고 있다. 이 의무 규정은 '여성발전기본법' 제15조에는 없었던 내용으로서 '양성평등기본법'에 강화되어 있는 내용이다. 그리고 같은 법 제21조 제2항 본문에서 "국가와 지방자치단체는 위원회[7]를 구성할 때 위촉직 위원의 경우에는 특정 성별이 위촉직 위원 수의 10분의 6을 초과하지 아니하도록 하여야 한다"고 명문화하고 있다(이는 위에서 언급한 바와 같이 '여성발전기본법' 제15조가 개정되어 2014월 2월 14일부터 이미 시행된 내용임).

다만, 10분의 6에 대한 예외 규정을 두고 있는 바, 부득이 여성 인력이 부족한 경우에 관하여 같은 법 제21조 제2항 단서는 "해당 분야 특정 성별의 전문 인력 부족 등 부득이한 사유가 있다고 인정되어 실무위원회의 의결을 거친 경우에는 그러하지 아니하다"고 규정한다. 즉 이는 여성 전문 인력이 부족한 경우에 남성이 10분의 6을 초과할 수도 있다는 예외 규정인데, 이 규정은 혹시 악용될까 우려되는 규정이다. 10분의 6을 초과하면 안 된다는 제한 규정을 어기면서 여성 전문 인력이 부족하다는 핑계를 댈 수도 있기 때문이다. 이 단서

---

6 '양성평등기본법'〔시행 2015.7.1〕〔법률 제12698호, 2014.5.28, 전부개정〕. '여성발전기본법'이 전부 개정되어 '양성평등기본법'이 되었고, 이는 2015년 7월 1일부터 시행된다.
7 여기에서 위원회라 함은 "위원회, 심의회, 협의회 등 명칭을 불문하고 행정기관의 소관 사무에 관하여 자문에 응하거나 조정, 협의, 심의 또는 의결 등을 하기 위한 복수의 구성원으로 이루어진 합의제 기관을 말한다"고 규정되어 있다('양성평등기본법' 제21조 제2항 본문).

는 불필요한 것이므로 앞으로 삭제되어야 할 규정이며, 전문성이 부족하고 경험이 적은 전업주부들도 위원이 될 수 있도록 제도를 개선하면 될 것이다.

전국 여성의 2분의 1이 전업주부인데, 이들에게 각종 위원회의 위원이 될 수 있는 기회를 박탈한다면 이는 '비민주적' 조치로서 시급히 시정되어야 할 내용이다. 미국 배심원제도를 보면, 범죄의 유무죄를 정하는 배심원 구성 시 전업주부를 비롯한 흑인, 멕시코인, 교사 등 평범한 사람들로 구성해 재판에서 민주주의를 실현하고 있다. 이와 같이 범죄의 유무죄를 정하는 경우에도 전업주부가 참여할 수 있는데, 국민의 국정과 시민의 시정에 참여할 수 있는 각종 위원회 참여에 전문성이 부족하다는 이유로 전업주부를 배제한다면 이는 심각한 비민주적 처사가 된다.

더구나 풀뿌리 민주주의를 실현한다고 하는 주민자치위원회를 구성하면서 마을에 오래 머물며 활동하고 있는 전업주부를 배제한다면, 이는 논리 모순에 빠지는 결과가 될 뿐이다.

(2) 특정 성, 10분의 6 초과 금지의 압박 수단으로서의 공표제도 등

위에서 본 바와 같이 부득이한 사유가 있다고 주장하면, 특정 성이 10분의 6을 초과할 수 없도록 하는 규정을 적법한 모습으로 위장하면서 위반할 수가 있다. 하지만 이러한 태도를 어느 정도는 막을 수 있는 공표제도 등이 마련되어 있다. 즉 '양성평등기본법' 제21조 제3항 전단은 "국가와 지방자치단체는 매년 위원회의 성별 참여 현황을 여성가족부장관에게 제출하여야" 한다는 현황 보고 의무를 규정하고 있고, 제3항 후단은 "여성가족부장관은 위원회의 성별 참여 현황을 공표하고 이에 대한 개선을 권고할 수 있다"고 하고 있다. 그러므로 여성가족부장관은 성별 현황을 공표함으로써 '특정 성의 10분의 6 초과 금지'의 실행을 압박할 수 있다.[8] 아울러 여성가족부장관은 위반 시 그 개선을 권고할 수 있는데, 이것이 강제 규정이 아니라 권고 규정이라서 그 실행력이 약하다고도 할 수 있지만, 공표와 아울러 거듭 권고한다면 강력한 압박의 효과를 볼 수도 있다.

3. '여성친화도시'와 주민자치위원회와의 연계

1) 여성친화도시 정책

주민자치위원회의 기능은 주로 주민화합 및 지역 발전을 위한 활동을 하는 것인 바, 이 위원회에 여성들이 다수 참여하게 되면 현재보다 강력한 여성 정책을 펴게 될 것이다. 최근 여성 정책과 주민자치가 연계될 수 있는 정책이면서 지역 여성 정책의 새로운 모델로 평가받는 '여성친화도시 정책'이 있다.

"근대에는 가족만 있으면 살 수 있었지만, 후기 근대에는 마을 없이는 삶을 지탱하기 힘들 것이다"라는 말이 있다. 인간의 삶을 지탱하는 데 마을의 중요성을 분명하게 보여주는 것이라 하겠다. 과거 1960년대와 1970년대에 한국의 마을을 발전시킨 농촌근대화 및 새마을운동의 예를 들 수 있는데, 현대판 새마을운동이 '여성친화도시 정책'이다. 과거에는 농촌을 중심으로 새마을운동이 펼쳐졌지만, 이제는 도시를 중심으로 여성, 청소년, 고령자, 장애인 등을 위한 여성친화도시가 이루어져야 한다. 여성친화도시라는 의미는 사회적 약자 및 소외자들을 위한 정책을 펴는 도·시·군이 오늘날에는 필요하다는 것이다. 중

---

8 '양성평등기본법'의 전신인 '여성발전기본법'에 이미 동일한 내용이 규정되어 있었다. 즉 여성발전기본법 제15조 ② 국가와 지방자치단체는 매년 위원회의 성별 참여 현황을 여성가족부장관에게 제출하여야 한다. 〔신설 2013.8.13〕

③ 여성가족부장관은 제2항에 따른 위원회의 성별 참여 현황을 공표할 수 있고, 이에 대한 개선을 권고할 수 있다. 〔신설 2013.8.13〕

앙정부 중심이 아니라 지방자치단체를 중심으로 여성친화도시가 이루어진다는 뜻도 된다.

여성친화적인 사업을 할 여건이 조성되어 있는 도시를 여성가족부가 '여성친화도시'로 지정하고 있다. 여성가족부가 2009년 익산시를 제1호로 지정한 이래 2014년 10월 기준으로 전국 50개 지방자치단체를 '여성친화도시'로 지정해, 지역 여성 정책 활성화를 도모하고 있다. 흥미로운 일은 2014년 6.4지방선거에서 여성친화도시로 지정 받은 곳의 단체장은 대부분 재선에 성공했고, 서울 구청장의 경우 전부 재선에 성공했는데, 이를 보면 여성친화도시 지정의 직간접적인 영향이 매우 컸음을 알 수 있다. 여성친화도시는 민관협의체인 지역거버넌스 구축을 통해 이루어지는데 커뮤니티, 도시 계획, 건축, 건강, 안전 등을 전문으로 하는 교수, 석·박사, 전문가들이 지방자치단체, NGO들과 함께 여성친화도시를 위한 거버넌스를 구축한다면 지역의 여성 발전 및 지속 발전을 기대할 수 있을 것이다. 이는 한국 사회의 화두인 '정의로운 민주사회를 구축하자'는 방향과 맞아떨어지는 방법이다. 지역 주민과 전문가, NGO, 공무원들이 함께 여성과 아동, 그리고 각 가정을 위해 안전하고 편리한 지역사회를 민주적으로 계획하고, 실행해가면서 지역 발전을 이룰 수 있기 때문이다.

2) 여성친화도시 사업의 사례

(1) 대전의 문화유산 콘텐츠 찾기 사업

대전시 여성친화도시 사업의 문화유산찾기 사례로 김호연재 양성평등 문화 콘텐츠가 있다(이춘아, 2012.9.5). 김호연재(1681~1722)는 300년 전 여성으로서 시를 남겼고 그가 살던 집이 '송용억 가옥'이라는 문화재 이름으로 후손들에 의해 잘 남겨졌으며 그 밖의 문화적 흔적이 많이 남아 있었다. 호연재가 남긴 시를 통해 짐작하건대, 그녀의 삶 자체가 양성평등적이고 살던 집에 많은 문화적

〈그림 6-1〉 김호연재 양성평등 문화 콘텐츠

2001~2005년: 발아기

대전광역시 민족자료 2호 송용억 가옥

동춘당가의 요리책
『주식시의』

호연재 부부의
『사대부 한평생』 책

2007~2008년: 태동기

호연재 김씨 시비

김호연재 해설: 송옥억 가옥과 생가터를 찾아

흔적이 있었기 때문에 문화유산 해설이 가능했고 호연재의 삶을 극화해 보여 줄 수 있었기 때문에 문화유산찾기 사업이 가능했다고 한다. 2001~2006년의 발아기에는 여러 준비 작업을 했고, 2007~2008년에는 태동기로서 시비를 만드는 등 호연재 알리기를 확대했으며, 현재는 문화유산사업으로 호연재가 살던 집에서 문화유산해설을 하는 사업으로 발전해 많은 방문자들을 확보하게 되었다. 문화유산 해설이라는 문화관광 상품이 만들어져 일자리 창출이 된 사업이고, 이 사업을 통해 지역의 문화유산이 축적되는 성과가 있었다.

(2) 안전한 마을 만들기 사례(서울 상도 3·4동)

① 동네한바퀴 사업

현 정부의 안전 정책 중 '4대악 해소' 정책이 있고, 4대악이란 성폭력, 가정폭력, 학교폭력, 불량식품이다. 이러한 4대악을 발견하고 대처할 수 있는 공간이 마을이고 이웃이므로 여성친화도시 사업의 주요 내용이 '안전한 마을 만들기'가 있다. 이러한 안전한 마을 만들기 사업을 시범적으로 잘한 곳이 서울 상도 3·4동이다(박신연숙, 2012.9). 여기에서는 '안전한 마을'이란 폭력이 발생하기 어려운 마을이고, 폭력이 발생하고 있다면 한시라도 빨리 발견되고 도움을 청할 수 있어야 하는 마을이라고 정의하면서 마을 안전을 위해 '동네한바퀴'사업을 전개했다.

② 자원 활동가 모집 및 교육

우선 동네한바퀴 사업은 자원 활동가를 모집하고 이들은 폭력 없는 마을, 나눔과 소통이 있는 안전한 마을을 만들어가는 것인데, '동네한바퀴'를 돌면서 마을이 얼마나 안전한지 직접 느껴보고 체험하며 마을 공공 자원인 경찰지구대, 학교, 자치회관은 물론 마을 유치원 초등학교 밀집 지역의 약국, 편의점, 문구점 등 '아동안전지킴이집'과 협력해 마을 안전망을 만들어가고 있다. 자원 활동가들을 모집해 그들을 교육하는 것도 주요 사업 내용이며, 폭력을 인권의 시각, 여성의 시각으로 바라보고 역량을 키우는 교육과정을 마련해 교육한다. 교육 내용이 구체적이며, 강사진도 경찰, 교사, 상담 전문가 등 마을의 인재 활용을 하는 등 다른 마을들이 이를 참고하면 쉽게 사업을 할 수 있을 것이다.

③ 마을안전지도 만들기

상도 3·4동 동네한바퀴 사업의 효과적인 내용의 하나가 '마을안전지도 만들기'이다. 이들은 마을의 활동가, 유지, 경찰관, 소방관, 교사, 전문가, 마을 내

사업가 등이 함께 마을을 돌면서 마을의 안전 점검을 하고 어린이집, 유치원, 초등학고, 중학교, 지킴이집, 안전 활동 지점, 통학로 등을 표시한 마을안전지도를 만들어 활용하고 있다.

(3) 마을 보육 사례(전남 광주시)

① 어린이 마을 돌봄

여성이 일하는 데 가장 어려운 일은 자녀를 돌보아줄 어린이집이나 유치원의 숫자가 매우 적다는 것이다. 만일 마을에서 이웃 간에 서로 내 아이 돌보듯이 남의 아이를 돌보아준다면 자녀를 둔 아내나 남편에게 크게 환영받을 일이다. 이 '어린이 마을 돌봄' 사업을 잘 실천한 곳이 전남 광주광역시이다(광주여성노동자회, 2012.9). 마을 보육의 장점은 어린이의 집에서 가까운 곳에서 보육이 이루어지고, 마을 내에서 협조와 이해가 잘된다는 것이다.

② 마을 어린이도서관 운영과 연계

'어린이 마을 돌봄' 사업은 어린이도서관 운영과 함께하면 효과적이다. 광주시의 어린이 마을 도서관 운영 사례를 보면, 어린이 마을 도서관이 상시적으로 개방되므로 책을 읽고 대출하는 어린이들이 늘고, 친구를 만나러 도서관을 찾고 학원에 가기 전에도 도서관을 들르는 어린이들이 증가하면서 만남과 문화의 공간이 되고 있다. 어린이들이 즐겁고 재미있게 책을 읽고 창의성과 감수성이 높아지며, 또래 집단 간, 마을아 이들 간 사회성 및 공동체 정신 함양에 도움이 되고 있다는 발표가 있었다(광주여성노동자회, 2012.9).

(4) 마을기업

여성친화도시 사업과 주민자치위원회의 역할이 합쳐져 마을기업이나 협동조합을 설립하게 한다면 자생력 있는 마을기업과 협동조합이 만들어지고 일자

〈표 6-2〉 지역별 마을기업의 일자리 현황과 여성 비율

구분	마을기업 수	일자리 현황			여성 비율(%)
		남성 수	여성 수	합계(명)	
서울	71	98	318	416	76.44
부산	53	62	271	333	81.38
인천	43	77	115	192	59.90
대전	29	50	110	160	68.75
경기	124	169	316	485	65.15
충북	38	130	229	359	63.79
충남	47	86	195	281	69.40
합계	405	672	1,554	2,226	69.81

주: 조사 대상은 405개 마을기업(2014.2 기준).

리 창출이 될 것이다. 한국여성정책연구원의 보고서에 의하면(최금숙, 2014: 4) 마을기업에서 여성 참여율이 70~80%이므로(여성 참여율에 관해서는 〈표 6-2〉 참조), 마을에서 창업이 이루어지면 곧 여성 일자리가 더 많이 창출된다는 것이 되므로, 중앙정부나 지방자치단체는 모두 이를 위한 지원을 해야 한다.

4. 나가며

위에서 한국 여성 정책의 지속가능 발전을 고찰하면서, 여성 정책 가운데 주민자치위원회의 여성 역할을 중심으로 몇 가지를 살펴보았다. 이외에도 여성 정책은 많지만, 국민과 함께하는 정책으로서 주민자치위원회의 여성 참여 확대, 여성친화도시 정책, 여성 창업을 통한 일자리 창출, 이들 여성 정책을 확대해갈 수 있는 방안으로 보육 지원 등의 방안을 생각해보았다.

이 밖에도 한국의 지속가능 발전을 위해서는 다문화여성가족 및 이민자여성 가족 정책이 잘 시행되어야 하며, 탈북여성가족 정책 및 통일여성가족 정책이 잘되어야 함은 말할 것도 없다. 이러한 정책은 별도의 논의가 필요하므로 이 글에서는 논의 대상에서 제외했는데, 이에 관한 깊이 있는 연구가 필요하다.

또한 이들 여성 정책을 효과적으로 시행하기 위한 도구로서 성 주류화제도 가 있는데, 이러한 여성 정책이 잘 시행되고 있는지를 평가해볼 수 있는 제도 로서 '성별영향분석평가법'에 따른 '성별영향분석 및 평가제도'가 있다. 이 분 석 평가는 '성인지 통계'에 기초하며, 성별영향분석평가가 이루어지면 이것은 '성인지 예산'에 반영되는 바, 이에 관한 고찰은 다른 기회로 넘긴다.

주민자치위원회의 여성 위원의 활동 증대, 여성친화도시 정책, 여성마을기 업, 마을 보육, 마을도서관 사업 등이 지속적으로 발전하길 바란다. 무엇보다 도 이들 여성 정책을 통해 여성 일자리 창출이 효과적으로 이루어져 여성의 삶 에 도움이 되고 이로써 가족과 국가 발전에 기여할 수 있기를 기대한다.

참고문헌

광주여성노동자회 발표. 2012.9. 「돌봄과 여성친화마을(마을 보육센터 사례)」. 여성친화
　　도시포럼. 한국여성정책연구원.

김영옥 외. 2014. 「창조경제와 여성일자리」. 한국여성정책연구원 2014년 보고서.

박신연숙('좋은 세상을 만드는 사람들' 사무국장) 발표. 2012.9. 「성폭력 없는 안전한 마을
　　만들기」. 여성친화도시포럼. 한국여성정책연구원.

여성친화정책전략단. 2013. 「2013년 보고서」. 한국여성정책연구원.

이춘아(대전 지역) 발표. 2012.9.5. 「지역에서 양성평등한 문화콘텐츠 찾기」. 여성친화도
　　시 포럼. 한국여성정책연구원.

최금숙. 2014. 「여성의 주민자치 참여 활성화를 통한 마을 중심 여성일자리 확대방안 연
　　구」. 한국여성정책연구원 2014년 수시과제.

한국여성정책연구원. 2012. 「맞벌이부부의 노동시간과 가족시간 실태조사」.

제2부

제7장

한국의 과학기술과 지속가능 발전

박성현 | 한국과학기술한림원 원장

1. 국가경쟁력과 과학기술

인류 역사를 면밀히 살펴보면 과학기술 때문에 역사의 흐름이 바뀐 것을 알수 있다. 쓸모없던 돌에서 금속을 제련해내는 기술에서 시작된 청동기와 철기는 주변국을 정복하는 무기로 사용되었다. 또한, 산업혁명 이후 재빨리 기계문명으로 경제를 부흥시킨 민족의 후손들은 지금도 여전히 세계를 지배하고 있다. 국가 경쟁력을 좌우하는 요소는 많이 있지만 과학기술이 중요한 부분을 차지하고 있다. 한국은 전쟁의 폐허에서 '한강의 기적'을 이뤄내면서 50여 년 만에 세계 10위권 경제 규모를 가진 나라로 급성장했다. 이는 1960년대에 시작된 '과학입국, 기술자립'의 정신으로 무장하고, 과학기술을 중시하는 경제개발 5개년 계획과 근면하게 땀 흘려 일한 국민 덕분이었다. 현 정부도 선진국 진입을 위한 마지막 도약을 위해 '창조경제'를 내세웠고, 국민의 상상력과 창의성을 과학기술과 정보통신기술에 접목해 21세기 지식기반 사회에서 새로운 기술, 새로운 산업, 새로운 일자리를 만들어보자고 하고 있다.

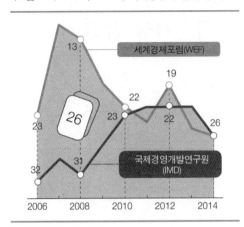

〈그림 7-1〉 IMD와 WEF의 국가경쟁력 순위 변화

세계경제포럼(WEF)

국제경영개발연구원
(IMD)

자료: ≪서울신문≫, 2014.9.4.

국가경쟁력 비교에서 가장 권위 있는 평가는 스위스의 '국제경영개발원(IMD) 국가경쟁력 평가'와 '세계경제포럼의 국가경쟁력 평가'이다. 2014년 5월 22일에 발표된 2014년도 IMD 평가에서 한국은 평가 대상 국가 60개국 중에서 26위를 차지했다. 만족스럽지는 못하나 그나마 20개 중간 부문 항목 중에서 과학 인프라(6위), 기술 인프라(8위) 등의 과학기술 분야가 선전한 반면, 경영 활동(56위), 기업 관련 법규(42위) 등의 기업 및 정부 효율성 분야에서 취약함을 드러냈다. 2014년 9월 3일에 발표된 WEF 평가에서도 한국은 144개국 중에서 26위로 인프라(14위), 거시경제(7위) 등의 기본 요인은 좋으나, 노동시장 효율성(86위), 금융시장 성숙도(80위) 등의 효율성 증진은 낙제점을 받았다. 무엇보다도 우려되는 것은 〈그림 7-1〉에서 보는 바와 같이 국가경쟁력 순위가 하락하고 있다는 것이다. IMD 순위는 2012년의 22위에서 26위로 하락했고, WEF 순위는 19위에서 26위로 하락했다. 국정의 우선순위를 국가경쟁력 제고에 두고 총력을 기울여야 할 때라고 생각한다.

앞의 IMD와 WEF 평가에서도 보면 과학기술 관련 인프라가 한국의 국가경쟁력을 지탱하고 있다. 국가경쟁력을 높이고 한국의 지속가능 발전을 위해 정부 및 기업의 효율성도 높여 나가면서 과학기술의 지속적인 발전을 도모해야 한다.

2. 과학기술의 지속가능 발전을 위한 제언

한국 과학기술의 지속가능 발전을 위한 핵심적인 사항 세 가지에 대해 현재의 진단을 거쳐 발전 방향을 제언하고자 한다.

1) 정부의 연구개발비 투자 확대

첫째로, 정부의 연구개발비 투자이다. 미래창조과학부 국가연구개발사업 조사·분석 보고서에 따르면 〈표 7-1〉과 같이 연도별 투자액을 볼 수 있다. 2010년까지 투자액이 전년 대비 증가율에서 10%대를 지속했으나 그 후 계속 하락하고 있다. 2016년도 투자액은 증가율이 3% 미만일 것이라는 추측이 나

〈표 7-1〉 한국의 정부연구개발사업 투자액 추이 (단위: 억 원, %)

연도	투자액	전년 대비 증가율
2003	49,036	—
2004	59,847	22.05
2005	77,904	30.17
2006	87,689	12.56
2007	95,745	9.19
2008	109,936	14.82
2009	124,145	12.92
2010	136,827	10.22
2011	148,528	8.55
2012	159,064	7.09
2013	171,471	7.80
2014	177,358	3.43

자료: 미래창조과학부(각 연도).

〈표 7-2〉 한국의 총 연구개발비 추이 (단위: 억 원, %)

연도	총 연구개발비	전년 대비 증가율	GDP 대비 비율	정부 부분 비중	기초 : 응용 : 개발 비중
2003	190,687	—	2.49	25.7	14.5 : 20.8 : 64.7
2004	221,853	16.34	2.68	27.0	15.3 : 21.2 : 63.4
2005	241,554	8.88	2.79	32.3	15.3 : 20.8 : 63.8
2006	278,457	15.28	3.01	31.5	15.2 : 19.9 : 65.0
2007	313,014	12.41	3.21	30.6	15.7 : 19.8 : 64.4
2008	344,981	10.21	3.12	31.9	16.1 : 19.6 : 64.3
2009	379,285	9.94	3.29	32.7	18.1 : 20.0 : 62.0
2010	438,548	15.62	3.47	28.0	18.2 : 19.9 : 61.8
2011	498,904	13.76	3.74	26.1	18.1 : 20.3 : 61.7
2012	554,501	11.14	4.03	24.9	18.3 : 19.1 : 62.6
2013	593,009	6.9	4.15	24.0	18.0 : 19.1 : 62.9

자료: 미래창조과학부(각 연도).

오고 있다. 한국이 그나마 국가경쟁력을 가지고 있는 부분이 손상되지 않을까 염려된다. 한국의 지속가능한 발전을 위해 연구개발비는 계속적으로 높은 증가율을 보여야 한다. 이는 연구개발을 하지 않는 기업이 망하는 것처럼, 연구개발은 한 국가의 지속가능 발전에 핵심적인 요소이기 때문이다.

정부연구개발비를 단계별로 분류해보면 기초연구비, 응용연구비, 개발연구비로 나누어진다. 단계별 투자 비중은 2013년도에 기초·응용·개발 연구의 투자 비율이 각 각 34.1%, 22.1%, 43.8%로 아직 개발 부문의 투자 비율이 가장 크다. 민간 부분 연구개발비는 개발연구가 가장 큰 것은 당연하나 정부연구개발비에서 개발연구비가 가장 많은 것은 바람직하지 않다. 정부연구개발비는 기초 원천 연구에 집중적으로 사용되어야 하며, 기초 원천 연구의 결과를 응용하거나 개발해 산업화로 연결하는 데 투자해야 한다. 따라서 기초·응용·개발의 비중이 4 : 3 : 3로 나누어지는 것이 선진국형이며, 지속가능한 발전을 도모하는 길이다.

민간 부분까지 합친 한국의 총 연구개발비는 〈표 7-2〉에서 보는 바와 같이 최근 10년간 엄청난 증가를 보이고 있다. 총 연구개발비의 증가는 전년 대비 평균 10% 이상을 상회하며, GDP 대비 비율도 2013년에 4.15%로 매우 높아 고무적이다. 이러한 현상은 삼성, LG, 현대 등 민간 대기업의 연구개발비가 높게 증가하는 데 기인한다. 따라서 최근에는 총 연구개발비 중에서 정부연구개발비의 비중이 25% 미만으로 떨어지고 있다. 민간 부분의 증가를 더욱 고무하고 전반적인 연구개발 분위기를 확산시키기 위해서도 정부 연구개발비 증액은 바람직하다. 다음으로 기초 : 응용 : 개발 연구비의 비중 추이를 보면 기초연구비 비중이 서서히 증가하고 있으나 아직도 20%에 미치지 못하고 있다. 기초 원천 연구를 촉진하기 위해서도 기초연구비의 비중은 20% 이상이 바람직하다.

박근혜 정부는 선진국으로 확실히 진입하기 위해서는 창조경제(creative economy)의 실현이 필수적이라고 강조한다. 창조경제는 과학기술과 ICT(정보통신기술)을 기반으로 국민의 과학적 아이디어를 산업화로 연결시켜 신산업 창출, 일자리 창출 등을 통해 경제 부흥을 달성하겠다는 비전을 말한다. 정부는 이를 통해 과거의 추격형(fast follower)에서 미래의 선도형(first mover)으로 정부 정책의 패러다임을 바꿔야 한다고 강조하고 있다. 창조경제의 실현을 위해서는 기초원천 연구개발이 필수적이며, 이를 위해 기초연구의 비중을 높이는 것이 바람직하다.

2) 과학기술 기반의 창의적 인재 양성을 위한 과학교육 강화

두 번째로, 과학기술 역량을 증진시키는 데 가장 크게 기여하는 것은 창의적 인재교육이다. 결국 인재가 국가의 지속가능 발전을 담보하기 때문이다.

미국은 10여 년 전부터 STEM(과학, 기술, 공학, 수학) 교육을 강화하기 위해 초·중등 학생들의 과학교육에 연간 37억 달러를 투자할 만큼 국가적 지원이 크게 뒷받침되고 있다. 영국은 학생들의 학력을 측정하는 핵심 교과로 국어, 수학, 과학 과목만을 지정했고, 초·중등 전 학년 교과과정에서 영어, 수학, 과학, 컴퓨팅, 체육을 필수교과로 과학교육의 중요성을 강조한다. 최근에 중국 또한 국어, 영어, 수학은 각각 10단위(1단위는 1학기당 17시간에 해당), 과학은 18단위를 필수 시수시간으로 지정해 그 중요성을 강조하고 있다. 전 국민의 과학적 소양은 미래의 지속가능한 국가경쟁력을 위해 꼭 필요한 역량이다. 그래서 선진국이 앞다투어 과학적 소양을 키우는 과학교육을 점점 더 강화하고 있는 것이다.

교육부는 고등학교 교육에서 인문학적 상상력과 과학기술에 대한 소양을 키워주기 위해 '문·이과 통합형 교육과정'을 개정하겠다고 발표(2013.10.25)했다. 구시대적인 문·이과 구분을 폐기하는 것은 옳은 방향이지만, 교육부가 통합형 교육과정으로 공개한 '총론 주요사항 발표(2014.9.24)'에 의하면 과학교육을 축소하는 방향으로 가는 것은 시대착오적인 잘못된 결정이다. 문·이과를 통합한다고 하면서 사실상 이과를 문과에 흡수해 문과 기준으로 교과과정을 짜고 있는 셈이다. 2009년 교육과정 개정 때 국어, 영어, 수학, 과학, 사회 과목의 필수 교육시간은 각각 15단위였고, 체육, 예술은 각각 10단위였다. 이번 총론 주요 사항 발표에서 보면 국어, 영어, 수학은 각각 10단위, 사회는 16단위(역사 6단위 포함), 과학은 12단위, 체육, 예술은 각각 10단위이고, 생활교육(기술, 가정, 제2외국어, 한문, 교양)은 16단위이다. 이렇게 되면 과학 과목은 물리, 화학, 생물, 지구과학의 네 과목으로 구성되어 있으므로, 과목당 필수 교과시간은 3단위에 불과해 제대로 학습이 될지 의문이다. 고등학생이 3년 동안 학교를 다니면서 공부하는 최소 180단위 수업 중에서 과학 과목이 차지하는 비중이 12단위이니 약 6.7%에 불과한 셈이다. 최소한의 과학교육도 불가능한 상황으로 판단된다. 국어, 영어, 수학은 최소 단위와 무관하게 수능 비중이 매우

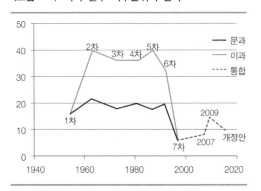

〈그림 7-2〉 과학 필수 이수단위의 변화

자료: 한국과학기술한림원(2014).

크므로 대부분의 고등학교가 30단위 이상을 교육하고 있다. 그러나 과학 과목은 수능 비중이 낮아서 최소단위만 공부하고 끝나는 경우가 허다하다.

〈그림 7-2〉는 1950년대 후반부터 오늘날까지 고등학교 교육과정에서 과학 필수 이수단위의 변화를 보여준다. 1970~1980년대에는 과학교육이 문과는 22단위, 이과는 40단위 정도를 교육했다. 이 시절 과학교육이 강조되면서 결국 우수한 과학기술자들을 많이 배출했고, 이들이 산업화의 역군이 된 것이다. 그러나 1997년에 시행된 문·이과 구분을 없애는 7차 교육과정 이후에는 과학교육의 필수 이수단위가 대폭 줄어들었다가 2009년 개정에서는 15단위로 다시 늘어났으나, 2013년에 교육부는 갑자기 10시간으로 줄였다가 최근 교육과정개편에서 12단위로 줄어드는 내용이 발표된 것이다. 7차 교육과정 개편에서는 사실상 문·이과 구분을 폐지하는 내용이 담겨 있으나, 실제로는 문·이과 그대로 존재하고 있다. 그 이유는 수능시험의 과목 선택 등에서 문과와 이과를 구분해 선택하는 것이 편리하도록 구분되어 있기 때문이다. 고교 교육이 수능시험 준비 위주로 짜여 있기 때문에 문·이과 구분 교육이 불가피해 보인다.

더욱 우려스러운 현상은 〈표 7-3〉에서 보면, 2014년도 수능수험생 중에서 자연계열 선택자들이 치르는 '과학탐구' 응시자는 38.9%에 그쳤고, 특히 기초 자연과학인 '물리 I'과 '물리 II'의 경우 응시자가 각각 8.7%, 0.9%에 불과했다. 이공계 전공 희망자들이 문과계열에 비해 크게 적은데, 그나마 이공계 전공자들마저 이공학의 핵심 과목인 물리학을 모르고 대학에 진학하는 것이다. 이는

〈표 7-3〉 2014년도 수능시험의 과목 선택 비율 (단위: 명, %)

구분	2014년도 수능	
	인원	비율
전체 수험생	606,813	100
수리(B/가)	160,174	26.0
수리(A/나)	412,740	68.0
과학탐구 응시자	235,946	38.9
물리 I	52,692	8.7
화학 I	136,761	22.5
생명과학 I	137,375	22.6
지구과학 I	78,836	13.0
물리 II	5,758	0.9
화학 II	10,200	1.7
생명과학 II	39,676	6.5
지구과학 II	10,442	1.7

자료: 기초과학학회 협의회 제공.

대학에서의 자연과학, 공학 등의 교육이 부실해지는 주요 원인이 되고 있다. 즉, 고등학생의 60% 이상이 과학을 거의 듣지 않고 졸업하고, 과학이 인기가 없다 보니 대부분의 고등학교에서는 과학 교사가 설 자리가 없고, 과학교육의 기반이 사라지고 있다는 것이 한국 과학교육의 위기가 아닐 수 없다.

다음으로 현재 진행되고 있는 고교 교육과정의 편성을 살펴보자. 〈표 7-4〉는 2014년 대학 신입생의 고교 3년간 실제 교육과정 편성 시간이다. 과학교육 단위를 살펴보면, 문과에서는 일반고와 자사고가 각각 13.7단위, 11.9단위로 되어 있으나, 실제로 이 시간들은 고교 1학년에 집중되어 있으므로, 2~3학년에서는 과학교육을 거의 받지 않고 있는 것이다. 〈표 7-4〉에서 보면 고교 3년 동안 총 교육이수 시간은 대략 180단위이며, 이 중에서 연구위원회의 안에 의

〈표 7-4〉 2014년도 대학 신입생의 고교 3년간 실제 교육과정 편성

과목	문과		이과	
	일반고 / 자공고	자사고	일반고 / 자공고	자사고
국어	31.1	34.2	26.4	30.3
수학	24.2	29.8	33.4	40.1
영어	30.3	32.6	29.2	32.1
사회	40.5	42.8	16.1	14.6
과학	13.7	11.9	36.3	37.9
체육	10.8	11.0	10.8	10.9
예술	10.3	6.3	10.7	6.3
기술·가정	4.5	2.3	4.6	2.3
제2외국어	7.2	7.9	5.3	3.8
한문	3.5	2.8	2.6	2.5
교양	4.1	4.9	5.4	5.6
단위 합계	180.2	186.5	180.8	186.4

주: 자공고는 자율형 공립고.
자료: 서울특별시 교육청 제공.

하면 문·이과 통합 필수교과 과목으로 국어, 수학, 영어는 각각 12.25단위, 사회는 16단위이고, 과학, 체육, 예술은 각각 10단위이다. 이들 필수 단위를 합치면 총 82.75단위로, 약 100단위 정도는 선택 과목이 된다. 이 선택 시간들은 문과, 이과 구분 없이 국어, 수학, 영어에 집중되어 있다. 그 이유는 수능시험에서 이들 과목이 각각 20%라는 가장 큰 비중을 차지하기 때문이다. 그리고 이선택 과목을 문과생은 사회 과목에 집중하고, 이과생은 과학 과목에 집중하고 있는 것을 볼 수 있다.

교육부가 '문·이과 통합형 교육과정'을 만들면서 과학교육 시간을 축소하는 방향으로 발표한 것은 아주 잘못된 방향으로, 이를 수정하지 않으면 과학적 소양을 갖춘 창의적 인재 양성과 국가의 지속가능 발전을 기약할 수 없을 것이

며, 결국 한국의 과학기술 경쟁력을 약화시키게 될 것이다.

3) 지식정보화 사회에 대비한 컴퓨터 교육의 강화

세 번째로, 21세기 과학기술 중심의 지식정보화 디지털 경제 시대에는 컴퓨터 교육이 필수적인 국민 소양이 되어야 한다. 그러나 불행스럽게도 초·중등 교육에서 컴퓨터 교육이 매우 약화되었다. 1980~1990년대에는 컴퓨터 배우기 붐이 일어났고, 컴퓨터 교육이 인기 있었다. 그러나 1997년 교육부 고시에서 컴퓨터의 '도구적 활용'을 강조하면서 프로그래밍 코딩 교육이 통째로 빠졌고, 오늘날 학교 현장에서 컴퓨터 교육은 구색 맞추기로 전락해 거의 사라져가고 있다. 그러나 다행스럽게도 2014년 7월 23일 미래부와 교육부가 공동으로 '소프트웨어 중심 사회 실현 전략'을 발표하면서 2015년 중학교 입학생부터 소프트웨어를 필수(3년간 34시간)로 배우게 하겠다고 발표했다. 바람직한 일이지만 성공을 거두기 위해서는 교사 양성, 교재 준비, 하드웨어 준비 등이 원만하게 추진되어야 할 것이다.

소프트웨어 교육이 어느 정도 중요한지를 설명해주는 여론조사가 있어 여기에 소개하기로 한다. ≪한국경제≫ 신문이 한국교원단체총연합회, 정보통신산업진흥원 등과 함께 2014년 5월 초순에 실시한 전국 초·중·고교 교장·교감 144명을 대상으로 '소프트웨어 교육실태 설문조사'를 벌인 결과다. 설문에서는 교장과 교감에게 중학교의 수업 과목별 중요도를 물었다. 가장 중요하다 (매우 중요 + 약간 중요)고 꼽은 과목은 국어가 가장 높고(응답자의 95%), 다음은 과학(92.8%), 영어(89.5%), 수학(88.7%), 정보와 사회(각각 85.2%) 순이었다. 이를 그래프로 나타내면 〈그림 7-3〉과 같다. 중요도 우선순위에서 국어 다음으로 과학이 꼽은 것은 매우 의미가 크다. 교육 현장의 초·중·고교 교장·교감들이 과학 과목의 중요성을 체험하고 있다고 볼 수 있다. 소프트웨어 교육이 포

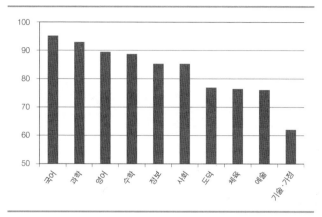

〈그림 7-3〉 중학교 교육에서 과목의 중요성

자료: ≪한국경제≫, 2014.5.11.

함된 정보 과목은 필수가 아닌 선택 과목이지만 영어와 수학에 이어 중요한 과목으로 꼽혔다. 도덕(76.8%)과 체육(76.3%), 예술(76.1%), 기술·가정(61.9%)은 필수 과목이지만 정보 과목보다 중요도가 낮게 평가된다. 중학교 교육에서 필수 과목의 재지정이 필요하다고 볼 수 있다.

지금까지 과학기술의 지속가능한 발전을 위해 세 가지 대안으로 정부 연구개발비의 지속적인 증가, 초·중등학교에서의 과학교육과 컴퓨터 교육의 강화를 지적했다. 한국은 천연자원이 부족하고 땅이 좁아서 천연적인 경쟁력은 떨어진다. 오직 유능한 인재에 의한 국가경쟁력을 키우는 길만이 한국의 지속가능한 발전을 예약할 수 있다. 이를 촉진하기 위해서는 우수한 창의적 인재에 대한 파격적인 대우, 과학기술 유공자에 대한 국가적 예우 등의 여건이 마련되어야 한다. 위에서 지적한 세 가지 대안들은 과학기술을 진흥해 국가경쟁력을 상승시킬 것이며, 21세기 지식정보화사회에서 한국의 위상을 높이는 데 크게 기여할 것이다.

3. 통합 과학으로서 지속가능 과학의 필요성

인류의 지속가능 발전(sustainable development)을 연구하는 학문으로서 지속가능 과학(sustainability science)이 융합 과학의 형태로 발전하고 있다. 지속가능 발전이란 용어가 공식적으로 처음 대두된 것은 1987년 환경 및 개발에 대한 세계위원회(World Commission on Environment and Development: 이하 WCED)에서 지속가능 발전이란 용어를 처음으로 정의하면서부터이다. WCED는 지속가능 발전을 "미래 세대가 자신들의 필요를 충족하기 위해서 자신들의 능력을 제한받지 않도록 하는 범위 내에서의 현재의 요구를 충족시키는 발전"으로 정의했다. 이 위원회 이후에 각국은 지속가능 발전을 경제와 환경의 공존 개념으로 이해하고 받아들이기 시작했다.

지속가능 과학은 지구의 지속가능 발전을 위해 탄생된 학문이다. 지속가능 발전 이슈가 중요하게 대두되는 이유는 지구촌을 둘러싼 자연 환경의 빠른 변화와 지구촌의 글로벌화에서 시작되었다. 인류의 삶의 질이 기후변화로 인해 심각한 악영향을 받고 있으며, 기후변화 이외에도 생태계 보존, 과학기술의 오용, 경제와 무역 이슈, 법·정치 시스템의 영향, 기술 및 행정의 복잡성과 변화, 집단과 사회의 규범 등 복잡한 이슈들의 상호작용으로 인류의 쾌적한 삶이 악영향을 받고 있다. 이런 복잡성과 불확실성이 지구와 인류의 지속가능성을 위협하고 있는 것이 현실이므로, 지속가능 과학은 중요한 학문으로 발전하고 있다.

지속가능 과학은 지구의 지속가능 발전 이슈를 다루기 위해 자연과학, 공학, 사회과학, 환경과학, 법학 등 여러 분야의 통섭적 접근을 하는 학문으로 시작되었다. 처음 시작은 미국의 국립과학재단(National Science Foundation: NSF) 지원하에 하버드대학 케네디스쿨에서 지속가능 과학 프로그램을 2000년에 시작했고, 이 프로그램에서 지속가능 과학을 "인간과 환경 시스템의 역동성을 이해하며, 지속가능성을 진흥하기 위한 설계, 시행 방법, 평가 등을 제공하는 학문"으로 정의했다. 그 후 미국과학진흥협회(AAAS) 안에 지속가능성과학기술혁신 (Innovation on Science and Technology for Sustainability: ISTS) 포럼이 설립되어 지속가능 과학을 확대 발전시키고 있다.

그러나 한국에 지속가능과학회가 2010년에 창립되면서 박성현과 김현수 등은 지속가능 과학을 "인류의 지속가능성을 제고하기 위해 인간이 자연과의 조화 속에 윤택하고 건강한 삶을 누릴 수 있도록 글로벌 시스템을 확보하기 위한 환경, 사회, 경제, 과학기술 등의 혁신체제를 연구하는 학문"으로 정의했다 (박성현, 2010; 김현수 외, 2010a). 정부 차원에서는 '지속가능발전법'(2010년 4월 14일 시행)을 제정했고, 그 목적으로 "지속가능 발전을 이룩하고, 지속가능 발전을 위한 국제사회의 노력에 동참해 현재 세대와 미래 세대가 보다 나은 삶의 질을 누릴 수 있도록 함"이라고 명기하고 있다.

지속가능 과학이 발전하면서 미국을 중심으로 많은 대학에서 지속가능 과학을 연구할 수 있는 석·박사학위 과정을 제공한다. 미국은 하버드대학교, 애리조나주립대학교, 미시간대학교 등이 대표적이다. 미국 이외에도 스웨덴의 룬드대학교, 일본의 도쿄대학교, 프랑스의 랭스대학교, 네덜란드의 마스트리흐트대학교, 영국의 캠브리지대학교 등에서도 학위 과정이 개설되어 있다. 한국은 아직 석·박사학위 과정을 개설한 대학은 없다.

미국에서 대표적으로 지속가능 과학 과정이 있는 애리조나주립대학교는 글로벌 지속가능 대학(Global Institute of Sustainability: GIOS)을 설치해 학부·석사·박사 과정을 동시에 운영한다. 이 대학의 대학원 과정에서의 주요 과목을 12개만 들면 다음과 같다. 이 과목들을 보면 지속가능 과학에서 연구하는 이슈들을 이해할 수 있을 것이다.

1) 지속가능성에 대한 관점들(perspectives on sustainability)

2) 지속가능성에 관한 계량분석(quantitative methods in sustainability)

3) 지속가능 자원의 분배(sustainable resource allocation)

4) 인류학적 관점에서의 지속가능성(human dimensions of sustainablility)

5) 산업 생태계와 지속가능성, 과학, 기술 및 사회문제를 위한 설계(industrial ecology and design for sustainability, science, technology and public affairs)

6) 지속가능성과 기업(sustainability and enterprise)

7) 국제적 발전과 지속가능성(international development and sustainability)

8) 지속가능한 도시 역동성(sustainable urban dynamics)

9) 지속가능한 물(sustainable water)

10) 지속가능한 에너지와 원자재 사용(sustainable energy and material use)

11) 지속가능한 생태계(sustainable ecosystems)

12) 식량 시스템의 지속가능성(food system sustainability)

4. 나가며

한국에는 2010년에 제정된 '지속가능발전법'이 있다. 환경부가 이 법의 주관 부서이며, 그 목적을 달성하기 위해 많은 노력을 하고 있다. 이러한 목적을 제대로 실천하기 위해서는 국민에게 지속가능 발전의 개념을 정확히 인지시키고, 국민과 정부가 공동의 노력을 할 수 있는 환경 조성이 필요하다.

한국이 과학기술 강국으로 우뚝 서기 위해서는 무엇보다 중요한 것은 국민에게 과학적 소양교육을 강화해 과학적 사고를 하도록 하는 것이 중요하며, 이를 위해 초·중등학교에서 과학교육을 강화하는 것이 바람직하다. 또한 21세기 지식사회에 걸맞게 과학기술의 지속가능 발전을 함양하기 위해서는 정부연구개발비를 계속적으로 증액시켜나가는 것이 필요하다. 한국은 1997년에 국민 1

인당 GDP가 2만 달러를 처음으로 넘은 이후 7년간 큰 성장이 없었으며, 8년이 되는 2015년에도 3만 달러를 넘을지 확실하지 않다. 이제 새로운 돌파구를 찾아 4만 달러 고지를 향해 달려가야 한다. 이를 위해서는 과학기술의 지속 성장이 필수적이다.

다음으로 '지속가능발전법'의 목적에도 있는 바와 같이 국제사회의 지속가능 발전에 동참해야 한다. 우선적으로 유엔의 밀레니엄 발전 목표(Millennium Development Goals: 이하 MDGs)와 지속가능 발전 목표(Sustainable Development Goals: 이하 SDGs)의 목표 달성에 기여해야 한다. MDGs는 유엔의 주도하에 2000년부터 시작해 2015년에 종료되는 인류의 발전 목표이며, SDGs는 2016년부터 2030년까지 유엔 주도로 지구의 지속가능 발전을 위해 설정한 목표들이다. SDGs는 반기문 유엔 사무총장의 리더십으로 진행될 목표이므로 한국도 적극적인 협력을 아끼지 말아야 한다.

한국에서도 학문으로서 지속가능 과학을 대학의 정식 학문 분야로 받아들여 지속가능 과학 전공의 학과를 설치하는 대학이 나와야 하며, 정부는 이를 재정 지원을 통해 육성해야 한다. 지속가능 과학에 대한 전공자 없이는 지속가능 발전에 헌신할 수 있는 인재를 구하기 어렵기 때문이다. 이제 한국도 세계 10위권의 경제대국인 만큼 지구의 지속가능 발전에 대해 관심과 역할을 감당해야 한다. 우선적으로 한반도의 지속가능 발전에 역량을 집중하면서, 지구촌의 지속가능 발전에도 크게 기여하는 자세를 가져야 할 것이다.

참고문헌

과학기술인. 2014.7.21. 「과학교육 정상화를 위한 교육과정 개정 재논의 건의」. 성명서 '교육과정 개편 논의, 처음부터 다시 하라'.

김현수 외. 2010a. 「지속가능과학의 도입, 발전전략과 인력양성 계획에 관한 연구」. 한국연구재단 연구보고서.

_____. 2010b. 「지속가능과학의 본질과 발전 모델」. ≪지속가능연구≫, 제1권, 제1호.

미래창조과학부. 각 연도. 「국가연구개발사업 조사·분석 보고서」.

박성현. 2010. 「지속가능과학의 본질과 학회의 발전방향」. 『지속가능과학회 창립기념 세미나 문집』.

_____. 2014a. "과학교육 축소 안 된다". ≪한국경제≫ 시론. 2014.7.24, 39면.

_____. 2014b. "교육부는 백년대계를 신중하게 정하라". ≪서울신문≫ 시론. 2014.6.20, 31면.

한국과학기술한림원. 2014.6.10. 「벼랑 끝에 선 과학·수학 교육」. 제78회 한림원탁토론회 자료.

제8장

지속가능 발전을 위한 기후변화 대응

전의찬 | 세종대학교 환경에너지융합과 교수

1. 지속가능 발전과 기후변화

2008년 개최된 다보스포럼(Davos Forum)에서는 기후변화로 인해 향후 10년 간 전 세계적으로 약 2500억 달러의 경제적 손실이 예상되고, 매년 GDP의 5% 에 해당하는 손실이 발생할 것이라고 진단했다. 2014년 논픽션 부문에서 에미 상(emmy awards)을 수상한 외교문제 전문기자인 토머스 프리드먼(Thomas Friedman)은 다큐멘터리 〈이어스 오브 리빙 데인저러슬리(Years of Living Dangerously)〉에서 기후변화로 인한 가뭄이 시리아 내전의 원인이라는 것을 밝혔다. 또, 2014년 발표된 「지구생명보고서」는, 지난 40년 동안 전 세계 척추동물의 수가 50% 이상 감소했는데, 기후변화가 중요 원인 중 하나라고 밝혔다. 현재 전체 동물 종의 약 3분의 1은 멸종 위협을 받고 있거나 멸종위기 동물이다.

이와 같이 기후변화는 경제, 사회, 환경에 큰 영향을 미치고 있다. 지속가능 발전은 경제성장과 환경보전의 균형, 그리고 사회적 형평성 추구하는 것이므로 기후변화에 대한 적극적인 대응이 지속가능 발전의 핵심적인 요소라 할 수 있다. 2014년 7월에 유엔 지속가능 발전 목표를 위한 공개작업반이 SDGs의 13번째 목표 초안으로 "기후변화와 그 영향에 대처하기 위해 긴급한 대응을 취할 것(Take urgent action to combat climate change and its impacts)"을 설정했다.

유엔기후변화협약이 서명된 이후 지난 22년간 실제적인 기후변화 대응 노력은 너무 부족했다고 진단한다. 지구의 기온을 산업화 이전에 비해 2℃ 상승으로 억제할 것을 2009년에 합의했지만, 현재 4~6℃ 상승의 시나리오로 전개되고 있는 실정이다. 이것은 세계 식량 생산을 붕괴하며, 극한 기후 현상의 빈도를 극적으로 증가시키기에 충분한 온도 상승 폭이다. 다행히 2014년 12월 리마에서 개최된 기후변화 당사국총회의 결과는 긍정적으로 평가되어 2015년 12월 파리에서 기후변화협정이 성사될 가능성은 높아졌다고 본다.

이 글의 목적은 지속가능 발전 측면에서 한국의 기후변화 대응을 진단하고 대안을 제시하고자 하는 것이다.

1) 지속가능 발전과 기후변화의 의미

2012년 개최된 유엔지속가능발전회의(Rio+20) 선언문 「우리가 원하는 미래」에서도 "기후변화로 인해 지속가능 발전을 달성하기 위한 노력이 위협받고 있다는 것에 깊이 우려한다"는 내용이 기술되어 있다. 즉, 지속가능 발전을 담보하기 위해서는 기후변화 문제를 해결해야 한다. 공식 선언문에서 기후변화 관련 항목은 다음과 같다.

190. 우리는 기후변화가 우리 시대 최고의 난제임을 재확인한다. 그리고 우리는 온실효과 가스의 방사가 세계적으로 계속 증가하는 것에 대해 심심한 경고를 표하는 바이다. 우리 모든 국가들은 깊게 연관이 되어 있으며 그중에서도 특히 기후변화의 해로운 영향에 취약한 개발도상국가들은 이미 끊임없는 가뭄, 극심

한 기후변화, 해수면 상승, 연안의 침식, 해양 산성화 등을 포함한 강력한 충격을 겪고 있으며, 더 나아가 식량안보와 빈곤을 퇴치하고 지속가능 발전을 달성하기 위한 노력이 위협받고 있다는 것에 깊이 우려하고 있다. 이에 대해 우리는 기후변화에 대한 적응이 직접적이며 시급한 세계적인 우선사항임을 강조하는 바이다.

191. 우리는 자연 기후변화에 따른 지구온난화 효과 가스 방사를 감소시키기 위해 전 세계 국가들의 가능한 폭넓은 협조를 바라며 그들의 효율적이며 적절한 국제적 책임에 대한 참여를 강조하는 바이다. 우리는 기후변화협약에서 규정한 참여국가들의 인류의 현재와 다음 세대의 이익을 위한 공평을 토대로 단결되었지만 차별화된 책임과 각국의 수용력에 따른 기후 시스템 보호를 상기하는 바이다. 우리는 2020년까지의 연간 지구온실가스 방사량에 관한 경감서약에 참가한 나라들의 결과의 현저한 차이, 지구의 평균 기온보다 2°C 아래 또는 산업화 이전 수준보다 1.5°C 위로 증가하는 것을 막을 가능성이 있는 배출 방법의 현저한 차이에 심각한 우려를 표한다. 우리는 개발도상국의 전국적인 완화 조치, 적응 방안, 기술 발전 및 이전, 그리고 능력 배양을 지원하기 위한 혁신적인 재정 출처를 포함한 다양한 출처(개인, 공공 또는 쌍방, 다국 간)에서의 집약형 자금 지원의 중요성을 인식한다. 이 점에 대해 우리는 녹색기후기금의 출범을 환영하며 빠르고 적절한 보충 절차를 가질 수 있도록 이의 즉각적인 운용을 바란다.

이처럼 기후변화는 지속가능 발전이 당면한 위협으로 인지되고 있다. 국제적 공조에 입각한 유의한 수준의 온실가스 감축이 없을 경우, 기후변화는 해수면 상승, 경작면적 감소, 기상이변 등을 통해 경제·사회·환경 부문 모두에 걸쳐 지속가능 발전을 저해하는 근본적인 제약 요인으로 작용할 것으로 예상되고 있다.

2) 기후변화 현황과 전망

(1) 기후변화 현황

온실효과란 지구에 대기가 존재해 지표면이 방출하는 지구에너지의 일부가 대기에 축적되는 것을 가리킨다. 기후변화는 지구 표면에 입사하는 태양복사의 변화, 대기를 구성하는 물질 성분의 변화, 지표면 상태의 변화 원인에 의해 자연적으로 일어나지만, 인간의 활동에 의한 대기의 구성 성분과 지표면의 변화로 인위적으로 기후변화가 일어나기도 한다. 기후변화 문제는 온실효과를 일으키는 온실기체가 인간의 인위적 활동에 의해 비정상적으로 대기 중에 많아졌다는 데 있다.

기후변화로 인해 지구의 평균온도는 지난 100년간 약 $0.8°C$ 상승했고, 그 결과 생태계 균형이 파괴되고, 강우 패턴이 변화하며 해수면이 상승하고 있다. 세계적으로 기후변화의 영향은 점차 커지고 있으며 그로 인한 각종 손실과 피해 또한 확대되고 있다.

2003년의 폭염으로 인해 유럽에서 5만여 명이 사망했고 인도에서는 1만 5000여 명이 사망했다. 2005년 8월 말 미국 남동부를 강타한 허리케인 카트리나(Katrina)로 인해 뉴올리언스를 비롯한 인근 지역에서 최소한 1800여 명의 사망자와 2만 명 이상의 실종자, 10만 명 가까운 이재민을 냈다. 2000~2011년까지 11년 동안 가뭄을 겪은 호주 동남부에서는 쌀 생산량이 2%로 줄어들었다. 심각한 가뭄으로 인해 2007~2008년 사이에 북부 시리아의 160여 개 마을에서 모든 사람이 마을을 버리고 떠났다. 2010년 러시아에서는 8월의 $24°C$ 수준이던 평균기온이 $40°C$를 넘나든 고온 현상, 130년 만의 가뭄과 600여 곳의 산불로 인해 곡물 생산량이 40% 줄어들었다. 또한 파키스탄은 2010년 7월 말 며칠간 계속된 폭우로 인해 인더스 강이 범람해 홍수가 전 국토의 5분의 1을 휩쓸었다. 결과적으로 약 2000명이 사망했고, 가축도 100만 마리 이상 죽었다. 기후변화로 인한 손실과 피해는 현재 진행 중이며 앞으로 더욱 악화될 전망이다.

(2) 기후변화 전망

2014년 11월 1일 발표된 IPCC(Intergovernmental Panel on Climate Change) 제5차 평가보고서는 인간 활동에 의한 온실가스의 배출이 기후변화를 초래했을 가능성이 '대단히 높다'고 밝히며, 온실가스 배출이 계속 증가하면 인류에 큰 재앙이 될 것이라고 경고했다. IPCC에 의하면 2100년까지 온실가스 감축을 통해 대기 중 온실가스 농도가 538ppm으로 안정화되어도 지구평균 온도는 1.8°C 정도 상승할 것이고, 현재와 같은 화석연료 기반의 경제성장이 계속될 경우, 21세기 말 대기 중 온실가스 농도는 936ppm으로 상승하며 지구평균 기온은 3.7°C에서 최대 4.8°C까지 상승할 것으로 전망했다(IPCC, 2013). 이 경우, 전 세계 해수면은 64cm 상승할 것으로 예측된다. 같은 조건에서 21세기 말 한국의 평균기온은 5.9°C 상승할 것으로 전망되어 지구 평균보다 높은 온도 상승률을 보여준다. 또한 한국의 해수면은 남·서해안은 65cm, 동해안은 99cm 상승할 것으로 예측된다.

기후변화의 영향은 한국에서도 이미 강하게 나타나고 있다. 한국의 평균 기온은 지난 100년간 1.8°C 상승해 지구 평균보다 2배 이상 높은 상승 추세를 보인다. 가뭄과 홍수의 빈도와 그 규모가 더 커질 것으로 예측된다. 더구나 3면이 바다라는 지형적인 특성으로 자연적·인위적인 환경이 복잡하고 다양해서 기후 재난의 가능성과 이에 따른 피해 규모가 다른 나라에 비해 상대적으로 클 수밖에 없다. 한반도는 점차 아열대기후로 바뀌고 있어 남부 일부 지역에서는 이기작(二期作)을 하고 있다. 세계 2위 슈퍼컴퓨터인 일본의 '지구 시뮬레이터'에 따르면, 이산화탄소 농도가 550ppm에 이를 경우 한반도는 매우 심각한 가뭄을 겪게 될 것으로 예상된다. 700ppm에 이를 경우, 한반도는 여름철에도 장

〈그림 8-1〉IPCC 5차 보고서 주요 발표 내용

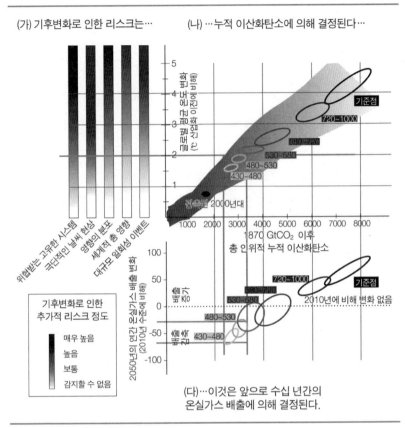

(가) 기후변화로 인한 리스크는…   (나) …누적 이산화탄소에 의해 결정된다…

자료: IPCC(2014).

마전선이 제주도 이남에 머물러 더 이상 올라오지 않게 되어 점차 사막화될 것
으로 예측했다.

〈그림 8-1〉에서 좌측 상단은 온도 상승에 따른 부문별 위험을 표현한 그래
프들이다. 각 그래프에서 색이 진해질수록, 즉 위로 올라갈수록 더욱 높은 수
준의 위험을 의미한다. 지나치게 위험한 수준을 회피하기 위해서는 2°C 내로
온도 상승을 억제해야 하며, 이 목표를 달성하기 위해서는 우측 상단에 표시된

이산화탄소 농도가 430~530ppm 수준으로 안정화가 되어야 한다. 각 이산화탄소 농도에 대응되는 누적 이산화탄소 배출량은 우측 상단 수평축에 표시되어 있고, 우측 하단 수직축에는 누적 이산화탄소 배출량에 대응되는 2050년의 온실가스 변화가 표시되어 있다. 결론적으로 말하면, 위험한 수준을 회피하기 위해서는 온도 상승을 2°C 내로 억제해야 하며, 여기에 해당하는 이산화탄소 농도는 430~530ppm이고, 이 수치에 대응되는 누적 이산화탄소 배출은 2900Gt 이내이며, 1870년부터 2011년까지 1900GtCO$_2$를 배출했기 때문에 앞으로 1000GtCO$_2$가 배출 허용량으로 남아 있고, 현재 지구의 배출 속도는 약 36.1GtCO$_2$이기 때문에, 2°C 목표를 달성하기 위해서는 2050년까지 온실가스 배출량을 2010년 대비 40~70% 감축해야 한다.

2050년까지 온실가스 배출을 전혀 감축하지 않을 경우, 온도는 4°C 이상 상승할 수 있으며, 온실가스 배출이 현재보다 증가한다면 5°C 이상 상승할 수 있다는 것을 의미한다. 지난 10년간 전 세계의 온실가스 배출은 매년 평균 2.9%씩 증가하는 추세이므로, 긴급하고 강력한 기후변화 대응 노력을 하지 않으면 모든 부문에서 '매우 높은 위험'이 발생하는 최악의 시나리오는 충분히 가능성이 있는 것이다. 지구가 결국 탄소 중립이 되어야만, 온도 상승이 멈출 것이다.

2. 지속가능한 기후변화 대응

1) 한국의 기후변화 정책

기후변화에 대한 대응 노력은 두 가지로 구분할 수 있다. 하나는 지구 온난화의 원인이 되는 온실가스 자체를 줄이는 감축(mitigation) 정책이고, 다른 하나는 실제 혹은 예측되는 기후변화에 따른 위험을 최소화하기 위해 대비하는 적응(adaptation) 정책이다. 감축이 원인을 직접 다스리는 것이라면, 적응은 원인보다는 결과에 초점을 맞추고 사전에 준비하는 것을 말한다.

1987년 제네바에서 열린 제1차 세계기상회의에서 정부 간 기후변화패널(Inter-Governmental Panel on Climate Change: 이하 IPCC)을 결성했다. 1992년 6월 160여 개국의 서명으로 기후변화협약(United Nations Framework Convention on Climate Change: UNFCCC)을 정식으로 체결했다.

전 세계 많은 국가들이 기후변화 대응의 위급성에 공감하는 상황에서, 다자간 유엔 기후변화 협상을 통해 새로운 기후체제의 합의를 2015년까지 달성하기로 했다. 이러한 노력의 일환으로 각국에서 온실가스 감축 목표를 발표하고, 저탄소 경제로의 체질 전환과 이를 통한 성장과 환경 개선의 지속가능 발전 목표를 달성하기 위해 다양한 정책적 도구들을 도입하고 있다.

2010년 기준 한국의 온실가스 배출량은 6.57억 CO_2eq톤으로서 세계 7위를 차지하고 있다. 이는 1990년 배출량 대비 125.9% 증가, 전년 대비 9.8% 증가한 수치이며 온실가스 배출량은 지속적인 증가 추세를 보이고 있다. 한국이 온실가스 배출량 증가 속도에서 경제협력개발기구(OECD) 회원국 가운데 가장 빠른 것이다. 이러한 맥락에서 에너지 소비 대국이며 온실가스 다배출 국가에 해당하는 한국에게 온실가스 배출 감축은 지속가능 발전 측면에서 해결이 필요한 매우 중요한 사안이다.

정부도 온실가스 감축 노력과 함께 다양한 기후변화 적응 정책을 수립해 추진했다. 정부에서는 온실가스 감축을 위해 2009년 '녹색성장기본법'을 제정했고, 2020년까지 배출전망치(BAU) 대비 30%를 감축하겠다고 밝혔다. 이를 위해 2010년부터 '온실가스·에너지목표관리제'를 시행하고 있고, 2015년부터 '온실가스배출권거래제'를 시행하기로 확정했다. 또 신재생에너지 공급 비중은 2030년까지 11%로 확대하겠다고 했다. 2014년 11월에 환경부 온실가스종합정보센터에서 발표한 자료에 의하면, 한국 2012년 온실가스 배출량은 6.88억

CO$_2$eq톤으로 증가하는 추세지만, 온실가스 배출 증가율은 2010년 9.8%, 2011년 4.4%, 2012년 0.4%로 낮아지고 있다.

(1) 기후변화 완화 정책

정부는 국정 과제로 '온실가스 감축 국제공약 이행'을 설정했으며, 국가 온실가스 감축 목표의 실질적 이행을 위해 산업·건물·수송 등 각 부문별 감축 정책과 수단을 체계화하고 과학기술을 활용한 감축 방안과 취약 부문의 감축 지원 방안을 제시하는 '국가 온실가스 감축 로드맵'을 2014년 1월에 마련했다.

국가 온실가스 감축 목표 이행을 위해 국가 감축 목표를 법적인 감축 목표로 전환하고 이를 달성하기 위한 수단의 하나로 '저탄소 녹색성장기본법'이 제정 및 시행되면서 이 법에 따라 '온실가스·에너지목표관리제'가 2010년에 본격적으로 시행되었다. 온실가스·에너지목표관리제는 온실가스를 많이 배출하고 에너지를 다량 소비하는 대규모 사업장에 대해 온실가스 감축과 에너지 절약 목표를 부과한 후 이를 체계적으로 관리하는 제도다. 목표관리제는 그 대상이 되는 관리업체들의 전체 온실가스 배출량이 한국 총배출량의 3분의 2 정도를 차지한다.

2012년 목표설정 대상 관리업체는 총 458개소였으며, 업체 목표의 설정 방법은 목표관리 운영 지침에 따라 ① 기준연도 배출량(2007~2009년 연 평균값), ② 관장기관과 업체 간의 협의에 따른 2012년 예상 배출량 및 ③ 정부가 결정한 감축계수를 적용해 설정했다.

온실가스배출권거래제도란 온실가스를 배출할 수 있는 권리, 즉 배출 허용량(초기 할당량)을 설정(cap)하고 잉여 배출권을 거래(trade)할 수 있도록 하여 수요와 공급의 원리에 의해 결정된 가격을 바탕으로 최소 비용으로 최대의 온실가스 감축 효과를 달성하고자 하는 제도이다. 온실가스 배출에 대해서는 배출권 구입이라는 비용을 지불하되 오염 물질을 감축한 성과에 대해서는 배출권을 판매해 수익을 보장할 수 있도록 경제적 인센티브를 제공하는 것이다.

환경부는 2015년 1월부터 온실가스배출권거래제를 시행한다. '국가 배출권 할당 계획'에 따르면 제1차 계획 기간의 배출 허용 총량은 16억 8700만 톤이다. 업종별로는 발전·에너지, 철강, 석유화학, 시멘트, 수도·폐기물, 건물·통신, 항공 등이 배출권 할당량 대상에 포함되어 약 500개 정도의 업체와 8000개 정도의 사업장이 대상이다. 업체별 할당량 방법은 대부분의 업종은 과거 배출량을 기반으로, 항공, 시멘트, 정유 업종은 과거 활동 자료를 기반으로 설정되었다. 해당 업체들의 부담을 완화하기 위한 유연성 기제는 배출권의 이월(banking)과 차입(borrowing), 상쇄(offset), 조기 감축 실적의 인정이 있다. 또한, 배출권 거래 가격의 안정적 형성을 위한 시장 안정화 조치를 설정했다. 현재 제1차 계획 기간(2015~2017년)에 100%, 제2차 계획 기간(2018~2020년)에 97%의 배출권을 무상으로 할당할 계획이다.

기후변화 대응을 위해 2020년까지 수송 부문에서 감축해야 할 온실가스 목표량은 3420만 톤으로 전체의 34.3%를 차지한다. 이러한 목표치의 달성을 위해 2012년부터 시행된 자동차 평균 온실가스·연비 기준을 2016년부터 강화해 추진할 계획이다.

이 제도는 10인 이하 승용차와 승합차 중 총중량이 3.5톤 미만인 자동차를 대상으로 자동차 온실가스 배출 허용 기준과 연비 기준 중 하나를 선택해 준수하는 선택형 단일 규제이다. 자동차 제작사는 2015년까지 온실가스 140g/km, 연비 17km/l를 의무적으로 준수해야 하며, 기준 미달성 시 과징금을 부과 받는다. 현재 환경부는 2016~2020년에 적용할 차기 자동차 평균 온실가스·연비 기준을 자동차 업계와 협의하고 있다.

환경부는 가정 및 상업건물의 온실가스 감축량(전기, 상수도, 도시가스)을 포인트로 환산해 지자체별로 현금 또는 상품권, 쓰레기 종량제 봉투, 그린카드 포인트 적립 등 다양한 방법으로 인센티브를 제공하는 '탄소포인트제도'를 도입했다. 2008년 11월부터 2009년 6월까지 시범 운영을 거쳐, 2009년 7월부터 전국 지자체로 확대했다. 2013년 12월 말 기준 전국 17개 시·도 내 전체 230개 기초지자체에서 개별 가구 기준으로 약 290만여 세대가 참여 중이며, 2013년 한 해에만 약 70만 톤의 이산화탄소를를 감축했다. 또한 민간·소비 부문의 기후변화 대응과 관련해, 그린스타트 운동, 그린카드 사용 등 저탄소형 생활혁신 운동을 지속 전개하고 있다.

(2) 기후변화 적응 정책

정부는 '저탄소 녹색성장 기본법' 제정에 따라 법정 계획으로서 2011년부터 2015년까지의 국가 기후변화 적응 대책을 2010년 10월 수립했다. 건강, 재난·재해, 농업, 산림, 해양·수산업, 물 관리, 생태계 등 7개 부문으로 나눈 부문별 적응 대책 분야와 기후변화 감시 및 예측, 적응 산업·에너지, 교육·홍보 및 국제협력 등 3개 부문으로 나눈 적응 기반 대책 분야에 대해 87개 대과제를 설정하고 13개 관계 부처 합동으로 세부시행 계획을 수립했다. 2013년에는 국가 기후변화적응센터 중심으로 연구기관 전문가 협의체를 구성·운영하는 한편, 관계 부처 협의를 통해 수정·보완된 적응 대책에 대한 2013~2015년 세부시행 계획을 수립했다.

건강 부문은 폭염, 전염병, 대기오염, 알레르기로부터 국민 생명을 보호하는 것을 목표로 대책을 수립했다. 취약 계층 중심의 폭염피해 방지 대책(무더위 쉼터, 휴식시간제 등)을 마련, 전염병·대기오염 감시 및 예·경보체계 강화, 대응 매뉴얼 보급, 대기오염 관리 강화, 알레르기 모니터링 강화 및 대응 시설 확대 등의 세부 목표가 있다.

재난·재해 분야 적응 대책은 재난·재해 적응을 고려한 방재 기반의 강화 및 사회기반 시설 구축을 목표로 하고 있다. 기후변화에 따른 취약 지역의 분석 및 방재 기준의 강화, 재해위험 시설의 보수, 방재정보 전달체계의 구축, 도시하수도 시설 개선, 기후 친화적 국토 이용·관리체계 구축 및 도시의 기후변화 적응 능력 제고 등의 세부 목표가 있다.

농업 분야 적응 대책은 해수면 상승 대응 및 안정적 수산식량자원 확보의 목표가 있다. 세부 목표로는 해수면 상승으로 인한 연안 변화 관리체계 및 적응 방안의 마련, 기후변화로 인한 어장 변화 감시·예측 및 미래수산자원 확보 추진, 수산 생물 감염성 질병·산성화 피해 저감 및 수산업 재해 경감 대책의 수립 등이 있다.

산림 분야 적응 대책의 목표는 산림 건강성·생산성 증진 및 산림 재해 저감이다. 세부적으로는 한반도 생물 다양성 유지를 위한 산림 생물 종·자원 보전, 지역별·수종별 취약성 평가 및 대책 추진으로 임업생산성 유지·증진, 산불·산사태 및 병해충으로 인한 산림 피해 방지 대책 등이 있다.

해양·수산업 분야 적응 대책은 해수면 상승 대응 및 안정적 수산식량자원 확보의 목표를 가지고 있다. 해수면 상승으로 인한 연안 변화 관리체계 및 적응 방안 마련, 기후변화로 인한 어장 변화 감시·예측 및 미래수산자원 확보, 수산 생물 감염성 질병·산성화 피해저감 및 수산업 재해경감 대책 수립 등의 세부 목표를 두고 있다.

물 관리 적응 대책은 홍수·가뭄 등 기후변화로부터 안전한 물 관리 체계 구축을 목표로 한다. 물 관리 취약성 완화를 위한 기반의 조성 및 시설 개선 사업의 추진, 4대강 살리기 사업을 통한 홍수대응능력 향상, 대체 수원의 확보 등 안정적 물 공급, 하천·호수 수질관리 강화 및 하천 생태계 보전·복원 등의 세부 목표를 가지고 있다.

생태계 분야 적응 대책은 생태계 보호·복원을 통한 한반도 생물 다양성 확보의 목표를 가지고 있다. 세부적 목표로는 생태계 및 지표종 모니터링 강화 및 취약성 평가 실시, 생물종 및 유전자원 보전·복원 및 한반도 생태계 연결 사업의 추진, 외래종 및 돌발 대발생으로 인한 피해 방지 및 관리 대책의 수립 등이 있다.

또한, 적응 대책이 전국적으로 추진되고 국민들의 실생활에서 직접 효과를 나타낼 수 있도록 지방자치단체 단위의 적응 대책 수립과 추진도 제도화했다. 지방자치단체는 지역별 특성을 반영해 기후변화 세부시행 계획을 마련하되 기후변화 전망을 바탕으로 기후변화 영향과 적응 능력을 고려해 취약성을 평가하고 그 결과에 따라 취약한 부분에 우선순위를 두고 단기와 중·장기로 나눈 단계적인 대책을 수립하도록 했다.

2) 기후변화 대응 정책 분석

(1) 기후변화 완화 정책 분석

한국의 온실가스 인벤토리는 환경부 산하의 온실가스종합정보센터(Greenhouse Gas Inventory and Research Center of Korea: 이하 GIR)가 실무책임기관으로 인벤토리 및 관련 정보를 관리한다. 그러나 부문별로 관장 부처에서 온실가스 인벤토리를 작성하고, 그 결과에 대해 제3의 기관인 GIR에서 검증하는 현재의 방법은 운영 과정에서 많은 문제를 초래해 개선이 시급한 것으로 분석되었다. 즉, 정부 부처 간 정보 공유도 잘 이루어지지 않고 있으며, 특히 GIR의 검증 기능으로 인해 관장기관들이 정보 제공과 공유를 더욱 꺼리는 것이 인벤토리의 질을 저하시킬 수 있는 것으로 분석되었다. GIR이 본연의 역할 및 기능을 담당하기 위해서는 부문별 온실가스 인벤토리에 대한 정보와 지식을 바탕으로 한 통합 관리가 필요한 것으로 진단된다.

'온실가스 배출권의 할당 및 거래에 관한 법률'은 제정 과정에서 산업계의 반발로 이미 많은 조항이 약화된 상태이다. 시민단체를 중심으로, 확정된 온실가스배출권거래제는 무상 할당 비율이 1단계 100%, 2단계 97%로 최초의 안보다 높아지고, 시장 안정화 조치 기준 가격도 톤당 1만 원으로 낮아져서 실효성이 낮아졌다고 우려하는 목소리가 크다. 그렇지만 국가 단위의 배출권거래제 시행은 아시아에서 최초이며, 세계적으로도 앞선 전략으로 높이 평가된다.

(2) 기후변화 적응 정책 분석

과거 수십 년간의 관측 자료의 분석과 기후모델 예측 결과를 종합해서 분석하면, 지구온난화에 따라 한파의 발생이 줄어들 것으로 예측되고, 폭설의 피해는 지금보다 훨씬 커질 것으로 분석되었다. 그리고 주요 태풍의 발생 위치는 현재보다는 북쪽으로 이동하면서 한반도에 영향을 끼치는 태풍은 늘어날 것이고, 슈퍼태풍급의 아주 강한 태풍의 발생이 잦아질 것으로 예측되고 있다. 이러한 분석을 위해 정부가 영국 기상청의 기후모델 1개만을 사용해 예측한 것은 모델의 불완전성과 예측의 불확실성을 고려할 때 미흡한 부분으로 평가된다.

2011년 중앙행정기관의 기후변화 적응 관련 87개 대책을 진단한 결과 약 77%가 정상 추진된 것으로 나타나 적응 관련 대책의 추진은 대체적으로 양호한 것으로 분석되었다. 실제 기후변화에 의한 영향을 받는 지자체 수준에서의 적응 대책의 수립과 이행은 시범 단계 수준으로 진단된다.

그러나 국가 및 지자체 수준에서의 기후변화 영향 및 적응 대책과 관련된 자료 체계의 불완전성, 영향 기작의 불확실성, 적응 대책의 부적합성, 기후인자만을 고려한 평가의 한계, 우선순위 설정의 한계, 전반적인 인식의 부재 등과 관련된 한계점도 드러나고 있는 것으로 분석되었다.

아래 분야별 기후변화 적응 예산 동향을 살펴보면, 우선 물 관리 분야가 상대적으로 굉장히 큰 비율을 차지한다는 것을 볼 수 있다. 적응 대책이 지나치게 물 관리 분야에 치중되어 있다고 진단된다. 2011년도 이후로 물 관리 분야의 예산은 점점 줄어들고 재난·재해 예산이 늘어나는 것은 긍정적으로 평가되지만 여전히 2015년도 총 적응 예산의 약 절반은 물 관리 분야에 편중되어 있

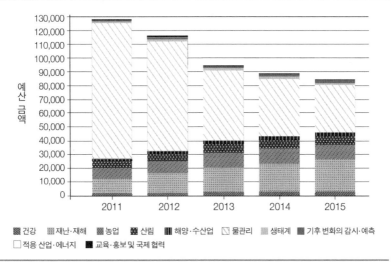

범례: 건강 | 재난·재해 | 농업 | 산림 | 해양·수산업 | 물관리 | 생태계 | 기후 변화의 감시·예측 | 적용 산업·에너지 | 교육·홍보 및 국제 협력

자료: 국가기후변화적응센터(http://ccas.kei.re.kr).

어, 앞으로 분야별로 더욱더 균형이 필요한 것으로 보인다.

3) 지속가능 발전을 위한 기후변화 대응

한국의 기후변화 대응의 가장 큰 문제점은 대응 전략이 각 부처에 산재되어 있다는 것이다. 예를 들면, 산업부가 수립하는 국가에너지 기본 계획의 내용은 환경부가 수립하는 온실가스 감축기본 계획과 연계되지 못하고 있다. 또 온실가스 감축 정책은 환경부가 총괄하고 있으나, 온실가스 감축의 대부분은 산업부가 관장하는 산업체와 국토부가 관장하는 수송과 건물 부문에서 이뤄지고 있으므로 그 성과가 잘 나타나지 않고 있다. 따라서 여러 부처에 산재되어 있는 기후변화 대응 계획 및 온실가스 감축 전략을 조율하기 위한 강력한 컨트롤 타워가 필요하다. 이를 위해서는 현재의 녹색성장위원회 위상과 권한을 강화하거나 '기후변화에너지부'와 같은 부처의 신설이 전제되어야 한다.

(1) 기후변화 완화 분야

국가 온실가스 인벤토리 및 정보가 효과적으로 관리되기 위해서는 대부분의 선진국과 같이 온실가스 인벤토리 및 정보 통합 관리 시스템이 구축되어야 한다. 통합 관리 시스템이 구축되면 인벤토리의 자동 연산이 가능하고, 공통보고서식(CRF)도 자동으로 생성되어 제공되므로 일관성 있고 투명한 정보 관리가 가능하기 때문이다. 특히 인벤토리 구축 체계를 현재의 하이브리드형에서 중앙관리형으로 전환해야 할 것으로 분석되었다.

기후변화 관련 정책이 성공하기 위해서는 에너지 세제 개편 및 탄소세 도입과 이산화탄소를 저감하기 위한 세제의 친환경적 기능 강화 등 '장·단기 종합 추진 로드맵'을 시급히 확정하고 이에 대한 단계적인 세부 실천 방안을 마련해야 할 것으로 분석되었다.

2015년 시행 예정인 '온실가스배출권거래제'는 전 세계가 주시하고 있다. 무엇보다도 시장원리에 기초한 기후변화 정책으로서 배출권거래제가 성공하기 위해서는 정부의 정책적 지원과 기업의 적극적인 협력이 필요하다. 온실가스배출권거래제 제1차 계획 기간인 2015년부터 2017년까지는 배출권 수량, 배출권 할당, 유연성 기제 및 시장 안정화 조치 세부 계획이 마련되었다. 제2차 계획 기간(2018~2020년)과 그 이후의 배출권거래제의 계획과 운영은 한국의 2020년까지 배출전망치(BAU) 대비 30%를 감축 목표와 Post-2020 온실가스 감축 목표와의 정합성을 유지해 배출 허용 총량은 지속적으로 축소하면서, 각 산업의 여건과 온실가스 감축 비용을 최대한 고려해 유연성 기제인 상쇄의 인정 한도와 인정 대상을 조정해 산업계의 저항을 최소화하는 방향으로 나아가야 장기적으로 효과적인 지속가능한 제도로 안착할 것으로 보인다. 또한, 향후 다른 국가의 배출권거래제와 연결을 할 수 있는 방안을 검토해, 좀 더 비용 효과적인 온실가스 감축을 목표로 설정해야 할 것이다.

(2) 기후변화 적응 분야

IPCC는 기후변화 예측에 전 세계에서 60여 개가 넘는 기후모델을 사용하고 있다. 더욱더 정확하게 기후변화를 예측하고 이에 효과적으로 대응하고 적응하기 위해서는 기상청에서도 좀 더 많은 기후모델을 사용해 미래의 기후변화를 예측할 필요가 있는 것으로 평가된다.

기후변화의 영향을 정확히 평가하기 위해서는 정확한 자료체계의 구축, 기후변화 영향 기작의 규명, 공간적 규모를 고려한 영향 및 취약성 평가, 비기후인자 관련 부문별 모형화 및 통합, 영향 및 취약성의 표준화 등이 이루어져야 한다. 그리고 적응 정책에 대한 평가지표 개발이 필요하며 적응 대책이 효과적으로 적용되기 위해서는 정부 및 지자체 간의 유기적인 협조관계가 정립되어야 한다. 또 신기후변화 시나리오를 반영한 세부시행 계획의 수립 그리고 사업별 우선순위 설정을 위한 장·단기 로드맵 수립에 대한 병행 연구가 시급한 것으로 분석되었다.

기후변화 적응 정책과 제도는 각 적응 대책 분야와 지역의 경제적·환경적·사회적 비용과 편익을 최대한 정확히 분석해 추진되어야 할 것이다. 완화 비용과 편익, 적응 비용과 편익, 피해의 잔여물, 적응하지 않았을 경우의 추가 비용을 측정하는 과정에서는 상당한 분석적 어려움이 존재한다. 그 이유는 많은 적응 행동이 많은 사회적·환경적 자극을 동반하기 때문이다. 한국은 적응 능력의 측정, 및 적응 대책의 비용과 편익을 분석하는 연구에 투자가 이루어져, 이를 기반으로 적응 분야별 균형 잡힌 종합 대책을 수립해야 할 것이다.

3. 지속가능한 에너지 정책

1) 기후변화 관련 에너지 정책

(1) 신재생에너지

한국에서는 신재생에너지를 '신에너지 및 재생에너지개발·이용·보급촉진법' 제2조에 따라 "기존의 화석연료를 변환시켜 이용하거나 햇빛, 물, 지열, 강수, 생물유기체 등을 포함해 재생가능한 에너지를 변환시켜 이용하는 에너지"로 정의했으며, 크게 신에너지 3개 분야(석탄액화 가스화, 수소 에너지, 연료 전지)와 재생에너지 8개 분야(태양열, 태양광, 풍력, 지열, 해양에너지, 수력, 폐기물 에너지, 바이오)로 구분한다.

국가에너지 기본 계획의 저탄소 에너지믹스 정책 목표를 실현하고 신재생에너지의 공급과 신성장 동력으로서의 관련 산업 육성 전략을 구체화한 '제3차 신재생에너지 기술 개발 및 이용·보급 기본 계획'이 2008년 12월에 수립되었다. 신재생에너지 정책 목표로 2007년 1차 에너지 대비 2.4% 수준의 신재생에너지 공급 비중을 2030년까지 11%로 확대하고 2030년까지 총 전력생산 중 신재생에너지에 의한 발전량이 차지하는 비율을 7.7%까지 끌어올릴 것을 제시했다.

(2) 스마트 그리드

지능형 전력망, 즉 스마트 그리드(Smart Grid)는 기존 전력망에 정보·통신기술을 접목해, 공급자와 수요자 간 양방향으로 실시간 정보를 교환함으로써 지능형 수요관리, 신재생에너지 연계, 전기차 충전 등을 가능하게 하는 차세대 전력 인프라 시스템이다. 정부는 스마트 그리드 구축이 완료될 2030년에는 전력 수요의 분산을 통해 최대 전력 10%를 감소시킬 것을 목표하고 있다.

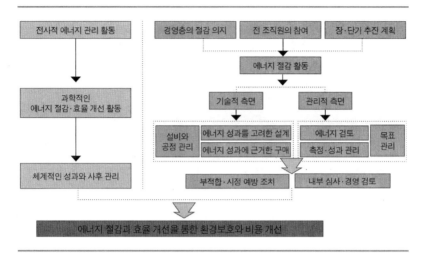

자료: 에너지관리공단.

2012년 7월 발표된 스마트 그리드 기본 계획에서는 '스마트 그리드 구축을 통한 저탄소 녹색성장의 기반을 조성한다'는 비전을 제시하고, 5년 단위의 단계별 목표를 설정했다. 1단계로 2016년까지 스마트 그리드 거점 도시를 조성할 계획이며, 이후 2030년까지 국가 단위의 스마트 그리드 구축을 완료할 계획이다.

(3) 공정 또는 장치 고효율화

① 에너지경영 시스템

최고경영자를 포함한 조직 구성원 전체의 체계적이고 지속적인 에너지절약 및 효율 개선 활동을 규정하는 표준화된 에너지관리 기법으로, 국제공인 에너지관리 기법인 에너지경영 시스템(EnMS)의 보급 확대 및 신뢰성 있는 인증 제도의 시행을 통한 산업·발전 및 대형 건물의 온실가스 저감 및 효율 향상 기반의 구축을 목적으로 한다.

에너지경영 시스템은 제1차 국가에너지 기본 계획(2008~2030), 제4차 에너지이용합리화기본 계획(2008~2012), 녹색성장 5개년 계획(2009~2013), '에너지이용합리화법'(2011) 등을 통해 정부의 에너지 시책에 반영되고 있다.

② 고효율에너지기자재 인증

고효율에너지기자재 인증 제도는 고효율제품 기술 개발의 촉진과 보급 확대를 위해 일정 기준 이상의 에너지 소비 효율을 만족하는 제품을 정부에서 인증하는 제도로, 인증 제품에 대해서는 인증서 교부 및 고효율에너지기자재 마크를 표시하도록 하고 있다. 에너지 절약 효과가 큰 설비·기기를 고효율기자재로 인증해 초기 시장의 형성 및 보급을 촉진하고 중소기업 기술 기준의 상향을 통해 국가 에너지 절감 효과를 극대화하고자 하는 제도이다.

고효율에너지기자재 인증 제도는 '에너지이용합리화법' 및 고효율에너지기자재 보급 촉진에 관한 규정을 통해 추진되고 있다. 인증 제품의 에너지효율 및 품질시험 검사 결과, 정부가 고시한 일정 기술 기준 이상 만족하는 제품에 대해 인증서를 발급하며, 인증 대상의 품목 확대 및 인증 기술 기준을 강화함에 따라 인증 제품의 성능 및 효율을 지속적으로 관리하고 있다. 현재 펌프·보일러·LED 조명기기 등 총 45품목이며, 산업 전반의 설비 및 기자재를 관리함으로써 중소기업의 기술 개발 및 국가 에너지 절감에 기여하도록 하고 있다.

2) 기후변화·에너지 정책 분석

OECD 최고 수준의 전력 소비량과 빠른 전기 소비 증가율로 인해 국내 전력 수급의 위기가 지속되고 있다. 기존의 전력 수요 관리 정책들은 수급 조절 도구인 가격 정책과 별개로 진행되어 한계가 있는 것으로 진단된다. 현재 국내 전기요금이 유류 가격과 역전되어 전력 수요의 53%를 차지하는 산업용 에너지 수요가 급속히 전력으로 이동하면서 전력 수급 위기의 근본 원인으로 분석되고 있다.

한국의 현행 에너지 관련 가격 구조 및 조세체계는 에너지 소비에 따른 일차적인 사회적 비용을 시장가격체계에 적절하게 반영하지 못하고 있는 것으로 분석되었다. 또 과세체계가 복잡한 데다 명확한 근거 없이 각종 에너지원별로 조세부담이 큰 차이를 보이고 있어 소비자의 선택을 왜곡시키는 것으로 분석된다. 각종 감면으로 에너지 관련 조세체계가 복잡하고 교통세는 선진국에 비해 낮지 않음에도 불구하고 경직적인 목적세로 운영되어 재정운용의 비효율성을 초래하고 있는 것으로 진단된다.

육상 풍력의 경우 주민들로부터 경관 훼손, 소음으로 인한 수면 방해 등으로 민원이 제기되고 있고 해상 풍력은 어업권 보상 등의 난제가 존재하며, 조력발전은 생태계 교란 등의 문제로 설치가 지연되고 있는 상황이다. 또 지원예산이 에너지특별회계와 전력산업기반기금에 한정되어 있어 크게 부족한 상태이다. 현재 신재생에너지 보급 정책은 국내 산업기반 강화에 기여하지 못했고, 기술 개발과 연계한 보급 정책의 수립 및 추진은 미흡했다고 진단된다.

특히 현재의 중앙집중식, 하향식 신재생에너지 보급체제는 상향식 수요와 괴리가 발생했으며, 중앙정부와 지자체간 연계 부족으로 지역 주민의 요구와 지역 특성을 반영한 보급 정책 추진이 미흡했다. 또한, 지자체 보급사업 추진의 경우 유연성이 부족했으며, 지자체의 능동적 참여의식도 부족했던 것으로 진단된다.

3) 지속가능 발전을 위한 에너지 정책 방향

에너지 가격 구조와 조세체계를 개선해야 한다. 에너지경제연구원에 따르면, 한국의 전기 가격은 석유환산톤(TOE)당 1082달러로 등유 가격 1753달러에 비해 40%나 저렴한 것으로 나타났다. 그래서 최근 10년 동안 에너지 사용 효율이 낮은 전력 사용량이 68% 증가한 반면 등유 소비는 62% 감소했다. 따라서 온실가스 배출량을 줄이기 위해서는 에너지 가격 구조의 개선이 시급하며, 석탄과 같이 온실가스 배출량이 상대적으로 많은 연료의 사용을 억제하는 방향으로 세제 개편이 이루어져야 한다.

온실가스 배출의 주원인인 화석연료의 사용량을 줄이기 위해서는 신재생에너지 비중을 높여야 한다. 2012년 기준 한국의 신재생에너지 비중은 3.2%로, 독일(12.0%), 덴마크(26.8%), 프랑스(8.4%) 등에 비해 크게 낮은 수준이다. 정부에서는 2030년까지 신재생에너지 비중을 11%로 확대하기로 했으나, 육상 풍력은 경관 훼손과 소음으로 인한 민원 제기로, 해상 풍력은 어업권 보상 문제로, 조력발전은 생태계 교란 등의 부작용으로 난관에 부딪히고 있다. 따라서 신재생에너지 보급을 활성화하기 위해서는 지역 선호도 및 수용성에 기초한 지역 기반의 신재생에너지 보급 로드맵을 개발하고, 지자체 주도형 보급 프로그램을 추진하면서 다양한 주민지원책을 도입해야 한다.

녹색가격제도는 미국, 독일 등 여러 선진국에서 시행되고 있는 제도로 신재생에너지에 대한 소비자의 자발적인 지원에 근거한다. 신재생에너지원을 이용해 전력을 생산하는 경우, 화석연료나 원자력을 이용할 때보다 좀 더 높은 비용이 발생하는데 녹색가격제도하에서는 이러한 초과 비용의 일부를 전력 소비자들이 자발적으로 부담한다. 전기 판매업자는 소비자에게 신재생에너지를 이용해 생산된 '녹색전력'을 일반전력 상품보다 높은 가격, 즉 '녹색가격'으로 제공해 소비자들에게 새로운 '환경친화적' 상품을 선택할 수 있는 기회를 부여한다. 미국의 경우 2013년 신재생에너지의 자발적 판매는 총 6200만 MWh를 기록해 미국 전체 전력 판매의 1.7%를 점유했다.

한국의 기후변화 의식이 미국에 비해 상대적으로 높다는 것을 감안하면, 녹색전력 구매 수요가 충분히 존재할 것으로 판단되고 소득 수준, 전력 사용량, 전력 가격을 고려했을 때 녹색가격제도를 시행한다면, 한국의 신재생에너지 활성화와 온실가스 감축에 큰 기여를 할 수 있을 것으로 평가된다.

4. 기후변화 대응과 정부, 기업 시민의 동참

기후변화와 지속가능 발전의 연관성은 깊다. 기후변화는 경제, 사회, 환경 모든 영역에 걸쳐 큰 영향을 미치고 있어 2012년 유엔지속가능발전회의에서 채택된 「우리가 원하는 미래」 선언문 190항에는 기후변화가 지속가능발전의 위협이라 명시하고 있고, 2014년 7월에 유엔 지속가능 발전 목표를 위한 공개 작업반이 SDGs의 13번째 목표 초안으로 "기후변화와 그 영향에 대처하기 위해 긴급한 대응을 행할 것"을 설정했다. 국제적으로 합의된 프레임워크하에서 각 국가는 기후변화 정책을 지속가능발전 정책에 통합하기로 했다.

IPCC 4차 보고서에 의하면 기후변화와 지속가능 발전은 '이중 관계(dual relationship)'를 가진다고 한다. 한쪽에서, 기후변화는 자연적·인간적 생활 조건을 변화시켜, 궁극적으로 사회적·경제적 발전의 기반에 영향을 미친다. 다른 한편, 사회의 지속가능 발전 정책은 기후변화를 야기한 온실가스 배출에 영향을 미친다.

기후변화 정책이 좀 더 폭넓은 지속가능 발전 정책에 일관성 있게 내재되었을 때 더욱 효과적일 것이다. 이것은 기후변화의 영향, 기후 정책의 반응, 그리고 관련된 사회경제적 발전이 국가의 지속가능 발전 목표를 성취하는 데 영향을 미치기 때문이다.

지속가능 발전 측면에서 한국의 기후변화 대응은 온실가스 감축 목표를 설정하는 등 다양한 노력을 하고 있으나 지속적으로 증가하는 온실가스 배출량과 같이 여전히 미흡한 부분이 많은 실정이다.

앞으로의 과제로는 좀 더 균형적인 시각에서의 접근이 필요할 것으로 보인다. 이를 위해서는 기후변화가 지속가능 발전을 위해 반드시 해결해야 하는 문제임을 인식하는 것과 더불어 제도적으로도 기후변화 정책과 지속가능 발전 정책이 일관성 있게 통합적으로 추진되어야 할 것이다.

기후변화에 관한 '국민적 합의'는 온실가스를 줄여야 한다는 것과 동시에 산업체의 경쟁력을 크게 위축시켜서는 안 된다는 것으로 요약할 수 있다. 앞선 두 정책 모두 산업체에 부담을 주는 면이 있는 것은 사실이지만 한편으로는 기술 개발을 견인하는 기회를 제공하는 면도 있다.

산업체의 경우에도 이제는 피할 길이 없으므로 오히려 부담을 최소화하면서 경쟁력을 키울 수 있는 기회로 활용해야 한다. 국민들도 기후변화 대응의 시급성과 한국의 상황에 대한 이해를 바탕으로, 실질적인 온실가스 감축에 동참해야 한다.

기후변화 정책의 성공은 정책에 대한 협조와 투자가 전제되어야 하므로 시민의 참여가 전제되어야 한다. 에너지 전환의 중심에는 시민이 있어야 하며 정책의 추진과 성공을 위해서는 시민이 주인으로 되어야 한다. 지방자치단체는 시민들이 참여할 수 있는 길을 놓아주고, 방향을 안내해주고, 정책과 시민 그리고 시민과 시민을 연결하는 고리 역할을 해줘야 한다.

기후변화에 의한 지구촌의 재앙을 피하기 위해 국가 경쟁력 부담을 최소화하면서, 동시에 국가의 품격을 높일 수 있는 '국가·기업·시민의 아름다운 동행'이 필요한 때다.

2014년 10월 27일 제40차 IPCC 총회 개막식에서 발표한 반기문 유엔 사무총장의 개회사로 이 글을 마무리하고자 한다. "Climate action will cost heavily but inaction will cost much more."

참고문헌

녹색성장위원회. 2013. 『녹색성장 더 큰 대한민국: 대통령직속 녹색성장위원회 정책자료
　　집』, 녹색성장위원회.
전의찬 외. 2012. 『이명박 정부 기후변화정책 평가 및 차기정부 정책과제』. 기후변화정책
　　연구소.
환경부. 2013. 『Post Rio+20에 적합한 지속가능발전정책 추진방안 연구』, 환경부.

국가기후변화적응센터. http://ccas.kei.re.kr.
에너지경영시스템. http://kemco.or.kr/ems/.

Ban, Ki-Moon. 2014. "Why 2015 will be the year of sustainability." World Economic
　　Forum. December 17, 2014.
IPCC. 2014. *CLIMATE CHANGE 2014 Synthesis Report*, IPCC.
UN. 2012. *The Future We Want*, UN.
_____. 2014. *The Road to Dignity by 2030*, UN.
James Cameron Showtime. 2014. *Years of Living Dangerously*, US, April 13, 2014.

제9장

원자력과 신재생, 한반도의 지속가능 쌍두마차 에너지

서균렬 | 서울대학교 에너지시스템공학부 · 원자핵공학과 교수

1. 들어가며

한반도의 지속가능 녹색사회 구현을 위한 에너지의 황금률은 무엇일까? 앞으로 50년 후 합리적인 에너지 조합에 대해 정답을 가정하고 이를 찾아 나서는 것이야말로 가장 비합리적일 수 있다. 정답이 없다는 가정하에 모든 가능성을 열어두고 유연하고 탄력적인 대안을 찾아나가는 혜안이 필요하다. 여기서는 기후변화에 대응하기 위한 쌍두마차 에너지, 원자력과 신재생의 역할을 국제 주요 논점과 국내 실천 계획을 중심으로 고찰해보고자 한다.

우선 신재생에너지가 국내 신수종 산업으로 성장할 것으로 전망되는 시점에서 신재생이 원자력으로부터 전수해야 할 것이 무엇인지 따져볼 필요가 있다. 저탄소 에너지 수급 구조를 형성하는 과정에서 지금 어떤 에너지는 되고, 어떤 에너지는 안 된다고 예단할 상황은 아니다. 가능한 배합을 모두 상정해 상황에 따라 합리적으로 조정해야 할 것이다.

특히 에너지 정책의 양대 축인 수급 안정과 가격 안정이 공생할 수 있는 길

을 모색해야 한다. 신재생과 원자력의 공존은 정부가 심도 있게 고민해 상생 방안을 찾아내야 하는 것이다. 미래수급 안정화를 위해서는 신재생 포함, 가능한 한 여러 가지 각본을 개발해야 하고, 정부는 이러한 골격 위에 방안을 세우고 실천할 것을 주문한다.

국내 산업구조는 여전히 에너지 다소비와 화석연료에 의존에서 벗어나지 못하고, 이용 효율의 향상과 신재생 보급은 경제성 확보의 부진으로 제자리걸음하고 있다. 일반적으로 에너지 정책은 공급과 수요관리로 대별할 수 있는데, 효율 향상과 절약운동을 통한 수요관리는 경제성장에 따라 늘어나는 에너지 수요를 감당하기에는 한계가 있다.

최근 에너지 공급 측면에서 화력과 원자력에 대응하는 환경친화적이며 소규모 분산형 에너지 공급원인 신재생에 대한 관심이 고조되면서 시민단체, 지방자치단체 등이 다각도에서 중요성을 강조하고 있다. 또한, 기후변화협약과 관련해서도 미국 오바마 행정부가 최근 적극적인 자세로 전환해, 앞으로 귀추가 주목되고 있다.

국내 현실을 볼 때 향후 의무이행 시기까지 안일하게 대처하다가 갑자기 의무감축이 국제적으로 합의 이행될 때 막대한 비용 손실과 산업생산에 엄청난 타격을 입을 것은 명약관화한 사실이다. 지금부터 대응 방안으로 에너지 저소비형 산업구조로의 전환을 통한 원천적인 에너지 절약과 신재생에너지 확대 정책을 지속적이고 강력하게 추진하는 것만이 근본적인 해결책일 것이다. 원자력도 마찬가지 맥락이다. 현실을 직시하고 합리적인 운영 방안이 무엇인지 심사숙고해야 한다.

다양한 기술을 바탕으로 다각적인 정책 수단이 연계된다면 그 효과는 장기적이며 근본적인 해결책이 될 것이다. 결국 해외에 지나치게 의존하고 있는 국내 에너지 수급 구조를 근본적으로 개선하기 위해서는 지속가능한 기술혁신이 필요하며, 이를 해결하지 못하면 공급 안정성 상실, 산업경쟁력 약화, 경제적 기술적 종속 심화 등 심각한 난항이 예견된다.

물론 신재생에너지는 아직은 미래 기술로서 장기적인 선행 투자와 시장전망의 불확실성 때문에 정부 주도의 추진이 필요한 분야이다. 과다한 초기 투자의 장애 요인에도 불구하고 정책적 에너지라는 개념으로 기후 환경문제에 대한 핵심 해결 방안이라는 점에서 장기적으로 과감한 연구개발과 보급 정책 등을 추진해오고 있다.

따라서 당장 1차 에너지로서 신재생과 원자력의 적정 비중을 논하기는 어려울 것이다. 하지만 신재생의 경우 2차 에너지기본 계획에서 2035년 11%의 정부 목표를 설정해 부단한 노력을 한다면 못 할 것도 없다. 원자력 역시 마찬가지다. 후쿠시마 사고 이후 반원자력 정서가 확산되고 있다. 따라서 정부 계획은 원전 비중 축소에 초점이 맞추어져 있다.

하지만 원자력 적정 비중을 국민 정서에 밀려 축소한다면 상대적으로 화석에너지를 확대하든지 절약 목표를 상향 조정해야 할 것이다. 이게 현실적으로 맞는지는 한 번쯤 돌이켜봐야 한다. 원자력과 신재생 사이에 대체성이나 보완성 등에 대한 명확한 분석이 없는 상태에서 공존과 활성화 방안을 논의하기는 시기상조일 것이다. 그렇지만 부족하더라도 현존하는 자료와 정보를 충분히 활용해 상생 전략을 모색해야 할 것이다.

신재생에 비해 원자력은 비교적 생산단가가 저렴하므로 가격 경쟁력 차원에서 상호 보완성을 발견하기 어렵다. 그러나 에너지는 반드시 가격 경쟁력 차원에서만 판단할 사안은 아니기 때문에 공존의 이유가 분명히 있다. 신재생이 기후변화에 대응하는 강력한 수단으로서 탄소저감 등 환경 개선에 기여하고, 에너지 안보를 위한 대안 중의 하나로 여겨지고 있기 때문에 원자력과의 공존을 논하는 것은 당연하다.

따라서 이 글은 원자력의 긍정적 측면을 강조해서 증설을 유도하려는 의도도 아니고, 부정적 측면을 부각해서 폐로를 조장하겠다는 의도도 아니다. 다만 현 상태에서 원자력의 부정적 인상을 쇄신할 수 있는 유일한 방도는 원자력이 미래 청정에너지인 신재생과 별개가 아니라 상호 공존 가능한 역할과 능력이 있음을 보이려는 데 있다.

원자력이 국내 전력산업의 미래에 중추적 역할을 계속하지 못할 수도 있다는 가정하에 지금부터 새로운 사업 영역을 개척할 필요가 있다. 그중 하나가 바로 신재생 분야인 것을 인식함으로써 에너지 개발과 이용보급의 선두 주자로서 새 출발을 예고하려는 데 그 목적이 있다. 이런 점에서 이 글이 접근하려는 공존이란 의미도 두 가지 점에서 해석이 가능하다.

하나는 원자력의 방사성물질과 폐기물 관리 등 부정적인 시각에 대해 신재생의 청정성과 미래 지속가능한 거대한 잠재량에 대한 긍정적 시각을 접목시키는 위상 개선이다. 다른 하나는 현재의 발전 사업 다각화 전략을 모색하는 것이다.

결론적으로 현 단계에서 에너지의 황금률은 원자력의 위상 개선과 신재생 발전 사업의 참여로 귀착된다. 이와 관련, 원자력과 신재생의 공존 가능성과 활성화 대책에 관해 살펴보고자 한다.

2. 에너지 황금률

1) 원자력의 현주소

자원이 전무한 국내에서 원자력은 전력 수요의 증가를 충족하는 안정적·경제적 공급원이며, 온실기체 감축에도 부응한다. 원전은 석탄이나 가스에 비해 정산단가가 2~4배 저렴하고, 연료비 비중이 적어 가격 변동이 적다.

그러나 원자력안전위원회의 출범에도 불구하고 불량 부품, 위조 서류, 정보

누출, 사이버 위협 등 악재가 불거져 국민의 원전 신뢰도가 급락하고, 수용성이 저하되는 결과를 자초했다. 따라서 원전 안전성 관련 제도에 대한 전반적인 쇄신책이 정부를 중심으로 추진 중이다.

후쿠시마 사고 이후 해외원전 운영 상황을 살펴보면 판이하게 갈라져 있다. 원전 가동 31개국 중 반원전 여론이 강한 국가는 가동 원전의 단계적 폐쇄 입장으로 선회했고 미국, 프랑스, 러시아, 영국, 중국 등은 기존의 원전 정책 기조를 유지하고 있다. 원전을 확대하는 나라는 폴란드 등 6개국이다.

국내 현실은 선택할 수 있는 에너지 대안이 없다. 불가피하게 한쪽으로 쏠리지 않는 에너지원 간 최적인 묘안을 모색해야 한다. 바로 원자력의 지속적 이용과 신재생의 적절한 보완을 만들어가는 방식으로 가야 할 것이다. 이산화탄소 배출이 거의 없는 이 둘을 적절하게 배합해 온실기체 저감에 기여하도록 함으로써 국제기후변화협상에서 우위를 확보하고, 순수 국산 에너지로써 공급안정에 기여하며, 청결하고 안전하면서 대기환경 보전과 지속가능 발전에 기여해야 한다. 따라서 미래에너지원으로서 원자력과 신재생의 개발과 이용 보급에 국력을 집중해야 할 것이다.

원자력발전의 연료는 우라늄이다. 석탄이나 석유처럼 땅속에 묻혀 있는 이 광물은 특징이 있다. 석탄이나 석유에 비해 훨씬 적은 양으로, 훨씬 더 많은 열을 낸다. 또 산소를 전혀 필요로 하지 않고 중성자만 있으면 반응이 지속된다. 산더미 같은 석탄이 필요한 반면, 우라늄은 손톱 하나면 발전이 가능하다. 물론 이를 위해선 과학기술이 필요하다.

사람이 평균 1kW를 쓰며 100년을 살아가는 데 필요한 우라늄은 40g이다. 무게는 골프 공, 크기는 포도알 하나만 하고, 여기서 나오는 재는 330mL 작은 깡통 하나에 담을 수 있다. 게다가 여기엔 플루토늄(plutonium) 등 땔감이 들어 있어 태울 수 있는 아궁이, 즉 고속원자로가 언젠가 나오면 재활용할 수도 있다. 물론 결국엔 쓰고 난 연료를 어딘가 외딴 곳에 안전하게 보관해야 하지만.

원전 사고나 사회갈등 비용까지 산정할 순 없지만, 국내 원전의 단가는 1kW당 40원 수준이다. 이는 100W 전구 10개를 1시간 동안 켜는 데 필요한 전기료가 40원이란 말이다. 물론 미국, 프랑스, 일본 등에서는 100원 수준이다. 경이로운 원전이 일궈낸 풍요에 대해선 세계가 주목하고 있다.

우라늄은 타는 것이 아니라 쪼개지며(핵분열) 저절로 데워지니 온실기체가 전혀 나오지 않는다. 굴뚝이 필요 없고 지구 온난화에서 자유로운 에너지인 것이다. 태양과 조력, 풍력 등도 깨끗하지만 아직은 비싼 데다 국내엔 쓸 만한 부지가 없다. 현재로선 백두대간을 굴착기로 밀거나 해상 풍력 정도가 그나마 희망이다. 비좁은 한국에는 고밀도 지속가능 동력이 필요하다.

원자력 또한 단점이 있다. 발전 중 나오는 방사선은 매우 위험한 빛이다. 물론 부단한 노력으로 안전에 대한 신뢰가 높아지긴 했지만, 일본 후쿠시마와 같은 사고가 이어지는 한 원전에 대한 두려움은 그치지 않을 것이다. 너무 두려워해서도 안 되겠지만, 그렇다고 두려워하지 않아서도 안 될 것이다.

우주는 태초의 대폭발과 함께 궁극의 동력을 선사했다. 꺼지지 않을 원자력, 태양을 밝히는 핵융합과 오랫동안 지구를 데웠던 핵분열이 바로 그 것이다. 가장 가벼운 원소는 서로 맞붙고, 가장 무거운 원소는 쪼개져 우주는 조화를 찾아가는 것이고, 그 한가운데 원자력이 있다.

인간은 천왕성에서 우라늄을, 명왕성에서 플루토늄을 따왔다. 핵융합이 천상의 빛이듯 핵분열은 지상의 불이다. 이산화탄소를 전혀 내지 않는 핵반응은 하늘에서와 같이 땅에서도 이루어지는 것이다. 한국 사회가 지속가능 녹색성장을 추구한다면 지금으로선 원자력이 답이다.

20억 년 전 아프리카에서 돌아갔던 천연 원자로는 인류 탄생 훨씬 이전에 지구가 보여준 친환경의 전형이라고 할 수 있다. 이런 자연을 이해하는 것은 방사성폐기물을 땅속 깊이 수만 년 보관해야 하는 인류에게 무언의 증언을 하고 있다.

사회 일각에서 일고 있는 탈핵 운동에도 불구하고, 이렇듯 원자력은 미래 세대 녹색성장 지속가능 발전원으로 잠재력을 지닌다. 2011년 후쿠시마 사고 이후 주춤했지만 원자력은 세계 발전량의 10분의 1, 한국 전체 발전량의 3분의 1을 차지하고, 국민 공감대 형성과 국가 경쟁력 향상을 바탕으로 안전 강화와 수출 전진이라는 두 마리 토끼를 좇아야 할 시점에 와 있다.

2009년 12월 27일 아랍에미리트 이후 잠잠해진 원자력발전소 수출을 재개하기 위한 전진기지가 필요하다. 동해안은 전체 원전 23기 중 17기가 몰려 있어 유리한 입지 조건을 갖추고 있으며, 나아가 원전 안전과 국민 안심을 위한 기반 구축이 필요하다. 한국은 2015년까지 1조 1000억 원을 투입해 극한 사고에 대비한 대응체계를 갖춰 가고 있다. 만에 하나 있을 수도 있는 사이버 공격에도 견뎌내야 할 것이다.

2) 신재생의 이정표

국가에너지 기본 계획에 따라 원전 비중 29% 대비 신재생은 기존의 11%를 유지하고 있다. 현실성 있는 목표를 제시해 실효성을 높이자는 취지다. 하지만 이렇게 되면 원전 축소로 인해 발전공급이 수요를 따르지 못하는 현상이 지속되든지 화석연료 발전 비중이 늘든지 둘 중 하나라는 지적이 나온다.

전기료 인상이나 전력 구조 개선을 통한 효율 증대로 이뤄지는 수요관리는 한계가 있을 수밖에 없다. 또한 화석연료 사용 증대는 96%에 달하는 원료의 수입을 고려했을 때 에너지 안보와 경제에 악영향을 미치고, 강화되는 국제 환경 규제를 역행하는 정책이다. 따라서 신재생 확대에 나서야 한다는 주장이 힘을 얻고 있다. 청정에너지의 공급과 에너지 안보, 미래 산업 선점이라는 측면에서 신재생은 육성해야 할 산업임이 분명하다.

세계 신재생에너지 산업은 2007년에서 2011년 평균 18%의 성장을 보였다.

하지만 2011년 말부터 본격화된 유럽발 금융위기와 세계경기 침체 탓에 수요가 크게 위축되면서 조정기를 거치고 있다. 하지만 전문가들에 의하면 2050년 경 비중이 30%까지 높아질 것으로 전망된다. 특히 풍력은 5%에서 17%로, 태양광은 2%에서 16%로 증가할 것으로 전망되고 있다.

그럼에도 불구하고 신재생이 한국의 에너지원에서 차지하는 비중은 낮다. 1차 에너지 기준 2.75%로 경제협력개발기구 국가 최하위 수준으로 나타났다. 유럽 평균 8%나 호주 6.2%, 미국 6.8%와도 큰 격차다. 또한 원전 정책의 전환 압력이 높아진 일본 3.3%보다도 낮았다.

그나마 한국의 신재생에너지 비중은 국제에너지기구 기준과 부합하지 않는 폐기물이 대부분을 차지한다. 2011년 생산량 기준 폐기물 67.5%, 수력 12.7%, 생물 12.7%였다. 태양광은 2.6%, 풍력 2.4%, 연료전지 0.8%, 지열 0.6%, 태양열 0.4%, 해양 0.1%였다. 폐기물 중 국제기준에 부합하는 일부 항목을 포함해도 2011년 국제에너지기구 분류 기준 한국의 신재생 비중은 1.6%에 머무른다.

정부의 신재생에너지 보급 활성화 노력에 비해 이처럼 낮은 보급률은 한국 현실에 맞는 신재생원을 찾기가 쉽지 않고, 당장의 경제성이 걸림돌이 되고 있기 때문이다. 한국은 좁은 국토, 산림이 많은 지형 등 신재생 잠재량이 많지 않고, 환경영향 우려 등 지역 반대가 심하다.

따라서 신재생에너지도 과거 확대일변도의 자금 지원과 보급에서 산업경쟁력 확보와 철저한 검토 평가 후 보급을 확대하는 방식으로의 정부 정책 변화가 요구된다. 일단 직접적인 정부 투자는 줄어들 것으로 보이지만 산업 경쟁력 강화를 위한 연구개발 투자 강화와 기초 기반 구조 마련을 위한 보급은 병행될 것으로 예측된다. 이외에도 해외 진출에 대한 지원 강화가 이뤄지는 한편, 에너지 저장과 태양광, 풍력 연계 등 지원 대상, 에너지원 간 칸막이를 제거하고 동시 상승 효과가 높은 융복합 사업 중심의 정책이 담길 전망이다.

또한 신재생열 에너지 공급의무화 제도, 해상 풍력과 조력의 경우 초기 비용 부담의 감소를 위한 변동형 가중치 제도 도입도 추진된다. 한편으로는 신재생에너지 품질기준 강화, 보급사업 사후관리 강화, 부실기업 퇴출을 위해 3년마다 전문기업 재신고 등도 이뤄질 전망이다. 1차 국가에너지 기본 계획이 발표되었을 때, 정부는 신재생 비중을 전체의 11% 수준까지 끌어올리겠다고 했다. 그러나 녹색성장의 열풍과 달리 별다른 성과가 없었다.

2013년 2차 권고안에서도 5년 전인 2008년의 목표였던 11%를 신재생 비중으로 정했다. 논의 과정에서 최근 밀양 송전탑 사태에서 나타난 갈등 등을 생각할 때, 앞으로 동서 해안에서 끌어오는 발전 계통을 지역분산형으로 전환해야 한다고 의견을 모았다. 그러나 지역분산형 발전에 걸맞은 신재생의 비중은 제자리걸음인 셈이다.

그 원인이 신재생에너지 관련 정책에 있다고 지적한다. 신재생에너지는 초기 투자 비용이 많이 든다. 이 때문에 신재생에너지는 정부의 지원이 필수적이다. 전 세계적으로 신재생에너지 관련 제도는 발전차액지원제와 공급의무제가 있다. 차액지원제는 정부가 신재생 발전 시설의 전기를 비싼 값에 사들여 초기 투자 비용을 보전해주는 방식이다.

한국은 2011년까지 차액지원제를 유지하다가, 2013년부터 발전소가 직접 신재생인증서 형태로 신재생에너지 발전량을 구매기관에 판매하는 공급의무제를 운영하고 있다. 두 제도 모두 동전의 양면이 존재한다. 차액지원제는 정부 예산에 부담을 주고, 공급의무제는 원자력이나 화력에 주로 투자하는 사업자라면 신재생 전환에 적극적으로 나서지 않게 된다.

최근에는 전력 수요가 몰리는 수도권에 적용할 수 있는 소규모 신재생에너지 시설을 위한 정책이 필요하다는 목소리가 높아지고 있다. 차액지원제와 공급의무제의 장점을 융합할 필요성이 높아지고 있다. 문제는 원전 비중 축소와 함께 신재생 걸음마 정책이다. 태양광은 투자에 비해 발전 효율, 풍력발전은 기술 증진으로 경제성이 어느 정도 확보는 되었지만 한국 지형에 제대로 어울리지 않는다는 이유 등으로 의지가 분명하지 않기 때문이다.

현 상황에서는 경제성을 따질 수 없고, 한동안 정부 투자가 불가피하다는 점을 인지해야 할 것이다. 또한 신재생 기술 개발이 시장과 산업화의 연계 고리가 없다. 최근 신재생업계의 가장 큰 숙제는 에너지 저장장치의 기술 개발이다. 저효율과 간헐성의 문제를 저장 기술로 극복하려는 것이다. 실제로 올해 산업부는 신재생에너지 분야 연구에 2162억 원, 원자력에는 963억 원, 전력 산업 분야에는 907억 원을 투자한다.

3. 원자력발전

1) 신화에서 실화로

한국의 에너지 안보를 담당하는 신화에서 건네받은 제3의 불이 실화에서 연거푸 꺼지며 지상의 희망일 것 같던 원자력은 늪에 빠지고 말았다. 원자력은 이제 과학기술 너머 사회경제, 국가 안보까지 깊이 스며들어 있다. 정당정치에서도 원전의 재검토, 단계적 폐지나 전면 폐지 등을 갑론을박하고 있다. 그러나 에너지 수입 의존도가 1991년 91%에서 2014년 96%로 오히려 늘고 있는 한국에서 원전을 즉각 폐기해야 한다는 주장은 공감하기 힘들다.

원자력을 계속해야 한다고 주장하는 데는 몇 가지 이유가 있다. 석유와 석탄 값이 점차 오르기 때문에 원자력을 늘려 화석 의존도를 낮춰야 한다, 원자력은 이산화탄소 배출량이 화력의 1%밖에 되지 않는다, 신재생으로는 아직 지속적이고 안정적인 에너지 공급이 어렵다는 것 등이다.

그러나 원자력에서는 치명적일 수도 있는 방사선이 새어나올 수 있다. 10만 년에 한 번꼴로 일어날 거라는 대형 사고도 골칫거리다. 현재 세계적으로 400

기가 넘는 원전이 돌고 있는데 각 10만 년에 한 번꼴이라면 250년에 한 번이지만, 벌써 사고는 큰 것만도 30년 사이 여섯 번 이상 일어났기 때문이다. 5년에 한 번꼴이니 설계 시 예상보다 50배나 높은 것이다.

하지만 사고의 횟수보다 더 큰 고민은 후폭풍일 것이다. 체르노빌 사고로 1년 이내에 29명이 사망했고, 원자로 주변 30km 이내에 사는 주민 10만 명이 동네를 떠났다. 그 후 해체작업에 동원된 노동자와 지역민이 사망 내지 후유증을 앓고 있다. 이처럼 방사선은 즉시 피해가 나타나기도 하지만, 한참 지나 발병할 수도 있다는 것이다. 후쿠시마에서도 현재까진 나타나지 않았지만 직간접적으로 수십 년간 어떠한 재해가 찾아올지 현재로선 짐작하기 힘들다.

또 하나의 문제는 세계 우라늄 매장량이다. 이에 대해서는 지정학적으로 정확한 자료를 얻기가 쉽지 않다. 세계적으로 1670만 톤 정도의 우라늄이 매장되어 있어, 세계 원전 사용량 기준 245년분이 있다고 추정하는가 하면 50년 내지 70년으로 추정하기도 한다. 이렇듯 우라늄은 수천 년간 인간의 에너지를 지속적으로 공급해주는 자원이 될 수는 없다는 것이다.

한 가지 특이점은 북한에 우라늄이 400만 톤 정도 묻혀 있다는 사실이다. 이에 원자력은 한반도 통일 문제와도 엮이게 된다. 또한 쓰고 난 연료를 처리해서 원자력발전을 지속할 수도 있다. 하지만 이러한 재처리 또는 재활용은 핵무기 제조와도 연결될 수 있는 정치적·외교적·군사적 문제이고 현재 협상이 막바지에 이른 한미원자력협정 개정 협상과도 무관하지 않다.

그럼 원자력은 필수불가결한가. 현재 가파르게 올라가는 에너지 소비량과 신재생 기술과 부지 현실을 보면, 원자력이 현재로서는 유일무이한 해결책으로 보인다. 가정에서 에너지 절약을 생활화 한다고 해도, 60% 가까이 차지하는 한국의 산업 시설 소비량에 비하면 태부족이며, 남북이 통일하지 않는 한 무연탄과 우라늄의 전량을 수입에 의존할 수밖에 없기 때문이다. 그렇다면 원자력은 국가를 위해 포기할 수 없는 것인가, 방사능에 대해 어떠한 시각을 가져야 하는 것인가.

사용하는 에너지는 모두 태양에서 비롯된다. 지구는 태양으로부터 무진장한 에너지를 받고 있다. 문명의 시작과 함께 태양은 줄곧 숭배의 대상이었다. 한반도만 한 사막에서 밤낮없이 태양광발전을 하면 전 인류가 사용하는 에너지를 공급할 수도 있다. 화석연료 또한 태양에너지를 동식물이 흡수한 결과 만들어진 것이다. 바람도 햇볕이 없다면 불지 않을 것이다.

이렇듯 햇볕의 흐름을 인간이 빼어내 쓰고 있다. 그러나 산업에서 대량으로 사용되는 에너지가 대부분인 현실에서, 대용량 지속가능한 화력과 원자력이 버팀목이 되는 것이다. 하지만 원자력 또한 화력처럼 무한정한 에너지를 보장하지는 못한다. 풍력이나 태양 또한 현재의 수십만 배 용량의 저장장치가 개발되지 않는 한 안정적인 공급이 어려우니 화력과 원자력을 완전히 대체할 수는 없다.

태양에너지를 비축하는 식물을 이용하는 기술이나 태양열을 이용한 물의 전기분해 등 다양한 기술 개발이 한창이다. 그러나 아직은 비싸고, 워낙 넓은 평지가 필요하기 때문에 화력과 원자력의 대안으로서는 부적격이다.

앞으로 새로운 에너지 외에 절약 기술의 개발도 함께 이루어져야 할 것인데, 궁극적으로는 자본주의 논리가 성패와 향방을 결정할 것이다. 자본가들은 환경이나 지구보다는, 수익 관점에서 투자하게 된다. 엄청난 땅값을 내야 하는 태양에너지 개발은 이들에게 그다지 매력적이지 않을 것이다.

한편, 절약 기술은 투자자를 유인할 수 있다. 이를테면 가전제품에 고효율 기능을 가미하면 구매 충동을 유발하고, 결국 기업 입장에서는 효율을 높여 환경을 보전한다는 명분뿐 아니라, 판매 이익을 올리는 일석이조 효과가 있을 것이다.

이렇듯 원자력을 포함한 에너지 문제는 더 이상 과학기술의 문제가 아니라 국가 안보와 직결되고, 사회 정치와 연계된다. 실제로 석유로 인해 전쟁이 일어나는 것이 20세기부터 지금까지의 현실이다. 20세기가 에너지 자원을 선점하기 위한 냉전이었다면, 21세기는 확보한 에너지를 보존하기 위한 열전이라 해도 지나침이 없다.

지속가능 에너지 문제를 해결하기 위해서는 국가가 나서야 할 것이다. 자본주의나 시장경제 논리에 맡기고 가뭄에 콩 나듯 지원해주는 현실에서, 국가 백년대계를 내다본다면 그래도 신재생과 함께 원자력에도 예산과 인력을 투자해야 할 것이다.

그 전에 과연 원자력이 값싼 에너지인가 되짚어보자. 현재 적은 돈으로 많은 양을 얻어낼 수 있다는 건 부인할 수 없다. 하지만 대형 사고로 인해 인간과 환경이 받는 피해와 수만 년 동안 못 쓰는 방사성폐기물 처분장의 가치를 어떻게 돈으로 환산할 것인가, 인류 문명보다 긴 세월 안전하리라고 누가 어떻게 보장할 수 있는가. 과학이 멀고 먼 미래를 내다볼 만큼 발전했는가.

원자력에 기대는 한 이 땅 어딘가에는 원전을 짓고, 쓰고 난 연료를 모아둘 시설을 만들어야 하지만, 모두 내가 사는 곳만은 안 된다면서 목소리를 높이고 있다. 왜 국민은 정부의 발표나 정책을 믿지 못하고, 정부는 국민적 합의를 이끌어내지 못하는지.

정부는 가동 중인 원전 23기에 앞으로 11기를 추가 건설한다는 계획을 세웠다. 원전에서 쓰고 난 연료는 매년 750톤. 모두 부지 안에 임시 저장 중이지만, 2024년 한빛을 시작으로 2025년 월성, 2028년엔 고리와 한울 본부 저장소가 가득찰 것으로 보인다.

사정이 이러하니 겨우 10년을 남겨둔 시점에서 사용후핵연료공론화위원회는 저장 부지부터 처리 방식까지 모든 논의를 한꺼번에 하겠다는 계획이다. 영국이 5년 넘게, 캐나다가 3년 걸려 했던 것보다 훨씬 더 많은 과제를 더 짧은 기간에 하려다간 딸꾹질이 아니라 몸져누울 수도 있다.

우선 현행 관련 법규가 미비하다는 것이 중론이다. 더 이상 늦어지지 않도록, 임시 저장의 공간적·시간적 확장선상에서 중간 저장을 부지 맞춤형으로 제도를 정비하고, 부지 내의 경우는 중간 저장이라도 사업자가 관리할 수 있도록 법과 제도를 바꾸는 것을 포함해 실현 가능한 방안을 고려할 필요가 있다.

임시 저장과 중간 저장 각각의 장점과 편익을 취하되 철저히 환경 안전과 국민 안심에 입각한 제3의 부지 내 녹색 저장 등의 개념과 용어를 규정하고, 지역사회의 신뢰와 수용성을 강화하는 방향으로 법과 제도를 정비해야 할 것이다. 아울러 국제적·지역적 협력에 의한 공동 부지의 선정과 관리도 논의할 필요가 있다.

좁은 국토와 많은 인구를 볼 때, 부지 외 중간 저장 시설의 확보는 요원할지도 모른다. 그보다는 기존 부지를 용도 변경 등을 통해 재활용하는 것이 혜안이 될 수 있다. 이를테면 원전 영구정지 후 제염·해체를 거쳐 부지를 복원한 다음, 녹색 저장 시설로 연계하는 등 한국 맞춤형 원전 사후 백년대계 수립이 필요하다.

원전 연료는 원자로, 증기발생기 등 대형 기기와 함께 부지 내에 저장하는 방식이 차선이지만 불가피한 선택이 될 수 있다. 다만 이 경우에도 지역사회의 목소리를 수렴해 공감할 수 있는 구체적 실천 계획과 실효적 운영 방안이 나오는 것을 전제로 해야 할 것이다.

2) 지속가능 원자력

반감기가 우주 나이와 같은 토륨(thorium), 천둥의 신과 함께 긴 잠에 빠져 있었다. 토륨은 전문가들 사이에서도 의견이 갈린다. 매파는 기존 우라늄이 갖는 단점을 해결하기 위해 하루빨리 상업화해야 한다고 한다. 비둘기파는 원료를 바꾸는 것보단 미래 원전기술로 우라늄의 문제점을 해결할 수 있다고 한다.

물론 진실은 중간에 있고, 솔로몬의 답은 둘 다이다. 문제는 한국의 원자력을 겨울잠에서 깨울 수 있는 통솔력도, 추진체도, 선구자도 없다는 것이다. 설령 있더라도 예수처럼 고향에서 환영받지 못하는 현 상황에서 원자력은 고장 난 우주선처럼 허공을, 관성에 의해 행선지도 모른 채 지루하게 날아가고 있다.

한편, 인도는 토륨을 10년 넘게 연구해오다 최근 원전 건설을 공식화했다. 중국도 건설을 서두르고, 미국은 국립연구소들을 중심으로 여전히 나아가고, 벨기에는 유럽연합 공동실험로를 운영하고 있다.

토륨은 원자력 초창기부터 연료 후보로 바닷가 모래 등 매장량도 우라늄의 4배다. 더욱이 1%도 안 되는 우라늄에 비해 100% 쓸 수 있기 때문에, 우라늄이 기껏 100년 단위라면, 토륨은 100배 효율에 100년 단위에 4배 매장량을 곱하면 4만 년이 나온다. 더욱이 지구상 몇 군데에만 몰려 있는 우라늄에 비해 토륨은 세계에 골고루 퍼져 있다. 가히 지속가능 인류 문명을 위한 구세주가 아닐 수 없다.

하지만 안타깝게도 토륨은 우라늄에 밀려났다. 큰 단점이 있었기 때문이다. 우라늄은 한번 불을 지펴주면 계속 타는 데 반해 토륨은 불도 잘 안 붙는 데다 쉽게 꺼진다. 연료로서는 전혀 매력적이지 못했다. 초창기 과학자들에겐 그림의 떡이나 마찬가지였다.

애석하게도 참숯에 해당하는 토륨이 쪼개질 때 불꽃 격인 중성자가 많이 나오지 않아 지속적인 핵분열 연쇄 반응을 일으키기에 부족했던 것이다. 따라서 토륨 원자로에는 핵분열을 돕는 중성자를 따로 공급해주는 이른바 불쏘시개가 필요하다. 이를테면 가속기 등이 붙어야 하는 것이다. 새옹지마라고, 이같이 치명적으로 보이던 단점이 최근 오히려 장점으로 떠오르고 있다. 사고 시 저절로 꺼지기 때문이다.

토륨 원전의 장점 중 또 하나는 고준위 방사성폐기물이 거의 안 나온다는 것이다. 기존 원전에서 폐기물이 문제되는 것은 우라늄-235와 우라늄-238 중 235만을 태울 수 있기 때문이다. 자연에서 우라늄-235는 전체의 0.7%에 불과하고 나머지는 거의 238이다. 따라서 235를 5%로 농축하지만 여전히 238이 95%로 높다.

문제는 고속 중성자를 이용하는 미래 원자로가 아닌 이상 우라늄-238을 태울 수 없다는 것이다. 이들은 고스란히 폐기물로 남는다. 중성자를 흡수해 나오는 플루토늄, 아메리슘(americium), 퀴륨(curium) 등 맹독성 초우라늄도 남게 된다.

반면 토륨은 100% 연료로 이용 가능한 232를 이용하는 데다, 초우라늄까지 태워 독성이 낮은 물질로 바뀌므로 폐기물이 크게 줄어든다. 토륨 폐기물 독성은 500년 정도면 광산에서 석탄을 캘 때와 비슷한 수준으로 떨어진다. 같은 기간 우라늄 폐기물의 독성은 2만 배가 넘어 토륨 폐기물 수준으로 떨어지려면 만 년 넘게 기다려야 한다.

또 하나의 매력은 플루토늄이 생기지 않는다는 사실이다. 플루토늄은 핵무기를 만드는 데 쓰일 수 있다. 우라늄 폐기물엔 플루토늄이 들어 있어 핵무기로 전용될 위험이 있다. 초창기에 선진국이 우라늄을 선택한 배경에는 핵무기 개발도 자리하고 있었다.

각국은 토륨 원전개발에 뛰어들었다. 가속기, 증폭기 등도 있지만 기존 원전을 개량해 토륨으로 바꾼 것도 있다. 미국은 용융염으로 식히고 토륨을 태우는 원자로를 오랫동안 개발해오고 있다. 중국은 이 방식을 개선한 액체 불소 원자로 연구에 뛰어들었다. 세계 4위의 토륨 산지인 인도는 기존 원전에 토륨을 넣어 우라늄-233을 얻은 뒤 끄집어내 다시 태우는 3단계 방식을 10년 넘게 연구했다.

하지만 최근 경향은 가속기 기반으로 다시 돌아오고 있다. 벨기에는 기존 원자로에 선형가속기를 도입한 실험용 토륨 원전 '미라'를 2023년 가동을 목표로 건설하고 있다. 이 방식은 원자로와 가속기 방식을 모두 시험할 수 있어 토륨 원전 상용화에 전환기를 마련할 전망이다.

핵융합을 원자력발전에 이용하고자 하는 연구도 있다. 핵융합에서 나오는 고속 중성자로 핵분열을 가속화하는 방식의 핵분열-핵융합 혼합로가 그것이다. 이 기술은 풍부한 토륨으로부터 우라늄-233을 만들거나 폐기물을 좀 더 짧은 반감기를 갖는 물질로 변환시키는 데 사용될 수도 있다.

한국은 현재 연구에 거의 참여하지 않고 있다. 2000년대 초만 해도 원자력연구원에 가속기 연구진이 있었지만 고속로 개발에 참여하면서 중단되었다. 현재 학계 일각에서 증폭기 연구를 시도하고 있지만, 국가가 전략적 사고를 갖고 접근해야 개발이 가능한 거대 에너지 사업이기에 쉽지 않다.

물론 토륨 원전의 한계도 분명히 있다. 가속기 방식에선 반감기가 긴 폐기물이 나온다. 반면에 원자로 방식을 택하면 농축 우라늄이나 플루토늄을 섞어야 한다는 문제가 있다. 기존 우라늄 원전의 문제점을 개선한 차세대 원전과 경쟁도 치열하다. 하지만 토륨 원전이 갖는 장점과 가능성 역시 무시할 수 없다. 미래 에너지 문제를 지속가능하게 해결하기 위한 기술 정책의 유연화와 연구개발의 다각화가 절실하다.

4. 신재생 개발

1) 한반도의 녹색성장

독일은 태양광발전으로 1000만이 넘는 가구가 1년 내내 쓰는 전기를 생산하고 있다. 햇빛이 강한 여름날엔 국가 전체 전기 수요의 절반 가까이를 태양에서 가져오기도 한다. 태양광 시설만도 150만 개, '태양의 도시' 프라이부르크는 독일 태양광발전의 상징과도 같은 곳이다. 인구 20만 명의 시내에서는 공동주택뿐 아니라 주차장 위, 호텔과 축구장 지붕, 상가건물 벽 등 곳곳에 태양광 판이 설치되어 있다. 태양의 도시답게 1300명의 연구원을 둔 유럽 최대 태양에너지 연구소가 이곳에 있다.

마을의 3층짜리 원통형 주택은 옥상에 태양광 판이 설치되어 겨울에는 햇빛이 잘 드는 쪽을 향해, 한여름 낮에는 덜 드는 쪽으로 회전할 수 있다. 이처럼 많은 태양광 판을 볼 수 있는 것은 1980년대부터 '녹색도시'를 표방한 덕분이다. 1986년 체르노빌 원전 사고는 프라이부르크가 태양광, 풍력, 수력 등 재생에너지를 이용한 발전에 속도를 높이는 기폭제가 되었다. 특히 프라이부르크가 태양광에 관심을 갖게 된 것은 지형 때문이다. 넓은 평지인 프라이부르크는 연간 1800시간의 일조시간과 m^{2}당·시간당 1.12kW의 일조량으로 독일에선 햇빛이 좋은 편이다.

인구 400명 남짓 조그만 농촌 마을 마우엔하임은 전기와 온수를 자체 생산한다. 대형 저장 시설에 쇠똥, 말똥, 수수 등을 집어넣고 발효시키는 과정에서 나오는 생물가스로 전기를 만든다. 연간 7500톤의 분뇨와 6500톤의 수수를 원료로 1년 동안 필요한 전력의 10배 가까이 생산하고, 발전기를 돌리며 나오는 열로 연간 35만 리터의 온수를 생산한다. 주민이 6개월 동안 쓸 수 있는 양으로 연간 2600톤의 온실기체 배출을 줄이는 효과도 있다.

독일에는 이 같은 생물 에너지 마을이 150곳이나 된다. 이들은 협동조합 등의 형태로 전기를 만들어 자체 소비하고, 남는 전기는 전력 회사에 판다. 이런 마을이 많이 생긴 건 정부가 에너지 전환 정책을 추진하면서 만든 '재생에너지법'의 영향이 크다고 한다. 2000년 제정된 이 법에 따라 생태환경을 보전하고 온실기체를 감소하는 풍력이나 태양광, 생물가스 등 재생에너지를 이용한 전기 생산자는 보조금을 받는다.

전력 회사들은 이들이 생산한 전기를 일정 비율 이상 의무적으로 구매해야 한다. 이 법이 효력을 발휘해, 독일은 재생에너지를 이용한 전력 생산 비율이 법 제정 이듬해인 2001년 7%에서 2014년에는 28%까지 늘었다. 15%인 원전 비율의 2배에 가깝다. 독일은 재생에너지를 사용한 발전 비율을 2030년엔 50%, 2050년엔 80%까지 늘리겠다는 목표를 갖고 있다.

더 늦기 전에 에너지 전환까지는 못하더라도 한반도에 재생가능 에너지가 자리할 공간을 찾아야 한다. 한국에는 마우엔하임 같은 에너지 자립 마을은 아직 없다. 생물 에너지를 이용해 전기를 생산하는 시설은 전국에 27곳이 있지만 이 중 20곳은 음식물 쓰레기 등을 처리하는 공공 시설이고, 민간자본이 운영하는 시설은 7곳뿐이다.

그나마 현 정부가 친환경 에너지타운 건설을 국정 과제로 삼아 2014년 10월 강원 홍천에서 첫 삽을 떴다. 이르면 2016년 9월쯤 한국에도 재생에너지로 방용 가스와 전기 등을 생산하는 마을이 생긴다. 홍천은 가축 분뇨와 음식물 쓰레기로 생물가스를 생산하게 된다. 이를 강원 도시가스가 생활용으로 쓰기에 적합한 수준까지 열량을 높여 이 마을에 다시 공급해주고, 나머지는 딴 데 판매한다. 마을이 태양광과 수력으로 생산한 전기 중 남는 것은 한전에 팔게 된다. 정부는 이런 친환경 에너지타운을 2017년까지 15~20곳으로 늘릴 계획이다.

이젠 북으로 눈을 돌려보자. 남북협력 기본 원칙 중 하나는 현재 어려움을 겪고 있는 북의 에너지 상황을 타개하기 위한 대안 마련과 지원이 우선이다. 하지만 장기적으로 볼 때 북의 대외 에너지 의존성을 높이는 것보다는 북 스스로 에너지를 생산할 수 있는 체제를 갖추는 것이 필요하다. 이 때문에 지지부진한 북핵 협상 속에 실현가능성이 떨어지는 중유 지원보다는 지속가능하고 북이 자체적으로 생산할 수 있는 신재생 개발과 함께 원자력 협력이 더욱 중요하다. 아울러 북의 현재 에너지 계통에서 지속가능성을 담보하고 있는 지역분산형 전력망의 장점을 최대한 유지·활용하는 것이 필요하다.

신재생과 원자력은 평화의 에너지이다. 북 에너지 문제의 해결은 곧 한반도 위기의 근원을 해결하는 것과 같다. 한반도는 세계에서 정치적으로 가장 민감한 곳 중 하나이며, 에너지원은 인간 생존과 경제활동에서도 필수적이지만 군사적으로 악용했을 때 엄청난 파괴력을 가져올 수 있다. 이 때문에 원자력의 평화적 이용과 군사적 이용은 동전의 양면과 같은 것으로, 북핵을 폐기하는 대가로 신재생과 함께 원자력을 제공해야 한다.

남북 에너지 협력은 한국의 장기적인 이익과 경제 활성화에도 도움을 줄 수 있다. 에너지 협력을 통한 남북 경제협력과 산업 활성화를 꾀할 수 있다. 북에 에너지를 지원하게 되면 한국의 에너지 산업이 성장할 것이다. 고용 창출과 중소기업 활성화에도 도움을 줄 수 있다. 북과의 협력을 통해 한국의 에너지 산업이 성장하면 세계 에너지 시장에 수출국으로 부상할 수 있다.

산업의 발달은 에너지 생산단가를 낮춤으로써 지속가능한 에너지 체제수립에도 기여하게 된다. 현재 세계는 에너지 시장이 확대됨에 따라 시장 선점을 위한 투자와 기술 확보 경쟁에 뛰어들고 있다. 이러한 상황에서 남북의 에너지 협력은 동시 상승 효과와 함께 경쟁력을 키워줄 것이다.

또한 기후변화에 따른 국제사회의 환경 규제와 화석에너지 고갈에 대비하고, 자립할 수 있는 에너지 구성, 즉 환경친화적이고 지속가능한 에너지원의 이용이라는 관점에서 신재생은 가장 적합한 대안이다. 신재생은 온실기체가 거의 발생하지 않으며, 재생가능한 태양, 바람과 같은 자연 자원을 에너지원으로 사용하기 때문에 고갈될 염려가 없다. 재생가능 에너지는 이미 2005년 2월 발효된 교토의정서에 의해 온실기체 감축의 주요 수단으로 채택되었다.

신재생은 에너지를 공급하는 데 걸리는 시간도 짧다. 북에서 에너지는 생존 차원의 긴급한 문제다. 이 때문에 당장 북에 인도적인 지원을 할 수 있는 에너지원으로, 건설 기간이 짧아야 한다. 대규모 화력발전소와 가스복합화력발전소를 건설하는 데 필요한 시간은 3년에서 10년이다. 하지만 태양광은 단 하루,

풍력 발전은 6개월 이내에 건설할 수 있다.

신재생은 북의 에너지 체제에 적합하다. 기존 발전소와 송배전망의 노후화로 인해 중앙집중식 에너지 공급이 불가능한 상황에서 지역 단위로 에너지를 공급하는 분산형이 적합하다. 신재생은 지역에서 생산하고 소비할 수밖에 없기 때문에 대규모 송전 시설을 갖출 필요가 없다. 소도시나 마을 단위로 독립적인 공급망을 건설하면 되는 것이다.

신재생은 기술 개발과 함께 경제적일 수도 있는 에너지이다. 한국은 어떤 방식으로든 북 에너지 지원에 비용을 지불해야 한다. 경수로 건설이 이뤄진다면 건설 비용, 건설이 완료될 때까지 중유 비용, 송배전망 비용까지 모두 감안해야 한다. 하지만 풍력발전과 태양광발전은 대규모 송전 비용이 발생하지 않는다. 추가 연료가 필요 없다는 것도 장점이다. 또한 생물 에너지와 폐기물 에너지, 풍력, 태양열은 이미 상당 부분 실용화된 상태다.

2) 원자력과의 공존 전략

원자력은 선진국에서 여러 부정적인 요인으로 증설이 어려워지고 있는 반면, 개도국에서는 에너지 안보, 경제발전을 위한 저렴한 발전원의 확보라는 견지에서 호의적인 경향을 보이고 있다. 따라서 앞으로 원자력은 대부분 개도국에서 추진될 것으로 보이는 반면, 현재 선진국에서 가동 중인 대다수 원전은 시간이 지남에 따라 축소될 것으로 보인다.

신재생에너지의 전 세계 수요는 80%가량 증가하지만, 각각의 신재생원별 미래는 상이하다. 전통적 생물 에너지의 수요는 감소하는 반면 수력, 풍력, 조력, 지열, 태양을 포함한 현대적 신재생에너지 수요는 2035년까지 2.5배 넘게 증가하는 것을 전망했다. 경제협력개발기구 국가들은 세계 신재생에너지 증가의 40%를 차지하는데, 미국과 유럽이 주도하며 중국은 16% 증가를 전망했다.

특히 신재생은 전 세계 전력 생산 순증가의 거의 절반을 담당하면서 발전에서 차지하는 비중이 2011년 5분의 1에서 2035년에는 3분의 1에 근접한 수준으로 확대할 것으로 내다보고 있다. 앞으로 신재생은 2015년 이전에 두 번째로 큰 전력 생산원이 되며 2035년에는 석탄에 근접할 것으로 예상하고 있다.

이렇듯 국제에너지기구는 선진국들이 미래에너지로 수력을 제외한 신재생에너지에 적극적인 관심을 보이고 있음을 반영한 전망을 내놓았다. 그렇다면 원자력 감축과 신재생에 대한 공격적인 전망치를 보인 이유는 무엇일까?

첫째, 기후변화에 대응하는 상생 전략의 일환으로 볼 수 있다. 선진국의 온실기체 방출량의 80% 이상이 화석연료에 기인하는 것을 감안할 때 온실기체 감축의무 부담을 완화시키기 위해서는 무엇보다도 이러한 화석연료를 온실기체를 방출하지 않는 태양, 풍력, 지열, 해양, 수소 등 신재생에너지로 전환하는 것이 중요하다.

둘째, 기존 에너지원을 대체할 수 있는 신재생의 공급 잠재력이다. 현재로서는 세계적으로 볼 때 신재생의 점유율은 10%에 머무르고 있으나 향후 20~30년 사이에 기존 에너지원과 경쟁할 수 있는 수준으로 경제성이 확보되고, 2050년 이후에는 공급 비율이 50%를 넘을 것으로 일부 세계에너지수급전망기관들은 전망한다.

원자력의 미래가 불투명한 상황에서 현재 운전 중인 원전이 폐로 절차를 밟게 되는 시점부터는 새로운 에너지원을 택해 발전 사업을 유지시켜야 할 현실적인 문제에 봉착할 것이다. 따라서 이러한 사태의 발전을 예상하고 대비한다는 의미에서 신재생에 관심을 가지고 장기적인 대책을 강구하려는 것이다.

온난화에 대응한 탈화석에 부합하는 에너지원은 원자력과 신재생이다. 이 중 원자력은 안전성, 폐기물, 핵 확산 등으로 인해 사실상 화석연료의 대안으로는 한계에 다다르고 있다. 차선책은 신재생인데 문제는 제한된 부존량과 경제성 미흡이다. 특히 태양과 풍력 등이 부존량, 이용량, 공급량에서 제약을 받고 있는 반면, 신에너지원으로서의 수소는 자원과 이용 면에서 역할이 기대된다.

　원자력과 신재생 공존의 중요성은 원전에 대한 수용성 확보를 위해 추진하는 신재생사업의 효과에 달려 있다고 해도 과언이 아니다. 원전의 저렴한 생산비로 얻게 된 이익의 일부를 사회에 환원하는 차원에서 경제성이 부족한 청정 신재생에너지 사업에 동참함으로써 공존과 활성화의 의미가 부각될 수 있다.

5. 나가며

　원자력은 널리 쓰이고 있는 에너지 중 하나지만 나라 안팎으로 존폐 논란이 끊이질 않고 있다. 현재 한국을 비롯해 미국, 프랑스, 일본, 러시아, 캐나다 등 31개국에서 운영하고 있는 원전만 435기에 달하고, 현재 65기가 추가 건설 중이다. 한국도 현재 23기가 돌아가고 있다. 후쿠시마 사태를 계기로 시민과 환경단체가 위험성을 일깨우며 탈핵을 강력히 주장하고 있다. 실제로 사고 당사국인 일본을 비롯해 독일 등 일부 유럽은 잇따라 원전 포기 의사를 밝혔다.

　하지만 세계 원전산업계엔 반전 분위기가 감돌고 있다. 미국은 원전 사고 이후 탈원전을 선언한 일본에게 원전을 재가동하라고 압박했다. 미국의 원전 사업을 일본 기업들이 주도하고 있기 때문이다. 반원전 정책을 선언했던 독일은 여전히 신규 건설은 물론 가동 원전도 단계적으로 폐쇄하겠다는 입장을 고수하고 있지만, 상당수 국가는 원전 유지로 되돌아섰다.

　그럼에도 무엇보다 우선되어야 할 것은 역시 안전이다. 일본은 2011년 사고 이후 원전에 대한 경각심이 커졌지만 한국은 외형적 안전 설비에 대한 투자 외엔 크게 달라진 게 없어 보인다. 불의 고리에 놓인 일본과 달리 안전하다고 생각할 수도 있다. 하지만 원전엔 자연재해뿐 아니라 경년열화, 부품 결함, 운전 실수 등으로 비롯된 사고 가능성이 도사리고 있다.

이제 국민 신뢰도를 높이기 위해서는 더욱더 투명하고 공정한 안전운영체제가 전제 조건이다. 원전과 관련된 모든 과정을 공개하고 투명하게 진행해야 한다. 원전에 대한 찬반이 갈리는 것은 당연하지만, 국민과 투명하게 소통한다면 신뢰를 회복할 수 있다. 안전에 대해 당국이 얼마나 악전고투하고 있는지 체감하게 된다면, 원전 안전은 물론 국민 안심을 보증할 수 있을 것이다.

원자력이 최선의 에너지가 아니라는 점은 모두 인식하고 있다. 하지만 당장 마땅한 대체원이 없는 상황에서 원자력은 최선 없는 차선, 어쩌면 현실적인 최선이란 점에도 대부분 동의한다. 대안 없는 반핵보다는 안전한 원자력, 안핵(安核)이 답이다. 나아가서 모두의 원자력, 만핵(萬核)이 답이다.

이젠 지구촌 원자력에 드리운 구름 너머 은빛 테두리를 되찾아야 한다. 특히 소통과 상생을 모색하고, 안전문화와 품질관리를 깊이 있게 다뤄야 한다. 돌아보건대 2011년 후쿠시마 사고와 2013년 원전 비리가 주는 뼈저린 교훈은 기술의 실패가 아니었다. 지배 구조가 무너지고 국민 소통이 막혀버린 것이 원인이었다.

지금이야말로 원자력 안전띠를 졸라매고, 일반 국민과 지역 주민을 찾아나서야 한다. 방사능 낙진과 심리적 붕괴를 생각할 때 원전 사고는 규모나 결말과 상관없이 국경을 넘어간다. 국민 신뢰와 주민 지지를 되찾지 않고서 원자력은 이 땅에 발붙이기 힘들 것이다.

한쪽에선 재생과 효율만으론 에너지 난제를 해결할 수 없고, 원자력은 원료가 넘쳐나고 조금으로도 엄청난 힘을 낼 수 있으며, 미래 기술로 방사성폐기물을 없앨 것이고, 원자력은 안전하고 깨끗하며 확실하고 경제적이라 한다. 다른 한쪽에선 원자력이 기후변화에 맞서기엔 역부족이고, 너무 비싸며, 기저부하(基底負荷)를 과대평가했고, 폐기물 문제를 풀기는 요원하며, 핵 확산 우려를 부추기고, 안전문제가 있으며, 대안이 나왔거나 나타날 거라 한다.

한미원자력협정 개정 협상이 4년 반 만에 마무리될 전망이라 한다. 새 협정 기간은 미국의 관례에 따라 30년이 될 것이라는데 농축과 재처리 관련 현재 골격을 유지하되, 일부 연구개발은 자율적으로 진행하는 것을 골자로 한 개정 협상을 사실상 타결한 것으로 알려졌다. 재처리나 농축과 관련한 현재의 골격이 유지된다는 총론에서는 미국 입장, 일부 연구개발과 산업협력 등 각론에서는 한국의 요구가 반영되었기 때문이다. 정부는 협상 목표인 사용 후 핵연료의 효율적 관리, 핵연료의 안정적 공급, 원전수출 증진 면에서 새 협정이 이전보다 진일보한 내용을 담고 있다고 한다.

다시 한 번, 원자력과 신재생의 공존은 국민 수용성 개선과 사업 다각화 차원에서 추진해야 할 것이다. 원전의 부정적인 이면을 긍정적인 전면으로 환골탈태하고, 원자력 산업의 경영 합리화의 차원에서 신재생 산업을 접목해 사업을 다각화해야 할 것이다. 원자력의 저렴한 생산비로 얻게 된 이익의 일부를 사회에 환원하는 차원에서도 신재생에 동참함으로써 원전의 존재감과 국민의 공감대를 되찾아야 한다. 지속가능 녹색 혁명을 갈구하는 한반도의 변화와 도전, 오늘을 지속하고 내일을 약속하려면 원자력의 변신과 신재생의 화신이 필요하다.

특히 21세기형 전쟁이자 후쿠시마 이후 최대 위협으로 지목되는 사이버 공격에 대해 국가 차원의 전자전술방어체제를 제안한다. 제5의 전장은 안보 너머 국방의 영역에 속하기 때문이다. 관련 법안이 조속히 통과되어야 함은 말할 나위가 없다. 또한 이번 월성 1호기 계속 운전 허가 과정에서 드러난 원자력에 대한 국민 불안과 사회갈등을 치유해야 할 것이다. 월성 1호기와 유사한 중수로 원전은 캐나다, 중국, 인도, 아르헨티나 등 총 51기 중에서 48기가 가동 중에 있으며, 설계 수명이 종료된 18기 중 계속 운전을 했거나 계속 운전 중 또는 심사 중인 원전은 17기이다. 한국 원전도 이젠 '사고 시 안전' 못지않게, '사고 전 안전'을 챙겨야 할 때다.

기름 한 방울 나지 않는 한국에서 에너지 정책은 경제의 명운을 바꿀 정도의 중요한 사안이다. 하지만 그동안 에너지 계획은 일정 수준 쏠림 현상을 보였던 게 사실이다. 전체 전력 설비의 41%를 원전에서 충당하겠다고 짜놓은 1차 에너지 기본 계획이 대표적인 사례다. 정부는 2차 에너지 기본 계획에서 이를 29%까지 떨어뜨렸지만 여전히 원전 의존도는 높다.

그렇다고 나머지 주요 에너지원인 석탄이나 가스로 방향을 바꿀 수도 없다. 학계는 한국의 원전을 모두 석탄 화력으로 교체할 경우 이산화탄소 배출량이 18% 증가할 것으로 추산한다. 만약 석탄발전의 비중을 높인다면 뒤에서는 석탄발전을 독려하면서 앞으로는 탄소 배출을 규제하는 모양새가 된다. 화력발전소도 원전 못지않게 커 부지 선정과 송전망 건설 또한 녹록지 않다. 가스는 발전소를 짓기 쉽다는 장점이 있으나 연료가 여전히 비싸다. 미국산 셰일가스가 대안으로 떠오르고 있으나 막대한 운송 비용은 미해결 과제다.

결국 한국 맞춤형 에너지 황금률을 찾기 위해 수용성·경제성·안전성을 국민 눈높이에서 다시 가늠해 한반도 전력망과 함께 원자력을 안전하게 운영하고, 경제적이고 지속가능한 신재생에너지를 확대해야 한다. 물론 에너지를 절약하고 전기제품 효율도 함께 높여가야 할 것이다.

참고문헌

국제에너지기구. 2013.『세계 에너지전망』.

서울대학교. 2014.『원자력정책전문가담론』.

에너지경제연구원. 2012.『에너지효율사업군 심층평가』.

에너지관리공단. 2012.『신재생에너지 보급사업 체제개편 방안 및 기후편람』.

에너지관리공단 신·재생에너지센터. 2012.『신재생에너지백서』.

제**10**장

대한민국 안전의 지속가능 발전 진단과 대안

정재희 외* | 서울과학기술대학교 명예교수

1. 들어가며

얼마 전 타계한 독일의 저명한 사회학자 울리히 벡(Ulrich Beck) 교수는 위험 사회론으로 유명하다. 그는 "산업화와 근대화 과정이 실제로는 위험사회를 낳는다"라고 주장하며, 현대사회를 살아가는 인간이 삶을 "문명의 화산 위에서 살아가기"라고까지 비유하며, 지금 과학기술의 획기적인 발전으로 인해 많은 물질적 풍요 위에서 살고 있지만 이에 대한 대가로 사회생활에 대한 위험도는

---

* 제10장은 공동 집필로 집필진은 다음과 같다.

총괄: 서울과학기술대학교 정재희 명예교수/ 재난안전: 서울과학기술대학교 정재희 명예교수/ 교통안전: 한국교통연구원 설재훈 연구위원/ 화재안전: 서울과학기술대학교 이수경 교수/ 산업안전: 한성대학교 박두용 교수/ 시설안전: 한경대학교 백신원 교수/ 전기안전: 한국전기안전공사 박지현 부사장/ 가스안전: 한국가스안전공사 박기동 사장/ 안전교육: 안전생활실천시민연합 이윤호 사무처장

획기적으로 증가하게 되었다고 주장했다. 이것이 바로 위험사회(Risk Society) 이론이다. 그는 특히 이런 위험 요소들이 현대에 와서 증가했으며, 이 가운데 사회의 한 구조적 요소로 자리 잡았고, 위험 요소들은 생활의 일상적인 것으로 만연되어 정작 현대인을 둘러싸고 있는 위험을 잘 느끼지 못하고 있다고 주장한다. 지난 2009년 한국을 방문한 울리히 백 교수는 "근대화가 극단적으로 실험된 한국 사회는 특별히 위험한, 심화된 위험사회"라고 경고했다.

승객 476명을 태우고 인천에서 제주로 향하던 세월호가 진도 앞바다에서 침몰, 단 172명만 구조되고 아직도 9명은 실종 상태로 남은 사고가 발생한 지도 벌써 1년여가 지났다. 지금까지 개발과 생산성 향상을 최우선 목표로 하여 앞만 보고 달리던 '한국호'는 근대에 들어 성수대교와 삼풍백화점 붕괴, 대구 지하철 사고, 아현동 가스폭발 사고, 씨랜드 및 인천 라이브호프집 화재 사고 등을 거치며 추락하고 있다.

한국의 안전 시스템은 세월호 사고 이전과 이후로 나눠 살펴볼 필요가 있다. 사실, 1990년대 중반에 발생한 성수대교, 삼풍백화점 붕괴 사고, 아현동 도시가스 폭발 사고 등이 발생했을 당시는 국민적 공분이 밑바탕이 되어 재발 방지 대책과 제도가 수립·시행되었으나, 단기적 처방에 불과했다고 보는 게 정확하다. 이에 반해 세월호 사고는 미래인 청소년 324명이 탑승했고, 그 피해가 대부분 청소년들이었기에 사회적 파장은 컸으며, 선진화된 국민적 여망과 인식 때문에 과거처럼의 땜질식 대책 마련으로는 국민적 기대를 감당키 어려웠을 것이다. 그리고 1년여가 지난 지금 시점, 다시금 냉정하게 안전 현실을 되짚어보고자 한다. 현재 안고 있는 사회적 현황과 문제, 그리고 정책과 제도의 실효성부터 국가가 세월호 사고 이후 추진하고 있는 안전 시스템의 문제점과 이제부터 어떻게 변화해야 하는지 말이다.

이 글은 자신과 후손을 위해 국민의 안전이 중시되는 안전한 대한민국을 만들기 위해 한국의 안전 실태를 재난안전, 교통안전, 시설물안전, 산업안전, 화재안전, 가스안전, 전기안전 및 안전교육 분야로 대별하여 진단하고 이를 개선할 대안을 제시하고자 한다.

2. 재난안전

1) 머리말

2014년 모두를 공포와 아쉬움에 떨게 했던 세월호 사고는 예방과 대응, 복구까지 총체적 문제를 포함하고 있었다. 선박에 대한 규제를 완화해 20년이 지난 선박을 계속적으로 운행하도록 했으며, 선박에 탑승하는 선장과 선원에 대한 안전교육은 전무했다. 각종 장비와 선박에 대한 안전점검도 형식적·불법적으로 이뤄졌다. 이쯤 되면 사고가 일어나지 않은 것이 오히려 이상할 정도다. 더구나 사고가 발생한 뒤 컨트롤 타워의 부재로 인해 정부 발표는 오락가락과 혼란의 연속이었으며, 우왕좌왕하는 모습이 국민들에게 그대로 노출되기까지 했다. 신속한 대응으로 한 명이라도 더 구조했어야 함에도 대응 시스템은 그렇지 못했다. 대형 재난·재해가 발생하면 얼마 지나지 않아 정부는 장밋빛 청사진을 보여준다. "몇 년 동안 얼마의 사고를 줄이고, 어떤 기대 효과를 낳는다"는 등의 얘기 말이다. 그러나 과거 성수대교가 무너지고 삼풍백화점이 내려앉았을 때도, 씨랜드와 인천 라이브호프집 화재가 발생했을 때도, 서해훼리호가 침몰했을 때도 그랬다. 이제는 근본적인 문제를 제대로 인지하고 올바른 대책을 내놓아야 한다.

2) 현황 및 문제점

(1) 재난 컨트롤 타워의 부재

한국의 안전관리체계를 살펴보면 안전관리라는 체계가 미처 인지되기도 전인 1950년대 내무부에 해양경찰대가 신설되고 1961년 역시 부부에 소방과가 신설되는 것에서 출발한다. 이어 1975년에는 내무부 민방위 본부가 설치되고 소방국이 신설되며, 본격적인 재난의 관리 개념이 도입되기 시작한다. 그러나 본격적인 안전관리의 틀이 세워진 것은 2004년 6월 행정자치부 안전 정책관이 신설되고 행정자치부 소속 외청으로 소방방재청이 신설되면서부터로 보는 것이 맞을 것이다. 이후 2008년에는 '정부조직법'의 개정으로 행정안전부(2008.2.29)로 바뀌고 재난안전실이 신설되었으며, 2013년에는 역시 정부조직이 개편되며 안전행정부(2013.3.23)로 변경, 안전관리본부로 확대 개편되었다. 그리고 2014년 4월 16일 발생한 세월호 참사의 후속 조치로 2014년 11월 19일, 국민안전처가 국무총리실 직속기구로 출범하게 된다.

국민안전처의 출범은 많은 것을 시사한다. 헌정 이후 최초로 국민의 안전을 총괄하는 별도의 전담조직이 만들어진 것이며, 안전이 최우선되는 문화가 조성되어야 함과 정부의 의지 반영을 뜻한다. 국민안전처는 자연 및 인위적 재난을 가리지 않고 모든 재난에 대한 대처를 총괄하게끔 되어 있다. 또한 대규모의 재난이 발생할 경우에는 국민안전처 장관이 중앙재난안전대책본부장을 맡아 중앙정부는 물론 지방자치단체의 구호 역량을 총지휘할 수 있다.

그러나 현실은 아직 미완성이다. 사실 아직도 많은 보완이 필요하다. 국민안전처의 소관이 모든 재난이라고 했지만 일상생활에서 가장 밀접하게 접하는 교통안전, 산업안전보건, 에너지안전 등은 예외다. 소관 부처 자체가 다르다. 최근 재해와 재난 발생 원인은 상당히 복합적이다. 재해 요인이 하나가 아니라 여러 가지의 상호작용으로 발생한다는 것이다. 이 경우 국민안전처의 통제가 사실상 가능할지에 대해 많은 전문가들은 우려와 걱정을 한다. 컨트롤 타워로서의 역할에 대해 의구심을 갖는 이유다. 처(處)로서의 한계도 분명 있다. 거론한 교통안전의 경우 경찰청은 도로교통공단을, 국토교통부는 교통안전공단을 산하에 두고 민과 관의 연결고리를 담당하게 하고 있다. 근로자의 안전을 위해서는 고용노동부 산하의 안전보건공단이 있다. 그러나 국민안전처는 국무총리실 소속이다 보니, 실질적인 활동을 전담하기 위한 산하기관의 설치에도 어려움이 따르는 듯하다.

(2) 예산

2015년 국민안전처의 예산은 총 3조 3124억 원이다. 안전 정책 및 자연재난, 사회재난 예방 대응 복구를 총괄하는 차관 소속 본부는 9762억 원, 중앙소방본부는 소방안전교부세 3141억 원 이외에 2092억 원을 추가로 투자하는 등 지난 2014년보다 24.9%가 증가한 예산이라고 국민안전처는 설명한다. 안전 프로세스를 보자면, 예방과 대응, 복구의 3단계가 독립적으로 운영되면서도 때로는 밀접하게 관계를 유지해야 사고의 발생을 억제하고 발생 시 피해를 최소화할 수 있으며, 신속하게 재건함으로써 일상으로의 복귀를 지원할 수 있다. 특히 대응·복구의 중요성보다는 예방에 많은 노력과 투자를 기울이는 것이 이른바 선진화된 안전 시스템이다.

세월호 사고의 피해 복구 비용이 6000억 원에 달할 것으로 예상하고 있다. 지난 2003년 발생했던 태풍 매미의 복구 비용은 6조 5000억 원을 넘어선 것으로 집계되고 있다. 2015년 한국 한 해 예산은 376조 원이다. 국민의 생명과 재산을 재난으로부터 보호하기 위한다는 명목으로 신설된 국민안전처의 예산은 국가 예산의 1%도 미치지 못하는 예산을 사용하는 셈이다. 그것도 예방부터 대응 복구까지의 모든 예산이 그렇다는 것이다.

(3) 규제 완화의 틀

지난 1월 10일 경기도 의정부 아파트 화재로 130여 명의 사상자가 발생했다. 이 아파트는 건축법상 비상 출구를 따로 마련할 필요가 없었다. 또 인근 아파트와의 간격이 2m도 되지 않아 화재가 급하게 확산되었지만 어떤 규제도 없었다.

도시형 생활주택은 이명박 정부가 2009년 서민 주거 안정을 위해 소규모 주택을 도심에 대량 공급하기 위해 각종 건축 규제를 완화한 결과 등장했다. 건물 간격이나 스프링클러(sprinkler) 설치 기준을 크게 낮춘 덕에 비용 절감 효과는 거뒀지만 안전 분야의 규제 완화가 대형 참사로 이어질 수 있음을 보여준 대표적 사례가 되었다(《동아일보》, 2015.1.19).

이후 당정이 내놓은 대책은 6층 이상 건물에 스프링클러를 설치하도록 하고 주거용 건축물에는 피난할 수 있는 계단을 의무적으로 설치한다는 내용이었다. 그러나 부처 간 이견으로 기존 건물에 대한 소급적용이 결정되지 못한 것에는 많은 아쉬움이 따른다. 세월호 사고도 마찬가지이다. 이명박 정부 들어 선박의 선령을 20년에서 30년으로 연장하는 등 선령에 대한 규제를 완화한 것에서 규제 완화의 위험성을 뼈저리게 느낄 수 있다. 더구나 당시 국무총리를 지낸 김황식 총리는 언론을 통해 "규제 완화와 안전의 직접적·과학적인 관계는 없다"는 시대착오적인 발언으로 많은 국민에게 실망감을 준 바 있다. 눈을 국외로 조금만 돌려보자. 안전과 환경에 대한 규제를 지속적으로 강화하는 것이 바로 선진국이다.

결국 이번 의정부 사고가 확산된 데 대한 책임에서 정부도 자유롭지 못하다. 규제 완화라는 틀을 만들어놓고 안전보다는 경제적인 논리로만 접근했고 그 피해는 고스란히 국민에게 돌아가는 결과를 초래했다. 아직도 정부 부처에서는 1년 동안 얼마나 많은 규제를 없애고 완화했는지를 성과 측정의 지표로 삼는다. 그러나 규제를 완화한 뒤 발생하는 각종 사고와 재난에 대해서는 그

누구도 책임지려 하지 않는다.

3) 해결 방안

첫째, 국민안전부를 신설해 실질적인 안전 분야 컨트롤 타워의 역할을 하도록 해야 한다. 국가와 국민의 안전을 위한 부(部) 형태의 정부기구가 만들어져야 하고 이 기구가 가급적 모든 분야의 안전을 컨트롤해야 한다. 현재의 재난·재해, 소방안전, 교통안전, 산업안전, 에너지안전, 시설안전 등과 관계되는 자연재해, 인위적 재해를 한 부처에서 통합 관리하도록 해야 한다. 이를 위해 현재의 국민안전처를 국민안전부로 변경·운영해야 한다. 또한 각 안전 분야별로 소속된 산하기관도 모두 국민안전부 소속으로 변경하고 통합 관리 및 통합 대처할 수 있도록 유도해야 한다. 특히, 국민 안전문화의 정착과 발전을 위해 국민안전부 산하에 안전문화진흥원을 설립하고 선진 안전문화 정착을 위한 사업 및 생애 주기별 안전교육 지원 등의 활동을 전개해야 한다.

둘째, 예방예산을 증대해야 한다. 국민안전처는 재난안전예산 사전협의권과 재난 관련 특교세 배분권을 가지고 있다. 각 부처에서 마련한 재난안전예산에 대해 국민안전처 장관이 사전에 검토하도록 한다는 것이다. 2015년 처음 시행될 예정인 재난안전예산에 대한 사전협의권이 어느 정도의 효과를 거둘 수 있을지에 대해서는 아직도 이견이 많다. 그러나 그보다 더 중요하고 간과해서는 안 될 것은 바로 예방 예산이 최소한의 기준에는 부합되어야 한다는 것이다. 국민적 관심도와 중요성을 따진다면, 2015년 국가 예산의 최소한 5% 이상은 안전에 사용해야 하지 않을까? 지금 현재의 1%도 되지 않는 안전처 예산으로는 생색내기용에 그치지 않을지 의심스럽다.

셋째, 각종 규제를 합리화해야 한다. 규제를 완화하면 정부기관이나 기업이 이를 위해 사용하는 비용이 줄어든다. 그리고 줄어든 비용만큼 점검과 정비 횟

수가 줄어든다. 그렇게 대면 재난이나 안전사고 발생 시 대처 기능이 약화되고 대비하는 노력이 반감된다. 하인리히(Heinrich)의 법칙이라는 것이 있다. 1건의 대형 사고가 발생하기 위해서는 29건의 중형 사고가 발생하고 이 이전에는 300건의 사고 유발 가능성이 존재한다는 것이다. 대형 사고가 발생하기 전에 수많은 예후와 징후들이 나타난다는 것을 통계적으로 증명한 유명한 이론이다. 규제를 완화하면 이 300건의 사고 유발 가능성이 증가한다. 그렇게 되면 중형 사고의 가능성은 더욱 높아지고, 결국 대형 사고의 발생가능성은 말로 형언할 수 없을 정도로 증가한다는 것을 하인리히의 법칙을 통해 알 수 있다.

선진국에서는 안전과 환경에 관해서는 결코 타협하지 않는다. 일본에서는 자전거도 음주운전을 단속하고 스페인은 교통법규를 위반한 영화까지도 단속한다. 영국은 건설 재해가 1990년대부터 크게 감소하고 있는데도 불구하고 2007년 '기업살인법'을 도입했다. 안전예방 활동을 제대로 하지 않아 근로자를 사망하게 한 기업주를 형사처벌할 수 있도록 했다. 산재로 인한 사망 사고가 과실치사가 아니라 살인이라는 것이다. 특히 영국의 '기업살인법'은 벌금의 상한도 없다. 2011년 첫 판결에서는 연 매출액의 250%가 벌금으로 부과된 바 있다. 미국도 마찬가지다. 2005년 발생한 허리케인 카트리나로 인해 연방재난관리청 조직을 강화하고 역할을 오히려 증대했다. 위치를 격상시켰으며 각종 매뉴얼 등을 의무화하도록 규제를 강화했다.

한국은 규제 완화라는 측면을 너무 기업의 경쟁력 측면에서만 바라본다. 특히 안전에서는 더욱 그렇다. 그렇다면 규제 차원에서의 안전은 낭비인가? 그렇지 않다. 안전은 투자다. 오히려 규제를 강화하고 원칙을 지키도록 한다면 오히려 기업의 경쟁력을 강화시키고 장기적으로는 수익을 창출하는 수단이 될 것임을 잊지 말아야 한다.

3. 교통안전

1) 머리말

한국이 경제협력개발기구, 즉 OECD에 세계 29번째로 가입한 것이 1996년 10월 11일이니 벌써 햇수로 20년째가 된다. 선진국의 반열에 진입한 것이다. 반도체 생산량 세계 1위, 전 세계 휴대폰 판매량 1위, 자동차 생산량 세계 5위, 그리고 올림픽과 월드컵, 세계육상대회를 모두 개최한 나라. G20 세계정상회의와 핵안보정상회의를 개최한 나라. 국민 모두가 자랑스러워하는 한국의 역사이다. 그럼에도 한국의 교통문화 수준은 국격과는 도무지 이어지지가 않는다. 보행 중 교통사고 사망자 OECD 가입국 중 1위, 자동차 1만 대당 교통사고 사망자가 OECD 가입국 중 최하위 수준이다. 연간 교통사고 사상자 약 35만 명. 이런 수치들을 접어두고서라도 지금 한 발만 움직이면 마주할 수 있는 체감적 교통문화 수준은 굉장히 저급하다. 신호를 지키지 않는 자동차와 보행자. 보행자들을 위한 공간인 인도까지 점령한 이륜차와 불법 주정차. 좀처럼 근절되지 않는 악질적인 음주운전자까지……. 교통사고를 어떻게 하면 선진국 수준으로, 아니, 교통사고의 제로화를 만들 수 있을지에 대해 고민해본다.

2) 현황 및 문제점

(1) 발생 건수는 도로교통사고, 대형 사고는 해양·항공·철도 사고가 위험

한국의 전체 교통사고 사망자 수는 2013년 기준으로 연간 총 5294명에 이른다. 이러한 사망자 수를 교통수단별로 나누어 보면, 도로교통사고 사망자 수가 5092명, 철도교통사고 사망자 수가 93명, 항공교통사고 사망자 수가 12명, 해양교통사고 사망자 수가 97명에 이른다(국토교통부, 2014). 정부 통계에 의하면 한국이 국군을 파병해 싸운 베트남전 기간 9년간(1964~1973) 국군 사망자 수가 총 5066명인데, 2013년 한 해에만 이보다 더 많은 국민이 교통사고로 사망한 것이다. 한국 전체 교통사고 사망자 중 도로교통사고 사망자 수가 96%로 대다수를 차지하고 있지만, 대형교통사고가 발생할 위험성은 해양, 항공, 철도 등 많은 승객을 수송하는 교통수단에서 발생할 위험성이 높다.

(2) 전쟁보다 더 많은 희생자를 내는 국민의 적 '교통사고'

경찰청 통계에 의하면 한국은 본격적인 경제성장이 시작된 1960년 이후 2013년까지 도로교통사고로 총 33만 6600명이 사망했다(경찰청, 2014). 2013년에만 전국에서 21만 5354건의 도로교통사고가 발생해, 모두 5092명이 사망하고 32만 8711명이 부상당했다. 정부 통계에 의하면 한국전쟁 중 사망한 국군 수는 총 15만 7291명으로 집계되는데, 1960년 이후 도로교통사고로 사망한 국민 수가 이보다 2배 이상이 되어, 교통사고는 전쟁보다 더 많은 사망자를 내는 무서운 사망 원인이 되고 있다. 한편, 교통사고로 가장이 중상을 입거나 불구자가 되면, 정상적인 직장 생활이 불가능해져 직장을 잃을 가능성이 높아지고, 그에 따라 가정이 경제적으로 파탄이 나거나, 부부가 이혼할 가능성도 매우 높은 것으로 나타나고 있다(한국교통연구원, 2013). 따라서 교통사고는 피해자의 건강 상실 및 가정 경제의 악화를 초래해 가정의 지속가능성에도 심각한 위협을 주고 있다. 21세기 위험사회에서 정부가 국민을 위해 제공하는 최고의 복지는 안전을 보장하는 것이며, 세계보건기구는 교통안전을 단순한 안전문제가 아닌 국민 보건(Health) 차원에서 접근할 것을 권고한다(WHO, 2004). 그러므로 정부는 교통안전 대책을 적극적으로 추진해 연간 교통사고 사망자 5294명을 제로화하고, 교통안전 선진국으로 만드는 것을 국가의 주요 어젠다로 선정해 추진해야 한다.

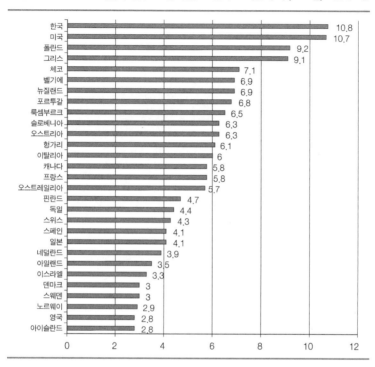

〈그림 10-1〉 OECD 가입국 인구 10만 명당 교통사고 사망자 수(2012년) (단위: 명)

한국	10.8
미국	10.7
폴란드	9.2
그리스	9.1
체코	7.1
벨기에	6.9
뉴질랜드	6.9
포르투갈	6.8
룩셈부르크	6.5
슬로베니아	6.3
오스트리아	6.3
헝가리	6.1
이탈리아	6
캐나다	5.8
프랑스	5.8
오스트레일리아	5.7
핀란드	4.7
독일	4.4
스위스	4.3
스페인	4.1
일본	4.1
네덜란드	3.9
아일랜드	3.5
이스라엘	3.3
덴마크	3
스웨덴	3
노르웨이	2.9
영국	2.8
아이슬란드	2.8

(3) OECD 가입국 내 교통안전 순위는 여전히 최하위 수준

OECD가 발표하는 2012년 기준 IRTAD(국제도로교통사고통계 DB) 공식 통계 수치에 의하면, 한국의 도로교통안전 국제순위는 인구 10만 명당 사망자 수 기준으로 29개국 중 29위(통계 자료를 제출하지 않은 나라는 제외)로 최하위이다 (OECD, 2014). 한편 자동차 1만 대당 사망자 수 기준으로도 29개국 중 최하위인 29위를 나타내고 있어, 하루 속히 상위권 수준으로 올라가기 위한 적극적인 대책이 필요한 실정이다. 도로교통안전 외에 항공, 철도, 해양안전 면에서는 중위권 수준으로 이보다 나은 수준이지만 아직까지 선진국 수준에는 많이 미달이라고 볼 수 있다. 따라서 한국은 최근 경제는 많이 성장했지만 안전은 뒤

떨어진 나라로 인식되고 있다.

3) 해결 방안

한국은 2013년 기준 연간 5294명에 이르는 교통사고 사망자 수가 발생하고, OECD 가입국 중에서 교통사고율이 가장 높은 국가 중의 하나로서, 지속가능한 성장에도 위협을 주고 있다. 교통사고는 이 같은 사망자 외에 사망자 1명당 약 60배에 이르는 중경상자를 발생시키고 있어 가정적·경제적으로 큰 사회적 문제를 야기한다. 그러나 한국은 지난 1990년 1537명에 이르렀던 어린이 교통사고 사망자 수를 2013년 82명으로 95%를 감소시킨 성공 경험이 있다. 또한 지난 2001~2002년에 국무총리실에 안전관리개선기획단을 설치해 운영한 결과 2년 만에 3014명의 교통사고 사망자 수를 감소시도 경험이 있다.

따라서 앞으로 정부가 전략을 잘 세워서 추진한다면, 2014년 현재 총 5200여 명에 이르는 교통사고 사망자 수를 향후 10년 내에 절반 이하로 감소시키고 궁극적으로 완전히 제로화할 수 있는 가능성이 있다. 인구학적으로 볼 때 국가적인 인구 감소 추세에서는 교통사고 사망자 수를 감소시켜야만 생산 가능한 인구를 지속적으로 유지해 지속가능한 성장을 기대할 수 있다. 향후 교통사고 사망자 수를 감소시키기 위해서는 '선택과 집중의 원칙'에 따라 전 국민의 '패러다임 시프트(Paradigm shift)'를 유도할 수 있는 핵심 대책을 선정해 이를 집중적으로 시행하고, 한국의 제한된 인력과 예산을 가장 효과적인 대책에 집중함으로써 교통사고 사망자 수를 줄이는 전략이 필요하다. 이를 위해 그동안의 경험에 근거해 전체 교통사고 사망자의 96%를 차지하는 도로교통안전 분야를 중심으로, 향후 핵심적으로 추진하는 것이 필요하다고 판단되는 주요 대책 10가지를 제안하면 다음과 같다(설재훈, 2012).

첫째, 대통령(또는 국무총리) 직속 교통안전 추진 조직을 설치해야 한다. 국가의 최고 지도자가 교통사고 감소 의지를 확고히 국민에게 전달하기 위해 대통령(또는 국무총리) 직속으로 국가교통안전위원회(National Transportation Safety Committee)를 설치해 운영할 필요성이 있다. 일본의 경우 내각총리대신(수상)이 '중앙교통안전대책회의' 의장으로서 교통안전 업무를 총괄하고 있고, 미국은 대통령이 임명하는 5인의 위원 및 산하 사무국으로 '국가교통안전위원회(National Transportation Safety Board)'를 설치해 운영하는 것이 대표적인 사례이다. 그러므로 한국도 대통령(또는 국무총리) 직속으로 국가교통안전위원회를 설치하고, 새로 발족한 국민안전처가 도로, 철도, 해양, 항공 등 교통안전을 총괄 조정하는 체제를 갖출 필요가 있다.

둘째, 대중교통수단의 안전관리 비용을 인정하고 종사자 처우를 개선해야 한다. 한 번에 많은 승객을 수송하는 대중교통수단의 운전자는 일정 수준 이상의 자질과 판단력이 매우 중요하므로 이들의 처우 및 자질을 개선하기 위해, 정부의 재정 지원 또는 대중교통수단 원가에 '안전관리 비용'의 인정을 통해 확보된 재원으로 대중교통수단 운전자의 처우를 개선하고 양질의 운전자를 확보해야 한다. 서울시가 시내버스 준공영제를 도입하고 재정 지원을 통해 시내버스 운전자의 월 임금을 약 250만 원에서 350만 원으로 40% 인상한 결과, 운전자의 자질이 향상되어 시내버스 교통사고 사망자 수가 44% 감소한 사례를 참고해, 연안여객선에도 준공영제를 도입해 해양안전을 향상하는 방안 등을 강구할 필요가 있다.

셋째, '교통사고처리특례법'을 폐지 또는 개정해야 한다. 도로교통사고에 대한 운전자의 책임을 강화하고 국민의 의식을 근본적으로 바꾸기 위해, 제정된 지 30년 이상이 경과되어 종합보험 가입 촉진의 효용을 다하고, 이제는 국민의 교통사고 책임 의식 상실을 조장하는 '교통사고처리특례법'을 개정해 적용 대상을 대폭 축소하거나 또는 폐지해야 한다.

4. 화재안전

1) 머리말

소방이란 소방기본법 제1조에서 "화재를 예방·경계하거나 진압하고 화재, 재난·재해, 그 밖의 위급한 상황에서의 구조·구급 활동 등을 통해 국민의 생명·신체 및 재산을 보호함으로써 공공의 안녕 및 질서 유지와 복리 증진에 이바지함을 목적으로 한다"라고 제시한다. 소방 산업이란 화재와 재난 예방·대비·대응·복구의 개념으로 접근하며 재난·재해 등의 상황에서 구조·구급 활동에 필요한 기계·기구를 제조하거나 소방시설을 설계·시공·감리·관리해 안전한 환경을 구축하기 위한 산업을 의미한다. 하지만 지난 10여 년간 소방설비가 적절히 작동하지 않거나 적절한 시공이 되지 못해 조기에 화재를 방호하지 못하고 국민의 생명과 재산을 앗아간 화재 사고는 끊이지 않고 있다.

화재안전 분야는 화재로부터 국가와 국민뿐만 아니라 산업·경제활동 등 다양한 분야의 활동을 안전하게 유지할 수 있도록 주요한 역할을 담당하는 분야로서 다양한 전문지식이 융·복합해 지식기반서비스산업으로 전환되는 추세이다. 화재안전 분야는 대부분의 소방업체 위주로, 소방 산업을 기반으로 안전을 확보하고 있다. 이에 따라 기존 화재안전 분야의 중심이었던 소방업체는 대부분 영세업체로서 단순 모방생산에 그치는 생산집약형 산업이었으나 최근 첨단 기술이 요구되어짐에 따라 지식기반서비스산업으로 전환되고 있다.

2) 현황과 문제점

(1) 재하도급으로 인한 전문소방시설공사업체의 경쟁력 약화

현 21세기는 인간·생명 중심의 시대로서 국민의 생명과 재산을 보호하는 소방시설 분야의 비중과 활동의 영역도 상대적으로 커지고 중요한 위치로 나아갈 것이다. 그러나 현재의 소방안전 분야는 건설 시장의 구조적 문제인 공사의 발주 및 입찰 과정에서 불합리한 위치로 인해 외형적 성장의 한계성에 직면한 실정이다. 화재안전 분야는 국민의 생명과 재산을 보호하는 주요한 산업으로서 안전성과 정확성이 요구되는 특수성에 의해 전문적인 지식과 기술을 갖춘 업체가 반드시 시공하도록 소방법령에서 그 자격 및 요건을 규정한다. 하지만 현재 대부분의 건설 공사는 종합건설업체에서 일괄 수주하는 상황이다. 현행 법에서 일괄 재하도급 금지를 규정하고 있으나 현장에서는 건설사가 소화기 설치, 비상조명등 설치 등 간단한 공사 1~2종만을 실시하고 나머지 소방시설은 재하도급 형태로 계약되고 있다. 이로 인해 원청에서 종합건축사무소로 관리비 비목으로 35% 정도의 금액을 제외하고 전기 분야 사무소로 하도급되며, 또다시 관리비 비목으로 35% 정도의 금액을 제외하고 전문소방업체로 하도급되어 실제 소방공사에 사용되는 금액은 초기 비용의 절반 수준으로 낮아진다. 관리비를 제외한 실제 소방공사 금액은 줄어들어 시공 품질의 저하 및 전문소방업체의 영세성이 초래된다. 따라서 전문소방시설공사업을 보유한 건설사, 기계·전기 공사업체는 면허만 보유하고 있을 뿐 전문소방시설 공사업체라고 하기 어렵다. 또한 하도급·부분도급 수행 시 공사 실적을 인정받지 못하고 시공능력 평가에서 낮은 등급을 받게 되어 공사입찰 자격 요건을 충족하지 못해 저가 공사를 수행하고 부실 공사를 초래하는 악순환이 반복되고 있다.

(2) 선진국에 비해 낮은 소방안전 분야의 기술력 수준

한국의 소방 산업은 미국, 일본 등에 비해 침체되어 있다. 소방방재 분야의 경우, 소방시설을 기반으로 소방기술 시스템이 중심을 이루고 있으나, 한국의 소방 산업은 미국, 일본, 중국 등에 비해 활성화되지 않은 실정이다. 또한, 재난 환경의 변화에 따른 국민의 안전의식 향상 및 소방 수요의 증가에도 불구하

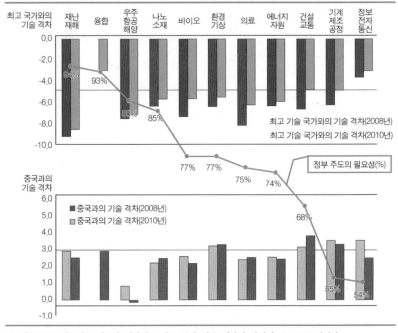

〈그림 10-2〉 기술 분야별 정부 주도 필요성 및 타 국가와의 기술 격차 (단위: 년)

주: 정부 주도 필요성은 전문가 델파이 조사를 통한 정부 역할의 상대적 중요도를 의미함.
자료: 국가과학기술위원회(2012).

고 소방방재 관련 시설은 열악한 실정이며, 소방 산업은 외국 선진기업들의 시장 진출에 대응하기 위한 기술 개발의 여력이 부족하다.

소방 산업의 수입액이 수출액을 초과하는 등 한국의 소방 산업은 내수 지향적 수입 중심 산업에서 벗어나지 못하고 있는 실정으로서, 지금까지 소방방재 분야의 경우 단기적 사업 효과를 위한 R&D 투자 및 정책이 이루어짐에 따라, 미국이나 일본과 같은 기술 선진국에 비해 기술 수준이 낮으며, 중국과 같은 후발 국가에는 가격 측면에서 경쟁력이 낮다. 〈그림 10-2〉를 보면 기술 분야별 최고 국가와의 기술 격차를 보면 2008년보다 2009년에 소폭 감소한 것을 볼 수 있다. 하지만 중국과의 기술 격차 또한 줄어들어 한국보다 중국이 기술적으로 더 빠르게 성장하고 있는 것을 알 수 있고, 이는 중국의 재난·재해 분야 경쟁력 강화로 인해 한국의 경쟁력은 상대적으로 약화된 것으로 해석할 수 있다.

(3) 선진국에 비해 느린 정책 적용

소방설비의 품목은 스프링클러 헤드, 감지기, 수신기, 소화기, 경보장치 등이 대부분이다. 미국의 소방 시장은 중국과 더불어 세계에서 가장 큰 시장으로 미국은 전문 생산 형태로서의 소방용 기계기구 생산력을 가지며, 생산기술이 향상되고 제품의 다양화 및 응용화가 가능하다. 소방 분야의 기술 기준은 신기술이 도입되더라도 기술 기준을 제정하는 데 짧게는 1년에서 길게는 3년으로 경제적 손실 및 안전도 미확보라는 문제점이 있다. 하지만 미국의 경우 NFPA 등 민간단체에서 독자적으로 코드(code)화해 이를 따르고 있다. 가스 분야에서는 민간조두의 체계로 KGS 코드를 통해 가스 분야의 최신 기술을 신속하게 제도화해 빠르게 현장에 적용하고 있다.

(4) 기계·전기로 분리된 소방기술 분야

소방설비는 기계·전기 분야로 구분되는 것이 아닌 유기적으로 결합되어 작동되는 구조이나 현재 이원화되어 운영됨으로써 설계·공사·감리에 대한 책임성 및 완성도가 저하되고 시스템의 신뢰도가 하락되는 실정이다. 소방시설은 수신기에서 소방 대상물 전체를 관리·통제하며 각각의 구역에 설치된 기기장치에서 명령을 수행한다. 예를 들어 스프링클러 시스템의 헤드, 밸브 설치는 기계 분야에 속하지만 전자 사이렌, 기동 신호 등 제어 계통은 전기 분야에 해당된다. 소방시설을 기계 분야와 전기 분야 각각의 업체가 설계·시공·감리하는 경우 업무 범위의 구분이 어렵고 각 업체 간의 협조가 긴밀하게 이루어지지 않는다면 설비 오작동, 시스템 신뢰도 저하 등의 문제가 발생할 수 있다. 결과적으로 소방시설업이 기계 분야와 전기 분야로 이원화되어 운영됨에 따라 소방시설기계 분야는 건축설비 공종으로, 소방시설전기 분야는 전기 공종으로 함께 도급되어 입찰 과정에서 많은 혼란을 유발하고, 소방시설업 자체의 정체성을 상실하는 계기가 되고 있다. 아울러 학문의 영역으로서 방화(소방)공학이 정립되지 못하고 기계·전기 분야에 종속되는 결과를 초래했다.

3) 해결 방안

첫째, 소방 분야를 분리 발주해야 한다. 과거 소방 분야는 부대설비라는 건축의 일부라고 여겨졌다. 하지만 현재는 국민의 생명과 재산을 보호하기 위해 중요한 역할이라는 인식이 점차 자리 잡고 있다. 이에 따라 공사 금액도 대형화되었고 소방 분야에 다양한 전문 지식이 요구되어 전문화했으며 독립 공종으로서의 설비 건설이 필요하게 되었다. 일괄 발주는 하도급 구조의 중층화로 인한 불필요한 관리비 등의 비용 상승을 초래하고, 이로 인해 공사비가 충분하지 않을 경우 부실 공사를 초래할 수 있다. 분리 발주는 양질의 시공과 명확한 책임 한계를 유도할 수 있으며, 고객과 소방 분야 회사가 직접 연결되기 때문에 투명한 공사비 지출 및 고객의 요구에 따라 안전성을 향상시킬 수 있는 시공이 가능해진다. 분리 발주의 문제점은 건축 분야와의 공정 협의가 제대로 이루어지지 않는다면 공기가 연장될 수 있는 문제가 있다. 하지만 제도 도입 초기에 나타나는 부작용으로 예상된다. 공사 비용의 투명화, 소방설비의 품질 보증으로 인한 안전 증대, 책임 명확성의 도입을 위해 분리 발주가 필수적이며 미래 지향적 관점에서 화재안전기술의 전문 공종화가 가능할 것으로 판단된다.

둘째, 정부 차원의 R&D 투자를 증대해야 한다. 성장 동력 요인이 R&D의 개선 방안으로는 우선적으로 소방 산업의 R&D 예산을 대폭 확대 지원해야 한다. 정부 차원의 적극적인 예산 확대로 기업의 R&D 참여를 늘리고, 대학이나 공공 연구기관, 민간 연구기관의 활발한 R&D 활동이 이루어질 수 있도록 지원해야 한다. 단순히 정부 차원의 예산 확대 지원은 능동적인 개선 방안이라고는 할 수 없으므로, R&D 예산 확보를 위해 선도 연구기관의 설립·운영이 선행되어져야 한다. 설립된 선도 연구기관이 소방기술 로드맵을 수립해 소방기업의 기술 개발에서 방향을 제시하고, 제시된 소방기술 로드맵을 통해 최근 기술 정보 및 동향, 앞으로 기술의 발전 방향, R&D 지원 방향, 중·장기 발전 전략 등을 확립함으로써, 기업이 이에 대한 기술정보를 습득해 이에 알맞은 R&D 아이템을 발굴해야 할 것이다. 다양한 R&D 아이템 발굴이 정부의 예산 지원을 확대시키는 계기가 될 것이다. 또한, 소방 기업이 R&D에 투자할 수 있도록 연구개발 환경, 즉 R&D 인프라를 정비해야 한다. R&D를 위한 시설 투자, 전문 연구인력 투입, 세계 선진국의 소방기술 동향 제공 등 영세한 기업이 R&D에 적극 참여할 수 있도록 환경을 정비해야 하며, 이에 맞물려 규제 법령에 대한 완화가 우선적으로 시행되어야 한다. 소방 기업이 신기술 개발에 성공하더라도 엄격한 규제로 인해 판로를 확보하지 못할 경우의 위험 때문에 대다수의 기업에서 R&D를 꺼리기 때문이다. 또한 R&D 성과관리 시스템을 구축해, 소방기술의 첨단화와 개발된 R&D 결과물이 제품화가 가능하도록 지속 관리해야 한다(신미영, 2011: 60~70).

셋째, 화재안전 규정을 민간으로 이관해야 한다. 다양한 국가 기술을 위한 R&D가 진행되어 기술력이 증가하더라도 기술을 바로 산업에 적용하는 것은 어렵다. 화재안전 분야는 법에 의한 기준을 제시하고 있고 이에 따라 신기술이 도입될 경우 기술을 현장에 적용하기 위해서는 명확한 근거를 제시하기 어렵다. 결과적으로 기술의 신뢰성이 문제가 되어 허가받기 어려운 점이 있다. 이런 기술표준을 민관으로 이관함에 따라 신기술이 개발되었을 때 신속하게(3~6개월) 표준에 반영해 산업계에서 바로 활용할 수 있도록 하는 것이 바람직할 것으로 판단된다. 이는 기업 간의 기술 경쟁을 야기해 한국 기업의 경쟁력이 높아질 것으로 판단된다.

넷째, 소방 자격증을 일원화해야 한다. 현행 소방기술 자격체계의 경우, 기계 분야 및 전기 분야로 분류되어 있고 공종별로 분류되지 않아 하나의 공종에서 2개 분야의 자격증을 요구해, 공사의 품질확보 및 효율성 저하로 부실시공이 발생되는 문제가 야기된다. 이에 따라 화재안전 분야 이외의 비슷한 타 공종에서는 하나의 시설에 대한 설계 시 2개의 자격이 아니라 1개의 자격을 요구하고 있어 타 분야와 같이 전문성을 보유할 수 있도록 개선하는 것이 필요하다. 학문적으로도 화재안전 분야는 국가직무능력표준으로 분류할 수 없는 상황으로서 소방자격증의 일원화는 화재안전 분야(소방안전 분야)의 기계 분야 및 전기 분야를 하나로 통합함에 따라 하나의 학문 분야로 인정받기 위한 초석을 제공할 수 있다.

5. 산업안전

1) 머리말

지속가능한 사회가 되려면 그 사회에 건강한 노동력이 유지되어야 한다. 누군가는 위험하고 힘든 일도 기꺼이 맡아서 해주어야 한다. 위험한 일을 맡았으므로 그로 인한 사고나 직업병도 오롯이 그들만의 책임으로 치부한다면 위험하고 힘든 일은 점점 기피 대상이 될 것이다. 다른 생계 수단이 없기 때문에 어쩔 수 없이 위험한 일을 맡을 수밖에 없지만 그로 인한 사고나 직업병 위험의 부담도 그들의 책임인 사회에서는 산재가 제대로 예방될 수도 없고, 산재 피해자도 제대로 구제될 수 없다. 장기적으로 이런 사회는 건강한 사회로 발전은커

녕 지속가능하지도 않다. 최근 전 국민을 공포로 몰아넣었던 구미 불산 사고나 삼성반도체의 불산 사고는 일하는 사람들의 안전을 제대로 지키지 못했을 때 그 피해가 곧바로 국민들에게 돌아온다는 사실을 생생하게 보여주었다. 지난 10여 년 동안의 삼상반도체 백혈병 논란은 산재 피해자를 제대로 보상해주는 시스템이 취약할 때 그 피해자는 물론 기업도 얼마나 힘들게 되는지 여실히 보여준 바 있다.

산재지표는 크게 두 가지가 있다. 하나는 재해율이고 다른 하나는 산재 사망률이다. 한국은 산재 사망률이 OECD 국가 중에서 가장 높아 터키와 1·2위를 다툰다. 단지 순위만 높은 게 아니라 다른 선진국들과 비교해서 높아도 너무 높다. 반면 산재율은 OECD 국가 중에서 가장 낮은 축에 속한다. 한국의 산재율은 2013년에 0.59%였다. OECD 국가의 산재율 평균은 약 2.5% 수준이다. 2013년 한국 산업재해 부상자 수는 약 8만 3000명이었다. 안전 선진국이라는 독일은 매년 70~80만 명에 이른다. 한국의 10배이다.

2) 현황과 문제점

전 세계의 추세를 살펴보면 환경안전보건에 대한 국민의 요구 수준은 대개 국민소득 1만 달러, 2만 달러, 3만 달러 수준에서 크게 변화하는 특징이 나타난다. 대체로 약 1만 달러 정도가 되는 시점에서 환경이 '일반화'되기 시작한다. 일반화된다는 것은 거의 모든 사람들이 환경의 중요성이나 의의를 알기 시작하며, 스스로 환경을 보호하기 위해 행동하기 시작한다는 것을 말한다. 예를 들면, 일반 시민, 남녀노소 모두 환경의 중요성을 당연하게 생각하며, 쓰레기 분리수거를 한다든지 친환경세제를 구입하는 등 환경보호에 스스로 동참한다. 환경에 대한 시민의 의무와 권리가 동시에 크게 신장되며 이 시기 이후부터는 거리도 깨끗해지고 강물도 맑아진다. 환경 관련법도 사후적 대처에서 사전적 예방 중심으로 이동한다. 법령의 명칭도 '대기오염방지법'이나 '수질오염방지법'과 같은 사후적 대처에서 '대기보전법'이나 '수질보전법'과 같은 전향적인 능동형 사전대처법의 형태로 전환된다.

국민소득이 2만 달러 정도가 되면 안전이 일반화된다. 일반 시민들이 안전에 대해 투자를 하기 시작하며, 안전에 대한 의무와 권리 의식이 신장된다. 예를 들어, 자동차를 구입할 때 에어백이나 ABS 브레이크, 사륜구동 등 안전 관련 비용을 기꺼이 더 지출하기 시작한다. 그 전까지는 사고가 나면 개인의 불운이나 불행이라고 생각하는 경향이 크지만 2만 달러가 넘어서면 내가 왜 사고를 당해야 하는지, 그 원인은 무엇이고 누구에게 사고의 책임이 있는지 따지기 시작한다. 대규모 인적 재난이 발생하면 그 전까지는 추모 분위기 속에서 성금을 걷지만, 2만 달러가 넘어가면 분노와 책임 규명을 요구하는 목소리가 폭발적으로 높아진다. 피해자의 유족들도 그저 불쌍한 사람들로 보이기를 거부하기 시작한다. 성금이나 보상을 거부하고 배상을 받고 싶어 한다. 사회적 폐해의 피해자로 성금이나 보상보다는 배상을 받고자 한다.

국민소득 3만 달러를 넘어가면 보건이 일반화된다. 일반 시민들이 개인적으로 건강에 투자하던 것을 사회적 건강에 대해 투자하도록 요구하기 시작하며, 보건에 대한 의무와 권리 의식이 높아진다. 예를 들어, 지금 암에 걸리면 대부분 이런 반응을 보인다. "왜 하필이면 나에게 (가족에게) 이런 불행이 닥쳤을까?" 하지만 3만 달러 정도를 넘어가는 사회에서는 암의 발병 원인과 책임 소재를 따지기 시작하며 암 관련 소송이 급격히 증가한다. 또한 암을 예방하기 위한 사회적·제도적 장치의 도입을 강력히 요구하기 시작한다. 암이 개인의 문제가 아니라 사회의 문제라는 방식으로 인식이 변화하는 것이다.

이러한 변화 추세는 나라마다 약간씩 차이가 있지만 추이는 보편적인 현상인 듯하다. 그동안 안전을 소홀히 해온 한국은 인력, 기술, 법, 제도, 재원(예산) 등 모든 측면에서 안전이 1만 5000달러 정도의 수준에 불과한 것으로 보인다.

그러나 국민의 요구 수준은 이미 2만 5000달러를 넘어 3만 달러 수준을 넘어서고 있다. 국민의 요구 수준은 3만 달러인데 안전 인프라는 1만 5000달러짜리인 사회에 살고 있는 것이다. 이 격차가 커질수록 국민의 분노는 커질 것이다. 국민의 분노가 커지면 사람도, 기업도, 정권도 나아가 국가도 불안해진다.

3) 해결 방안

안전은 기술과 돈의 문제가 아니다. 철학의 문제이다. 이제 1만 달러 시대의 법제도, 사고방식은 버리고 2만 달러 시대, 나아가 3만 달러에 맞는 새로운 체계로 탈바꿈시켜야 한다. 산재 왕국이라고까지 불리고 있는 한국에서 각론으로 들어가서 세부적인 문제점을 들여다보기 시작하면 한도, 끝도 없을 것이다. 구조적인 차원에서 문제가 꼬여 있다 보니 세부적인 것을 아무리 고친다 한들 그다지 효과가 있는 것 같지가 않다. 2만 5000달러 정도의 고도화·집적화·대형화·복합화·노후화된 위험사회에서 1만 달러짜리 안전보건체계를 가지고서는 문제를 고치기 어렵다. 문제는 기본 틀(frame)이다. 원칙과 방향, 그리고 틀을 바꿔야 한다. 그 개선 방향의 일단은 앞에서 문제 제기와 흐름에서 저절로 도출될 것으로 본다. 요약하면 다음과 같다.

첫째, 산재보험제도를 혁신한다. 일하다 다치거나 병에 걸리는 경우 산재보험으로 해결하도록 하고 예방과 보상을 완전히 분리한다. 산재율 목표를 OECD 중간(2.5%)으로 하고, 모든 사업장에 단일요율제를 적용한다.

둘째, 나쁜 산재만 처벌한다. 사회적 합의가 되는 나쁜 산재만 처벌하고 나머지는 산재보험을 들었을 경우 면책한다. 나쁜 산재는 충분히 막을 수 있고, 막아야 하는 사고와 직업병이다. 이렇게 해야 사고와 직업병을 막을 수 있다.

셋째, '산업안전보건법' 위반에 대한 처벌 방식을 바꾸어야 한다. 산재위험은 모두 누군가 돈을 벌려고 하는 과정에서 창출되는 위험이다. '산업안전보건법'의 기본적인 제재 방식은 "안전하게 하면 돈을 벌도록 하되, 불안전하게 하면 돈을 버는 행위를 못 하도록 함(make it safe then profitable)"으로 한다.

6. 시설물안전

1) 머리말

지난 2012년 12월 2일 오전 일본에서는 수도인 도쿄와 서부를 잇는 중앙고속도로의 사사코 터널에서 천장 붕괴가 발생해 9명이 사망하는 사고가 있었다. 이에 앞서 2007년 8월 1일에는 대규모 보수 공사를 미루었다가 미시시피 강을 가로지르는 미국 미네소타 주 I-35W 교량이 붕괴하는 사고가 발생했다. 한국도 예외는 아니다. 2013년 4월 12일 경북 경주 안강읍의 산대 저수지에서는 누수 현상 지속으로 인해 제체 일부가 붕괴되는 사고가 발생했으며, 2014년 2월 17일에는 경주 마우나 리조트 붕괴 사고로 총 10명이 사망했다. 이렇듯 최근 국내외에서 발생한 일련의 시설물 붕괴 사고는 성수대교 붕괴 후 20년이 지난 오늘날에도 여전히 국민의 안전이 위협받고 있다는 사실을 일깨워준다. 그렇다면 다음 세대에 이런 위협 요소를 대물림하지 않기 위해 무엇을 인지해야 하며 어떤 준비를 해야 할까?

2) 현황 및 문제점

(1) 시설물 현황 및 관련 법령

시설물은 매년 증가하고 있고 특히 시간이 지남에 따라 사람과 마찬가지로 공용연수 또한 증가하고 있는데, 시설물별 공용연수 현황은 〈표 10-1〉과 같다.

<표 10-1> 시설물별 공용연수 현황(204.1 기준)   (단위: 개, %)

사용 연수	계	교량	터널	항만	댐	건축물	하천	상하수도	옹벽	절토사면
합계	100.0	100.0	100.0	100.0	100.0	100.0	100.0	100.0	100.0	100.0
	64,486	9,437	2,649	338	536	45,303	3,112	1,473	1,224	415
5년 이하	21.3	21.5	28.6	20.1	4.3	19.3	43.1	14.9	39.5	13.0
6~10년	24.4	24.0	25.8	16.3	5.8	25.9	7.3	21.4	23.6	32.3
11~15년	23.8	22.2	18.8	10.9	7.6	25.8	11.6	19.1	12.1	45.5
16~20년	18.8	14.3	13.1	21.0	8.6	21.4	8.9	14.3	9.2	6.7
21~25년	5.8	7.4	3.9	11.5	5.0	5.3	8.0	10.0	4.8	1.7
26~30년	2.3	4.7	4.8	4.4	9.5	1.2	4.9	8.8	1.8	0.5
31년 이상	3.7	6.0	4.9	15.7	59.1	1.1	16.3	11.5	9.0	0.2

<표 10-2> 시설물안전 관련 법령 비교

구분	시특법	재난관리법
관련 부처	국토해양부(건설안전과)	국민안전처(재난총괄과)
주요 목적	시설물의 안전점검과 적정한 유지관리를 통해 재해와 재난을 예방하고 시설물의 효용을 증진시킴으로써 공중(公衆)의 안전을 확보하고 나아가 국민의 복리 증진에 기여함.	재난으로부터 국토를 보존하고 국민의 생명·신체 및 재산을 보호하기 위해 국가와 지방자치단체의 재난 및 안전관리체제를 확립하고, 재난의 예방·대비·대응·복구와 안전문화 활동, 그 밖에 재난 및 안전관리에 필요한 사항을 규정함.
특징	- 예방적 유지관리에 중점 - 시설물에 대한 주기적인 안전점검 및 정밀 안전진단과 보수보강 실시를 통해 시설물의 건전성을 확보함으로써 사고를 미연에 방지.	- 사후 처리에 중점 - 재난이 발생되었을 때의 대응 및 복구에 중점을 둠으로써 사고를 미연에 방지하는 효과가 적음.

(2) 시설물 안전제도

한국 시설물의 안전 분야 제도를 규정하고 있는 법령은 크게 '시설물의 안전

관리에 관한 특별법'(이하 '시특법')과 '재난 및 안전관리기본법'(이하 '재난관리법')으로 나눌 수 있고, 각각의 특징은 〈표 10-2〉와 같다.

3) 해결 방안

(1) 법령 및 안전진단

첫째, '재난관리법'을 사고 예방을 위한 방향으로 개선할 필요가 있다. 〈표 10-2〉에서 볼 수 있듯이 '시특법'은 예방적 유지관리에 중점을 두고 있으나 '재난관리법'은 사후 처리에 중점을 두고 있어 '재난관리법'을 예방적 시설물 유지관리 체계로 변경해야 할 필요가 있고, 국민안전처에서 관리하고 있는 시설물도 국토교통부가 관리하고 있으나 시설물 규모가 작아 '시특법'상 1·2종 시설물로 지정되지 못하는 소형 시설물을 '시특법'상 1·2종 시설물로 추가 편입해 체계적인 점검 및 유지관리가 이루어질 수 있도록 법령을 정비할 필요가 있다. 촘촘한 그물망과도 같은 법령의 테두리 내에서 시설물이 안전하게 사용될 수 있도록 관련 법령을 꼼꼼히 살핌으로써 국민 보호를 위해 만전을 기해야 한다. 마우나 리조트 붕괴 사고는 이 시설물이 '시특법'의 1·2종 시설물에도 속하지 않고 '재난관리법'의 특정 관리 대상 시설물에도 속하지 않는 관리의 사각지대에 있었기에 일어난 아픔이다.

둘째, 민간 주체가 관리하는 시설물의 안전관리 실태를 조사할 필요가 있다. '시특법' 대상 시설물은 크게 교량 및 터널 분야, 건축 분야, 수리 분야, 항만 분야의 4개 분야로 나눌 수 있으며, 그중 건축 분야의 시설물 수가 전체 시설물 수인 6만 5000개의 70% 정도인 4만 5000개를 차지하는데, 대부분의 건축 분야 1·2종 시설물은 민간 주체가 관리하고 있어 예산 부족 등의 이유로 최저가 입찰에 근거한 형식적인 안전점검이 이루어지고 있다. 따라서 민간 주체가 관리하는 시설물의 안전관리 실태를 조사하고 '시특법'에서 제시하는 방식의 안전진단 및 유지보수가 이루어질 수 있도록 제도를 개선할 필요가 있다.

셋째, 시설물 관리 주체의 안전점검을 강화하고 진단 보고서에 대한 적정 여부를 판단할 수 있는 시스템을 갖출 필요가 있다. '시특법'은 시설물 관리 주체가 관련 요건을 충족시키는 경우 시설물에 대한 정기점검(6개월에 1회 실시) 및 정밀점검(2년에 1회 실시)을 실시할 수 있도록 하고 있으며, 정밀 안전진단(5년에 1회 실시)은 안전진단 전문기관 또는 한국시설안전공단에 의해 실시하도록 규정한다. 이에 따라 각 공사에서 관리하는 시설물에 대한 안전점검 및 정밀점검은 각 관리 주체들이 수행하고 있으나 이에 대한 평가 시스템이 없어 수준 높은 안전점검 및 유지보수가 이루어지고 있는지 담보할 수 없는 것이 현실이다. 따라서 각 관리 주체들이 안전진단 전문 인력을 확충해 전문성을 높일 필요가 있고 진단 보고서에 대한 평가 시스템을 구축해 보고서의 적정 여부를 판단할 수 있도록 해야 할 것이다.

(2) 시설물 유지관리

첫째, 사람이 노후를 대비하듯 주위의 시설물이 건강하게 나이 들어갈 수 있도록 필요한 예방 조치를 취해주어야 한다. 한국의 주요 시설물은 1960~1970년대 경제성장기에 집중 건설되었다. 사람으로 치면 장년기를 지나 노년기로 접어들고 있는 시설물이 증가하고 있다는 얘기이다. 이러한 시설물의 고령화 비율은 2013년 말 기준 전체 시설물의 9.6% 수준이며 향후 10년간 21.5%로 2배 이상 급증하리라는 전망이다. 국민이 매일 접하는 시설물이 건강하게 나이 들어갈 수 있도록 정기적인 검사와 함께 적절한 예방 조치를 하며 유지관리하는 것은 국민이 안전한 삶을 영위하기 위한 필수 조건임에 이견이 없을 것이다.

둘째, 정부는 시설물 유지관리에 투입되는 예산의 규모와 투입 시기를 결정하는 데 정확성과 적정성을 기하기 위해 노력해야 한다. 이와 동시에 국민은 시설물에 대한 유지관리 비용의 투자가 생명과 직결되는 부분임을 인지하고 국가적 차원의 '보험'이라는 사실에 공감하는 시각을 가져야 한다. 실제로 2010년 기준 한국의 국내총생산(GDP) 대비 시설물 유지·보수 투자 비율은 0.26%에 불과해 OECD 평균인 0.3%에도 미치지 못한다.

그렇다면 과연 한국에서는 시설물의 유지관리를 위해 어떤 시스템을 갖추고 있으며 어떤 대비책을 강구하고 있을까? 성수대교 붕괴 후 제정된 '시특법'에 의해 주요 시설물(1·2종 시설물)에 대한 주기적인 안전점검 및 정밀 안전진단이 수행되고 있다. 그 결과로 지난 19년간 1·2종 시설물에서 단 한 건의 사고도 발생한 사례가 없었고, 95% 수준이 '양호'한 상태로 관리되고 있는 점은 다행으로 여겨지고, 일단 안전을 확보하기 위한 큰 틀은 갖춰져 있다고 볼 수 있다.

그러나 앞서 얘기한 대로 유지관리 관련 법 간 사각지대에 놓여 관리되지 못하는 시설물을 줄이기 위해 현재 기존의 유지관리 대상 시설을 1·2종 시설물에서 종 외 시설물까지 확장하고자 하는 방안을 추진할 필요가 있다. 또한, 시설물의 고령화 시대를 먼저 맞은 선진 외국의 대응 사례를 벤치마킹해 곧 도래할 시설물 고령화에 적절히 대처하는 한편, 일시에 급증할 유지관리 비용으로 인한 경제적 충격을 완화하기 위한 대책이 시급하다.

7. 전기안전

1) 머리말

안전(安全)이란 위험이 생기거나 사고가 날 염려가 없이 편안하고 온전한 상태를 말하며 사람의 사망·상해뿐만 아니라 물질적 측면, 그리고 정신적 측면까지도 포괄하는 유토피아(utopia)적인 개념을 나타낸다. 이러한 안전의 개념을 전기 분야로 적용해 생각해보면 전기재해를 감소시키고 예방해 국민의 생명과 신체 및 재산을 지켜내 국민들의 안전하고 행복한 삶을 뒷받침하는 것이다. 전기는 국민 생활 밀착형 에너지원으로 다른 분야와 달리 그 자체에 위험성이 항상 내재되어 있어 순간의 방심과 소홀이 대형 사고로 이어져 막대한 인명과 경제적 손실을 초래할 수 있으므로 국가 차원의 지속적이고 체계적인 관리가 필수적이다.

그러나 한국 사회는 성장 제일주의 정책의 추진 과정에서 안정적인 전력공급만을 강조하는 사회 분위기 속에 전기안전은 부수적 낭비 요인으로 치부되어 사회 전반에 걸쳐 전기안전 불감증이 만연한 상태로, 그 결과 발전 설비 등 전력 설비의 잦은 고장, 국가 산업의 근간이 되는 대규모 산업단지의 정전 등 전기안전사고가 끊이지 않고 있어 불안한 마음을 감출 수가 없다.

2) 현황 및 문제점

현재 전기안전에 관련된 모든 법적 근거는 전기 사업의 발전을 전문적으로 하는 '전기사업법'에 규정되어 있어 전기안전의 효율성 제고에는 제도적 어려움이 있다. 효과적인 전기안전관리 정책의 추진을 위해 사업자 위주의 법령에서 안전관리 기능을 분리한 전기안전 법령의 제정이 필요하며, 이러한 전기안전 전문법령 내에서 대국민 전기안전 복지 서비스의 강화와 전기안전관리 정책의 일관성도 제고시킬 수 있을 것이다. 이러한 현실을 개선하기 위해 법령 개정 등 그동안 상당 부분 개선이 이루어졌으나, 좀 더 지속가능한 전기안전 분야의 발전을 위한 대책이 필요한 실정이다.

3) 해결 방안

첫째, 전기안전관리 기본법을 제정해야 한다. 한국 전기 관련 법령은 '전기사업법', '전력기술관리법', '전기공사업법', '전기용품안전관리법'으로 구분되어 있으며,[1] 이 중 '전기사업법'은 전기 사업의 건전한 발전을 도모하고 전기 설비의 안전성을 확보하는 법률로서 가장 중요한 역할 수행한다. 하지만 전기 사업과 전기 설비의 안전에 관한 내용이 사업자 중심의 '전기사업법'이라는 단일 법령에서 규정되어 있어 전기안전에 대한 법적 근거가 부족하며, 사업 규제 완화 시 안전 규제까지 확산될 우려가 있다. 따라서 전기재해로부터 국민의 생명과 재산 보호를 위해 전기안전관리 기본법을 제정해 선진 전기안전 시스템을 정착시키고 효과적으로 전기재해를 예방·감소시킴과 동시에 급변하는 국내외 전기안전관리 환경 변화에 신속히 대응해야 할 것이다.

둘째, 대국민 전기안전 복지 서비스를 확대해야 한다. 현재 정부는 기초생활수급자 등 전기안전 취약 계층에 대한 전기 사용의 불편 해소나 전기안전 확보를 위해 전기안전 고충처리 시스템인 '전기안전 119' 제도를 시행하고 있다. '전기안전 119' 제도란 주거용 전기 설비의 고장 또는 정전 시 24시간 무료 긴급 점검 및 응급 복구 서비스를 제공하는 것으로 그 대상이 취약 계층, 농어촌, 국가유공자, 사회복지 시설 등으로 한정되어 있다. 하지만 전국적으로 실시하고 있는 '전기안전 119' 제도의 수혜 범위가 일부에 국한되어 일반 가정은 긴급 상황에 처한 경우라도 원칙적으로 응급조치를 받을 수 없게 되어 불편이 심화

---

1   전력의 수급 조절 및 안정적인 공급, 전기 설비의 안전성을 담보하는 법률인 '전기사업법', 전기공사의 설계와 감리를 규율하는 법률인 '전력기술관리법', 전기공사업자와 전기공사를 관리·감독함으로써 전기 설비의 안전을 확보하는 법률인 '전기공사업법', 전기용품의 안전관리에 관한 사항을 규정해 화재·감전 등의 위험 및 장해의 발생을 방지하는 법률인 '전기용품안전관리법'.

되고 있으며, 무엇보다 전기 고장을 방치할 경우 2차 재해가 발생될 우려가 있으므로 전기재해 예방과 보편적 에너지 복지 정책의 실현을 위해 '전기안전 119' 제도의 수혜 대상을 모든 주거용으로 확대가 필요하다.

셋째, 전기안전이 바로 기본이라는 인식을 갖도록 해야 한다. 안전관리 업무는 국가와 국민을 위한 기본 책무로서 기업의 생산성 향상, 국가의 경쟁력 강화는 물론 국민의 안전하고 쾌적한 삶을 보장하는 아주 기본적인 요소이다. 일부에서는 행정 규제 간소화 및 합리적 개선 필요성을 이유로 안전관리제도 강화의 무용론을 주장하지만, 안전에 관련된 일련의 활동은 행정 규제라기보다는 안전, 보건, 환경 등과 같이 공익 보호를 목적으로 정부가 개입하는 최소한의 공적 업무인 것이다. 전기안전 분야에 대한 끊임없는 고민과 개선은 국민 전체의 안녕과 경제적 이익을 우선시하는 국가 백년지대계의 초석으로 국민의 안전과 편익을 증진하기 위한 전기안전관리 강화가 그 어느 때보다 절실한 때다.

8. 가스안전

1) 머리말

가스는 가정용에서부터 산업용까지 광범위하게 사용되고 있으며, 여가 문화의 확산과 첨단 산업의 발달로 소비량이 계속 증가할 전망이다. 그러나 편리하고 깨끗하다는 장점과 함께 가연성과 폭발성 등의 특성을 갖고 있어 사고의 위험성이 상존하며, 많은 에너지 시설물이 밀집되어 있어 가스 사고 발생 시 복합 재난으로 확산될 우려가 높다.

그간 한국의 가스안전관리는 몇 번의 대형 사고를 겪은 뒤에 그에 대한 후속 대책을 마련하는 방식으로 운영하여 세계 2위 수준의 가스 사고 인명 피해율을 달성하는 등 괄목할 만한 성과를 올렸다. 여기서 더 나아가 높아진 국민의 안전 욕구를 충족시키고 가스안전확보를 통한 진정한 국민 행복을 실현하기 위해서는 사후 대응이 아닌 사전 예방 차원의 선제적 대응이 필요한 시점이다.

2) 현황 및 문제점

최근 5년간(2009~2013) 가스 사고는 총 651건 발생(평균 130건)했고, 가스 소비량 증가 추세(연평균 8.1%)에도 사고 건수는 연평균 4.4% 감소했다. 가스 종류별로는 LP가스 분야에서 발생한 사고가 전체의 73%를 차지하며, 원인별로는 사용자 취급 부주의 사고가 34.7%로 가장 빈번하게 발생했다. 그간 한국의 가스안전은 가스 사고 건수와 인명 피해를 선진국 수준으로 대폭 감축해 연간 1조 원 이상의 국민 경제적 편익을 창출했으며, 대형 플랜트(plant) 시설과 고위험 시설에 대한 안전점검과 관리를 통해 국가 산업 발전의 기반을 튼튼히 하는 성과를 이루었다. 반면에 사후 대응 위주의 정책운영으로 예방적·선제적 안전관리가 이루어지지 못했고, 세월호 사고의 경우와 같이, 가스분야 민간검사기관의 부실 검사 등으로 인한 검사 신뢰성 논란은 그간 국민안전을 확보하지 못하는 등 실효적인 대책이 부족했다는 문제점을 가져왔다. 아울러 사고 초기대응 역량에 한계가 있으며, 안전 수준 향상을 위한 인프라도 부족한 형편이다.

향후 가스안전 분야에서는 가스 소비량의 꾸준한 증가가 예상된다. 연료가스 소비량은 2009년부터 2013년까지 연평균 8.1% 증가했으며, 첨단 산업의 발달로 독성가스 사용량도 지속적으로 늘어나고 있다. 특히 사용량의 급증과 시설의 노후화로 독성가스 관련 사고가 증가하고 있어 안전성 확보 대책이 필요하다. 특히 철강·냉동 제조 설비, LP가스 충전 시설 등 장기 운영 설비가 늘어나는 추세이며, 매설 후 10년 이상 경과한 도심지 지하매몰배관의 확대로 위험성이 높아지고 있으며 국민의 높은 안전욕구와 사업자의 규제 개선 요구 사이에서 안전제도의 딜레마가 발생하고 있으며, 산업 여건의 변화와 안전 취약 계층 문제 등 사고 원인이 복잡·다기화되어 사고 예측이 곤란한 실정이다.

3) 해결 방안

한국은 2014년 기준 100만 가구당 인명 피해율이 6.9명으로 일본에 이어 세계 2위 수준이지만, 가스의 특성상 사고 발생 시에는 대형 재난의 우려가 크다. 이에 정부에서는 '사후 대응이 아닌 선제적 대응'의 일환으로 고압가스 안전관리법에 근거한 제1차 가스안전관리 기본 계획을 2015년 1월 수립했고, 한국가스안전공사는 이를 지원·실행해 세계 최고 수준의 가스안전관리를 달성할 것이다. 더불어 이를 위해 향후 핵심적으로 추진하는 것이 필요하다고 판단되는 주요 대책을 다시 한 번 살펴보고자 한다.

첫째, 선제적 가스안전관리 체계를 확립해야 한다. 국민 생활과 밀접한 LP가스 분야부터 가스별 안전 대책을 살펴보면, 신규 LP가스 용기에 대해서는 안전성을 주기적으로 확인할 필요가 있고, 도심지 내 LP가스 충전 시설에 대해서는 정밀한 진단제도 도입도 검토해야 한다. 또한 주택 등의 LP가스 사용 시설에 대해서는 도시가스와 같이 안전점검 대행제도 도입을 통한 신뢰성 있는 안전점검 체계를 갖추어야 한다. 다음으로 도시가스와 관련해서는 도시가스 고압 배관(4062km) 중 42.1%(1710km)가 도심지에 위치하고, 그중 76.4%(1307km)는 매설 후 10년 이상 경과해 사고 위험성이 높으므로 배관 내부에 대한 건전성을 확인할 필요가 있고, 최근 문제가 되는 싱크홀 발생에 따른 도시가스 배관 보호 대책도 시급하다. 마지막으로 독성가스에 대해서는 생산-유통-사용

폐기의 각 단계별 관리를 통한 체계적 관리도 필요하다. 예를 들면 생산·저장 단계에서는 안전관리 수준을 평가하고, 유통 단계에서 위험 물질을 추적관리 하며, 사용 폐기 단계에서는 독성가스 중화 처리 인프라를 갖추어 안전관리 체계를 전 주기적으로 선진화할 필요가 있다.

둘째, 가스안전 연구개발(R&D)을 고도화해야 한다. 지속적인 가스안전기술 연구를 통해 소규모 가스 사용 시설의 안전성 향상을 위한 맞춤형 안전기기를 보급하거나, 가스보일러의 일산화탄소 중독 사고를 예방하기 위한 보일러 설치 안전 기준을 개발하는 등 안전 기준의 고도화가 필요하다. 또한 빅데이터 (Big-data)를 활용한 가스 사고 예방 시스템을 개발하고, 해외 선진기관과의 기술 교류를 활성화해 한국의 기준을 해외의 기술 기준에 맞추고, 나아가 한국의 기준이 국제 기준을 이끌어나갈 수 있도록 룰-메이커(Rule-maker)로서의 역할을 기대해본다. 그러기 위해서는 가스안전 연구개발 로드맵에 따라 지속적인 추진이 반드시 필요하다.

셋째, 국민 자율안전문화를 조성해야 한다. 사용 편의성 등으로 가스 사용량은 증가하지만, 가스 사고는 끊이지 않아 가스안전홍보 강화를 통한 자율 안전문화 조성의 필요성이 어느 때보다 높아지고 있다. 예를 들면 부탄캔 폭발 사고, 막음 조치 미비로 인한 가스 사고, 일산화탄소 중독 사고, 과열 화재 등 4대 사고가 시기별로 반복해서 발생하고 있는데, 이들 유형의 사고는 사용자가 안전 수칙 등을 준수하면 위험을 크게 줄일 수 있는 사고에 해당한다. 그러나 사용자의 취급 부주의 등 안전의식의 미비로 4대 사고는 지속적으로 발생하고 있는 실정이다. 따라서 IT 등을 활용한 가스안전홍보 수단을 다양화해 국민에게 다가가는 홍보를 강화하고, 체험 중심의 안전교육을 확대함으로써 범국민적으로 자율안전문화를 조성한다면 이런 사고는 근절되리라고 본다.

넷째, 안전관리 사각지대를 발굴하고 해소해야 한다. 안전관리가 제대로 이루어지고 있지 않은 분야, 이른바 '가스안전 사각지대'의 사고위험을 줄여나가

야 한다. 예를 들면 가스 사고 빈도가 가장 높지만 관리사각지대에 머물고 있
는 취약 계층, 전통시장, 포장마차 등의 가스안전을 확보해야 한다. 이를 위해
서는 호스로 설치된 LP가스 시설 배관을 금속 재질로 교체하고, 우수한 안전장
치를 보급하는 등의 노력이 필요하다. 또한 여가문화의 확산으로 안전문제가
부각되고 있는 캠핑 관련 가스 시설에 대한 종합적 안전관리를 실시해야 한다.

9. 안전교육

1) 머리말

세월호 참사, 판교 환기구 추락 사고와 같은 안전사고 소식을 접하면 안타
까움을 표현하고 가슴 아파하지만 그런 사고가 나에게는 일어나지 않을 거라
는 인식이 전 사회에 스며들어 있다. 사고는 항상 주변에 있다는 것을 인식하
지 않는 한 사고로부터 절대로 자유로울 수 없다. 일련의 사고들을 살펴보면
대한민국은 마치 사고 공화국, 사고 전쟁터라는 생각까지 든다. 다음 세대에
이런 위험 요소를 대물림하지 않기 위해 무엇을 인지해야 하며 어떤 준비를 해
야 할까. 또 사고로부터 대한민국을 안전지대로 만들려면 어떤 것이 필요할까.

안전생활실천 시민연합(안실련)에서 500명을 대상으로 한 설문조사 자료에
따르면 10명 중 6명 이상(64.1%)은 한국 사회의 안전 관련 기반 시설과 제도 등
안전 시스템이 열악하다고 답변했고, 75.4%의 응답자는 국민의 안전의식 수
준이 낮은 편이라고 대답했다. 몇 년 전 안전행정부에서 실시한 국민 안전의식
조사 결과 83%가 안전 불감증이 심각한 것으로 나타났고 그 원인으로 적당주
의(48%), 안전교육·홍보의 부족(25%)순으로 뒤를 이었다. 사고와 직결되는 안
전 불감증과 적당주의가 국민들의 인식 속에 깊게 자리 잡고 있다는 것을 설문

조사를 통해 알 수 있다.

2) 현황 및 문제점

(1) 여러 가지 사고 발생의 공통적인 원인

첫째, 안전문화의 표류와 안전의식의 결여(안전 불감증)이다. 국민의 의식 수준 향상에 따라 사고에 대한 관심도 많이 증가해왔지만, 아직도 안전에 대한 의식이 낮은 것으로 나타나 이는 사고 발생의 주요 요인이 되고 있다. 일본 중앙재해예방협회의 사고분석 결과에 따르면 사고에 대한 인적 원인이 92.6%를 차지하는데, 이는 대부분의 사고가 사람의 실수 등 인적 요인의 영향을 받는다는 것을 의미한다. '나는 사고 안 당해', '별일 있겠어?', '무지·무관심' 등 안전의식의 결여와 안전문화 정착이 뒷받침되어 있지 않기 때문에 계속해서 사고가 일어나고 있다고 볼 수도 있다.

둘째, 안전교육의 미비성이다. 속담에 세 살 버릇 여든까지 간다는 말이 있다. 사람은 유아기부터 어린이집, 유치원과 초등학교, 중학교, 그리고 고등학교를 거치면서 지속적·체계적으로 안전교육이 이루어져 성인이 되었을 때 의식 속에 안전의식이 확고히 자리 잡도록 되어야 함에도 한국 사회는 많은 부분에서 단편적이고 비지속적인 안전교육이 이루어지고 있다.

(2) 해외의 안전교육 선진 사례

해외의 안전교육 선진 사례를 통해 어떠한 사회적인 변화가 있는지 살펴볼 필요가 있다. 영국의 경우 1940년대부터 왕실이 주축이 되어 어린이 교통사고 예방에 두 발 벗고 나서고 있다. 당시 어린이 교통사고로 인한 연간 사망자가 1600여 명에 이르자 왕실사고방지협회가 구성되어 대책 마련에 들어갔다. 1960년대부터 지역별로 클럽을 만들어 어린이 때부터 교통안전에 대한 안전

교육을 실시하고 있다. 그 결과, 2000년대에 들어서는 어린이 교통사고 사망자는 연간 두 자릿수로 크게 줄었다. 일본의 경우 실제 경험을 통해 교육하는 실습 중심의 재난대비 안전교육을 실시한다. 특히 학생들이 학교 내 재난에 대비해 대피뿐 아니라 구조 활동 영역까지 참여하는 훈련을 하기도 한다. 재난이 발생했을 때 통제에 따르는 대피 차원의 영역을 넘어서 학생들이 적극적으로 재난에 대응할 수 있도록 교육하는 것이다. 독일도 엄격한 안전교육을 하는 것으로 유명하다. 독일 내 안전교육은 유치원, 초·중등 교육과정 등 3단계로 나뉘 체계적으로 운영된다. 초등학생은 자전거 운전면허를 따야 할 정도로 사전 교육이 철저하다.

안전교육과 예방은 안전사고를 미리 예측할 수 있는 능력을 길러주며 안전 문화 정착에도 효과적이다. 최근 한국은 세월호 사고, 환기구 사고를 계기로 안전 강화를 위한 다각적인 방안을 모색하고 있다.

3) 해결 방안

(1) 대한민국을 안전지대로 만들기 위한 안전교육 내실화 방안

첫째, 학교 안전교육이다. 2014년에 정부는 학교 시설과 활동 시 안전을 강화하는 '교육 분야 안전 종합 대책'을 발표했다. 어릴 때부터 안전의식과 습관을 체득할 수 있도록 체계적으로 안전교육과 훈련을 하고, 교원을 안전교육에 관한 준전문가로 육성하는 동시에 안전한 교육 활동 제공 및 안전한 교육 시설을 조성하는 것이 주요 내용이다. 따라서 대한민국을 안전지대로 만들기 위해 발달 단계별 체계적 교육이 가능하도록 7대 안전교육 표준안[2]을 개발하겠다는

---

2 재난안전(화재, 폭발·붕괴), 생활안전(시설안전, 실내·실외안전), 교통안전(보행자, 자전거, 오토바이, 자동차, 대중교통 안전), 폭력 및 신변안전(언어 및 신체폭력, 자살 및 집단

것이다. 그러나 정부의 교육 분야 안전종합대책의 보완이 필요하다. "2018년 통합되는 문·이과 교육과정에 따라 독립된 안전 교과 또는 안전 단원을 설치한다"는 계획인데 2015~2017년까지 대책 보완이 필요하며, 가급적 독립된 안전 교과목으로 분리해야 한다. 앞으로 안전교육은 학교 재량교육이 아닌 필수교육 과목으로 선정하고 입시(수능 포함)에 안전 교과목 내용이 반영되어야 한다.

둘째, 생애 주기별 안전교육이다. 한국은 안전교육에 대한 통합적 관리 시스템이 없고, 법정의무교육이 제대로 이행되지 않고 있음에도 점검 및 평가관리가 미흡한 상황이다.[3] 또한, 교육 인프라 미흡으로 안전교육 교재·콘텐츠 부족으로 내실 있는 교육이 어렵고, 체험교육이 가능한 안전체험 시설(132개소)이 굉장히 부족한 상태이다. 안전교육 전문 인력을 양성하기 위한 시스템의 부재로 현장에서 안전교육을 담당할 전문 강사도 부족한 상황이다. 따라서 안전교육 추진 기반을 마련하기 위해 생애 주기별 안전교육 지도를 작성해 영·유아에서 노인에 이르기까지 습득해야 할 안전 관련 지식·기능을 맞춤형으로 제시하고 안전교육 교재 및 프로그램을 개발해 생애 주기별 특성을 고려한 맞춤형 안전교육 교재 및 프로그램 개발을 추진해야 한다. 기존 안전교육 교재 및 프로그램에 관한 각종 자료를 수집해 통합 관리 DB를 구축하고 안전교육 시행기관·단체·강사 등에게 제공해야 한다. 권역별 안전체험 시설을 연차적으로 확충해 체험형 교육을 강화해야 한다[예: (시도) 1시도 당 1체험관, (시·군·구) 3~4개 시·군·구당 1개 체험관]. 그리고 '찾아가는 이동안전체험관' 등을 운영해 체험시설이 없는 지자체에 지원할 수 있도록 대책을 마련해야 한다.

따돌림), 약물·유해물질 안전 및 인터넷 중독, 작업안전(실험·실습, 특성화고 취업준비), 응급 처치(기본 응급 처치, 유형별 처치).
3 안전교육 관련 법령: 14개 부처 51개 법령(재난 및 안전관리기본법, 학교보건법 등), 아동복지법상 안전교육(44시간) 준수 비율: 유치원(77.6%), 초등학교(34.6%).

(2) 안전은 반드시 막을 수 있다는 예방 가능의 원칙

안전 선진국으로 나아가기 위한 안전문화 정착을 위해서는 어린이부터 성인까지 안전의식을 함양시키는 것이 중요하다. 안전은 누구 한 명의 책임이 아니다. 전 국민이 주도적으로 안전의식을 가져야 한다. 의식 수준을 선진화하기 위해서는 형식적인 안전교육이 아닌, 안전사고는 반드시 막을 수 있다는 예방가능 원칙을 다시 한 번 되새기고 안전사고 시 스스로 대응할 수 있는 체험 위주의 체계적인 안전교육이 이뤄져야 한다.

10. 나가며

누구나 안전하고 쾌적한 환경에서 삶을 영위하기를 바란다. 이것은 태초부터 원시 시대를 거쳐 현대사회인 지금까지의 이어져 온 본능이다. 원시 시대부터 인간의 목적은 환경으로부터의 생존, 즉 안전이 본능이었다. 추위와 더위 등을 해결하고, 주변의 동물들로부터 신체를 보호하기 위해 주거지를 마련했으며, 체온 및 피부의 보호를 위해 옷을 입기 시작했다. 이 모든 일련의 활동이 바로 안전이다. 선진국의 경우를 보면 대개 1인당 국민소득이 1만 달러가 넘은 이후 삶의 가치 기준이 소유(To Have)의 개념에서 존재(To be)의 개념으로 바뀌고 있다. 1인당 국민 소득이 2만 달러를 넘은 한국도 이제 존재의 가치를 생각해볼 때가 되었다. 어떻게 하면 안전하고 편안하게 잘 살 수 있을까? 어떻게 하면 삶의 질을 향상시킬 수 있을 것인가? 하는 문제들이 무엇보다 중요한 가치 기준이 되고 있다.

그럼에도 한국이 검토한 안전 분야에 대한 현황과 문제점들은 국가와 개인 모두에게 아직도 많은 노력이 필요하다는 것을 그대로 보여준다.

'헌법' 제34조에는 "국가는 재해를 예방하고 그 위험으로부터 국민을 보호하기 위하여 노력하여야 한다"고 명시되어 있다. 그렇지만 지금 매일 13명 이상이 사망하고 있는 교통환경에서나, 5명의 근로자가 사망하는 산업 현장, 수백건의 화재가 발생하고 있는 상황에서도 국가가 그만큼의 노력을 다하고 있는지에 대해 긍정적인 답변을 기대하기는 어려울 것이다. 개인도 마찬가지다. 안전은 꼭 남이 해줘야 하는 것으로 인식한다. 사고는 불안전한 상태, 즉 외부 요인과, 불안전한 행동, 내부 요인이 결합해 발생한다. 불안전한 환경의 경우, 예컨대 위험한 도로를 개선한다든지, 속도를 규제한다든지, 또는 작업 현장의 안전장치를 부착한다든지 하는 형태로 개선이 가능하다. 그런데 불안전한 행동은 스스로가 노력해야 개선된다. 습관적인 신호 위반, 과속, 난폭 운전, 위험지역에서의 화기 사용, 정리·정돈이 되어 있지 않은 작업장, 건설 현장에서의 안전모 미착용 등이 바로 그것이다. 안전은 스스로 배우고 익혀서 내 것으로 만들어야 한다. 불안전한 환경은 안전한 행동으로 얼마든지 제어가 가능하지만, 불안전한 행동은 안전한 환경에서도 사고를 유발하기 때문이다.

거안위사(居安危思)라는 말이 있다. 편안한 처지에서도 위급한 상황에 대비한다는 말이다. 당장 사고가 발생하지 않는다고 해서 앞으로 괜찮을 리는 만무하다. 지금이 바로 사고가 발생하지 않도록 대비하고 노력해야 하는 시기다.

참고문헌

경찰청. 「교통사고통계」. 2014.

국가과학기술위원회. 2012.4. 「2013년도 정부연구개발 투자방향 및 기준(안)」.

국토교통부. 2014. 「교통안전연차보고서」.

산업통상자원부. 2015. 「제1차 가스안전관리기본계획」.

설재훈. 2012. 국민생명 5,000명 살리기, ≪월간교통≫, 177호.

신미영 외. 2011. 「국내 소방산업 육성방안에 관한 연구」. ≪한국화재소방학회논문지≫,
    제25권, 제2호.

정재희. 2015. "안전 규제는 더 강화해야 한다." ≪동아일보≫. 2015.1.19.

한국가스안전공사. 2012. 「국민행복 가스안전 3.0」.

_____. 2013. 「가스사고 조사통계」.

_____. 2013. 「가스통계」.

_____. 2013. 「국민행복 가스안전 3.0」.

한국교통연구원. 2013. 「교통사고 사회경제 영향조사」.

OECD. 2014. "Road Safety Annual Report."

WHO. 2004. "World Report on Road Traffic Injury Prevention."

제11장

미래 수자원 관리, 통합과 혁신에서 답을 찾자

최계운 | K-water 사장

1. 들어가며

아끼지 않고 펑펑 쓴다는 뜻의 '물 쓰듯 한다'라는 말도 이제 옛말이 되어가고 있다. 물이 빠른 속도로 부족한 자원이 되어가면서 물을 가진 자와 가지지 못한 자의 격차나 더 맑고 깨끗한 물을 안정적으로 확보하기 위한 갈등이 국내외의 이슈이자 심각한 정치적·경제적 문제가 되고 있다. 특히 기후변화의 영향이 현실로 다가옴에 따라 향후 물 환경 변화에 대응하면서 지속가능한 미래 수자원 관리를 위해서는 수자원의 효율성 증진, 물 관리 구조 혁신 등 새로운 물 관리 패러다임을 통해 현재의 위기를 극복하고 새로운 미래를 준비할 수 있는 돌파구를 마련해야 할 시점이다.

국민의 생활수준 향상 및 경제발전 등으로 인해 물에 대한 욕구도 다양해지고 있다. 기본적 욕구인 '모든 국민이 깨끗한 수자원을 공평하게 이용하는 물복지의 실현'과 함께 물 또는 친수 공간을 활용한 어메니티(amenity)를 증대시켜 '좀 더 나은 쾌적함을 추구하려는 문화적 욕구', '물을 활용한 에너지와 식량 생산 등 물의 역할 확대와 부가가치를 극대화하기 위한 활용적 욕구'도 높아지고 있다. 따라서 새로운 물 관리 패러다임은 공급자 위주에서 수요자의 니즈 중심으로, 또한 새로운 환경에 부합하면서 다음 세대에게 안전하고 안정적인 수자원을 물려줄 수 있는 방안이 고려되어야 한다.

이러한 방안을 모색하는 데 가장 중요하게 고려되어야 하는 요소는 기후변화, 지속가능성 및 통합 물 관리(Integrated Water Resources Management: IWRM) 등이다. 기후변화는 수자원 관리 측면에서 볼 때 해결이 어려운 과제이면서 동시에 새로운 기회가 될 수 있다. 즉 기후변화로 인한 '불확실성(uncertainty)'을 얼마나 정확하게 예측해 대응하고 적응하느냐에 따라 물의 가치가 달라질 수 있기 때문이다. 지속가능성은 인간 사회의 사회적·경제적 그리고 환경적 양상의 연속성에 관련된 개념으로, 필요한 자원을 효율적으로 소비함으로써 생물다양성과 생태계를 보존하는 등 불확실한 미래에도 사람과 환경이 함께 공존할 수 있는 계획과 활동이 필요하다. 반면, 통합 물 관리는 기후변화 대응에 지속가능성을 실천하는 데 가장 기반이 되는 기술적 전략이라고 할 수 있으며, 첨단기술과 최신 정보를 활용해 하천의 발원지로부터 바다에 이르는 모든 공간에서 수량과 수질, 생태, 문화 등의 다양한 측면을 종합적으로 고려하는 새로운 수자원 관리 시스템이다.

21세기 수자원의 지속가능 발전 전략은 위에서 언급한 세 가지 키워드를 중심으로 전개될 것이다. 따라서 새로운 수자원 관리 패러다임은 하천과 유역의 물 순환 및 생태 시스템의 자연적 균형을 추구하는 데 주안점을 두어야 한다. 과거의 이수 및 치수 중심에서 생태 및 환경적 가치와 기능도 중시하는 종합적 접근법이 필요하며 하천과 유역, 본류와 지류, 댐-보-하구둑 등 시설물을 하나의 연결된 시스템으로 일관성 있게 관리하되, 지역적 특성을 반영해야 한다. 아울러, 이러한 새로운 수자원 관리 체계의 접근을 위해서는 무엇보다도 제도·법령 정비가 필수적이라고 할 수 있다. 지금과 같이 국민들의 물에 대한 관심과 이용이 증가하는 현실을 반영함과 동시에 복잡하고 다원화된 수자원의 효율적 관리를 위해서는 과거와는 달리 통합적이고 혁신적인 물 관리 접근 방법이 시급히 마련되어야 한다.

따라서 이 글에서는 최근 기후변화 등으로 인해 급변하고 있는 물 관리 여건과 환경 등을 살펴보고, 아울러 물 관리 문제점을 객관적인 시각에서 분석함으로써 물 관리 분야의 지속가능 발전을 실현하는 데 필요한 새로운 대안을 제시하고자 한다.

2. 물 관리의 주요 이슈와 진단

1) 물 공급의 한계성

지구 온난화와 기후변화 등에 따라 홍수와 가뭄 등 물 관련 재해가 지속적으로 증가하고 있어 사용할 수 있는 물을 충분히 확보하는 것은 지속가능 발전을 위해 매우 중요한 문제로 대두되고 있다. 유네스코는 현재 전 세계 인구 중 약 10억 명이 물 부족에 노출되어 있으며, 2025년경에 약 30억 명이 물 부족으로 인한 피해를 겪을 것으로 전망한다(UNESCO, 2003). 이에 따라 유엔을 비롯한 많은 국제기구 등은 물 안보(Water Security)에 대한 중요성을 강조하고 있으며, 한국도 물 안보에 대비한 좀 더 적극적인 대응책을 마련해야 할 시점이다. 이를 위해서는 단순히 수자원 공급만을 중심으로 한 물 공급 정책에서 탈피해 물의 분배, 수량과 수질, 그리고 시간적인 영역을 모두 만족시킬 수 있는 물 공급 정책 마련이 필요하다.

그러나 이러한 물 공급 정책을 수립하고 추진하는 데에는 우선적으로 물의 한정성, 물의 변동성, 제도의 분절성 등과 같은 몇 가지 사항에 대한 고려가 필요하다. 물의 한정성은 기후변화 등으로 인해 시기별 혹은 지역별로 강수량의 변동 폭이 매우 크게 발생하며, 이에 따라 실질적으로 사용할 수 있는 물의 안정적 확보가 매우 중요하다. 또한 물의 변동성은 기후변화 등으로 인한 불확실성이 증가함에 따라 가뭄과 홍수 등이 빈번하게 발생해 물 관리 리스크가 점점 증가하고 있다는 것을 의미한다. 한편, 제도의 분절성으로 인해 지속가능한 사회를 추구하는 데 필요한 물을 효율적으로 관리하고 공급할 수 있는 기반이 매우 취약해 이를 보완하고 개선하기 위한 노력도 필요하다.

(1) 물의 한정성

한국의 연평균 강수량은 1277mm로 세계 평균의 1.6배이고 수자원 총량은 1297억m^3/년이지만, 높은 인구밀도로 인해 1인당 연 강수 총량은 연간 2629m^3으로 세계 평균의 약 6분의 1에 불과하다. 또한 수자원장기종합 계획(국토교통부, 2011)에 따르면 2007년 기준, 한국의 수자원 총 이용량은 333억m^3으로 수자원 총량 대비 26%를 이용하고 있으며, 이는 평상시 유출량의 1.7배 수준으로 홍수 시 유출량을 댐 등의 저류 시설을 통해 저장한 후 이용한다.

수자원의 총 이용량 중 생활용수, 공업용수, 농업용수 이용량은 255억m^3/년으로 이용 가능한 수자원량의 34%를 취수하여 이용하고 있으며, 하천에서 108억m^3, 댐에서 188억m^3, 지하수를 통해 37억m^3을 각각 공급한다. 따라서 유엔에서는 하천 취수율을 기준으로 한국을 물 스트레스 국가로 평가하며, 더욱이 기후변화가 지속될 경우 수질 및 생태계에도 심각한 영향을 미칠 것으로 전망한다.

또한 유엔의 「세계물개발보고서」(UNESCO, 2003)에 따르면 한국은 물 관리에 매우 취약한 국가로 평가되고 있는 바, 물 빈곤지수(Water Poverty Index: WPI)는 OECD 국가 평균인 67보다 낮은 62.4로 147개 평가 대상국 중 43위로 나타났다.

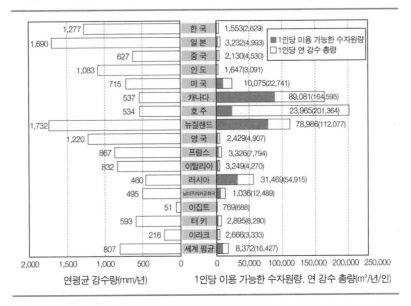

하천 취수율	물 스트레스 구분	국 가
10% 이하	저(低)	뉴질랜드, 캐나다, 러시아 등
10~20%	중(中)	중국, 일본, 미국, 영국, 프랑스, 터키 등
20~40%	중(中)~고(高)	한국, 인도, 이탈리아, 남아공 등
40% 이상	고(高)	이라크, 이집트

자료: UN ESC(1997).

아울러, 국가별 물 사용량 지표로서 물 발자국(Water footprint)이 활용되는
데, 이는 국가별 실제 물 소비량을 가늠하고 장래 물 부족에 효율적으로 대비
하기 위해 최근 도입된 지표이다. 물 발자국은 그 국가에 거주하는 사람들이
소비하는 상품과 서비스를 생산하는 데 필요한 물의 양을 추적해 계산한 값이
다. 2004년도에 발표된 UNESCO-IHE의 연구 자료에 의하면 한국은 물 수입률

〈그림 11-2〉 국가별 물 빈곤지수(WPI)

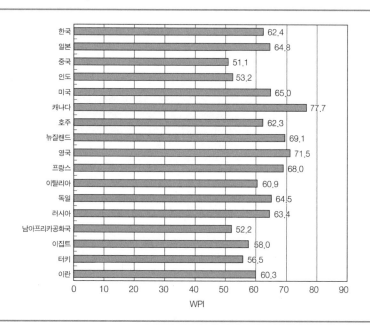

주: 물 빈곤지수(WPI)는 재생 가능한 수자원량, 수자원 개발 정도, 수자원 관리 능력, 물 이용의 효율성과
    수질·생태환경 등의 현황을 통합해 산정한 지표로, 높을수록 건전한 수자원 환경을 표시.

〈표 11-2〉 주요 국가의 물 발자국(1997~2001) 분석 결과　　　　(단위: 억m³/년)

국가명	일반적 물 사용량 (A)	국내 물 발자국 (B)	국외 물 발자국 (C)	전체 물 발자국 (B + C = D)	물 자급률 (B / D, %)	물 수입률 (C / D, %)	국내 자급 기준 물 증가량 (D - A)
쿠웨이트	3	3	19	22	13	87	19
일본	544	519	942	1,461	36	64	917
한국	231	210	342	552	38	62	321
프랑스	1,165	691	411	1,102	63	37	-63
미국	7,495	5,658	1,302	6,960	81	19	-535
중국	8,932	8,259	574	8,834	93	7	-98
인도	10,127	9,714	160	9,874	98	2	-253

자료: Chapagain, A. K. and A. Y. Hoekstra(2004).

이 62%로 분석되어 평가 대상 100개 국가 중 15번째로 물의 해외 의존도가 높은 나라로 평가되었다.

한국은 고부가가치 상품의 수출이 많은 반면, 농산물과 원유 등 저부가가치 상품 대부분을 수입에 의존하고 있는 실정이다. 따라서 식량의 무기화 및 보호무역 등에 매우 취약하다는 것을 의미하며, 국내 자급을 위해서는 현 수준 사용량의 1.4배에 해당하는 물이 더 필요한 것으로 분석되었다.

(2) 물의 변동성

IPCC의 「제5차 평가보고서」(2013)는 향후 지구 대부분 지역이 온난화된 기후로 인해 기온 및 강수량이 증가할 가능성이 높은 것으로 전망하며, 이에 따라 지구 온난화를 줄이기 위한 국제적 노력을 촉구했다. 하지만 이러한 온실가스를 줄이는 국제적 노력이 상당히 실현되었다고 가정한 RCP(Representative Concentration Pathway) 4.5 시나리오의 경우, 21세기 말(2081~2100년)에는 평균기온이 1.8°C, 해수면은 47cm가 각각 상승할 것으로 전망했다. 반면, 현재 추세로 저감 없이 온실가스를 배출하는 RCP 8.5 시나리오의 경우 금세기 말의 평균기온은 3.7°C, 해수면은 63cm가 각각 상승할 것으로 전망했다. 한편, 한반도 미래기후변화 전망보고서(기상청, 2012)에 따르면 RCP 4.5 시나리오의 경우, 21세기 말의 한반도 평균기온은 3.3°C 상승하고 연평균 강수량은 약 20%(256.2mm)가 증가하는 것으로 나타나 세계 평균보다 더 많은 영향을 받는 것으로 전망했다. 아울러, RCP 8.5 시나리오의 경우 평균기온은 5.3°C로 상승하고 연평균 강수량은 약 19%(241mm)가 증가하는 것으로 전망했다. 이에 따라, 기온 상승 및 강수량 증가로 산간 지역 등 일부 지역을 제외한 대부분의 지역이 아열대 기후로 변화될 것이며, 이에 따라 폭염, 열대야, 호우 일수 등 기후 관련 극한 지수는 더욱더 크게 증가할 것으로 예상되고 있다.

기후변화에 따른 물 분야의 영향을 분석한 「기후변화 대응 미래 수자원전략」

〈표 11-3〉 기후변화 영향 빈도별 최대강수량의 변화 전망

빈도 \ 관측소	평균	서울	강릉	대전	광주	목포	대구	포항
100년	58	59	70	63	47	55	72	40
200년	105	108	130	115	82	94	136	68

자료: 국토해양부(2010b).

보고서(국토해양부, 2010)에 따르면 기후변화의 지속적인 심화로 물 관리 리스크가 크게 증가할 것으로 전망한다. 홍수 위험성은 1일 100mm 이상의 집중호우 발생 횟수가 과거에 비해 2.7배 이상 증가하고, 100년 빈도 홍수량이 20% 증가해 현재 100년 및 200년 빈도의 홍수에 견딜 수 있도록 설계된 제방의 홍수방어 능력이 2분의 1로 감소되는 것으로 나타났다. 아울러 집중호우로 인한 토석류와 산사태 등 토사재해 발생도 증가할 것으로 전망되어 이에 대한 국가적 차원의 물 관리 대책 마련이 시급하다.

가뭄의 위험성은 비가 적게 오는 해도 많아져 가뭄 발생 기간이 과거에 비해 3.4배 증가하며, 기온 상승에 따라 생활용수, 공업용수, 농업용수뿐만 아니라 하천유지용수 등 모든 부분에서 수요 증가 및 부족이 발생하는 것으로 분석되었다. 또한 비가 많이 내리는 기간이 6~8월에서 7~9월로 이동함에 따라 농업용수 수요가 많은 6월 강수량의 감소로 인해 농업 생산량에도 많은 영향을 미칠 것으로 예측되었다.

또한 수온 상승에 따라 하천 및 호소(沼湖) 밑바닥의 저산소 혹은 무산소 현상으로 어류 집단 폐사 등 수생태에 악영향이 발생하고, 강우 강도 증가와 갈수 기간 장기화로 탁도 증가 및 수질악화가 우려된다. 그리고 기온 상승으로 인해 모든 분야의 용수 수요가 급증하게 되는데, 특히 한국 물 이용량의 48%를 차지하는 농업용수는 기온 1℃ 상승 시 수요량이 최소 10%가 증가하는 등 기후변화는 물 관리에서 많은 영향을 미치게 된다.

(3) 제도의 분절성

물은 상류에서 하류까지 연속적이고, 상호 영향을 주며, 우리의 몸과 같은 유기체여서 유역 단위 유기체로 통합적으로 연계성 있게 관리되어야 한다. 그러나 한국의 물 관리 현실은 개별적인 기능 혹은 시설 단위로 계획되고 관리됨에 따라 다음과 같은 물 공급에 대한 다양한 제약과 문제점들이 제기되고 있는 실정이다.

첫째, 중복과 과잉투자 발생문제이다. 부처별 소관 부문에 대한 법률 및 사업 계획 기반으로 시행함에 따라 업무의 중복 및 예산 낭비가 초래되고 있으며, 다원화된 물 관리 체계로 인해 통합적인 물 관리 계획·시행에 제한을 받고 있다. 이로 인해 정부조직과 예산의 다원화로 인해 물 관리 계획 간 연계성이 부족해져 비효율적인 투자가 여전히 나타나는 실정이다.

둘째, 물 관련 갈등의 심화이다. 불리한 물 관리 여건과 관련되어 물 배분 및 물값 갈등이 지속적으로 심화되고 있다. 특히, 광양만·사천만·강진만 하류에서의 각종 민원, 부산-경남, 구미-대구 및 구미-대구-울산 등에서 발생하고 있는 물 배분 갈등, 그리고 서울, 경기, 춘천 등에서의 물값 갈등, 녹조문제, 개발 반대에 따른 다양한 갈등문제는 지속적으로 발생하고 있다.

셋째, 상·하류 간 유기적 연계체계가 매우 미흡하다. 댐 하류 하천의 계획 홍수량이 댐 계획 방류량보다 비정상적으로 작게 계획되고 정비됨으로써 실제 정상적인 홍수 조절이 곤란한 경우도 있으며, 본류하천과 달리 지류하천은 정비 부족으로 중소하천에서 홍수 피해의 99%가 발생하고 있다.

넷째, 법률적·제도적으로 효율적인 물 이용 기반이 미흡해 수리권 및 물값(부담금) 등과 같은 제도가 물의 효율적인 활용을 저해하고 있다. 물 이용 부담금의 다목적댐 및 광역 위주 부과, 하천수 사용료에 대한 사실상 면제 등의 문제로 광역상수도 급수체계 조정 등 기존 수자원 활용이 곤란한 실정이다. '하천법' 제50조 5항에 따르면 하천수 사용료는 시·도지사가 부과하도록 되어 있

<표 11-4> 다원화된 물 관리 체계

구분	국토교통부	환경부	농림축산식품부	산업통상자원부	국민안전처행정자치부
물 확보	국토기본법, 하천법, 지하수법, 댐법	수도법	농어촌정비법	전원개발촉진법	소하천정비법, 온천법
물 보전	하천법, 지하수법, 공유수면관리법	환경정책기본법, 수계법, 하수도법, 수질환경보전법	농어촌정비법		소하천정비법, 온천법
물재해	하천법		농어업재해대책법		소하천정비법, 자연재해대책법
지표수	하천법, 댐법, 공유수면관리법	수질및생태계보전법, 내수면어업법, 수계법			소하천정비법
지하수	지하수법, 주택건설촉진법				온천법, 민방위기본법
상하수도	하천법	수도법, 하수도법, 물의 재이용촉진 및 지원법			

으나 부과 및 납세자 동일로 실제 미징수 및 댐 물값 분쟁을 초래하고 있다.

다섯째, 도서·산간 지역은 마을상수도, 빗물 및 해수 담수화 등의 취수원이 열악해 매년 제한되고 운반급수가 50% 이상 수시로 발생한다. 이는 그동안 국가하천 등 본류 위주의 치수사업 추진으로 인해 지방하천 및 소하천의 정비가 제대로 이루어지지 않았으며, 용수 전용댐과 저수지는 댐 건설 이전의 하천 유량을 보장하지 못하는 결과를 초래했다.

여섯째, 기후변화 등에 따라 미래 물 환경의 불확실성이 커지고 있으나 이에 대한 선제적 대응책이 미흡한 실정이다. 최근 10년간 자연재해 피해액은 연간 1.7조 원으로 1980년대의 5.3배, 1990년대의 3.1배로 급증했으며, 이 중 물재

해가 87%에 이른다. 그리고 기상이
변으로 물 관련 재해 및 물 관리 리
스크가 심화되어 국지적 집중호우
의 증가했고, 수도권 지역에는 3년
연속(2010~2012년) 침수 및 산사태가
발생하기도 했다. 특히 2011년 섬진
강댐 하류에서 발생한 주민대피 상
황 등과 같이 설계 홍수량을 초과하
는 강우가 빈번하게 나타나 물 관리
의 어려움이 증가하고 있다.

〈그림 11-3〉 하천 및 시설물 관리의 다원화

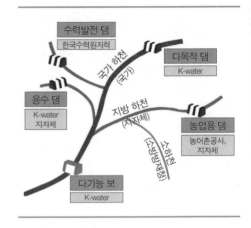

2) 물 수요의 다양성

물 공급의 한계성에도 불구하고 국민들의 물 수요는 점차 다양해지고 있다.
따라서 미래의 물 문제를 효율적으로 해결하면서도 지속가능한 물 관리를 위
해서는 공급자 중심에서 수요자 중심으로의 전환이 필요한 시점이다. 수요적
요인을 좀 더 세부적으로 살펴보면 국민의 기본적 욕구, 문화적 욕구 그리고
활용적 욕구 등이 있다. 물에 의한 행복을 추구하고자 하는 기본적인 욕구로는
누구나, 어디서든 공평하고 안정적으로 물을 사용할 수 있는 지역 간 물 형평
성 제고, 건강한 물 공급을 통한 건강 증진, 홍수와 가뭄을 극복해 재해로부터
안전한 삶의 실현 등이 있다. 또한 물로 인한 삶의 질을 향상하고자 하는 문화
적인 욕구로서 하천 살리기, 수변도시(waterfront town) 건설 등 물과 친숙한 어
메니티 강화와 물과 관련된 물 문화 창출 등이 있다. 아울러, 물의 경제적 부가
가치 창출을 추구하는 활용적 욕구로서 에너지와 식량 생산 등이 있다.

(1) 기본적 욕구

2013년 기준 한국의 급수 보급률은 98%이지만, 도서 지역의 급수 보급률은 이보다 현저히 낮은 67.6%로서 매우 열악한 실정으로, 도서 지역 주민의 50%가 제한급수 등 상습적인 물 부족으로 인한 고통을 겪고 있다. 또한, 대부분의 농촌이나 산간 지역 등 내륙 지역에서도 매년 반복적인 가뭄이 발생하고 있어 물 사용에 많은 불편을 호소하는 실정이다. 이는 물 인프라의 규모의 경제 발생으로 도시 등 밀집된 주거 지역을 중심으로 물 공급 체계가 구축되었기 때문이며, 따라서 농어촌 등 인구 저밀도 지역은 상습적 수량 부족이 발생하고 있다.

이러한 문제점을 개선하기 위해서는 인근 광역상수도를 통해 직접 물을 공급해 미급수를 해소하거나 안정적 수원 확보를 위해 빗물, 지하수댐, 해수 담수화 등 취수원 다변화도 필요하다. 또한, 맞춤형 정수 시스템과 실시간 감시 체계를 구축해 수질 안전성을 확보하고, 소외 지역의 관리 부담을 경감해줄 수 있는 대책의 수립 등도 마련되어야 한다. 이를 통해 도서 및 농촌 지역 등 소외 지역에 대한 물 서비스의 형평성을 제고함으로써 국민 모두가 함께 누리는 물 복지를 실현할 수 있다.

최근 국민들은 좋은 물, 특히 몸에 좋은 물에 대한 관심이 그 어느 때보다 높다. 따라서 물에 대한 인식도 깨끗하고 안전한 물에서 몸에 좋은 물, 건강한 물로 전환이 필요하다. 건강한 물은 안전하고 깨끗하며 몸에 좋은 미네랄 등을 균형 있게 포함한 물이라 할 수 있는데, 가장 대표적인 물을 꼽자면 바로 수돗물이다. 수돗물에는 미네랄 성분이 골고루 포함되어 있으며, 어떤 물보다 깨끗하고 안전하다. 한국의 정수 처리 및 수질 분석 기술은 세계 최고 수준을 자랑하며, 쉽고 편리하게 마실 수 있고 양도 풍부하며 가격 또한 매우 저렴하다. 하지만 이처럼 좋은 수돗물을 직접 마시는 국민은 매우 드문 실정으로, 수돗물에 대한 불신으로 인해 수돗물을 직접 마시는 국민은 전체의 5% 수준에 지나지 않는다. 따라서 건강한 수돗물을 각 가정의 수도꼭지까지 양과 질의 변화 없이 보내고, 수돗물의 불신을 해소하기 위한 적극적 노력을 통해 한정된 수자원의 효율적 이용 기반이 마련되어야 한다.

또한, 기후변화에 따른 물 문제의 불확실성 증가로 극단적 홍수와 가뭄은 더욱더 빈발하고, 국지적으로 발생함에 따라 도시 및 유역을 대상으로 수재해 대응 시스템을 구축함과 동시에, 기후변화에 따른 수자원 변동과 극한 수재해에 유연하게 대응할 수 있는 사전 예방 차원의 대책 수립도 필요하다. 최근 지방하천의 홍수·가뭄의 위험이 상존하고 있으며 하천의 건강성 회복에 대한 사회적 요구 증대로 인해 하천 환경에 대한 개선 요구가 끊임없이 제기되는 실정이다. 최근 5년간 하천 피해액의 98.7%가 지방 및 소하천에서 발생하고 있으며, 이는 재난경보체계 구축을 위한 예산 투자 부족, 예·경보 시설의 노후화, 관련 기관 간 정보 공유의 어려움으로 인해 발생한다.

(2) 문화적 욕구

국민의 삶의 질 향상으로 인해 친수 공간에 대한 관심과 수요가 날로 증가하고 있다. 잠재 가치가 있는 경관은 생태·관광·레저 명소로 조성해 친수 레저 활성화와 수익 창출의 기반으로 만들 수 있다. 또한 댐이 지닌 수려한 자연·수변 경관을 활용해 생태·휴식 공간 확충에 적극 기여하고 관광·문화·휴양이 있는 열린 댐의 조성을 통해 국민이 좀 더 안락하고 삶의 여유를 즐길 수 있는 문화적 욕구를 충족시킬 수 있도록 해야 한다.

이제는 친수 공간이나 수변도시 등이 하천이나 어메니티의 키워드가 되었다. 물은 이제 이수와 치수 등 본래의 기능과 생태·환경·경관 등 2차적 기능을 넘어 새로운 부가가치를 창출할 수 있는 생산재로서의 역할을 한다. 그리고 이러한 변화는 지속적인 경제발전과 삶의 질 향상을 추구하는 국민들에게 좋은 기회를 가져다줄 것이다. 이렇듯 물은 사회적·문화적·역사적·경제적 요소와 결합해 다양한 효과를 거둘 수 있으며, 물에 관한 중요성 인식 등 국민의 많은 의식 변화를 유도할 수 있다. 물, 자연, 그리고 사람의 조화로운 결합을 위한 노력은 이미 곳곳에서 나타나고 있다. 한강, 낙동강, 서해, 남해 등에서 추진되었거나 추진 중인 수변도시 조성이 좋은 예다. 특히 서해안 시화지구의 경우 바다와 녹지를 함께 볼 수 있을 뿐만 아니라 도시와 친수 공간의 조화로운 어울림이 가능한 곳이다.

또한 주거, 산업, 물류, 에너지, 연구, 생태, 레포츠, 문화, 관광이 함께 어우러질 수 있는 미래형 수변도시를 지향하는 곳이기도 하다. 1990년대 중반 시화호의 오염이 큰 사회적 문제가 되기도 했지만 해수 유통을 통해 수질, 대기, 생태 등을 종합적으로 개선하기 위한 모두의 노력으로 과거 오염의 그림자는 사라졌다. 이제는 생명과 에너지가 넘치는 시화호로 다시 태어났으며, 세계 최대 조력발전소를 중심으로 신재생에너지 산업의 메카로 부상하고 있다. 또한, 기후변화 대비 등 미래형 도시 계획을 바탕으로 송산그린시티가 조성되고 있으며, 문화, 관광, 레저 등이 종합적으로 반영된 공간으로, 수도권 최대의 경쟁력을 가진 세계적 문화도시로 개발 중이다.

하천은 끊임없이 변화하고 종횡 방향으로 생물의 분포가 끊이지 않고 연속적인 공간을 연출한다. 이에 따라 하천은 끊임없는 변화 과정 속에서 적응하며 다양성을 더욱 풍요롭게 하는 기능이 있다. 아울러, 시간과 공간의 산물이며 많은 이야기와 문화를 창출하게 된다. 과거와 현재, 미래를 아우르는 물 문화의 창출도 필요하다.

(3) 활용적 욕구

물은 식량이나 에너지 생산 등과 매우 밀접한 관계가 있다. 이에 따라 전 세계적으로 물과 식량, 물과 에너지, 또는 물-식량-에너지의 넥서스 프로그램에 대한 관심이 증가하고 있는 실정이다.

물은 에너지원의 개발, 수송 및 처리뿐만 아니라 화석연료를 대체할 수 있는 신재생에너지, 특히 바이오 연료의 생산에 반드시 필요한 자원이다. 반대로 물의 생산·처리·수송을 위해서도 상당한 양의 에너지가 소비된다. 2008년 미국에서 사용된 전체 물 소비량의 27%가 에너지 부문에서 사용되고 있다는 점만 보아도 에너지는 물 집약적 산업이라 할 수 있으며, 에너지와 물은 상호 밀접한 관련성을 가지고 있다. 결국 수력이나 조력 등과 같이 물을 이용한 에너지 생산과 물 생산·공급 과정에서 필요한 에너지의 효율성 증대와 절감 등이 물의 활용적 욕구를 충족시키는 데 매우 중요한 요소이다. 물의 유한성에 대한 심각한 인식과 에너지 생산을 위해 사용되는 물의 양에 대한 고려가 부족했던 과거와는 달리, 최근에는 기후변화에 따라 새로이 나타나는 강수 패턴의 변화로 인해 에너지와 물에 대한 새로운 시각의 접근이 강조되고 있다. 이를 위해 에너지 소비에 대한 객관적 예측과 수자원의 양과 분포에 대한 올바르고 신뢰할 수 있는 정보의 구축이 진행되어 에너지와 물 정책을 통합적인 시각에서 바라보아야 한다.

또한, 물은 식량 안보의 핵심이며, 전 세계적으로 담수 사용의 70%가 관개 농업용으로 사용되는 실정이다. 「세계물개발보고서」(UNESCO, 2012)에 따르면, 2050년경에는 세계 식량 수요가 지금보다 약 70%가량 증가할 것으로 예상되며, 농업용수 수요량도 현재 대비 약 19% 증가할 전망이다. 전체 물 사용량의 대부분이 식량 생산을 위해 사용되고 있으며, 인구 증가에 따른 식량 수요의 증가는 물 수요의 증가와 연계되어 있어 물 위기는 곧 심각한 식량 위기를 초래할 수 있다. 또한, 식량과 바이오 연료 생산을 위해 향후 물 수요는 지속적으로 증가할 것으로 전망되며, 인구 증가에 따라 미래 농업용 물 수요 예측의 불확실성은 날로 커지고 있는 실정이다.

3) 시사점

전술한 바와 같이, 물 관리의 현황은 지역적 혹은 계절적 강수량의 불균등에 따른 수자원의 한정성과 최근 기후변화에 따른 수자원의 변동성, 그리고 법과 제도 등의 미비에 따른 관리와 효율성 저하를 초래하고 있는 제도의 분절성 등으로 인해 공급적 측면에서 물 관리의 한계를 드러내고 있다. 그러나 물에 대한 국민의 수요는 날로 다양해질 것으로 예상된다. 따라서 공급의 한계를 극복하고 다양해지는 수요를 충족하기 위해서는 미래 물 관리에 대한 새로운 패러다임의 전환이 필요하며, 가장 중요한 자원 중 하나인 물 관리 문제는 지속가능 개발을 위한 첫걸음이다. 이를 위해서 전 세계적으로 여러 가지 방안 중 효율성·공평성·지속성으로 구성된 통합 물 관리가 가장 합리적이고 과학적인 대안으로 평가받고 있다.

통합 물 관리는 1980년대에 물을 둘러싼 다양한 이용자 사이의 경쟁, 생태계 보전에 대한 필요성 인식, 수질오염 및 기후변화로 이용 가능한 물의 감소 등 수자원에 관한 압력이 증가함에 따라 이에 대응하고 해결하기 위해 나타났다. 이러한 통합 물 관리 개념은 1977년 아르헨티나에서 열린 세계물회의에서 최초로 등장했으며, 1992년 영국 더블린 선언과 브라질 리우 정상회담 이후 물 위기 확산에 따라 통합 물 관리가 새로운 물 관리 패러다임으로 제시되었다. 이러한 국제적인 흐름을 통해 물 관리에서 총체적 접근 방법에 대한 필요성과 공감대가 확산되었다. 2002년 "지속가능한 발전에 대한 세계정상회의(WSSD)"에서는 지속가능한 개발을 달성하기 위한 주요 요소에 통합 물 관리를 포함하고, 개발도상국의 지지하에 요하네스버그 실행 계획(Johannesburg Plan of Implementation: JPOI)을 합의했다. 최근에는 2009년 제5회 세계물포럼(World Water Forum)에서 IWRM 가이드라인(IWRM Guidelines at River Basin Level)이 발표되었으며, 제4차 「세계물개발보고서」(UNESCO, 2012)에서도 이전

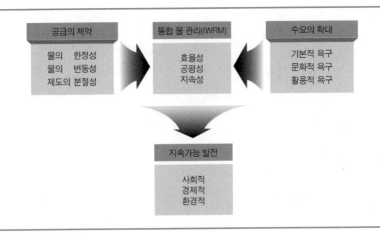

제1~3차 물개발보고서와 마찬가지로 통합 물 관리는 여전히 비중 있게 논의되고 있다.

통합 물 관리는 정확한 하나의 정의가 존재하지 않으며, 나라마다 혹은 관련 기관에 따라 다양한 정의와 개념이 정립되어 이용되며, 최근 세계적으로 '통합 물 관리(Integrated Water Resources Management: IWRM)'라는 용어가 가장 많이 사용되고 있다.

통합 물 관리에 대한 다양한 개념 중 국제 수자원 관리 네트워크인 GWP (Global Water Partnership)에서 정의한 내용이 가장 보편적으로 인용되며, "생태계의 지속가능성을 저해하지 않고 공평한 방법으로 물·토지 및 관련 자원의 개발과 관리를 유기적으로 실행함으로써 경제 및 사회복지를 극대화하는 과정"으로 정의한다. 한국은 일반적으로 조금 더 구체적인 정의를 활용하는데, "지속가능한 수자원 이용을 위해 수량·수질·생태·문화(주민)를 고려해 유역 등 효율이 극대화되는 단위로 통합 관리하는 것"으로 본다. 즉, 통합 물 관리는

〈그림 11-5〉 통합 물 관리 패러다임

기존 물 관리	통합 물 관리
• 수량관리 중심 • 지표수 위주의 관리 • 정보공유체계 미비, 통합 관리 시스템 부재 • 거버넌스 부재	• 수량, 수질, 생태 포괄 • 지표수, 지하수, 대체수자원 통합 • 통합 시스템 및 정보 공유 • 거버넌스 체계의 구축 • 공평성, 효율성, 지속가능성 고려

자료: 한국수자원공사(2014).

〈그림 11-6〉 통합 물 관리 개념도

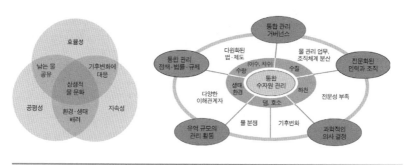

자료: 한국수자원공사(2014).

수자원 이용의 사회적 효용을 극대화하기 위해 수자원뿐 아니라 수자원과 직접 혹은 간접적으로 관련된 모든 자원에 대한 관리까지 함께 증진해가는 과정이다.

통합 물 관리는 한정된 자연 자원과 재정적·인적 자원이 주어진 상태에서 수자원과 물 서비스로부터의 경제적 편익과 사회적 복지를 극대화하는 효율성, 이해당사자 간의 갈등을 최소화하고 사회적으로 지속가능한 개발을 촉진하기 위해 부족한 수자원과 물 서비스를 다수의 경제적 혹은 사회적 집단에 균등하고 합리적으로 분배할 수 있는 공평성, 수자원과 생태계의 건강성 유지를 위협하지 않도록 수자원을 잘 관리함으로써 다음 세대가 물의 효율성을 지속적으로 향유할 수 있고 생태계가 건강하게 유지될 수 있도록 배려하는 지속성을 달성할 수 있는 효과적인 방안이라 할 수 있다. 따라서 새로운 방향의 미래 물 관리는 통합 물 관리의 관점에서 논의되어야 할 것이다.

3. 미래 수자원 관리 방안

통합 물 관리를 실현하기 위해서는 물 관리 현실에 대한 정확한 진단을 통해 방향을 설정하고 구체적 실행 방안을 마련해야 한다. 이를 위해서는 과거의 구조적인 하드웨어 접근법뿐만 아니라 소프트웨어적인 비구조적 방법도 함께 고려해야 하며, 지금까지의 사고와 방식을 전면적으로 바꾸는 혁신적인 접근 방법과 제도 및 요소 등을 종합적으로 고려한 새로운 방식의 통합적 접근 방안을 함께 고려해야 한다.

이와 같은 범주 속에서 현재의 물 관리를 진단해보면 먼저 효율성 부분에서는 최근 기후변화에 선제적으로 대응하기 위한 물 재해 예방, 물 생산·공급 과정에서 저에너지 생산, 그리고 기관별 또는 목적별로 다원화되어 있는 관리 주체 및 법제도의 다원화 등으로 나누어진다. 공평성에는 수량과 수질의 지역적 불균형, 안정적 수자원 확보, 건강한 물 공급 등이 포함될 수 있다. 마지막으로 지속성은 수생태 건전성 확보, 물 문화 창출(amenity), 식량 및 에너지 생산 등을 고려할 수 있다. 제시된 현안 진단사항들을 해결하기 위한 방법으로는 시설물 위주의 하드웨어나 운영 위주의 소프트웨어 그리고 두 가지 방법의 조합으로 분류될 수 있으며, 이는 다시 통합적 물 관리 방안과 혁신적 물 관리 방

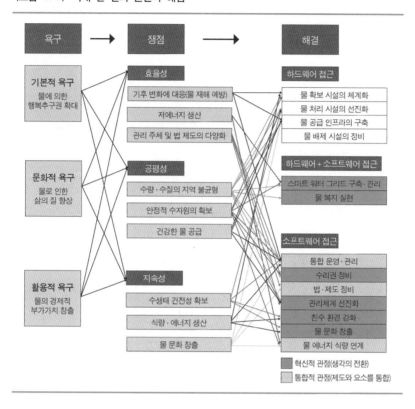

안으로 구분되어 다양한 솔루션과 세부 실행 방안들이 조화롭게 연결 추진되어야 한다.

1) 통합적 물 관리 방안

통합적 물 관리는 기존의 시설물 운영 또는 개별적이고 제한적으로 관리되어온 기법들을 전체적으로 통합해 관리하거나 기관별·유역별로 집행·적용되어진 법과 제도의 통합 정비, 그리고 상호 밀접한 연계성이 있는 물-에너지-식량의 넥서스 구축 등 개별적이고 단독으로 운영·관리되는 실행 도구들을 전체적으로 관리해 실행하는 방안을 의미한다.

(1) 통합 운영 및 관리

최근 한국의 물 관리 이용 현황을 살펴보면 물 이용 패턴이 과거와는 상당히 다른 양상을 보인다. 즉, 농업용수가 아직도 물 수요의 절반을 차지하지만 사회적·경제적 발전과 국민의 삶의 질 향상에 따라 생활용수, 공업용수, 레크리에이션 용수의 수요와 중요성이 날로 커지고 있다. 그러나 기후변화에 따른 이상 가뭄 현상, 산업화와 도시화에 따른 용수 수요의 급증, 각종 오수와 폐수의 증가로 인한 수질오염이 가속화되어 사용가능한 물이 점차 줄어들고 있는 상황이다. 더불어 용수 사용이 급증함에 따라 용수 부족, 홍수, 수리권 등 물 관련 갈등과 분쟁이 점점 심화되고 있는 실정이다(권순국 외, 2008).

이러한 갈등이 대두되는 가장 중요한 이유 중 하나는 수자원이 공유재라는 국민적 인식이다. 수자원과 같은 공유재의 관리는 세계 어느 나라 또는 어느 곳을 막론하고 대단히 어려운 문제이다. 수자원 관리는 단순히 기술적인 문제라고 치부할 수 없으며 정책, 가격, 시설 및 설비 등을 포함하는 다양한 수단의 결합이 필요하다. 이와 같이 물과 관련된 업무의 폭이 매우 넓기 때문에 물 관리 업무는 일반적으로 이수, 치수·수질, 생태, 환경, 발전, 토지 이용 등 다양한 기관과 규정, 제도 등으로 분산 관리되어왔다.

최근 유역 종합개발 계획과 연계한 지속가능한 수자원 개발 개념이 도입됨에 따라 분산 추진해왔던 기존의 수자원의 개발·이용·관리 사업들에 대한 통합 필요성이 강조되기 시작했다. 유역의 핵심 현안사항을 유역 단위의 통합 물 관리 실행기반을 마련함으로써 공감대를 형성해 해결 방안을 모색하는 것이라 할 수 있다. 예를 들어, 영산강·섬진강 유역에서는 물 이용 및 배분 불균형과 하류 지역 민원 등을, 환경 변화를 고려해 합리적인 물 배분체계에 관한 조정 방안을 마련해 유역 간의 합의를 도출할 필요가 있다. 또한 낙동강 유역에서는 맑은 물 공급과 물 배분 및 공급의 갈등을 정부 주도의 통합 거버넌스를 통해 공평한 물 이용 모델을 제시함으로써 유역 주민들이 좀 더 양질의 풍부한 물을 공급받을 수 있다. 아울러, 금강 유역에서는 충청권 용수 부족 및 물 공급 기능 저하에 따른 갈등을 정부 및 전문가 주도로 상·하류 물 배분 모델을 구축하고, 이를 지역 간 협의를 통해 해결할 수 있는 방안을 제시함으로써 해당 지역이 상생할 수 있는 방안이 마련될 수 있을 것이다.

(2) 법과 제도 정비

일본은 2014년 8월 '물순환기본법'을 시행함으로써 그동안 부처별로 분산되었던 물 관리 업무를 일원화하기 위한 발판을 마련했다. 한국의 물 관리 법령은 1961년 '하천법'의 제정을 시작으로 수자원 개발과 관리, 재해관리, 수질 및 환경관리 등 필요에 따라 다양한 법령들이 제정 또는 개정되어왔으나, 아직까지 국가 차원의 물 관리 목표와 기본 원칙의 규정은 미비한 실정이다. 그동안 다섯 차례에 걸쳐 '물 관리기본법(안)'을 통과시키기 위한 노력을 기울여왔으나, 내용에 대한 합의에 이르지 못해 아직까지 실현되지 못하고 있다.

그러나 물 관리 패러다임의 변화로 통합 물 관리의 필요성이 점차 인식되고 있는 바, 통합 물 관리에 대한 모든 구성 요소의 체계화와 실행력 담보를 위해서도 총괄적으로 정책적 규범 성격을 지닌 법률의 제정은 반드시 필요하다. 이 경우 물 관리기본법은 물 관리의 기본 원칙 및 정책의 기본 방향을 제시해주는 역할을 하되, 현재 물 관련 법령체계를 유지하면서 현 법률상에서 미비한 점과 상충되는 점을 정비하고, 관련 법령 간 유기적인 연계성이 이루어지도록 제정되어야 할 것이다. 물 관리기본법 제정은 수량과 수질, 지표수와 지하수, 물과 토지 자원 및 다양한 용수 이용의 통합 관리, 유역 단위의 관리 등 물 관련 전반의 통합관리체계를 마련해 지속가능 발전을 위한 미래 물 관리의 토대가 마련될 수 있을 것이다.

(3) 물, 에너지, 식량 넥서스

1960년대 초에서 1990년대 후반 세계 인구는 거의 2배로 증가했으며, 2012년에 발표된 OECD 환경 전망에 따르면 2050년에는 세계 인구가 90억 명에 육박할 것으로 예상한다. 또한 기후변화로 인해 빈번하게 발생하고 있는 자연재해와 사막화가 진행되어 주요 대륙의 곡창지대가 위협을 받고 있고, 개발도상국의 경제성장으로 도시화가 계속 진행되고 있기 때문에 향후 식량, 물, 에너지 등과 같은 자원의 부족 문제는 더욱 악화될 전망이다.

2011년 독일의 본에서 개최된 넥서스 회의(Nexus Conference)를 계기로 식량-물-에너지 넥서스가 국제 의제화된 이후 세계 선진국에서는 식량-물-에너지 넥서스가 국가의 경제성장과 지역개발의 지속화를 유지하는 데 매우 중요한 의제임을 인지하고 이에 대한 효율적 관리 방안을 마련하고자 국가적 역량을 집중시키고 있다.

식량-물-에너지는 상호 매우 유기적인 관계를 갖고 있다. 물은 식량 생산을 위해 반드시 필요한 자원이며 현재 전 세계 물 이용량 중 70%를 농업용수로 이용하고 있다. 또한 2050년까지는 농업용수가 90%까지 상승할 수 있다는 전망도 나온다. 물-에너지의 경우에는 용수공급이나 수처리에 에너지가 사용되는 반면, 수력발전과 같이 에너지 생산에 물이 사용되기도 하며, 화력·원자력 발전에도 많은 양의 물이 소비된다. 일반적으로 석탄을 사용하는 화력발전의 석탄 채굴 과정에서 MWh(megawatt hour)당 20~270리터를 비롯해 전력 생산 과정에서 1200~2000리터 등 모두 1220~2270리터의 물이 필요하며, 원자력발전의 경우 우라늄 채굴에 170~570리터, 전력 생산 과정에 2700리터 등 모두 2870~3270리터의 물이 사용된다. 또한, 물이 가장 부족한 중동 지역에 설치되고 있는 담수화 시스템은 실로 많은 양의 에너지가 필요하다. 염분이 섞인 지하수 100만 리터를 담수화하는 데 200~1400KWh의 전력이 소모되며, 바닷물은 100만 리터당 3600~4500KWh의 전력이 필요하다(국제수문개발계획, 2012).

이와 같은 물과 식량, 물과 에너지는 상호 유기적 관계가 유지되고 있다. 따라서 상기의 문제들을 단일 문제로 해결할 수 없고, 식량-물-에너지를 통합된 관점에서 보아야 할 것이다. 이에 따라 물과 식량, 에너지의 넥서스에 대한 역량을 확보하고 관련 자료의 축적과 지표, 정책 등의 수립이 적극적으로 추진되어야 할 것이며, 이러한 넥서스에 대한 이해를 통해 식량-물-에너지 등의 상호 의존성을 고려한 인프라 투자, 보조금 등 인센티브, 조세 정책 등과 같은 새로운 정책도 마련되어야 한다. 아울러 물·에너지 사용의 효율을 극대화시킬 수 있는 기술로 저에너지를 활용한 물 인프라 운영 기술이나 미량의 농업용수로 다량의 식량을 생산하는 기술 등과 같은 신개념 기술도 함께 발전시켜야 할 것이다.

2) 혁신적 물 관리 방안

혁신적 물 관리 방안은 과거에는 생각하지 못했으나 현재 시점에서 사고와 발상의 전환을 통해 다양한 물 문제를 해결할 수 있는 방안이 혁신적 실행 방안이다. 혁신적 실행 방안에는 물 관리에 첨단 ICT 기술을 접목한 스마트 워터 그리드, 모든 국민에게 공평한 물 서비스를 실현할 수 있는 물 복지, 수리권이나 물 관리 체계 개선, 수변 공간의 창출 확대를 통한 친수 기능의 강화 및 물 문화 창출 등이 포함될 수 있다.

(1) 스마트 워터 그리드

기후변화와 이로 인한 수재해의 증가 및 수질오염 등으로 물 안보에 대한 중요성이 부각되고 있다. 특히 한국의 수자원은 기후변화로 인한 불확실성의 증가와 시공간적인 불균형 등의 문제가 발생하고 있다. 이에 기존의 물 관리 패러다임에서 탈피해 안정적인 물 확보와 건강한 물 공급을 위한 방안으로 스마트 워터 그리드(Smart Water Grid: SWG) 기술이 주목받고 있다. 스마트 워터 그리드란 하천과 댐 저수지뿐 아니라 지하수, 재이용수, 해수 등 모든 활용 가능한 수자원을 통합적인 관점에서 효율적으로 이용하고 관리하기 위한 기술로, 시공간적 네트워크를 구성해 양방향·실시간 운영이 가능하도록 하는 것이다. 즉 원수에서 수도꼭지까지의 물 공급에 대한 전 과정을 일괄 관리하는 수도망 구축뿐만 아니라, 필요시 원수와 수도 간 연계 활용을 통해 상류와 하류, 댐과 하천 등을 스마트하게 관리하는 시설망 구축·관리를 포괄할 수 있다.

스마트 워터 그리드기술은 전 세계적으로 아직 초기 단계로 미국, 호주, 유럽연합(EU) 및 이스라엘 등에서 기술 개발이 이루어지고 있으며, 특히 미국 IBM사를 중심으로 첨단 IT 기술을 활용해 수자원 통합솔루션 및 시스템 제공 사업에 진출했다. 한국의 경우 수자원 확보 및 수자원 격차 해소, 수질 및 물 공급 그리드의 안정성 확보, 저에너지 고효율 지능형 유지관리를 목표로 기술 개발을 추진하고 있다. 기술 개발의 방향은 큰 틀에서 물 부족 위험에 대한 예측·평가를 통한 물 부족에 대한 선제적 대응, 다중 수원으로부터 공급 지점까지의 지능형 물 생산 및 공급을 통한 안정적이고 경제적인 물 생산, 그리고 댐과 하천을 포함한 상·하류 유역 수자원망의 실시간 모니터링을 통한 건강한 물 관리로 설정해 추진하고 있다. 또한, 각 기술의 개발을 위해 수원별 사용량의 모니터링, 시공간적인 물 부족 및 물 수급의 예측·평가, 다중 수원의 혼합·연계 운영 방안, 양방향 실시간 정보 제공 등 다양한 연구가 수행되고 있다. 이와 더불어 전략적인 기술 개발과 효율적인 관리를 위해서는 스마트 워터 그리드 기술에 대한 표준체계의 구축과 법과 제도 개선이 뒷받침되어야 하며, 이를 통해 해외시장을 확대함으로써 국부 창출에도 기여할 수 있을 것이다.

〈그림 11-8〉 스마트 워터 그리드의 개념도

(a) 수자원 분야

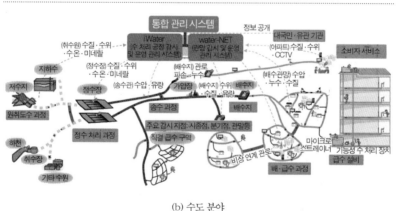

(b) 수도 분야

향후 스마트 워터 그리드는 기존의 지능형 검침 인프라 중심에서부터 양방향 통신에 의한 수요와 공급의 최적화 개념이 유역 및 국가 수자원 관리에도 확대 도입될 것으로 전망되며, 한국에서도 실증·실용화 기술로 발전할 것으로 예상하고 있다. 시공간적으로 안정한 수자원 확보와 안정적인 물 공급 및 배분

기술, 기후변화를 고려한 물 수지 평가 및 물 부족 관리 통합 시스템뿐만 아니라 양방향·실시간의 최적 물 관리 기술 확보와 지능형 계측기 및 운영 네트워크 기술 개발을 통해 한국의 스마트한 물 관리 기반을 구축할 수 있을 것이다.

(2) 물 복지 실현

물 복지란 인간의 생존에 필수적인 최소한의 물 서비스를 경제적 능력이나 사회적 지위에 관계없이 모든 국민에게 고루 제공함을 의미한다. 하지만 안정적 수자원 확보를 위한 국내 여건은 더욱 어려워지는 반면, 지역 간 물 격차 심화와 물 이용 패턴의 변화로 국민의 물 복지에 대한 기대 수준은 예전보다 크게 상승하는 등 물 관리 여건은 새로운 도전에 직면해 있다.

특히, 도서 해안 및 산간 지역은 기존 용수공급 체계의 한계로 상습 물 부족이 발생하고 있으며, 특히 상수도의 보급·확대에 현실적인 한계가 있다. 도서 지역은 소규모 저수지, 지하수 관정, 해수 담수화 시설을 건설해 운영하고 있으나 강우 상황에 따라 가뭄에 민감하고, 산간 지역은 가뭄 발생 시 임시방편적인 지하수 개발과 부실한 사후관리로 인해 가뭄 재발 시 효과적인 대처가 곤란한 상황이다. 따라서 지표수 등 수자원 개발 여건이 근본적으로 열악한 지역은 지하수를 활용하는 정책을 추진할 필요가 있다. 가뭄 발생 시 활용 가능한 공공 지하수 관정의 현황 파악을 통해 DB를 구축하고 효율적인 지하수 공급 체계를 마련하며, 공공 관정의 진단 보수를 통해 가뭄 발생 시 활용할 수 있도록 유지할 필요가 있다.

한편 2012년 OECD 환경전망 2050에 의하면, 낮은 물값이 상수도 설비를 확장할 재원을 빼앗고, 빈곤층이 민간 판매자로부터 열악한 수질의 물을 구매하도록 강제하기 때문에 싼 물값은 빈곤층에게 가장 피해를 주게 된다고 밝혔다. 물과 물 관련 서비스에 올바른 가격을 부과하는 것은 사람들이 물을 낭비하지 않게 하고, 오염을 줄여 물 관련 인프라에 더 많이 투자하도록 유도하는

〈표 11-5〉 수원 및 공급 시설별 물 공급안전도 비교

수원	공급 시설	물 공급안전도	주공급 지역	상수도 보급률
	다목적댐, 광역·지방상수도	20~30년 가뭄	시 지역	99% (4239만 명)
	하천, 용수댐, 지방상수도	10년 가뭄	읍 지역	92% (386만 명)
	소하천, 지하수, 마을상수도 등	10년 이하 가뭄	면 지역 (농어촌)	63% (563만 명)

자료: 환경부(2013).

방법 중 하나이다. 이를 위해 적정한 물 서비스를 공급받을 수 있는 방향으로 원가산정 구조를 개선하고 피규제기관의 자율적인 효율 개선을 유도하는 경제적 규제 체계로 전환하며, 취약 계층이 경제적·사회적 능력과 상관없이 양질의 물 서비스를 받을 수 있는 물 복지 정책의 도입이 필요하다.

(3) 수리권 정비

통합 물 관리의 실현을 위해서는 시대적 패러다임을 반영한 법과 제도의 정비가 필연적으로 수반되어야 한다. 물은 시대적 변화에 따라 그 가치가 점차 복잡하고 다양해지고 있으며, 이에 따라 더 많은 물, 더 깨끗한 물을 확보하기 위한 욕구는 지금까지와는 전혀 다른 형태의 사회적 갈등을 유발하고 있다. 수리권(水利權)은 하천수와 같은 공수(公水)를 지속적이고 배타적으로 사용하는 권리를 의미하는 비법률적 용어로, 1961년 하천법이 제정되고 1970년대 댐 건설이 이루어지면서 관행수리권, 허가수리권, 기득허가 물량 등 여러 가지 수리권으로 구분되어 있다.

〈그림 11-9〉 수리권의 구분 시점에 따른 분류

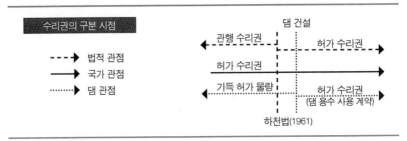

그러나 최근 법적 근거가 없는 지역수리권이란 개념까지 등장하고 있는 실정이다. 따라서 '민법', '하천법', '댐법', '농어촌정비법' 등 각 분야별로 산재되고 상위관계가 불분명한 수리권 관련 규정이 있는 한, 물 분쟁의 소지를 계속적 내재하게 된다. 또한 기후변화로 인한 물 부족이 심화될 전망이므로 이에 따른 지역 간 물 분쟁 증가에 적극 대응할 필요가 있다. 특히, 몇몇 지자체에 집중된 기득 물량은 자기 지역의 물은 자신들의 것이라는 배타적인 인식을 더욱 공고히 하여 하천수에 대한 공개념을 훼손하므로 통합 물 관리의 공평성과 효율성을 저해하게 될 것이다. 더욱이 수리권을 과다 선점한 지자체는 사용하지 않는 물량을 보유하는 데 부담이 없어 여유 물량의 효율적 이용을 저해하고 불필요한 투자 중복을 야기할 수 있으므로 이에 대한 정비도 시급하다.

결국 모든 사람이 물의 편익을 골고루 향유할 수 있도록 물을 사용할 수 있는 모든 권리는 국가로부터 일정 기한 허가를 받아 취수하고 이용하는 국가 허가수리권 제도를 도입할 필요가 있다. 이를 통해 허가 없이 임의적으로 사용하는 관행수리권을 허가수리권으로 유도하며, 특히 지자체의 재산권처럼 인식하는 기득 물량을 허가수리권으로 유도해 하천수에 대한 공개념을 정착시켜야 한다. 더불어 물의 지역 간 이동으로 인해 상류 지역의 피해 의식이 팽배해 물 분쟁 조정에 어려움이 발생하므로 피해 지역을 지원하기 위한 재원 마련과 규제 개선에 대한 검토도 함께 이루어져야 할 것이다.

(4) 관리체계 선진화

중앙 부처의 다원화된 물 관리 조직체계는 전문성을 유지하는 측면에서는 긍정적 평가도 있지만 부처별 관련 법률의 운영 및 사업 계획의 수립, 관리 주체에 따른 기능, 하천 등급 및 행정구역 차이로 인해 업무가 중복되고 예산이 낭비된다는 지적이 있다. 따라서 다원화된 물 관리 체계로는 일관된 국가 차원의 수자원 정책의 수립이나 협력이 어려울 수밖에 없다. 「세계물개발보고서」 (UNESCO, 2003)는 비효율적인 물 관리 체제를 물 문제의 주요 원인으로 분명히 지적하고 있으며, 이는 1980년대 이후 시대의 흐름에 따라 꾸준히 발전된 국제사회의 물에 대한 인식과 궤를 같이 한다. 그러므로 지속가능 발전을 위한 수자원 관리를 위해서는 중앙정부가 국가 물 관리의 큰 그림을 계획하고, 물 관련 공기업 또는 지방자치단체는 중앙정부의 계획을 바탕으로 총괄 관리를 수행해 유역 중심의 통합 관리, 건강한 물 공급, 수재해 선제 대응이 이루어질 수 있도록 액션 플랜을 진지하게 검토해야 한다. 아울러, 물 관리 현안을 신속하고 슬기롭게 해결하고 상호 간 신뢰를 구축하기 위한 협력적 물 거버넌스 기반을 마련하는 방안도 적극 모색할 필요가 있다.

유역별 물 관리 위원회와 같은 통합 거버넌스 기구를 통해 지역민들의 의사를 반영해 이해관계자 간 불필요한 소모전을 사전에 차단하고 사회적·경제적 손실을 최소화함으로써 지역의 물 문제 해결에 공동으로 대응할 수 있는 합리적인 대안을 마련할 수 있다.

(5) 친수 기능의 강화

물 관리의 기본적인 기능은 크게 이수와 치수, 그리고 환경보전으로 구분할 수 있다. 그러나 국가 정책 및 물 관리 패러다임 변화에 따라 이수, 치수, 환경

보전이라는 전통적 물 관리에서 생태계를 보호하면서 지속적으로 맑고 건강한 물을 공급하며, 국민들이 쾌적하고 편안하게 이용 가능한 수변 공간을 창출하는 친수가 물 관리 기능에서 중요한 가치로 평가되고 있다.

산업도시의 공중위생과 보건, 생활환경의 질을 개선하기 위한 도시설계 차원에서 부각된 어메니티는 최근 하천 및 하천 주변과 접목되면서 저수로, 습지, 고수부지 등 수변의 다양한 경관을 창출하며, 지역 주민에게 편안한 여유 공간으로 제공된다. 흔히 하천에서 친수와 혼용되어 쓰이는 하천 어메니티의 개념은 단순히 쾌적함과 편리함으로 정의될 수 없는, 인간이 기분 좋다고 느끼는 종합적이고 총체적인 환경의 질로서 경제, 정치, 발전 수준과 가치관, 관습에 따라 변화하고 경제적 가치를 지니는 개념이다. 따라서 경관, 분위기 또는 이미지, 주변 지역과의 관계성, 잠재되어 있는 생태적 또는 문화적 가치 등을 모두 포함하는 것으로 친수를 포함하는 한 단계 높은 개념이라 할 수 있다.

국외 사례로 미국 샌안토니오 리버워크는 과거 홍수 조절을 위한 운하를 개축해 관광 및 시민들의 휴식 장소로 탈바꿈했다. 기존의 시설을 최대한 활용하고 지역 특성을 반영한 개발 계획을 수립해 하천과 수변을 새로운 문화 공간으로 재창조해 연 2000만 명의 관광객이 찾는 명소가 되었다.

최근 한국에서도 낙동강이나 금강 등 국가하천 주변에 수변 구역의 접근성을 개선하고 공원, 캠핑장 및 체육 시설 등 각종 위락 시설을 도입해 과거에 단절되었던 수변 공간에 어메니티를 부여하고 있다. 이러한 수변 공간의 어메니티를 높이기 위해서는 국민들이 언제든 편안히 찾을 수 있는 나무 그늘 쉼터나 자연의 아름다움을 느낄 수 있는 경관은 물론 주변의 생태, 환경 그리고 문화와 잘 융화될 수 있는 공간의 창출이 요구된다. 특히, 수변은 물이 인접한 지역이므로 항상 맑은 물이 유지될 수 있어야 하므로 통합 물 관리와 스마트 워터 그리드 등과 같은 물 관리 기법 등의 적용을 통해 경관을 고려한 하천유지 유량이 평가되어야 하고, 수량 및 수질이 확보되어야 한다.

(6) 물 문화창출

오늘날 물에 대한 가치와 기능은 과거 이수와 치수 목적의 경제적 관점뿐만 아니라 환경생태적이나 사회 문화적 기능과 가치가 조화되어야 한다는 관점으로 변화되면서 물의 다양한 가치와 기능을 통합할 수 있는 종합적인 접근 필요성이 대두되고 있다. 미국은 물 관리 정책에서 경제적 측면 이외에 수자원의 공평성, 보존 및 생태와 같은 다양한 측면이 균형을 이루어야 한다고 강조하고 있으며, 한국에서도 1996년부터 물 관리 종합대책을 비롯해 수자원의 다양한 측면의 가치를 고려한 통합적인 물 관리 정책이 본격적으로 시행되어왔고, 이에 따라 물 문화도 발전되어왔다.

1990년대 후반에는 훼손된 하천의 생태계 복원이나 생물 다양성 확보, 심미적 공간으로서의 하천의 친수 기능을 제고하고자 하는 생태적 접근 방법이 대두되었고, 다양한 자연형 하천 조성사업에 반영되어왔다. 그리고 2000년대 이후에는 하천 관리에 치수와 이수, 생태적 기능 이외에 역사문화적 가치와 기능이 강조되어왔으며, 대표적인 사업으로는 '고향의 강(2010)' 사업, '문화가 흐르는 4대강 살리기(2010)' 및 '강변 문화관광 개발계획(2011)' 사업 등이 추진되었다. 또한 지역의 역사와 문화적 자산을 고려한 물 문화 행사가 지속적으로 개최되고 있으며, 다양한 지역 콘텐츠 개발을 통한 지역의 경제적 효과도 도모하는 추세이다. 아울러 최근의 생태하천 조성사업은 하천의 생태뿐만 아니라 역사와 문화 자원을 고려해 보전지구와 복원지구를 설정해 추진하고 있으며, 복원지구의 경우 사적지 및 문화재와 연계해 학습 공간을 조성하는 등 문화자산을 육성하기 위한 프로그램이 개발되고 있다. 이러한 물 문화는 하천에 국한된 것이 아니라 기존의 댐 저수지 및 신규로 조성되는 댐 주변 지역에서도 활발히 진행되고 있다. 특히 댐 저수지 조성으로 인해 훼손되거나 상실된 생태환경과 지역 문화재를 보존하고 복원하고자 하는 많은 사업이 추진되어왔다.

그러나 미래의 물 문화를 좀 더 개선하고 발전시키기 위해서는 무엇보다 물에 대한 다양한 가치와 기능이 조화롭게 연계·추진되어야 할 것이다. 특히 물로 인해 소외되고, 삶의 터전을 잃은 지역 주민들의 의견을 수렴해 지역의 지속가능한 발전을 실현할 수 있는 목표를 설정하고, 이를 구체적으로 실천할 수 있는 물 문화를 창출할 수 있도록 노력해야 한다.

4. 나가며

최근 한국 사회는 지속가능한 발전에 대한 많은 관심과 함께 이를 사회 전반에 정착시키기 위한 다양한 논의가 시작되었으며, 이를 위해서는 각 분야별 진단을 통한 새로운 대안을 시급히 마련해야 할 것이다. 한국 사회의 다양한 분야가 서로 조화되고 이를 통해 지속가능한 미래 사회를 실현하기 위해서는 새로운 개념과 접근 방법이 필요하며, 국제사회는 지속가능 발전을 새로운 시대를 준비할 수 있는 가장 적합한 의제로 받아들이고 있다. 지속가능 발전을 실현하는 데 가장 필요하고 가장 중요한 분야 중 하나는 수자원 분야이다. 따라서 지금은 물 관련 당면 과제를 통합적으로 해결하고, 나아가 삶의 질을 향상시킬 수 있는 새로운 한국형 수자원 분야의 지속가능 발전 모델을 확립할 수 있는 기회이다.

물 관리 분야의 지속가능 발전을 위해서는 기존의 공급자 중심의 물 관리 정책에서 탈피해 수요자 중심의 정책 전환이 시급히 이루어져야 한다. 이를 위해서는 현재 당면한 물 공급 측면의 제약사항에 대한 철저한 검토와 분석이 필요하며, 최종 수요자인 국민들의 다양한 물에 대한 욕구를 충족시킬 수 있는 방안의 마련이 무엇보다 중요하다.

우선 물 공급 측면에서는 지역적·계절적 강수량의 불균형으로 발생하는 물의 한정성, 지구 온난화에 따른 기후변화로 인한 물의 변동성 증가, 그리고 법과 제도 등에 따른 관리 효율성 저하 문제 등을 포함하는 제도의 분절성 등을 종합적으로 분석할 필요가 있다. 반면, 수요적 측면에서는 국민이 행복한 삶을 영위하는 데 필요한 기본적 욕구와 문화적 욕구, 그리고 물의 가치를 새롭게 창출함으로써 지속가능 발전을 실현하는 데 기여할 수 있는 활용적 욕구 등을 다양하게 수용할 수 있는 구체적 해결 방안이 모색되어야 한다. 따라서 이러한 공급의 제약사항을 해결함과 동시에 국민들의 다양한 수요를 충족시킬 수 있는 실질적 도구로서 효율성, 공평성 및 지속성을 모두 포함하는 통합 물 관리가 필요한 시점이다.

이제는 유역 단위의 통합 계획과 통합운영 기반을 강화해 물 이용의 효율성을 극대화하는 물 관리 원칙을 정립하고, 도서·산간 지역의 물 부족과 홍수에 근본적으로 대처해 건강한 물 공급 방안과 기후변화에 대응하고 건강한 물 문화를 조성해 복잡한 물 환경의 대응을 위한 새로운 패러다임으로의 전환을 모색할 때이다. 즉 지속가능한 미래 물 관리와 국민 물 복지 실현을 위해 기존의 틀에서 벗어나 새로운 방향으로의 접근이 필요하다고 할 수 있다. 수량, 수질, 생태 및 문화 등을 종합적으로 고려한 효율적 물 관리를 위한 통합 물 관리와 수생태 및 먹는 물의 안정성 확보, 안전하고 깨끗하면서도 인체에 건강한 수돗물 공급, 생산된 물을 수량과 수질 변화 없이 국민에게 공급하기 위한 스마트 워터 그리드 실현, 물 소외 계층까지 물의 혜택을 고루 누릴 수 있는 물 복지의 확대, 다양한 물 정보를 수집·가공·표준화해 종합적으로 활용하고 관리할 수 있는 물 정보의 통합 등이 주요한 실행 과제이다.

물은 지역적으로 편중될 수는 있지만 한 곳에 머무르지는 않는다. 즉, 물은 끊임없이 순환하며 때로는 대홍수를, 때로는 대가뭄의 시련을 주기도 한다. 물은 인간의 생활에 필수불가결한 자원이므로 시대적 요구나 국민의 눈높이에 맞추어 모두가 만족하는 지속가능한 관리 방안이 구축되어야 할 것이다. 이를 위해 인간이 물에 대한 자유를 최대한 누릴 수 있는 권리 규정과 그에 따른 책임 규정을 새롭게 도출하는 방안이 마련되어야 한다. 또한 지속가능한 수자원의 관리 및 이용을 위해서는 물과 인간의 바람직한 관계를 중심으로 통합과 혁신 속에서 답을 찾아야 한다. 미래 수자원 관리는 이러한 모든 것에 대한 진지한 고민을 토대로 실현될 수 있을 것이다.

참고문헌

국토해양부. 2010a. 『고향의 강 정비사업』.

_____. 2010b. 「기후변화 대응 미래 수자원전략」.

_____. 2011. 「수자원장기종합계획(2011~2020) 수립을 위한 연구보고서」.

국제수문개발계획(IHP). 2012. 제7단계보고서 「물안보 확보를 위한 전 지구적 전략과 사례 및 우리나라의 대응체계」.

권순국 외. 2008. 『사람과 물』.

문화체육관광부. 2010. 「문화가 흐르는 4대강 살리기」.

_____. 2011. 「강변 문화관광 개발계획」.

한국수자원공사. 2014. 「바람직한 통합 물 관리(IWRM) 방안 정책제안서」.

환경부. 2013. 2012 상수도 통계.

Chapagain, A. K. and A. Y. Hoekstra. 2004. "WATER FOOTPRINTS OF NATIONS, Volume1: Main Report." Value of Water Research Series No.16, UNESCO-IHE.

IPCC. 2013.9. 「제5차 평가보고서」. IPCC A5 WG1

OECD. 2012. "OECD Environmental Outlook to 2050." The Consequence of Inaction.

UN. 2012. "UN-Water Status Report on IWRM 2012."

UN ESC. 1997. "Comprehensive assessment of freshwater resources of the world."

UNESCO. 2003. 「세계물개발보고서」. WWDR1: Water for People, Water for Life.

_____. 2012. 「세계물개발보고서」.

제3부

제**12**장

지속가능 경제를 위한 산업구조 및
노동시장 개선

변양규 | 한국경제연구원 거시연구실 실장

1. 들어가며

한국 경제는 지난 1960년대 중반부터 본격적으로 세계경제에 편입되면서 경공업 및 중화학공업, 그리고 최근에는 첨단제조업 등에서 특화를 이루었다. 특히, 경제개발 5개년 계획과 같이 중앙정부의 계획에 의해 특정 산업을 집중적으로 육성한 결과 1962년 91달러에 불과했던 1인당 국민소득은 1986년 2400달러에 이르렀고 2013년에는 무려 2만 6205달러를 기록해 지난 50여 년 사이 290배 가까이 성장하는 기적을 이루게 되었다.

그러나 다른 선진국과 마찬가지로 한국도 경제 규모가 커지면서 성장률이 점차 하락하는 현상이 발생하고 있다. 특히, 최근에는 글로벌 금융위기로 인한 경기순환적 요인까지 겹치면서 성장률이 크게 하락했다. 또한, 일자리 창출 능력이 위축되면서 양질의 일자리가 크게 부족한 현상이 지속되고 있고, 그 결과 청년 실업률이 크게 높아졌다. 그뿐 아니라 지니계수와 같은 실제 지표가 최근 개선되었음에도 지난 20년간 소득분배가 악화된 추세를 역전시키기에는 부족하다.

이처럼 한국 경제는 급속한 성장의 후유증을 앓고 있다. 현재와 같은 상황이 지속된다면 경제는 안정적 성장을 지속하고 있는 선진국 대열에 합류하지 못한 채, 한때 세계경제성장의 주역이었다가 지금은 존재감마저 크게 위축된 남미 국가들과 같은 신세가 될 수도 있다. 따라서 지금이 바로 안정적인 성장을 유지할 수 있는 지속가능 경제의 구조가 어떤 것이며 한국 경제의 어떤 문제점들을 개선해야 지속가능한 경제로 변신할 수 있을지 고민해야 할 시점이다.

지속가능 발전이란 이 책의 총설에서 정의된 것처럼 "후세대가 그들의 필요를 충족시킬 수 있도록 하는 능력을 저해하지 않으면서도 현세대의 필요성을 충족시키는 발전"이다. 따라서 경제적 관점에서 보면 지속가능 경제는 제한된 상황하에서 현재의 요구와 미래의 요구를 동시에 충족시킬 수 있는 경제 또는 경제구조를 의미한다. 그러므로 지속가능 경제를 이루기 위해서 현재 세대는 미래 세대의 요구를 감안한 경제적 결정을 내려야 하며, 동시에 자원 부존, 산업구조, 각종 제도 등 현재 주어진 경제적 제한을 완화해 미래 세대가 선택할 수 있는 폭을 넓혀주는 노력도 동시에 기울여야 한다.

현재 세대와 미래 세대의 요구를 동시에 충족시켜야 하는 지속가능 경제의 관점에서 보면 한국 경제가 봉착한 가장 심각한 문제는 잠재성장률의 저하이다. 한국 경제의 규모는 지난 50년간 상상하기 어려울 정도도 커졌다. 따라서 규모가 커지면서 성장률이 하락하는 것은 경제이론 측면에서 보면 너무나도 자연스러운 일이다. 그러나 한국 경제의 성장률은 다른 선진국에 비해 과도하게 빠른 속도로 하락하고 있으며, 미래 잠재성장률이 과연 어느 수준까지 낮아질지 우려스러운 상황이다. 미래 잠재성장률이 과도하게 낮아진다면 미래 세대에게 주어질 경제적 선택의 범위가 줄어들 수밖에 없고, 이는 지속가능 경제 측면에서 현재 세대가 잘못된 선택을 한 결과이다. 경제 규모가 커지면서 잠재성장률이 낮아지는 현상을 되돌릴 수는 없다. 하지만 지금과 같이 잠재성장률이 급격히 낮아진다면 현재 세대와 미래 세대 모두가 수긍할 수 있는 안정적인 구조의 경제는 불가능하다. 따라서 지금 반드시 한국 경제의 지속가능성을 높이는 정책 조합을 찾아야 하며, 이 글은 이런 정책적 인식에서 출발했다.

현재 한국 경제는 다양한 문제에 봉착해 있다. 사회안전망에 대한 신뢰가 부족해 개인이 스스로 미래를 준비하려는 경향이 강해지면서 소비와 투자가 부진하고 내수가 위축되어 있다. 또한, 양질의 일자리가 부족해 일자리를 두고 세대 간, 남녀 간, 학력 간 경쟁도 격화되고 있고 이런 과정에서 일자리 양극화, 소득 양극화 등 다양한 형태의 양극화가 심화되고 있다. 하지만 좀 더 넓은 관점에서 바라보면 한국이 봉착한 대부분의 문제의 근원은 성장 부족이라고 할 수 있다. 물론 성장률 제고가 모든 문제를 해결할 것이라고 주장하는 것은 아니다. 성장률이 낮은 상황이라도 제도적 개선을 통해 내수 부족과 양극화 문제 등을 어느 정도 해결할 수는 있다. 그러나 성장률이 낮은 상황에서는 현재 세대나 미래 세대 중 하나는, 남성과 여성 중 한쪽은, 또는 대졸자와 고졸자 중 한 그룹은 양보를 해야 하는 상황이 벌어질 확률이 높다. 즉, 성장률이 낮은 상태에서는 나누어 가질 결실이 한정되어 있기 때문에 지속가능 경제의 관점에서 지금 봉착한 문제들을 해결하지 못할 가능성이 높다. 따라서 필자는 지속가능 경제의 관점에서 한국 경제의 잠재성장률을 높일 수 있는 방안에 대해 독자와 함께 고민해보고자 한다.

잠재성장률을 높여 한국 경제가 봉착한 문제를 해결하는 방안은 여러 가지가 있을 수 있다. 그러나 이 글에서는 산업구조 측면에서 한국 경제의 잠재성장률을 높일 수 있는 방안에 대해 논의하고자 한다. 또한 주어진 경제성장하에서 좀 더 많은 양질의 일자리를 만들 수 있는 노동시장의 제도적 개선에 대해서도 논의하고자 한다.[1] 이는 주어진 경제성장하에서 양질의 일자리가 더 많이 생길수록 특정 세대나 인적 그룹에게 불리하지 않은 지속가능한 경제를 달성할 가능성이 크기 때문이다.

이 글은 다음과 같이 구성되어 있다. 우선 제2절에서는 한국 경제의 현황을 살펴보고자 한다. 최근 경제성장 추세뿐만 아니라 장기적인 관점에서 한국 경제의 성장 추이를 살펴보고 어떤 이유에서 성장세가 크게 하락하게 되었는지 살펴보고자 한다. 제3절에서는 저성장이 장기화될 경우 한국 경제에 미치는 파급 효과에 대해 살펴보고자 한다. 특히, 디플레이션 가능성과 일자리 창출력 하락에 대해 분석하고자 한다. 제4절에서는 일자리 창출 가능성과 지속 경제로의 전환 측면에서 한국 경제의 산업구조 개편에 대해 살펴보고자 한다. 그중에서도, 서비스산업의 중요성에 대해 심도 있는 논의를 전개하고자 한다. 또한 일자리 창출 측면에서 노동시장제도의 개선에 대해 논의하고자 한다. 마지막 제5절에는 요약과 결론을 담았다.

2. 한국 경제의 현황

1) 민간 부문의 부진

한국 경제는 지난 1960년대 중반부터 제조업 중심의 수출 주도형 성장을 이루어왔다. 초기에는 경공업 중심의 성장을 달성했고 그 이후에는 중화학공업과 첨단 제조업 중심의 성장을 이루었다. 그 결과, 1962년 91달러에 불과했던 1인당 국민소득은 경제개발 5개년 계획이 끝날 무렵인 1980년대 중반 2400달러를 돌파했고 아시아 금융위기나 글로벌 금융위기 시 잠시 하락한 것을 제외

---

1 그 외에 재정건전성과 같이 지속가능의 관점에서 고민해야 할 과제는 다수이지만 이 글에서는 산업구조적 측면과 노동시장 제도적 측면만 고려함을 밝힌다.

〈그림 12-1〉 1인당 국민소득 추이

(단위: 달러)

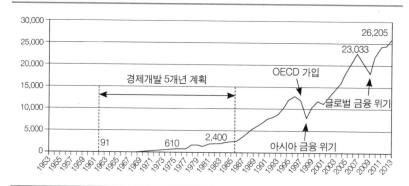

자료: 한국은행.

〈그림 12-2〉 최근 실질 경제성장률

(단위: %)

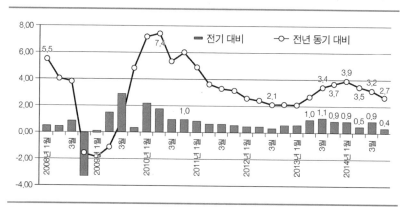

자료: 한국경제연구원(2014).

하면 꾸준히 증가해 2013년에는 무려 2만 6205달러를 기록했다. 이는 지난 51년간 1인당 국민소득이 매년 11.7%씩 성장한 것으로 세계 어떤 나라에서도 유래를 찾기 어려운 성과이다.

그러나 최근 글로벌 금융위기가 발생하면서 한국 경제의 성장률은 급격히 하락하기 시작했고 최근까지도 가시적인 회복세를 보이지 못하고 있다. 최근 한국 경제의 상황을 살펴보면, 우선 〈그림 12-2〉에서 볼 수 있듯이 금융위기 이후 빠른 회복을 보였다가 2011년부터 회복세를 이어가지 못하고 있다. 특히, 최근에는 미약한 회복세마저 점차 둔화되는 양상을 보이고 있다. 전년 동기 대비 성장률은 1분기 3.9%에서 2분기 3.5%, 그리고 3분기 3.2%로 하락했고 4분기에는 2.7%에 불과하다. 그뿐 아니라 전기 대비 성장률도 2011년 1분기 이후 16분기 중 두 분기만 제외하고 모두 0%대 성장률을 보이고 있어 상당히 부진한 상태이다.

이처럼 한국 경제의 회복이 부진한 까닭은 근본적으로 민간 부문의 회복세가 예상보다 상당히 저조하기 때문이다. 2014년 2분기 민간소비의 성장 기여도는 세월호 사고로 인해 크게 하락해 -0.1%p를 기록했고 3분기에는 다소 회복해 0.5%p를 기록했지만 4분기에는 다시 0.2%p로 하락했다. 이는 금융위기 이전 평균 기여도인 0.64%p에 크게 모자라는 수준이어서 갈수록 민간소비가 위축되는 분위기이다. 소비뿐만 아니라 투자 역시 상당히 위축된 모습이다. 총고정자본형성(투자)의 경제성장 기여도는 2014년 2분기 -0.1%p를 기록한 뒤 3분기 0.4%p로 소폭 회복했으나 4분기에 급락해 -0.9%p를 기록했다. 따라서 현재 경제 상황은 민간 부문의 회복세가 예상보다 저조한 것으로 특징지어질 수 있다.

한편, 민간소비가 위축되는 현상은 단순히 경기순환적인 요인에 의한 것만은 아니다. 총소득 대비 소비지출로 정의한 가계의 평균소비성향을 살펴보면 2005년 64.6%를 정점으로 서서히 하락해 2014년에는 60.0%를 기록했다. 즉, 글로벌 금융위기가 발생하기 이전부터 가계는 서서히 지갑을 닫기 시작한 것이다. 특히, 고령층이나 실업자가 가구주인 가계의 평균소비성향 감소세는 더욱 뚜렷하다. 가계가 소비를 줄이는 이유는 다양하겠지만 사회보장제도가 아직 완성 단계에 접어들지 못한 상황에서 기대 수명은 증가하고 자식이 부모의 노후를 책임지는 암묵적인 사회계약 관행이 서서히 사라지고 있기 때문에 가계 스스로 은퇴 이후의 삶을 준비하려는 동기가 강해지는 것이 주요 원인이라고 볼 수 있다. 같은 기간 각종 연금법에 의해 강제로 저축되는 연금이나 의료보험과 같은 사회보장 지출도 상당히 늘었지만 가계 스스로 결정하는 개인연금저축이 크게 증가한 것을 보면 모두 가계가 은퇴 이후 삶에 대한 준비를 스스로 시작했다고 판단된다. 예를 들어, 2006년에서 2013년 사이 50대 가장을 둔 가계의 연금저축은 무려 175.9% 증가했다. 그리고 이러한 추세는 당분간 지속될 것으로 보인다. 그러므로 경기가 회복되더라도 내수가 크게 살아나는 것은 당분간 어려울 전망이다.

2) 잠재성장률의 하락

경기변동에 의한 침체는 자연스럽게 회복될 수 있다. 하지만 좀 더 근본적인 문제는 잠재성장률 자체가 하락하는 것이다. 어떤 경제라도 경제 규모가 커지면서 잠재성장률은 하락한다. 그러나 한국 잠재성장률은 상당히 빠른 속도

〈그림 12-3〉 한국의 실제 및 잠재성장률 추이   (단위: %)

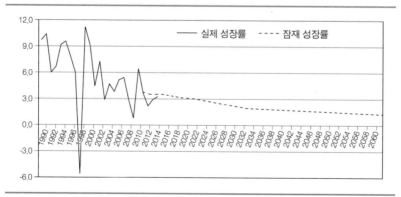

자료: OECD.

<그림 12-4> 한국과 일본의 생산가능인구, 투자율 및 경제성장 추이

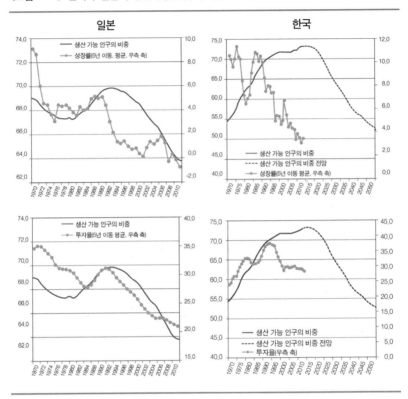

자료: 한국 및 일본 총무성 통계국.

로 하락하고 있다는 것이 문제점이다. 한국 경제는 1990년대 평균 7.1% 성장
했으나 2010년 이후에는 평균 3.8% 성장에 그쳤고 이러한 성장률 하락 추세가
지속되면서 2035년에는 잠재성장률이 1%대로 진입하고 2060년에는 1.3%에
불과할 전망이다.

  이처럼 성장률이 빠른 속도로 하락하는 것에는 다양한 이유가 있겠지만 저
출산·고령화로 인해 생산의 근간이 되는 노동 투입이 감소하고 투자율 하락으
로 인해 자본 축적이 부진한 것이 주요 요인이다. 더욱 우려스러운 점은 이미

〈그림 12-5〉한국과 일본의 민간 부문 성장기여도 추이

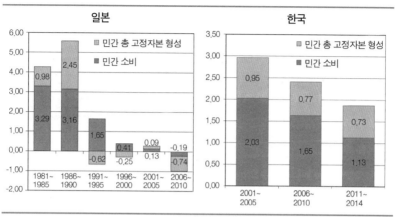

자료: 한국 및 일본 총무성 통계국.

저출산·고령화로 인해 장기 저성장에 접어든 일본과 한국의 추이가 상당히 유사하다는 점이다. 〈그림 12-4〉에서 보는 것처럼 일본은 저출산·고령화 및 근로시간 단축 등으로 인해 1990년 중반 생산가능인구의 비중이 감소하기 시작했고 투자율도 하락하기 시작했으며 같은 기간 성장률 하락도 발생했다. 한국의 경우 생산가능인구의 감소가 2016년부터 시작될 전망이고 그 비중 역시 일본과 유사한 추세를 보일 전망이다. 따라서 이미 하락하기 시작한 투자율과 성장률이 2010년 중반 이후부터 더욱 하락할 가능성이 크다고 볼 수 있다.

이처럼 저출산·고령화로 인해 성장률이 낮아지는 현상은 특히 민간 부문의 소비가 위축되면서 발생한다. 〈그림 12-5〉처럼 일본은 1990년대부터 민간소비가 경제성장에 기여하는 정도가 약해지면서 장기 저성장에 진입했고, 한국도 2000년대 초반 2.03%p에 달하던 민간소비의 경제성장 기여도가 2011~2014년 사이 거의 절반 수준인 1.13%p까지 하락했다. 즉 저출산·고령화 시대에 민간 부문이 노후 대비를 위해 소비를 줄이기 시작하면서 내수가 부족한 현상이 발생하고, 그 결과 저성장이 지속되는 것이다.

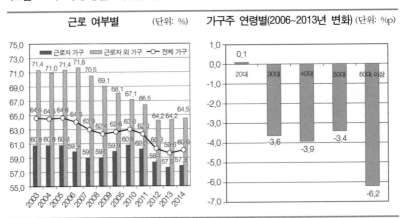

〈그림 12-6〉 가계 평균소비성향 변화

근로 여부별 (단위: %)　　가구주 연령별(2006~2013년 변화) (단위: %p)

자료: 가계 동향 조사 원자료.

　　민간 부문이 소비를 줄이기 시작했다는 증거는 〈그림 12-6〉처럼 가계의 평
균소비성향이 점차 감소하기 시작한 것에서 찾을 수 있다. 가계의 평균소비성
향[2]은 2005년 64.6%에서 서서히 감소하기 시작해 2013년에는 60.0%에 머물
렀다. 특히 우려스러운 점은 평균소비성향 감소가 글로벌 금융위기와는 무관
하게 2006년부터 이미 감소하기 시작했다는 점이다. 이러한 점은 단순히 경기
변동에 의해 가계가 소비를 줄이는 것이 아니라 구조적 요인에 의해 소비를 줄
이고 있다는 것을 의미하기 때문에 경기가 회복된다고 하더라도 가계의 소비
성향이 크게 증가하기는 어려울 것이다. 한편, 이런 저소비가 노후 대비를 위
해 민간이 소비를 줄이는 것에서 시작되었다는 증거는 〈그림 12-6〉처럼 고령
층의 평균소비성향이 더욱 크게 감소한 것에서 찾을 수 있다. 따라서 저출산·

2　가계의 가처분소득에서 소비지출이 차지하는 비중으로 평균소비성향을 정의할 수도 있으
　나 계산의 용이성을 위해 전체 가계소득에서 소비지출이 차지하는 비중으로 평균소비성
　향을 계산했다.

고령화가 앞으로 상당 기간 지속될 것을 감안하면 민간소비와 같은 내수의 획기적인 증가를 기대하기는 상당히 어렵다.

3. 저성장의 파급 효과

이상에서 살펴본 것처럼 한국 경제는 저성장의 길로 서서히 접어들고 있다. 이처럼 저성장이 장기화될 경우 다양한 측면에서 파급 효과가 발생한다. 특히 수요 부족으로 인해 디플레이션이 발생할 가능성이 커지고 일자리 창출도 부진해진다. 또한 고령층이 증가하고 일자리가 부족해지면 소득분배도 악화되면서 사회적 혼란이 가중되고 지속가능한 경제로의 전환은 더욱 어렵게 된다. 3절에서는 저성장의 파급 효과를 살펴봄으로써 저성장을 극복하고 지속가능한 경제로의 전환에 필요한 정책적 시사점을 도출하고자 한다.

1) 만성적 수요 부족과 디플레이션 가능성

앞서 살펴본 것처럼 한국 경제는 만성적인 수요 부족에 시달리고 있다. 특히 내수 위축은 단순한 경기순환적 문제가 아니라 구조적 요인에 의한 것으로 추정된다. 이처럼 만성적인 수요 부족이 지속될 경우 한국 경제는 디플레이션에 봉착할 가능성이 커진다. 이하에서는 한국 경제 상황을 반영하도록 수정한 IMF의 디플레이션 취약성 지수(Deflation Vulnerability Index)를 추정해 한국경제의 전반적인 디플레이션 위험성을 평가하고 과거 일본의 사례와 비교하고자 한다.

IMF는 물가지수, 생산갭, 자산시장, 민간신용·통화량 등 거시지표 4부문 11개 변수의 추이를 지표화해 디플레이션 가능성을 평가한다. 그러나 한국과 같

<그림 12-7> 디플레이션 취약성 지수

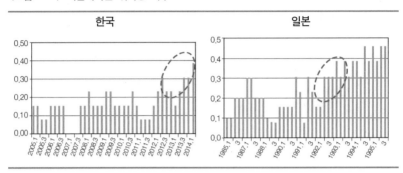

자료: 변양규(2014a).

이 부동산 시장에 많은 양의 자산이 있고 대외 의존도가 높은 경제구조를 가진 경우에는 IMF 지수만으로는 디플레이션 가능성을 추정하기 어렵다. 따라서 데크레신(Jörg Decressin)과 랙스턴(Douglas Laxton)의 제안에 따라 IMF의 디플레이션 취약성 지수를 수정해 한국의 높은 대외 의존도 및 주택담보 가계 부채의 영향을 감안한 새로운 지수를 추정하기로 한다(Decressin and Laxton, 2009).

추정 결과에 의하면 한국 디플레이션 취약성 지수는 현재 보통 단계에 머물고 있으나 2013년 2분기 이후 지속적으로 상승세를 보이고 있다. 이는 국내총생산 및 부동산 시장 회복이 부진한 것에 기인하며 민간 신용의 확대가 기대 수준 이하인 점도 크게 작용한 것으로 보인다. 이 정도 수준은 일본의 1990년대 중반 상황과 상당히 유사하다. 더욱 우려스러운 점은 일본의 경우 1990년대 중반 이후 디플레이션 취약성 지수가 크게 증가했고[3] 1990년대 후반에는 실제로 물가가 하락하는 디플레이션이 발생했다는 점이다.

앞서 설명한 것처럼 디플레이션이 발생할 경우 경제 전체의 역동성이 떨어

---

[3] 그림에는 없지만 일본의 경우 1998~2001년 사이 디플레이션 취약성 지수가 0.7까지 상승했다.

지고 저성장 기조가 고착화될 수 있다. 따라서 한국 경제는 지금부터라도 수요 확충을 위해 노력해야 한다. 특히, 고령화로 인해 내수 확충에 한계가 있을 것으로 예상되기 때문에 한국 경제의 영토를 넓히는 노력을 통해 한국의 산출물에 대한 수요를 꾸준히 발굴해야만 저성장을 극복하고 지속가능한 경제로의 전환이 가능할 것이다.

2) 일자리 창출력 하락

저성장의 파급 효과 중 가장 우려스러운 부분은 일자리 창출력 하락이다. 일자리가 부족해지면 복지 지출이 증가할 수밖에 없고 생산보다 복지에 더 많은 재원이 할당되면서 저성장이 고착화되는 악순환이 발생한다. 우선, 한국 경제의 일자리 창출 현황에 대해 살펴보도록 하자.

한국은 지난 20년간 서비스업 위주의 고용성장을 달성해왔다. 〈그림 12-8〉을 보면, 지난 1993년 1분기부터 2014년 4분기 사이 전년 동기 대비 취업자 증가율의 평균은 1.39%이며 이 중에서 서비스업의 기여도는 1.75%p로 전체 고용 증가의 126%에 달한다. 즉, 그간 제조업의 고용성장 기여도는 음(−)이었으며 서비스업에서 대부분의 일자리가 생겼던 것이다.

그러나 최근 들어 서비스업의 고용 창출력이 저하되면서 한국 경제 전체의 취업자 증가세가 둔화되고 있는 것으로 보인다. 한국 취업자 증가율을 기간별·산업별로 분해해보면 외환위기 이전 1993년 1분기부터 1997년 4분기 사이 평균 고용 성장률은 연 2.23%이지만 서비스업의 기여는 2.75%로 전체 고용성장의 124%를 서비스업이 담당하고 있었다. 즉, 한국 경제가 1년 동안 만들어낸 일자리 규모 이상을 서비스업이 담당했고 제조업에서는 일자리가 줄었다. 그 이후 2000년대 접어들어 최근 국제금융위기 이전까지 전체 고용성장은 1.27%로 하락했으며 서비스업의 기여는 1.60%p로 여전히 서비스업이 고용

<그림 12-8> 산업별 고용성장 기여도

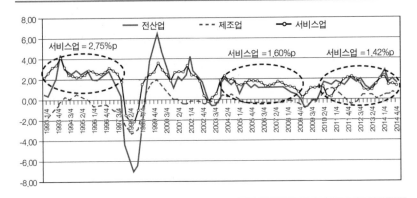

주: 분기별 원계열 자료 기준.
자료: 통계청.

성장을 주도하고 있다. 그러나 서비스업 기여의 절대적 규모는 크게 축소되었다. 이러한 추세는 최근에 더욱 강화된 것으로 보인다. 국제금융위기 발발 이후 2010년 1분기부터 2014년 4분기 사이 전체 고용은 회복세를 보여 평균 1.75%로 증가했으나 서비스업 고용의 기여는 1.42%p로 금융위기 시작 시점보다 낮다.

종합해보면, 한국은 그간 서비스업 위주의 고용 창출을 이루어왔지만 서비스업 자체의 고용 창출이 점차 낮아지면서 경제 전체의 고용 창출도 낮아지고 있으며, 이러한 추세는 점차 강화되고 있다. 이는 그간 주로 서비스업의 노동 투입 증대, 특히 도소매·음식·숙박업과 같은 전통적인 서비스산업의 노동 투입 증대에만 의존해온 한국 경제의 고용 창출력이 포화 상태에 이르면서 한계에 봉착했다는 것을 의미한다. 따라서 지속가능한 경제로의 전환을 위해서는 서비스업의 단순한 노동 투입식 일자리 창출 형태를 극복하는 방안을 반드시 모색해야 할 것이다.

양질의 일자리를 창출하기 위해서는 전통적인 서비스 업종의 단순 노동 투입식 성장을 극복하는 노력뿐만 아니라 노동시장의 제도적 개선도 요구된다. 특히, 한국은 정규직과 비정규직의 고용 보호 및 근로 여건 격차가 심하기 때문에 가급적이면 정규직은 덜 쓰고 비정규직을 많이 쓸 수밖에 없는 구조이다. 그 결과, 주어진 경제력하에서 최대의 일자리를 만들지 못하고 있으며 정규직과 비정규직 간의 격차도 더욱 심화되어 양극화 문제가 중요한 이슈로 부상하고 있다. 따라서 양질의 일자리를 만들고 지속가능한 경제로의 선환을 모색하기 위해서는 노동시장의 제도적 개선도 반드시 필요하다.

이처럼 양질의 일자리를 만들기 위한 노동시장의 제도 개선은 소득분배 구조에도 영향을 미친다. 한국의 소득분배 구조는 1990년대 초까지 크게 개선되다가 1990년대 말 이후 악화되는 추세이다.[4] 주요 요인으로는 저성장 기조의 확산 및 급속한 인구 고령화 등이 있다. 특히 인구 고령화가 진전될수록 이미 은퇴한 인구의 비중이 증가하면서 소득분배 구조는 지속적으로 악화될 전망이다. 저소득층의 증가를 좀 더 자세히 살펴보면 고령 인구가 적었던 예전에는 저소득층은 대부분 경제활동의 결과로서 발생했다. 그러나 저출산·고령화가 급속히 진전되면서 노인 인구 비중이 낮았던 1980년대에는 소득 1분위(하위 10%) 중 60세 이상 노인 가구 비율이 10%대였으나 2013년에는 82%로 증가하는 등 일자리에서 은퇴한 노인 인구의 시장 소득이 급감하고 이들이 저소득의 주류를 형성하기 시작했다. 따라서 소득불균등의 완화와 지속가능한 경제로의 전환을 위해 고령층이 경제활동을 지속할 수 있는 일자리 창출이 필요하다.

---

[4] 지니계수로 살펴본 소득분배 구조는 최근 4~5년 사이 소폭 개선되고 있다. 그러나 1990년대 이후 악화된 추세를 되돌리기에는 부족하다.

4. 지속가능 경제로의 전환

1) 서비스산업과 노동시장 개선 기본 방향

이상에서 살펴본 것처럼 한국 경제의 지속가능성을 제고하기 위해서는 충분한 일자리를 창출하는 것이 상당히 중요하다. 그리고 이를 위해서는 만성적인 수요 부족을 해결하는 것도 중요하다. 우선 일자리 창출의 가능성을 서비스업에서 찾기 위해 서비스업 고용의 문제점과 개선 방안을 살펴보도록 하자.

고용 창출력이 위축되고 있는 한국 서비스업의 고용 특징은 특정 서비스 업종에 지나치게 의존하는 고용 창출로 정리될 수 있다. 2010년 기준 한국의 서비스업 고용 비중은 67.6%로 OECD 평균(66.0%)과 유사하다. 따라서 서비스업에 지나치게 많은 인원이 투입되고 있는 것은 아니다. 그러나 서비스업 내 도소매·음식·숙박업의 고용 비중이 지나치게 높은 특징을 보인다. 2009년 기준 서비스업 내 도소매·음식·숙박업의 고용 비중은 36.6%로 비교 가능한 OECD 29개 국가 중에서 멕시코, 그리스, 터키에 이어 네 번째로 높은 수준이다. 즉, 서비스업 전체의 고용 비중은 OECD 평균 수준이지만 서비스업 내에서 도소매·음식·숙박업에 지나치게 많은 인력이 투입되면서 포화 상태에 이르러 서비스업 전체의 고용 창출력이 저하되고 있는 것이다. ·

특히 중요한 점은 제조업에서 방출된 인력이 서비스업으로 진입하면서 일부 서비스업에 지나치게 많은 인력이 투입되고, 이들 중 대부분이 영세 자영업자가 되면서 노동생산성이 저하되는 현상이 발생하고 있다는 것이다. 2008년 구매력 평가 표시 부가가치를 기준으로 서비스업 취업자 1인당 부가가치 생산은 OECD 평균의 68.5%에 불과하며 미국에 비해서는 52.4%에 그치고 있다. 도소매·음식·숙박업의 경우에는 그 격차가 더욱 커져 OECD 평균의 49.2%, 미국의 39.3%에 불과한 실정이다. 에너지 및 제조업을 포함한 나머지 산업의 생산성이 OECD 평균의 89.8%에 이르는 것과는 상당히 대조된다.

이처럼 도소매·음식·숙박업에 과도한 노동력이 투입되면서 생산성이 저하되는 현상이 발생하고, 그 결과 서비스업 전체의 생산성 증대가 상당히 부진해지는 현상도 발생하게 되었다. 그뿐 아니라 진입 장벽으로 인해 새로운 노동력의 진입이 어려운 일부 업종은 경쟁에 노출되는 정도가 약하기 때문에 생산성을 높여야 하는 유인이 적어 생산성 증가율이 낮은 수준에 머물러 있다. 그 결과 부가가치 증가율도 상당히 낮은 편이다.

이상에서 살펴본 것처럼 한국 서비스업의 부가가치 생산은 빠른 속도로 증가하지 못하고 있으며 생산성도 OECD 국가들에 비해 상당히 낮은 수준이다. 그러나 다른 국가들에 비해 생산성이 낮다는 것은 반대로 서비스산업의 생산성을 높여 부가가치 생산을 증대시킬 여지가 충분하다는 것으로 해석될 수 있다. 하지만 부가가치 증대 및 이를 통한 경제성장으로 과연 많은 일자리가 생겨날 것인가에 대해서는 추가적인 분석이 필요하다. 따라서 다음에서는 한국 산업별 고용 증가의 요인을 분석하기로 한다.

일반적으로 특정 산업의 고용 변화는 노동집약도의 변화, 특정 산업의 성장, 그리고 경제 전체의 성장으로 분해할 수 있다. 즉 첫째, 해당 산업의 노동집약도가 변화함에 따라 노동을 더 많이 사용할 경우 취업자 수가 증가하고, 둘째, 해당 산업이 전 산업생산에서 차지하는 부가가치의 비중이 증가할 경우 취업자 수가 증가하게 된다. 그리고 셋째, 경제성장을 통해 전 산업의 부가가치 생산이 증가함에 따라 해당 산업의 취업자 수가 증가할 수도 있다.

지난 2004년 이후 한국의 고용 변화를 분해해본 결과, 〈그림 12-9〉처럼 한국 고용 성장의 핵심 동력은 경제성장으로 나타났다. 지난 10년 사이 경제 전체의 성장으로 인해 서비스업, 제조업 및 농수산·광업에서 약 625만 개의 일자리가 생겼다. 반면, 노동집약도의 변화나 특정 산업의 부가가치 비중이 증가하는 효과는 오히려 고용을 각각 388만 명 및 68만 명 감소시켰다. 한편, 이러한

<그림 12-9> 고용 창출 요인의 분해 (단위: 1000명)

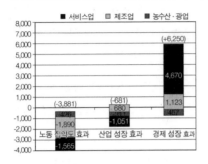
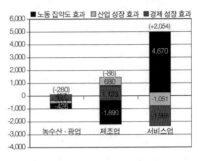

주: 산업별 고용 증가를 노동생산성 변화, 해당 산업이 경제 전체 부가가치에서 차지하는 비중의 변화, 경제
전체 부가가치의 변화로 분해해 산출.
자료: 통계청과 한국은행 자료에 근거한 필자의 계산.

분석을 통해 서비스산업이 한국 경제 고용 창출의 근원임도 재차 확인할 수 있다. 〈그림 12-9〉에서 보는 것처럼 지난 10년간 서비스업은 약 205만 개의 일자리를 창출했다. 반면 농수산·광업과 제조업에서는 오히려 일자리가 감소하고 있다. 종합해보면, 한국 고용 창출의 근원은 경제성장과 서비스산업의 부가가치 증대에 있다고 할 수 있다. 따라서 서비스산업의 부가가치가 지속적으로 증가할 경우 일자리 창출과 지속적인 경제성장이 가능해지고, 이러한 경제성장이 추가적인 일자리 창출로 연결되는 선순환 구조를 통해 지속가능한 경제로의 전환도 가능해질 것이다.

앞서 살펴본 것처럼 한국 경제는 성장 초기에 특화를 통해 지속적인 성장을 달성했다. 그러나 특화라는 것은 상당히 동태적인 개념이다. 즉, 어떤 부분에 특화할 것인가는 시간이 흐르면서 항상 변하기 마련이다. 또한, 아무리 동태적인 개념의 특화를 잘 유지하더라도 특화가 항상 전지전능한 해결책이 되는 것은 아니다. 물론 1인당 국민소득 세계 1위인 룩셈부르크처럼 작은 규모의 경제에서는 특화를 통해 지속가능한 성장을 이룰 수도 있다. 그러나 경제 규모가

〈그림 12-10〉 1인당 국민소득과 서비스업 부가가치 비중

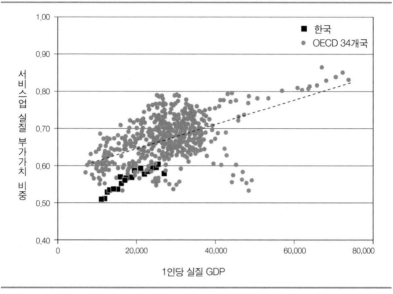

자료: OECD STAN Database.

커지면서 지속가능한 성장을 이루기 위해서는 '다양한 특화', 즉 여러 부문에서 특화를 통해 세계경제의 중심이 되는 전략이 필요하다. 한국 경제의 규모는 이제 세계 15위권이다. 그리고 제조업 중심의 특화 전략은 중국의 추격과 선진국의 재도약으로 예전과 같은 성장 동력을 제공하지 못하고 있다. 따라서 이제 한국 경제는 과거 제조업에서 그랬듯이 서비스산업에서도 새로운 특화 부문을 발굴해 부가가치 생산을 늘려야만 지속가능한 성장을 이룰 수 있다.

서비스산업의 부가가치 확대가 필요한 이유는 부가가치 확대가 장기적이며 안정적인 경제성장에 반드시 필요하기 때문이다. 〈그림 12-10〉에서 볼 수 있는 것처럼 OECD 34개국의 1990년 이후 1인당 국민소득과 서비스산업 부가가치 비중은 강한 양의 관계를 유지하고 있다. 즉 인과관계를 떠나 경제성장에는 서비스산업의 부가가치 증대가 거의 모든 경우 수반되어야 한다고 볼 수 있으

며, 반대로 서비스산업의 부가가치 증대가 지속적인 성장의 근간이 된다고 볼 수 있다. 또한 서비스업은 제조업에 비해 내구재 성격이 약하기 때문에 경기변동 시 소비변동이 작고, 대외 여건 변화에도 덜 민감하기 때문에 서비스산업의 비중이 커질수록 경기변동성이 낮아져 안정적인 성장도 가능하다. 따라서 경제성장의 추세적 하락이 점차 확실시되는 현시점에 의료서비스업과 같은 고부가가치 산업의 시장 확대를 통한 부가가치 증대는 반드시 필요하다.

한편, 서비스업의 가능성만큼 중요한 것이 노동시장의 제도적 개선이다. 현재 한국은 저성장이 이어지면서 일자리를 두고 세대 간, 연령 간, 직종 간 경쟁이 심해지고 있고, 한국 경제의 능력보다 적은 양의 일자리를 만들고 있다. 그뿐 아니라 일자리 간 격차도 심해 양극화의 원인이 되고 있다. 따라서 노동시장의 제도적 개선이 반드시 필요하다. 고용 창출을 위한 노동시장의 제도적 개선에는 여러 가지 접근이 가능하다. 그러나 가장 대표적인 것이 정규직과 비정규직 간 과도한 고용 보호 격차를 완화해 가급적이면 기업이 정규직을 많이 고용할 수 있는 여건을 조성하는 것이 가장 효과적인 방법이다.

변양규(2014b)에 의하면 한국 정규직의 고용 보호는 OECD 국가들에 비해 상당히 높다. 특히, 정규직의 개별 해고 중 절차상 난이도는 OECD 국가 중 5위를 차지한다. 또한, 개별 해고 중 사전 통보 및 해고 보상금 정도는 퇴직금과 같은 추가적 고용 조정 비용을 고려하지 않아 OECD 평균 이하로 나타나지만, 한국과 유사한 퇴직금 제도를 보유한 이스라엘 및 터키와 동일한 점수를 부여할 경우 터키에 이어 2위로 고용 보호가 강하다. 이처럼 정규직 근로자의 고용 보호가 과도하게 강하기 때문에 기업은 가급적 정규직 사용을 자제하게 되고 낮은 임금에서 비정규직을 사용하도록 몰릴 수밖에 없는 실정이다. 따라서 양질의 일자리를 만들고 지속가능한 경제로의 전환을 이루기 위해서는 과도한 정규직의 고용 보호를 낮추는 것과 같은 노동시장의 제도적 개선이 필요하다.

2) 지속가능 경제로의 전환을 위한 정책 과제

(1) 서비스산업 규제 개선

정책적인 대안을 찾기 위해 우선 한국의 경우 도소매·음식·숙박업과 같은 전통적인 서비스 업종에만 많은 인력이 집중되고 있는 이유를 살펴보자. 다양한 원인이 있겠지만 그중 중요한 역할을 하는 것은 전통적인 서비스 업종을 제외한 나머지 서비스 업종에 존재하는 과도한 진입 규제이다. 경제가 성장하면서 제조업의 생산성이 높아지고, 그 결과 제조업에서 인력이 방출되는데, 한국의 경우 제조업에서 방출된 인력이 진입 장벽이 높은 교육, 의료·보건·복지, 사업서비스 등으로 진입하지 못하고 도소매·음식·숙박업과 같은 일부 서비스업에 지나치게 몰리는 현상이 발생하고 있는 것이다. 또한 이들 중 대부분이 영세 자영업자가 되면서 노동생산성이 저하되는 현상까지 발생하고 있다.

더욱 중요한 점은 진입 장벽으로 인해 새로운 노동력의 진입이 어려운 서비스 업종에서는 경쟁에 노출되는 정도가 약하기 때문에 생산성을 높여야 하는 유인이 적어 생산성 증가율이 낮고 경제 전체 서비스산업 부가가치가 차지하는 비중이 낮은 수준에 머물 수밖에 없다는 것이다. 종합해보면, 한국의 서비스산업의 문제점은 특정 업종에 지나치게 많은 노동력이 투입되면서 생산성이 저하되고, 다른 서비스 업종에는 경쟁이 결여되어 부가가치 생산이 빠른 속도로 증가하지 못하는 것이다. 진입 장벽과 같은 각종 규제를 개선해 서비스산업에 새로운 경쟁의 활력을 불어넣고, 이를 통해 서비스산업의 부가가치 생산을 늘려 지속가능한 경제구조로의 전환을 모색해야 한다.

의료서비스업의 예를 살펴보자. 현재 한국은 '의료법' 제33조 제8항에 의해 원칙적으로 의료인은 1개소의 의료기관만을 개설할 수 있다. 기존에 "의료인은 하나의 의료기관만 개설할 수 있다"고 되어 있던 조항이 "의료인은 어떠한 명목으로도 둘 이상의 의료기관을 개설·운영할 수 없다"로 바뀌면서 1인 또는 다수의 의사가 공동으로 다수의 의료기관을 개설해 공동 운영하는 '네트워크 병원'의 설립·운영이 불가능해진 것이다. 그 결과 재료의 공동 구매, 공동 광고 등을 통해 비용을 절감하는 '규모의 경제' 효과가 사라지면서 의료비 인하의 가능성이 사라졌고 그 부담은 환자에게 전가되고 있다. 더욱 중요한 점은 네트워크 형태의 병원을 통해 생산성이 증가할 경우 기존의 단독 병원들이 경쟁에서 밀려날 가능성이 있기 때문에 기존 단독 병원 개업의들이 네트워크 병원을 반대한다는 점이다. 즉, 네트워크 병원 금지 역시 경쟁을 통한 생산성 향상보다는 기존의 시장을 지키려는 인식에서 출발했다는 것이다. 이제 서비스산업의 규제 개선을 통해 부가가치 창출을 증대시키고 이를 통해 양질의 일자리를 만들어야 할 시점이다.

(2) 개방을 통한 시장 확대

서비스산업이 일자리 창출의 중심이 되기 위해서는 시장의 확대가 필요하다. 그러나 국내시장만으로는 부족한 것이 사실이다. 따라서 서비스업의 시장을 해외로 넓히는 노력이 필요하다. 그간 서비스산업은 제로섬 게임(zero-sum game)으로 인식되어왔다. 즉, 국내시장만을 대상으로 할 경우 서비스산업은 결국 한정된 시장의 분할을 위해 서로 경쟁하는 제로섬 게임에 불과한 것이다. 특히, 제로섬 게임의 경우 경쟁을 통한 대형화·전문화 및 생산성 향상보다는 시장 점유만을 추구하고 대화와 타협이 불가능한 것이 사실이다. 한국이 경험한 의사 및 약사협회의 분쟁도 결국은 제로섬 게임 관점에 근거해 좁은 국내시장을 분할하는 다툼에 불과했던 것이다. 따라서 시장 확대를 통해 서비스산업을 포지티브-섬 게임(positive-sum game)으로 받아들이는 인식의 전환이 필요하다. 이처럼 서비스산업이 포지티브-섬 게임이 될 경우 이해 당사자 간의 대화·타협 및 협조가 좀 더 용이해지고 대형화·전문화 등을 통해 생산성 증대도 가능하다. 더욱 중요한 것은 생산성 향상과 시장 확대를 통한 서비스산업의 부가가치 증대는 장기적으로 잠재성장률 제고 및 고용 창출에도 기여해 지속가능한 경제로의 전환을 가능하게 할 것이란 점이다.

세계적인 트렌드를 보면, 전통적인 내수산업으로 인식되어온 서비스산업이 변하고 있는 것이 사실이다. 각종 첨단기술을 통해 전 세계가 연결되어 있기 때문에 서비스 제공자와 고객이 반드시 같은 장소에 있을 필요도 없다. 2014년 한국을 찾은 중국 관광객은 약 477만 명이다. 13억 명이 넘는 중국 인구가 한 번씩 한국을 찾는다면 무려 270년 이상 걸린다. 이제 중국은 더는 도광양회(韜光養晦)의 잠자는 사자가 아니라 세계 최대의 수요처이다. 이런 시장이 바로 곁에 있기 때문에 개방을 통한 서비스산업의 시장 확대 가능성은 무한하다. 또한 최근에는 지식집약적 제조업 제품이 새로운 수요를 창출하고 있고, 비교 우위를 결정짓는 요소도 바로 제품에 내재된 지식이기 때문에 서비스산업의 발전이 더욱 중요해졌다.

변양규 외(2012), 송용주·변양규(2013: 37~83), 유정선·변양규(2013: 85~122) 연구에 의하면 규제 개선과 시장 개방을 통해 교육, 의료, 법률 및 콘텐츠 산업에서 2020년까지 약 34만 8000개의 추가적 일자리 창출이 가능하다. 따라서 이제 규제 개선과 개방을 통해 고부가가치 서비스산업에 새로운 경쟁을 불어넣고 서비스산업의 시장을 전 세계로 넓히는 정책이 반드시 필요하다. 서비스산업 개방에 대한 과도한 우려는 혁신을 저해하고 지속가능한 경제성장을 요원하게 만들 뿐이다. 서비스산업 개방을 통한 시장 확대로, 지속가능한 경제로의 전환을 모색해야 한다.

3) 노동시장의 제도 개선

서비스산업의 규제를 개선하고 개방도를 높여 시장을 확대할 경우 많은 일자리가 생기고, 한국 경제가 봉착한 문제 중 상당수를 완화해 지속가능성을 제고할 수 있다. 그러나 여기에 더해 노동시장의 제도적 개선이 달성된다면 좀 더 많은 일자리를 창출할 수 있다. 앞서 설명한 것처럼 정규직의 과도한 고용 보호를 완화하고 노동시장의 유연성을 높여 기업이 양질의 정규직 일자리를 창출할 인센티브를 제공해야 한다.

우선적으로 다양한 고용계약 형태를 제공하는 것도 현실적인 정규직 고용 보호 완화 방안이 될 수 있다. 현재, 기업이 정규직 신규채용을 꺼리는 대표적인 이유는 능력이 검증되지 않은 근로자를 정규직으로 고용할 경우 추후에 능력이 부족하더라도 고용 조정이 불가능하다는 점이다. 따라서 네덜란드의 단계별 시스템(phase system)과 유사하게 고용 기간이 길어질수록 고용 보호 수준을 점진적으로 상승시켜 현재 정규직 고용 보호 수준에 이르게 하는 방안은 상당히 현실적인 접근이다. 이 경우 정규직을 고용하는 초기의 부담을 상당 부분 완화시켜줄 수 있다. 또는 일본의 한정 정사원(限定正社員) 제도나 스페인의 준정규직과 유사하게 현재 정규직보다 낮은 수준의 고용 보호를 제공받지만 근무지, 근무시간 등에서 재량권을 인정받는 중간 형태의 새로운 고용계약을 제시하는 것도 현실적인 방안이다. 이처럼 다양한 고용계약 형태가 탄생할수록 기존 정규직의 고용 보호가 완화될 가능성은 커지기 때문에 노동시장의 유연성도 높아질 수 있다.

그러나 이상에서 논의된 정규직 고용 보호 완화 방안이 정규직 전체의 고용 안정성을 훼손해서는 안 된다. 따라서 장기적이며 안정적인 고용관계를 기업과 유지해온 대부분의 기존 정규직의 고용 보호는 완화하지 않은 채 일부 근로자에 대한 고용 조정만 용이하게 만드는 방법이 현실적인 대안이 될 수 있을 것이다. 예를 들어, 저성과자 해고에 대한 합리적 절차를 제시하거나 부당해고에 대한 금전적 해결 방안을 제공해서 더 이상 고용관계를 유지하는 것이 불합리한 경우 고용 조정을 허용하는 것도 현실적인 대안이다.

한편, 노동시장의 유연화가 고용의 불안정으로 이어질 것이란 우려가 있는 것도 사실이다. 그러나 현대와 같이 급속도로 변해가는 사회에서 노동시장의 안정성은 현재의 일자리를 지키는 직업 안정성(job security)보다는 현재의 일자리에서 떠나더라도 다음 일자리로 빨리 이동해 전체 고용 기간이 길어질 수 있도록 하는 고용 안정성(employment security)의 의미가 강하다. 따라서 역설적으로 보일지 모르지만 노동시장의 유연화를 통해 안정성을 높일 수 있는 것이 사실이다. 즉, 노동시장의 유연화를 통해 좀 더 많은 일자리가 생길 경우 일자리 간 이동이 용이해지기 때문에 근로자는 굳이 현재의 일자리를 고집할 필요가 없으며 새로운 일자리로의 이동도 빨라져 고용 안정성이 높아질 수 있다.

한편, 정규직의 고용 보호 완화가 비정규직의 근로 여건 개선으로 이어지는 노력을 동시에 진행해야 한다. 즉, 정규직의 고용 보호가 다소 완화된다고 하더라도 비정규직과의 격차는 여전히 유지될 것이고, 이 경우 비정규직의 임금이 크게 낮은 상황이라면 비정규직이 양산될 가능성은 여전하다. 그러므로 1차 노동시장(정규직 노동시장)의 양보와 2차 노동시장(비정규직 노동시장)의 근로 여건 개선이 교환되는 형태로 노동시장 개선이 진행되어야 한다. 예를 들어, 비정규직 근로자의 사회보험 가입을 의무화하고, 비정규직 근로자의 경력 연속성을 인정하는 등 비정규직 근로자의 근로 여건을 향상시키는 노력이 동시에 진행되어야 한다.

또한, 비정규직 근로 여건 개선만 진행할 경우 비정규직 사용에 대한 부담만 증가해 비정규직 일자리마저 감소할 우려가 있으므로 비정규직의 근로 여건 개선과 함께 비정규직 사용에 대한 직접적인 규제를 완화하는 접근을 동시에 시행하는 것이 필요하다. 예를 들어, 파견의 경우 파견 업종 및 파견 기간에 대한 규제는 완화하는 대신에 파견 근로자에 대한 불합리한 차별은 금지하는 접근이 필요하다. 한국의 경우 파견 근로는 32개 업종에서만 허용되는 포지티브 시스템(positive system)을 유지하고 있으며 제조업 생산 공정은 파견 절대금지 업종으로 정해져 있다. 사용 기간도 최대 24개월로 한정되어 있다. 그 결과,

파견 대신 사내 하도급과 같은 고용 형태가 활용되고 있으며 파견 근로자의 계약 기간이 만료될 경우 재고용보다는 고용계약 해지가 더 빈번히 발생하고 있다. 그러나 독일의 경우를 살펴보면, 건설업을 제외한 모든 업종에 파견 근로자를 사용할 수 있으며 지난 2000년대 하르츠개혁을 통해 24개월 파견 상한 기간도 폐지해 동일 파견 근로자를 기간 제한 없이 사용 가능하도록 했다.[5] 그 대신에 파견 근로자에 대한 평등 대우권을 신설해 파견 근로자의 근로조건 개선도 동시에 추진했다. 일본도 항만운송 등 5개 업종에 대해서만 파견을 금지하고 나머지 업종에는 허용하는 네거티브 시스템(negative system)을 적용하고 있고 제조업 파견금지도 삭제한 상태이다. 또한, 파견 근로자가 파견업체의 무기 계약직인 경우 기간의 제한 없이 사용이 가능하며 업무당 3년 제한에서 1인당 3년 제한으로 법률을 개정함으로써 고용계약이 만료될 경우 다른 파견 근로자로 대체가 가능하도록 허용했다.

종합해보면, 결국 다양한 고용 형태를 인정하고 이를 통해 노동을 공급하는 사람과 수요하는 사람 사이 적절한 매치가 이루어질 수 있도록 노동시장의 유연성을 높여야 한다. 이와 함께 고용 형태별로 계약 및 임금 등 근로조건에서 불합리한 차별이 발생하지 않도록 하는 정책도 시행되어야 한다. 이런 정책적 조합이 시행된다면 단지 임금이 낮다는 이유로 비정규직을 남용하는 사례는 방지될 것이며 동시에 다양한 고용 형태의 활용이 가능해져 노동시장의 유연성이 높아지고 양질의 일자리 창출이 가능할 것이다.

---

5 2011년 독일은 파견 근로자를 무기한 사용하는 것을 금지했다. 그러나 여전히 이전의 24개월과 같은 최대 파견 기간의 제한은 없어 일정 기간 이상 파견 근로자를 사용할 수 있다.

5. 나가며

이상에서 살펴본 것처럼 한국 경제는 최근 저성장의 길로 접어들면서 일자리가 부족해지고 일자리 간 양극화 현상이 발생하는 등 다양한 형태의 문제점을 보여주고 있다. 뿐만 아니라 불확실한 미래에 대비해 가계가 소비를 자제하는 현상이 발생하면서 내수가 경제성장에 기여하는 정도가 점차 줄어들고 있다. 이와 같은 현상이 발생하면서 한국의 잠재성장률이 점차 하락하고 있으며 미래의 잠재성장률이 과도하게 낮아진다면 미래 세대에게 주어질 경제적 선택의 폭이 줄어들고, 그 결과 현재 세대와 미래 세대의 요구를 동시에 충족시켜야 하는 지속가능 경제로의 전환은 불가능해진다.

현재 한국 경제의 상황을 살펴보면, 저출산·고령화로 인해 생산의 근간이 되는 노동 투입이 점차 감소할 전망이고, 일본처럼 노동 투입의 감소 및 투자율 하락으로 인해 장기 저성장에 접어들 가능성이 점차 커지고 있다. 또한, 만성적인 수요 부족으로 인해 장기 저성장 추세가 확대되면서 경제 전체의 역동성이 떨어지고 저성장 기조가 고착화되는 상황에 처할 가능성이 점차 커지고 있다. 따라서 한국 경제는 당장 만성적 수요 부족을 극복하고 저성장 기조로부터 탈피해야 한다. 또한, 이런 과정에서 양질의 일자리를 많이 창출해야만 한다. 즉, 한국 경제가 지속가능한 경제로 전환하기 위해서는 저성장 극복과 일자리 창출이 매우 중요하다.

저성장을 극복하기 위해서는 한국 경제가 생산하는 산출물에 대한 수요를 증대시켜야 한다. 지금까지 한국 경제가 해왔던 것처럼 제조업 중심의 성장을 포기해서는 안 된다. 그러나 중국과의 기술 격차가 거의 사라지고 노동시장의 경직성이 증대하면서 세계 시장을 이끌어갈 제조업 제품의 숫자가 점차 줄어들고 있다. 게다가 미국을 중심으로 제조업 르네상스 정책이 시행되면서 선진국도 이제는 본국에서 생산된 제조업 제품을 소비하는 노력을 증대시키고 있기 때문에 예전처럼 제조업만으로 경제성장을 이끌어가기에는 한계가 있다.

이런 관점에서 본다면, 이 글에서 살펴본 것처럼 그간 내수산업으로 여겨졌던 서비스산업의 시장을 해외로 확대하는 노력이 필요하다. 서비스산업의 시장이 확대된다면 상당한 부가가치 창출 효과가 있을 것으로 전망되며, 이를 통해 만성적인 수요 부족을 해결하고 저성장 기조를 벗어날 수 있을 것으로 기대된다. 또한, 서비스산업의 시장이 확대될 경우 이 글에서 살펴본 것처럼 좀 더 많은 일자리가 창출될 가능성이 크다. 이런 의미에서 한국 경제를 지속가능 경제로 전환하기 위해서는 서비스산업의 시장 확대가 중요하다.

그러나 아직 서비스산업은 충분한 경쟁력을 갖추지 못한 상태이다. 특히 높은 부가가치를 생산할 잠재력이 있는 일부 서비스 업종은 진입 장벽으로 인해 경쟁이 부족하고, 내수 시장을 어떻게 분할할 것인지에만 관심이 있어 시장 확대에는 무관심했다. 그 결과, 서비스업의 생산성 향상이 저조하고 부가가치 생산 역시 부족했다. 이 글에서 살펴본 결과에 의하면, 우선 서비스산업의 규제 개선과 개방을 통해 서비스산업에 경쟁을 불어넣어야 한다. 이러한 경쟁과 시장 개방을 통해 서비스산업이 생산하는 부가가치를 증대시키고 서비스산업에 양질의 일자리를 만들어야 한다. 특히, 서비스산업의 시장이 확대될 경우 그간 서비스산업은 제로섬 게임이라는 인식하에 국내시장의 분할을 두고 경쟁하던 당사자들의 시각이 넓어지고 세계시장의 개척을 위해 규제 개선에 합의를 이룰 가능성이 커진다.

서비스산업의 시장 확대와 동시에 좀 더 많은 일자리를 창출하기 위해서는 노동시장의 유연성과 안정성을 동시에 높일 수 있는 제도적 개선도 필요하다. 우선, 무엇보다도 중요한 것은 다양한 형태의 고용계약을 인정하는 작업일 것이다. 노동시장은 단순히 정규직과 비정규직만 있는 이중 구조가 아니라 다양한 형태의 고용계약이 존재하고 다양한 이해관계를 가진 여러 공급자와 수요자가 함께 있는 다중 구조이다. 이처럼 다양한 노동시장을 이중 구조로만 본다면 모든 비정규직 일자리는 없어져야 할 일자리로 보일 것이다. 그러나 2014년 경제활동인구조사 근로 형태별 부가조사 결과를 보면 비정규직 중 약 49.7%가 '근로조건 만족', '안정적 일자리' 또는 '직장 이동' 등의 이유로 자발적으로 비정규직을 선택했다. 즉, 노동시장에는 생각하는 것보다 훨씬 다양한 형태의 일자리를 원하는 수요가 있는 것이다.

따라서 현재 정규직뿐만 아니라 다양한 고용 형태가 존재할 수 있는 노동시장을 확립하는 것이 중요하다. 예를 들어, 정규직의 상대적인 과보호를 완화하고 이를 바탕으로 다양한 형태의 비정규직 근로자의 근로 여건을 개선하는 작업을 서둘러야 한다. 또한, 비정규직 내에서도 상대적으로 사용 사유 및 사용 업종에 대한 규제가 심한 파견 근로에 대해서는 규제 완화를 통해 수요를 증대시키고 동시에 파견 근로자에 대한 처우 개선도 진행해야 한다. 한마디로 정리하면, 다양한 고용 형태를 허용해 합리적인 차이는 인정하면서 불합리한 차별은 축소하는 노력을 기울여야 한다. 이러한 노동시장의 제도적 개선이 신속히 진행된다면 주어진 잠재성장률하에서 한국 경제는 최대한의 양질의 일자리를 창출할 수 있을 것이다.

종합해보면, 서비스산업의 시장을 확대해 부가가치 생산을 증대시키고 노동시장의 제도적 개선을 통해 안정적인 일자리를 충분히 만든다면 한국 경제가 지금 가지고 있는 다양한 형태의 문제 중 상당수는 해결 가능하다. 그리고 이러한 노력은 성장 동력을 점차 상실해가고 있는 한국 경제를 지속가능한 경제로 전환시킬 것이다.

참고문헌

변양규. 2014a. 「디플레이션 가능성 점검」. ≪KERI Brief≫. 한국경제연구원.

_____. 2014b. 「정규직 고용보호 현황과 시사점」. ≪KERI Brief≫. 한국경제연구원.

변양규 외. 2013. 「'일자리 창출을 위한 서비스산업 빅뱅 방안' 연구보고서」. 한국경제연구원.

송용주·변양규. 2013. 「새로운 시장창조를 위한 의료서비스산업 규제개선의 경제적 효과 추정」. ≪규제연구≫, 제2권 특집호(9월).

유정선·변양규. 2013. 「규제개선을 통한 글로벌 교육서비스산업 시장창조의 경제적 효과」. ≪규제연구≫, 제2권 특집호(9월).

한국경제연구원. 2014. ≪KERI 경제전망과 정책과제≫, 12월호.

가계 동향 조사. 마이크로데이터서비스시스템. http://mdss.kostat.go.kr.

고용노동부 고용노동통계. http://laborstat.molab.go.kr.

통계청 국가통계포털. http://kosis.kr.

한국은행 경제통계. http://ecos.bok.or.kr.

일본 총무성 일본 통계국. http://www.stat.go.jp.

CEIC database.

Bloomberg database.

OECD Stat. http://stats.oecd.org.

Decressin, Jörg and Douglas Laxton. 2009.9.1. "Gauging Risks for Deflation." IMF staff position note.

제13장

중소기업의 지속가능 발전 진단과 대안

김세종 | 중소기업연구원장

1. 중소기업, 생존율을 높여야

한국 경제에서 중소기업이 차지하는 비중은 가히 절대적이라 할 수 있다. 전체 사업체의 99%, 종사자의 87%가 중소기업이다. 사업체 수나 종사자 규모는 물론이고 전체 부가가치에서 중소기업이 차지하는 비중이 절반 정도에 달하고 있어 중소기업의 지속 발전 가능성이 곧 한국 경제의 지속 발전 여부를 좌우하게 될지도 모른다. 현재와 같은 대기업 주도의 성장 전략은 핀란드의 사례(핀란드 경제에서 높은 비중은 차지했던 노키아의 몰락으로 핀란드 경제가 침체를 겪었음)처럼 예기치 못한 한계에 직면할 가능성을 배제할 수 없기 때문에 중소기업, 특히 대외경쟁력을 확보한 우수한 중소기업의 존재는 아무리 강조해도 지나치지 않을 것이다.

중소기업의 지속가능한 발전은 한국 경제의 장기 성장에 중요한 요인이라 할 수 있다. 그러나 중소기업의 생존율은 매우 낮은 편이다. 통계청이 발표한 2013년 기준 기업생명 통계를 보면, 2012년 산업별 1년 생존율은 59.8%, 5년 생존율은 30.9%로 나타났다. 산업별로는 운수업과 제조업의 생존율이 높은 반면, 사업서비스업과 음식점·숙박업의 생존율이 낮은 것으로 조사되었다. 5년 생존율의 경우에도 비슷한 결과를 보였다. 기업 규모에 따른 생존율은 매출액 규모가 5000만 원 미만인 기업들의 생존율이 낮은 것으로 나타났다.

최근처럼 내수경기가 급격하게 악화되고 있는 상황 속에서 중소기업들의 생존율을 높이는 방안은 무엇일까? 무엇보다도 중소기업이 경쟁력을 확보하고 지속적인 성장을 담보하기 위해서는 설비 투자의 확대와 핵심 기술을 확보하기 위한 기술 개발의 투자가 확대되어야 할 것이다. 특히 중소기업의 기술 개발 투자는 대기업이 주도하는 산업 변화에 대한 중소기업의 대응력을 높이고, 더 나아가 중소기업 스스로의 생존 기반이 된다는 점에서 그 중요성은 아무리 강조해도 지나치지 않을 것이다. 중소기업의 생존 키워드는 바로 경쟁력이라 할 수 있다.

중소기업의 생존율을 높이는 것은 창업을 확대하는 것 못지않게 중요한 과제라 할 수 있다. 중소기업의 생존율에 관심을 가지는 이유는 일자리 창출의 중요성 때문이다. 일자리는 누가 만드는가? 그것은 두말할 것도 없이 기업이다. 물론 정부 재정을 통해 단기 일자리를 만드는 경우도 있지만 장기적이고 안정적인 일자리는 기업을 통해 만들어진다. 기업이 만드는 일자리를 살펴보면, 대기업의 고용 흡수력은 예전만 못하다. 요즘처럼 글로벌 경쟁이 치열한 대기업의 경우, 인건비가 저렴한 해외로 공장을 이전하는 사례가 적지 않기 때문에 과거처럼 대량으로 일자리를 창출하는 데는 한계가 있을 수밖에 없다. 결국 중소기업을 통해 일자리를 늘리는 것이 관건이라 할 수 있다.

중소기업을 통한 일자리 창출은 두 가지 방향으로 전개된다. 하나는 창업을 통한 일자리 창출이다. 새로운 기업을 창업하는 것이야말로 가장 확실한 일자리 창출 방안이다. 다른 하나는 기존 중소기업이 성장해 고용을 확대하는 것이다. 전자는 창업 초기에 적지 않은 어려움을 겪기 때문에 생존율이 높지 않은 편이다. 후자는 창업 이후 이른바 '죽음의 계곡'을 통과한 기업들이 성장을 통해 고용을 늘리는 경우를 말한다.

중소기업을 통한 일자리 창출은 중소기업의 생존율을 높여야 가능하다. 창업기업은 생존율이 높지 않기 때문에 직업의 안정성 측면을 고려한다면 창업기업이 죽음의 계곡을 지나 기업 규모를 확대해 고용을 확대하는 것이 이상적인 모습이라 할 수 있다. 중소기업의 생존율을 높이기 위해서는 그 어떤 것보다 우선적으로 중소기업의 경쟁력을 높여야 할 것이다. 이 글에서는 중소기업 생존의 필요조건이라 할 수 있는 경쟁력을 제고할 수 있는 방안에 대해 논의하고자 한다.

2. 중소기업의 현황 및 당면 과제

1) 중소기업 현황

2012년 현재 기업 규모별 사업체 비중을 살펴보면, 소기업은 전체 96%, 중기업은 3.9%, 대기업 비중은 0.1%를 차지한다. 소기업 중에서 소상공인을 별도로 계산하면 소상공인이 전체 사업체의 87%를 차지하고 있다. 전체 사업체 중에서 중기업 이상이 차지하는 비중은 4%에 불과한 실정이다. 〈표 13-1〉에서 알 수 있듯이 전체적으로 사업체 수는 증가하고 있으나, 종업원 300인 미만의 중소기업 수는 증가했고(규모의 영세화), 300인 이상 대기업 수는 감소했다.

한편, 국가별로 사업체 기준으로 살펴보면, 소상공인 비중은 유럽연합에 비해 다소 높으며, 반대로 기업 규모가 커질수록 유럽연합에 비해 비중이 낮아지는 것을 알 수 있다. 종사자를 기준으로 보면, 소상공인의 비중이 가장 높으나 소기업과 중기업 비중은 유럽연합 평균보다 다소 높은 수준을 보인다. 반면,

〈표 13-1〉 기업 규모별 사업체 추이 (단위: 1000개)

연도	전체	소상공인	소기업	중기업	중소기업	대기업
2012	3,354	2,918	3,259	93	3,351	3
2011	3,235	2,835	3,106	125	3,232	3
2007	2,977	2,612	2,874	99	2,974	2
2005	2,868	2,527	2,773	91	2,864	4
2000	2,730	2,443	2,661	47	2,708	22
1995	2,622	2,365	2,559	42	2,602	21

자료: 통계청.

〈표 13-2〉 중소기업의 사업체 및 종사자 비중 국가별 비교 (단위: %)

구분	국가	소상공인	소기업	중기업	대기업
사업체 기준	한국	93.5	5.6	0.8	0.1
	독일	83.3	13.8	2.4	0.5
	이탈리아	94.5	4.9	0.5	0.1
	프랑스	93.1	5.8	0.9	0.2
	EU 12	92.1	6.6	1.1	0.2
	EU 27	91.7	7.1	1.0	0.2
종사자 기준	한국	45.5	23.6	18.7	12.1
	독일	19.3	21.8	19.9	39.1
	이탈리아	47.3	21.7	12.3	18.6
	프랑스	24.3	20.3	15.7	39.6
	EU 12	29.7	20.4	16.8	33.1
	EU 27	29.7	21.0	15.9	33.4

주: EU 12는 EU 출범 초기 12개국(프랑스, 독일, 이탈리아, 벨기에, 네덜란드, 룩셈부르크, 덴마크, 아일랜드, 영국, 그리스, 스페인 포르투갈)을 의미하며 EU 27은 현 EU 회원국 전체를 의미함.
자료: EU committee(2011).

<표 13-3> 중소기업 주요 지표의 변화 (단위: %)

구분		1960년대	1970년대	1980년대	1990년대	2000년대	2010년대	전체 (1963~2012)
사업체 수	제조업	5.4	3.1	8.8	3.2	1.5	1.2	3.8
	중소기업	5.2	3.1	9.0	3.3	1.5	1.2	3.9
	대기업	18.2	5.1	1.9	△5.6	△2.2	4.4	2.2
종사자 수	제조업	12.8	10.5	4.9	△2.0	0.6	2.1	4.3
	중소기업	8.3	10.2	7.3	△0.2	1.0	1.6	4.6
	대기업	19.8	10.8	2.0	△5.8	△0.7	3.8	3.5
생산액	제조업	35.8	39.5	17.0	11.7	8.4	6.3	20.5
	중소기업	22.6	40.4	20.7	13.0	8.5	4.9	19.9
	대기업	47.6	39.1	14.8	10.6	8.4	7.6	21.2
출하액	제조업	36.0	39.3	17.1	11.8	8.5	6.6	20.6
	중소기업	22.8	40.1	20.8	13.1	8.6	5.0	20.0
	대기업	47.7	38.9	15.0	10.7	8.5	7.9	21.2
부가 가치	제조업	38.1	36.8	18.6	12.3	6.7	5.1	20.2
	중소기업	25.4	40.0	21.9	13.4	6.7	5.3	19.9
	대기업	47.6	35.3	16.4	11.3	6.6	4.9	20.4

주: 성장률은 연평균 증감률이며, 중소 제조업은 1976년도부터 300인 미만(이전은 200인 미만임).
자료: 통계청, 『광업·제조업조사』(각 연도)를 재편·가공.

대기업 종사자 비중은 유럽연합 평균보다 낮은 수준을 보인다.

2) 성장 및 경제발전 기여율

중소기업이 경제에서 차지하는 비중은 매우 높은 편이다. 과거 개발 연대에는 중화학공업 중심의 산업 정책으로 대기업 역할이 상대적으로 높았으나, 1990년대 이후 중소기업의 비중이 확대되었다. 특히 1997년 IMF 외환위기 이

〈표 13-4〉 중소기업의 경제발전 기여율 (단위: %)

구분		1960년대 (1963~1969)	1970년대 (1970~1979)	1980년대 (1980~1989)	1990년대 (1990~1999)	2000년대 (2000~2009)	2010년대 (2010~2012)
사업체 수	중소 기업	94.0	94.8	99.4	102.2	101.0	97.9
	대기업	6.0	5.2	0.6	△2.2	△1.0	2.1
종사자 수	중소 기업	38.1	47.1	81.9	△6.8	128.7	58.8
	대기업	61.9	52.9	18.1	△93.2	△28.7	41.2
생산액	중소 기업	26.5	32.2	45.7	50.3	47.8	36.2
	대기업	73.5	67.8	54.3	49.7	52.2	63.8
출하액	중소 기업	26.7	32.3	45.6	50.1	47.6	35.7
	대기업	73.3	67.7	54.4	49.9	52.4	64.3
부가 가치	중소 기업	25.7	35.7	47.7	50.5	50.8	49.6
	대기업	74.3	64.3	52.3	49.5	49.2	50.4

주: 기여율은 제조업 전체 순증감분에 대한 대·중소기업 증감분의 백분비(%)임.
자료: 통계청, 『광업·제조업조사』(각 연도)를 재편·가공.

후 많은 대기업들이 구조 조정으로 기업 수명을 다했다. 그 공백을 채워준 것이 바로 중소·벤처기업이라 할 수 있다. 1998년 후반부터 불기 시작한 벤처 붐이 이러한 사실을 입증해주고 있다. 실제 통계를 살펴보면 중소기업이 경제에서 차지하는 비중이 높아졌음을 알 수 있을 것이다.

중소기업이 경제에서 차지하는 비중을 구체적으로 살펴보면, 사업체 수, 종사자 수는 1990년대 들어 중소기업 성장률이 높아지고 있음을 알 수 있다. 1960~1980년대까지 중화학공업을 중심으로 한 고도성장기에는 대기업의 사업체 수, 종사자 수 성장률이 높았으나, 1990년대 이후 중소기업 성장률이 상대적으로 높아지는 모습을 보인다. 특히 대기업의 사업체 수와 종사자 수는

1990년대와 2000년대 들어 지속적인 감소세를 보이고 있으며 이 기간 중에 중소기업은 증가세를 시현해 대조적인 모습을 보이고 있다. 반면, 생산액, 출하액, 부가가치 증가율은 대기업과 중소기업 간 격차는 크지 않은 것으로 나타났다.

한편, 중소기업이 경제발전에 기여한 부분을 살펴보면, 사업체 수와 종사자수 증가에 대한 기여율은 높은 편이지만, 생산액 증가에 대한 기여도는 1960년대 20%대에서 1990년대 절반을 상회하기도 했으나 이후 기여율이 하락했다. 출하액 및 부가가치 상승에 대한 기여율도 경제발전과 더불어 상승했다가 최근에는 기여율이 다소 하락한 모습을 보이고 있다.

3) 중소기업 생존율 현황

통계청이 발표한 2012년 기업의 1년 생존율(1년 전 신생기업의 생존율)은 59.8%이며 5년 생존율(5년 전 신생기업의 생존율)은 30.9%로 나타났다. 2012년 기준으로 5년 전에 창업한 기업이 생존할 수 있는 확률은 30% 수준으로 10개 중 7개 기업이 소멸되는 것으로 조사되었다.

한편, 산업 대분류 기준 신생기업의 산업별 생존율 추이를 살펴보면, 운수

〈표 13-5〉 연도별 기업 생존율 추이   (단위: %)

연도	1년 생존율	2년 생존율	3년 생존율	4년 생존율	5년 생존율
2008	(2007) 61.8	—	—	—	—
2009	(2008) 60.9	(2007) 49.3	—	—	—
2010	(2009) 60.1	(2008) 48.1	(2007) 41.5	—	—
2011	(2010) 60.0	(2009) 46.9	(2008) 39.7	(2007) 35.8	—
2012	(2011) 59.8	(2010) 46.3	(2009) 38.0	(2008) 33.4	(2007) 30.9

자료: 통계청.

〈표 13-6〉 산업별 기업 생존율 추이   (단위: %)

구분	1년 생존율	2년 생존율	3년 생존율	4년 생존율	5년 생존율
전체	59.8	46.3	38.0	33.4	30.9
제조업	68.8	57.4	47.7	42.6	39.6
건설업	59.7	44.9	37.1	28.7	27.9
도·소매업	55.3	41.7	34.3	29.3	25.6
운수업	73.0	61.3	55.3	47.8	43.2
숙박·음식점업	55.0	37.5	27.2	21.9	17.7
출판·영상·정보	61.8	46.0	35.1	29.0	27.1
부동산·임대업	67.4	59.7	52.7	48.0	46.3
전문·과학·기술	61.6	51.7	41.8	36.5	33.5
사업서비스업	53.6	39.5	32.2	26.4	22.3
교육서비스업	57.7	42.3	34.7	29.4	25.4
보건·사회복지	67.9	49.9	43.6	43.3	42.9
예술·스포츠·여가	55.3	37.1	24.5	18.2	14.7
개인서비스업	59.4	48.4	39.4	33.8	30.5

자료: 통계청.

업과 제조업의 경우 1년 생존율이 높게 나타났으며 상대적으로 사업서비스업
과 숙박·음식점업의 생존율이 낮은 것으로 조사되었다. 지난 5년간 1년 생존
율이 낮아지고 있어 이에 대한 개선 방안이 요구된다. 또한 5년 생존율의 경우
부동산·임대업과 운수업이 높은 반면, 예술·스포츠·여가 및 숙박·음식점업이
낮은 것으로 나타났다. 생존율이 낮은 업종은 진입 장벽이 낮은 것에서 기인하
는 것으로 면허제도를 운영하고 있는 운수업의 생존율이 높은 것은 진입 장벽
이 높기 때문으로 풀이된다.

4) 중소기업의 당면 과제

앞서 언급한 바와 같이 신생기업의 5년 생존율은 30% 수준에 머물러 있는 실정이다. 중소기업의 생존율이 낮은 이유는 무엇일까? 첫째, 대기업의 30% 수준에 불과한 생산성 수준을 들 수 있다. 대기업 대비 낮은 생산성은 경쟁력으로 이어져 중소기업의 생존 능력을 잠식하고 있는 것이다. 중소기업들이 당면한 현안, 예컨대 판로의 한계, 금융조달의 어려움, 대기업과의 공정거래 문제, 환율·유가 등 대외 변수에 대한 적응 능력, 인력 확보상의 어려움 등 모든 문제는 중소기업의 경쟁력과 직결된 문제라 할 수 있다. 그동안 중소기업들은 글로벌 경영환경의 변화 및 경쟁 패러다임의 변화에 능동적으로 대처하지 못했다는 평가를 받아왔기 때문에 중소기업의 경쟁력 제고 문제는 중소기업의 장기적인 성장에 중요한 요인이라 할 수 있다. 중소기업의 경쟁력 저하에는 중소기업의 기술력 부족도 원인으로 지적된다. 최근 개선되고 있지만 속도가 더딘 중소기업의 기술 수준을 선진국 수준으로 높여야 할 과제를 안고 있다. 중소기업의 생산성 수준을 높여야 하는 이유가 여기에 있다. 중소기업의 생산성 향상은 요즘과 같은 대외 여건 변화에 대한 대응력을 높여준다는 점에서 그 중요성이 강조되고 있다. 〈표 13-7〉에서 알 수 있듯이 중소기업의 생산성(1인당

〈표 13-7〉 제조업 1인당 부가가치 추이 (단위: %)

구분	2005년	2006년	2007년	2008년	2009년	2010년	2011년
중소기업	100	102.6	107.7	120.4	125.0	127.8	147.4
(증가율)	4.7	2.6	4.9	11.8	3.8	2.2	15.3
대기업	100	102.1	115.3	132.4	134.6	157.6	167.4
(증가율)	-0.8	2.1	12.9	14.9	1.6	17.3	6.2
격차 (대기업 = 100)	33.1	33.2	30.9	30.1	30.7	26.8	29.1

자료: 중소기업중앙회.

〈그림 13-1〉수출 규모별 중소기업 비중과 수출 국가별 수출액 및 비중

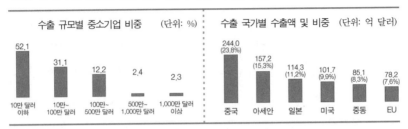

자료: 중소기업청의 관세청 통관 자료 재편·가공.

〈표 13-8〉 중소기업 직종별 인력구성 및 부족률(2012년 기준) (단위: 명, %)

| 구분 | 전체 | 사무 관리직 | 연구직 | 생산직 | | | 서비스 종사자 | 판매직 |
				기술직	기능직	단순 노무직		
현 인원	2,122,822	577,745	91,148	181,392	580,303	613,322	18,949	59,961
부족 인원	66,331	8,764	4,197	9,075	18,440	23,419	256	2,181
부족률	3.03	1.49	4.40	4.76	3.08	3.68	1.33	3.51

주: 인력 부족률 = 부족 인원 / (현 인원 + 부족 인원) × 100
자료: 중소기업중앙회.

부가가치)은 지속적으로 하락해 2011년 기준 대기업의 29% 수준에 불과한 실
정이다. 중소기업의 작업 특성상 인력이 다수 투입되는 것이 불가피하더라도
현재와 같은 생산성 수준은 대기업과의 교섭력에서 열세를 초래할 가능성이
높기 때문에 근본적인 처방이 필요하다.

둘째, 취약한 중소기업의 글로벌 역량을 들 수 있다. 한국은 한미 FTA를 비
롯해 한-EU, 한-캐나다 FTA 등을 통해 경제영토를 확대해가고 있지만, 중소
기업들의 FTA 활용 능력은 취약한 편이다. 우선 중소기업 전체 매출액에서 수
출이 차지하는 비중이 2012년 기준 14.0%에 불과한 실정이다. 수출 중소기업
수는 최근 들어 급격하게 증가하고는 있지만 2013년 현재 8만 7000개사로 전

체 기업 대비 2.8%로 독일 10%, 미국 3.9%에 비해 적은 수준이다. 더욱이 2012년 기준 수출 중소기업의 83%가 수출 규모 100만 달러 미만이며 중국 등 일부 국가에 집중되고 있다는 점을 고려해볼 때, 중소기업의 수출 역량 강화 및 수출 다변화가 시급한 과제라 할 수 있다. 국내시장에서의 경쟁이 치열해지고 있는 상황이라면 해외시장 진출을 위한 글로벌 역량을 높이기 위한 방안을 적극적으로 모색해야 할 시점이다.

셋째, 만성화되고 있는 인력 부족 문제를 들 수 있다. 중소기업 인력 부족 문제가 어제 오늘의 문제가 아니지만 최근에는 핵심 인력으로 확산되면서 중소기업의 성장을 저해하는 요인으로 작용하고 있다. 중소 제조업의 인력 부족률은 2002년 이후 하락 추세를 이어오다, 최근 2010년 이후 상승 추세를 보이고 있다. 직종별로는 기술직·연구직의 인력 부족률이 높았으며, 사무관리직, 서비스 종사자는 상대적으로 낮은 편이다. 과거 인력 부족의 문제는 주로 생산직에서 심각했으나, 최근에는 연구직이나 기술직의 인력 부족이 심각하다는 점에서 향후 중소기업 경쟁력에 심각한 우려를 자아내고 있다.

3. 중소기업의 지속 성장을 위한 정책 대안

1) 기본 방향

앞서 살펴본 바와 같이 중소기업이 당면한 제반 문제점들이 중소기업의 경쟁력 부족에서 출발한다는 문제 인식이 선행되어야 할 것이다. 결국 중소기업 문제의 해법은 경쟁력을 높이는 것에 있다는 것이다. 그동안 중소기업 지원 정책이 보호와 육성에 초점을 맞춰왔다면 앞으로는 경쟁력과 자생력을 높이는데 중점을 두어야 할 것이다. 결국 이 문제를 풀지 않고서는 중소기업의 지속적인 성장도 담보할 수 없다는 점을 간과해서는 안 될 것이다. 따라서 향후 중소기업 지원 정책의 방향은 자생력과 경쟁력을 높이는 방향으로 추진해야 할 것이다. 중소기업들이 정부의 지원 정책에 의존하지 않고 독자적인 연구개발(R&D)과 인력 유입을 촉진할 수 있는 자구 노력을 강화하는 것이 무엇보다 중요한 과제라 할 것이다. 이러한 자구 노력을 기반으로 자립 의지(will do)가 있는 중소기업에 대해서는 정부가 지원하는 방식으로 정책 패러다임을 바꿔야 할 것이다. 기술력이 있는 기업에 대한 금융지원을 확대하고 해외시장 진출을 지원할 수 있는 정책 시스템을 구축하는 것이 시급한 과제라 할 수 있다.

중소기업의 자생력을 높이는 방안은 중소기업의 경쟁력을 높이는 길 외에는 대안이 없다는 점을 인식하고 장·단기적인 중소기업 경쟁력 제고 방안을 중소기업 정책 어젠다로 추진하고자 하는 정부의 의지가 필요하다. 따라서 중소기업의 지속적인 성장을 담보하기 위해 미국 경쟁력 강화 계획(America Competitiveness Initiative, 2006), 일본의 신산업 창조 전략(2004년), 유럽연합의 제7차 프레임워크(Framework) 프로그램(2006년), 독일의 하이테크 전략(High-tech-Strategies Deutschland, 2006) 등과 같은 국가 단위의 경쟁력 제고 방안을 추진할 필요가 있다. 중소기업의 경쟁력 강화를 위해 생산요소의 고도화, 전략적 기술 개발, 중소기업의 글로벌화, 협력적 네트워크 구축을 추진해야 할 것이다.

2) 생산요소의 고도화

최근 한국 산업은 지속적인 수요 감소와 경쟁이 심화되면서 중소기업에 비용 우위와 수익성 확대를 동시에 달성하기 위한 핵심 수단으로서 '생산성 향상'이 그 어느 때보다도 절실히 요구되는 상황이다. 지속 성장이 가능한 경쟁력의 원천은 생산요소의 우위에서 구현되기 때문에 중소기업의 품질, 기술, 원가 경쟁력을 높이기 위한 이른바 '5대 생산요소 고도화 전략'을 수립할 필요가 있다.

(1) 인재 혁신

중소기업 인력난은 '중소기업 경영 문제'로 대두된다는 점에서 중요하며, 이러한 현상이 더욱 가속화될 것으로 예측되어 매우 심각한 문제라 할 것이다. 중소기업 인력 부족의 원인으로 지방근무 기피, 대기업과 비교한 상대적 저임금, 중소기업에 대한 왜곡된 인식, 열악한 작업환경 등이 지적되며, 그 밖에도 잦은 이직과 대기업 선호, 복리후생의 미흡 등도 지적된다. 자본의 규모가 작은 중소기업이 경쟁에서 이기기 위해서는 인적 자원의 활용을 중시해야 함에도 불구하고, 중소기업의 환경이 불리함으로 인해 만성적인 인력 부족에 직면해 유능한 기능공과 기술 인력의 확보는 물론, 안정적인 생산 가동에 위협을 받으며, 이로 인해 중소기업의 기업 활동에 악영향을 미치고 있다.

중소기업의 인력난 완화를 위해서는 첫째, 중소기업에 대한 사회적 인식 제고를 위해 중소기업 바로 알리기 대국민 캠페인 전개와 청년층의 규모에 대한 편견 해소의 제도화를 통해 청소년의 인격 형성에 큰 역할을 하는 교사들에게 중소기업 체험 기회를 제공해 중소기업에 대한 올바른 교육을 유도하고, 대학생 등에게 중소기업 현장 체험을 지원해 중소기업에 대한 인식을 개선해야 할 것이다. 둘째, 중소기업의 원활한 인력 수급을 지원하기 위해 외국 인력 도입의 확대 및 산업연수업체 경쟁력 제고 추진, 산업기능요원제도, 청년층 등의 중소기업 취업을 촉진해야 할 것이다. 셋째, 중소기업 인적 자원의 고급화를 추진하기 위해 중소기업에 대한 교육훈련 지원을 강화하고, 업종별·지역 단위별로 중소기업 인력 구조 고도화 사업을 내실 있게 추진해야 할 것이다. 넷째, 중소기업의 인력 유입 여건을 조성하기 위해 중소기업 재직 근로자 및 장기 근속자에 대한 주택 공급 등 유인체계를 강화해야 할 것이다.

(2) 제조혁신(생산 인프라 혁신 및 생산원가 절감)

최근 전 세계 산업계는 스마트 폰, 스마트 홈, 스마트 카 그리고 스마트 팩토리까지 모든 영역에 걸쳐 스마트 기술의 도입이 진행되고 있다. 특히 2015년 초부터 시작된 독일 '인더스트리(Industry) 4.0'의 광풍에 힘입어 국내 산·학·연·관에서도 많은 관련 연구 및 정책이 수립되고 있다. 최근 정부도 스마트 팩토리 지원을 통한 중소기업 제조 공정을 혁신하기 위한 노력을 강화하고 있다. 중소기업들의 생산라인에 사물인터넷(IoT) 등 첨단 정보통신기술(ICT)을 접목해 생산, 품질관리의 효율성을 높인 스마트 팩토리 개념이 도입될 전망이다. 중소기업 제조 현장이 수작업 공정의 자동화(중소기업 생산 현장의 자동화), 생산 현장의 에너지 효율화, 생산관리 시스템 도입 등 중소기업 현장과 IT 기술을 접목해 생산관리 및 원가관리 혁신 방안을 통해 스마트 팩토리로 환골탈태한다면 중소기업 기피 요인이라 할 수 있는 근무 여건도 획기적으로 개선될 것으로 기대된다. 중소기업 현장에서 손쉽게 적용 가능한 제조혁신 기법을 개발하고 적용하는 노력을 기업 스스로 추진할 수 있도록 하는 것도 중요한 과제라할 수 있다. 이러한 제조혁신이야말로 중소기업의 지속가능한 성장을 담보하고 글로벌 경쟁력을 높이는 첩경이 될 것이다.

(3) 금융혁신

중소기업은 대기업에 비해 경영 자원이 취약하기 때문에 대기업과 동일한 조건으로 경영 활동을 영위하기가 쉽지 않은 상황이다. 중소기업은 규모나 경영 자원 측면에서 보면 그 규모가 소규모이고, 자원이 영세하고 미약하기 때문에 어려움의 정도는 더욱 크다 할 것이며, 특히, 중소기업들은 자금 확보에 어려움을 겪고 있다. 중소기업에 특화된 지역금융기관 활성화, 기술력 있는 중소기업의 금융시장 접근성 제고, 기술 평가 내실화를 통한 기술금융의 활성화(담보 위주의 대출 관행 개선 및 기술 평가의 강화)를 유도해야 할 것이다. 체계적인 기술 평가를 통해 기술력 있는 중소기업의 금융시장 접근을 확대하는 것은 정책금융의 수요를 줄일 수 있다는 점에서 기술금융을 확대해야 할 것이다. 특히 창업투자 조합 결성에 모태 펀드에 대한 의존도가 높은 상황에서 민간의 여유자금을 벤처금융으로 끌어들일 수 있도록 성장 가능성이 높은 벤처기업을 식별할 수 있는 인프라를 구축하는 것이 선결 과제라 할 수 있다. 정부의 재정 지원에 위한 벤처 생태계가 자생력을 가지려면 벤처 캐피탈의 적극적인 역할이 요구된다.

(4) 기술혁신

2000년대 들어 주요 선진국들은 글로벌 경쟁력을 갖춘 혁신형 중소기업 육성에 매진하고 있다. 혁신형 중소기업만이 세계 무한경쟁 시대에 직면한 상황에서 중소기업들의 글로벌 경쟁력 제고를 통해 국가 경제의 질적 고도화 및 지속 성장을 가능하게 하므로 혁신형 중소기업의 양성과 저변 확대는 국가 경제 성장의 중요한 목표로 자리 잡게 되었다. 혁신형 중소기업이 늘어나면 자원 배분의 효율성이 높아지고 국민경제의 공급 능력도 확장되어 중·장기적으로는 국내총생산(GDP)의 순창출 효과를 기대할 수 있게 된다. 이것이 바로 정부가 혁신형 중소기업을 육성하는 이유이다. 따라서 중소기업의 기술력 제고를 위해서는 우선 중소기업자 스스로의 자생적 노력이 필수이겠지만, 이를 위해서는 정부의 각종 정책적·제도적 지원이 있어야 한다. 기술혁신 주도형 중소기업을 육성하기 위해서는 ① 중소기업 기술혁신 기반 확충을 위한 기술혁신형 중소기업의 적극 발굴 및 육성, 기술 평가와 신용보증 및 자금 지원과 연계 강화, ② 중소기업 기술 개발 및 사업화 지원 확대를 위한 중소기업 기술 개발의 지원, 수요 연계 중소기업의 신제품 개발 지원, ③ 중소기업 기술·경영혁신 컨설팅 지원을 위한 중소기업 공정혁신 추진 지원, 경영지원 강화, 중소기업의 품질혁신 활동 강화, 지방대학 및 연구기관을 활용한 현장 기술애로 해소 지원, ④ 중소기업 IT화 및 이비즈(e-Biz) 기반 구축을 위한 정보화 선도 중소기업 육성, 중소기업 IT화 경영 여건 조성, 중소기업 정보화 촉진을 위한 저변 확대 등이 요구된다.

(5) 경영혁신

전사적 원가혁신을 통한 생산비 절감, 기업 여건 변화에 따른 능동적 대응 능력, 동기부여를 통해 원가혁신의 자발적 참여를 유도하고 경영 안정을 위한 판로 확대 방안을 마련해 중소기업의 경영혁신을 유도해야 할 것이다. 이러한 경영혁신은 중소기업들이 내수 시장에서 해외시장으로 눈을 돌리게 만들 것으로 기대된다. 중소기업이 성장과 발전을 도모하기 위해서는 스스로의 시장 분야를 적극적으로 선택해 그에 맞는 독자적인 제품이나 기술을 개발함으로써 활로를 개척해야 한다. 중소기업은 대기업에 비해 인력, 자금, 정보 등에서 열세에 놓여 있어 우수한 기술을 개발하고도 마케팅 취약으로 판매 부진을 겪고 있으며, 이는 곧 중소기업 경영난으로 이어지는 악순환이 이어지고 있다. 중소기업 판로 확대를 위해 가장 중요한 것은 역시 중소기업자 스스로 자생력을 강화하는 전략을 구사하는 것이 중요하다고 하겠으나, 정부에서도 이러한 중소기업의 어려움을 극복할 수 있는 정책을 실시해야 한다. 이러한 이유로 중소기업 제품의 판로 확대 및 수출 촉진을 위한 시책으로 중소기업의 내수 기반 확충을 위한 시책과 공공기관의 중소기업 제품 구매제도의 실효성 제고 시책, 수출시장 개척을 위한 지원 시책을 추진해야 할 것이다.

3. 전략적 기술 개발

(1) 중소기업 기술혁신 인프라 확충

중소기업은 기술혁신 활동에서 일부 분야에서만 애로를 겪고 있는 대기업과 달리, 개발 자금, 연구 인력, 실험장비, 지식·정보, 사업화 역량 등 많은 분야에서 어려움을 겪기 때문에 이러한 현실을 감안해 기술혁신 지원 정책을 재설계해야 할 것이다. 중소기업의 혁신 역량 및 기술 수준에 따라 지원의 목적이 명확하고 분명해야 하며, 지원의 수단과 방법도 차별화해 혁신 선도 기업은 선택과 집중을, 혁신 역량이 부족한 기업에게는 혁신 활동의 중요성을 인식할 수 있는 지원 정책을 설계하는 것이 필요하다. 중소기업의 기술혁신 활동은 기업의 유형, 업력, 규모 등에 따라 추진 의지 및 애로 요인이 다양하게 발생할 수 있기 때문에 중소기업의 혁신 역량과 내부 보유자원을 감안해 기술혁신 인프라를 확충할 필요가 있다. 향후 중소기업의 기술혁신은 무임승차를 방지할 수 있도록 연구개발 자금의 직접 지원보다는 자발적인 혁신 활동을 유인할 수 있는 기술혁신 인프라 구축에 집중할 필요가 있다. 특정 지역을 기반으로 하는 기술혁신의 자생적 유도, 연구개발 활동의 사업화 촉진 등을 위해 대학, 연구기관, 기업 간 공동연구 활동과 연구 성과의 사업화를 적극 지원해야 할 것이다. 중소기업의 핵심 원천기술에 대한 지원을 강화하고 중소기업 개발기술의 사업화를 촉진하기 위해 사업성, 기술성 위주의 평가체제를 구축하는 것이 급선무라 할 수 있다.

(2) 기술 지원 정책의 고도화·다양화

중소기업 기술혁신지원 정책의 이론적 논거가 시장 실패의 보완에서 시스템 실패의 보완으로 이동하고 있기 때문에 지원 정책의 내용과 방식에서 자금 등 혁신 생산요소에 대한 직접 지원보다는 인증 및 시험 분석, 혁신 네트워크, R&D 학습조직화, R&D 사업지원 서비스 등을 지원하는 방향으로 전환할 필요가 있다. 중소기업 중에서 혁신 활동에 참여할 수 있는 비중이 현실적으로 높지 않다는 점을 고려해 연구개발 활동에 참여할 수 있도록 동기부여와 혁신성을 공유할 수 있도록 지원 정책을 다양화할 필요가 있다. 따라서 중소기업의 기술혁신 정책은 자금뿐만 아니라 인력, 정보 등 혁신 요소들이 원활히 공급되고, 이들 요소 간 유기적 연계가 가능한 지원 시스템의 고도화·다양화를 적극적으로 추구해야 할 것이다. 제조업의 서비스화, 제조업의 경쟁력, 중소기업의 연구개발 활동을 지원할 수 있는 연구개발 사업 지원 서비스 중소기업에 대한 지원을 강화해야 할 것이다. 독일은 1990년대 중반부터 서비스화 트렌드, 서비스화 모델 등에 대한 체계적인 연구를 진행하고 있으며, 핀란드의 경우 신기술을 서비스에 접목하는 연구를 정부 차원에서 추진하고 있다는 점을 벤치마킹할 필요가 있다.

(3) 중소기업 자체 혁신 역량의 강화

중소기업 R&D 사업에 대한 정부 지원의 당위성에도 불구하고 중소기업 스스로 자체 혁신 역량을 갖추도록 조세 등 유인체계를 강화할 필요가 있다. 중소기업의 연구개발 및 현장기술에 대한 투자를 확대해 자체 혁신 역량을 강화하는 것이 시급한 과제이다. 아울러 중소기업들도 기술경영(MOT) 도입을 통해 선도적 기술 인력의 육성(확보), 자사 기술의 체계적 파악, 자사 기술의 상대적 파악, 새로운 기술의 도입과 융합, 외부 조직과의 관계 구축에 의한 시야의 확대 등을 체계적으로 준비해야 할 것이다. 중소기업의 저력을 확산시키기 위해서는 온리원(Only one), 혹은 넘버원(Number one)이 되는 것이 필요하지만, 현실적으로 모든 중소기업이 될 수 없기 때문에 일정 수준 이상의 기술력을 가진 중소기업의 저변을 확대해 중소기업 전반의 기술경쟁력을 확보하는 것이 중요하다. 중소기업들은 디자인, 엔지니어링, R&D 서비스, 법률, 회계, 마케팅 등 다양한 지식 서비스 기업들과 네트워크 및 협업을 통해 경쟁력을 확보하는 것이 중요해지고 있다. 중소기업의 인적 구성이나 규모로 보아 외부의 자원을 적적하게 활용하는 것이 중요하기 때문에 중소기업이 용이하게 활용할 수 있는 사업지원서비스 기업을 육성하고 이들 사업서비스 기업과 중소기업 간 협업을 유도하는 것이 건강한 기업생태계 구축에 중요한 역할을 수행할 수 있다는 점을 간과해서는 안 될 것이다. 중소기업 혁신 역량 제고는 최고경영자(CEO)의 의지에 따라 성과를 달리하므로 혁신 역량 강화를 위한 중소기업 최고경영자의 열린 사고·인식 개선이 필요하다는 점은 아무리 강조해도 지나치지 않을 것이다.

4) 중소기업 글로벌 전략

중소기업 매출액 중 수출 비중은 10% 수준에 불과한 실정이다. 협소한 국내 시장을 벗어나 글로벌 시장으로 진출하기 위한 전략을 수립하는 것을 더는 미룰 수 없는 여건이 전개되고 있다. 한미 FTA, 한중 FTA 체결을 계기로 글로벌 시장 수요의 창출 기회가 확대됨에 따라 탄탄한 기술력과 품질을 바탕으로 글로벌 시장에 직접 진출할 수 있는 중소기업의 중요성이 커지고 있다. 글로벌시장 진출은 협소한 내수 시장의 한계를 극복할 수 있다는 점에서 중소기업들에게는 피할 수 없는 과제이다. 한중 FTA 타결을 통해 중국 내수 시장에 대한 접근성이 높아졌으며 동남아 지역과의 경제 교류도 확대될 전망이다. 정부도 중소기업의 해외 진출에 대한 지원 의지가 확고하기 때문에 중소기업들이 이러한 기회를 적극적으로 활용해야 할 것이다. 중소기업의 글로벌시장 진출을 효과적으로 지원하기 위해서는 여러 기관으로 분산된 지원 기능과 예산을 통합하고 원스톱 서비스가 가능하도록 지원기관 간 협업을 유도하는 것이 필수적이다.

(1) 글로벌 강소기업 육성

모든 중소기업들이 해외로 진출할 수는 없다. 결국 수출 중소기업 중에서 일정 규모 이상, 예를 들어 100만 달러 이상을 수출한 경험이 있는 기업들을 중심으로 해외시장 진출 전략의 수립을 지원하고 이들 기업이 글로벌 전문기업으로 성장할 수 있는 기반을 만들어야 할 것이다. 독자적으로 생존할 수 있는 차별화된 기술이나 제품 혹은 경영 능력을 보유해 글로벌 경쟁에서 절대적 우위를 차지하는 중소기업군 이른바 한국형 히든 챔피언이 절대적으로 필요하다는 점을 다시 한 번 강조하고자 한다. 수출 규모가 100만 미만의 유망 수출 중소기업이 글로벌 강소기업으로 도약할 수 있도록 맞춤형 지원체계를 구축할 필요가 있다. 이를 위해 코트라, 중진공, 무역협회 등 지원기관 간 협업을 통해 법률·마케팅·금융·인력 등에 대한 종합적인 지원이 가능하도록 현지 전문가 및 기관의 풀(Pool)을 구성하고 진출 기업과 연결하는 종합 서비스를 제공해야 할 것이다.

- **현재 일류 상품 생산기업** 세계시장 점유율 5위 이내 또는 국내 동종 상품 생산업체 중 수출 실적 1위 기업
- **차세대 일류 상품 생산기업** 3년 내 세계시장 점유율 5위 이내 또는 산업기술대전·대한민국 산업디자인전 등에서 대통령상 이상을 획득한 기업

(2) FTA를 활용한 공세적 해외시장 개척

수출 중소기업 중에서 10만 달러 미만의 기업 수는 2011년 4만 2801개사, 2012년 4만 4098개사, 2013년 4만 5979개사를 기록해 전체 수출 중소기업의 절반 이상을 차지하고 있는 실정이다. 중소기업이 전체 수출에서 차지하는 비중이 해마다 감소하고 있기 때문에 수출 기업의 발굴과 더불어 해외시장 개척에 적극 나서야 할 것이다. 거대 시장과의 FTA를 통해 쌍무적 시장 개방이 확대될 것이기 때문에 해외시장 진출을 위한 정부의 지원과 중소기업계의 적극적인 참여를 유도해야 할 것이다. 중소기업의 해외시장 진출에는 여러 가지 리스크 요인이 상존하기 때문에 정부의 적극적인 지원이 요구된다. 정부가 개별

중소기업을 직접 지원하는 것은 한계가 있기 때문에 지원 인프라, DB 구축 등에 집중할 필요가 있다. 이를 위해 지원기관별로 정보가 산재해 있거나 대부분 정보가 나열식 구성으로 되어 있어 활용이 어렵다는 지적이 제기된다. 따라서 자료 구성 및 검색 방법은 키워드 검색 중심인 '구글 방식'으로 개편할 필요가 있다. 전문가들도 정보 채집과 습득이 어려운바, 키워드로 관련 정보가 연결되는 체제가 필요하다는 것이다. 정보의 질적 수준도 개선해 관세율 정보는 물론 시장 정보까지 통합해 제공하는 방식으로 개편할 필요가 있다.

(3) 온라인 유통채널 구축

국내 소비자들이 해외 직구 시장에서 구입하는 규모에 비례해서 온라인 무역 적자도 눈덩이처럼 커지고 있기 때문에 이를 해소하기 위한 대책 마련이 시급한 실정이다. 온라인 무역 적자를 줄이기 위해서는 새로운 구매 트렌드인 해외 직구와 역직구를 중소기업의 수출 창구로 활용하도록 하는 것이 급선무라 할 수 있다. 해외 직구와 역직구, 해외 직판을 통해 중소기업의 수출을 확대하기 위해서는 먼저 신속하고 정확한 물류 시스템 구축이 관건이라고 전문가들은 말한다. 단순 배송의 개념을 넘어, 창고 보관, 신속 배송, 재고 관리까지 포함하며, 반품과 환불 요구, 보증 서비스까지 수용하는 광의의 물류가 뒷받침되어야 할 것이다. 또한 한류 등으로 한국 제품에 대한 친숙한 이미지가 형성되고 있는 동남아 지역에서는 자국 언어로 된 상품 소개, 신용카드 결제 대신 현금이나 휴대폰 결제 등을 선호하기 때문에, 소량 주문과 현금 결제 방법 등 현지 요구에 맞게 차별화해야 한다.

5) 협력적 네트워크 구축

기업생태계가 경쟁력을 갖기 위해서는 대·중소기업 간, 혹은 중소기업 간 네트워크 경쟁력이 중요한 결정 요인으로 등장한다. 일본 제조업은 부품·소재 → 부품 제조 장비 → 완성품에 이르는 다양한 혁신 클러스터와 이들 업체 간 상호 신뢰와 협력을 바탕으로 긴밀한 네트워크 커뮤니케이션을 유지하고 있다. 특히 일본의 부품·소재산업은 탄탄한 기반 기술(금형, 주물, 사출, 판금, 열처리 등)을 바탕으로 규모는 작지만 높은 기술력을 보유하고 있어 완성품의 경쟁력을 유지한다는 점을 간과해서는 안 될 것이다. 한국 제조업의 경쟁력을 확보하기 위해서는 일본 수준을 능가하는 제조업 기반기술 및 네트워크 경쟁력을 높이기 위한 방안 마련이 선결 과제라 할 수 있다.

(1) 공정거래 정착

중소기업의 절반 정도가 하도급 거래에 노출되어 있으며 이들 중소기업의 매출액 상당 부분이 하도급 거래에서 발생하고 있다는 점을 고려할 때 거래의 공정성은 해당 중소기업의 생존에 중요한 요인이라 할 수 있다. 대·중소기업 간 공정거래 정착은 중소기업의 지속적인 성장에 반드시 필요하다. 기업 간 거래형 전체 중소기업의 절반 정도가 하도급 거래에 참여하고 있는 현실을 고려해 공정한 하도급 거래 질서의 확립을 위한 공정위의 적극적인 노력과 함께 공정거래 정착을 위해 도입된 제도들이 현장에서 잘 작동할 수 있도록 모니터링을 강화해야 할 것이다. 공정거래제도의 실효성을 제고해 중소기업이 체감할 수 있는 공정거래 관행을 정착시키는 것이 중요한 과제라 할 수 있다.

(2) 동반 성장의 질적 변화

동반 성장이 새로운 기업문화로 정착하기 위해서는 과거와 같은 거래 조건이나 가격 조건 중심에서 벗어나 산업의 규모를 키우고 협업의 과실을 함께 나눌 수 있는 새로운 접근이 필요한 시점이다. 동반 성장이 새로운 기업문화로 정착될 수 있도록 동반 성장에 대한 올바른 인식과 함께 대기업의 일방적 희생이 아니라 대기업과 중소기업 모두에게 도움이 되는 호혜적인 협력모델을 구축하고 확산하는 노력이 필요하다. 대기업과 중소기업의 공동 기술 개발 및 해외시장 진출, 인력 및 연구 장비의 공동 활용 등 대기업과 중소기업이 그동안의 갈등 구조를 청산하고 새로운 협력모델을 발굴해 시장 규모를 키우는 노력을 지속해야 할 것이다.

참고문헌

김세종. 2014.10. 「중소기업의 경쟁력 제고방안」. 생산기술연구원 개원 25주년 심포지엄 발표 자료.

김세종·홍성철. 2010.12. 「맞춤형 지원정책 수립을 위한 중소기업 성장경로에 관한 연구」. 중소기업연구원.

곽수근·김세종. 2013.12. 『동반성장, 중소기업정책 백서: 10년의 평가와 미래전망』. 중소기업연구원.

산업연구원. 2011. 「대·중소기업 동반성장을 위한 정책과제」.

중소기업중앙회. 2014. 「중소기업실태조사」.

중소기업청. 2011. 「중소기업기술실태조사」.

_____. 2013.6. 「창조경제 구현을 위한 중소기업 생산성 향상 대책」.

_____. 2014.6. 「중소기업 관련 통계」.

통계청. 2011.2. 「2004~2009 사업체 생성·소멸(생멸) 현황 분석」.

_____. 각 연도. 『광업·제조업조사』.

中小企業廳 編. 2012.5. 「中小企業の企業力強化 Vision」.

C. H. Fine. 1998. *Clockspeed: Winning Industry Control in the Age of Temporary Advantage.* Perseus Publishing.

EU committee. 2011. "Database Annual Report 2011."

제14장

한국 농업의 지속가능 발전 진단과 대안

정학균 | 한국농촌경제연구원 연구위원

1. 한국의 농업에 대한 인식

한국 소비자들은 농업이 먹거리를 제공하는 산업이므로, 미래에도 지속적으로 필요한 산업이라 인식한다. 농업·농촌에 대한 2014년 국민의식 조사(한국농촌경제연구원, 2014)를 통해, 농업·농촌에 대한 전반적인 의식 변화를 살펴본 결과, 도시민의 경우 '농사가 잘못되면 국가 경제 전체가 잘못될 가능성이 높다'고 응답한 비중이 59.3%, '한국 경제발전에 기여해온 바가 크다'고 응답한 비중이 58.1%로 나타나 농업의 중요성이 적지 않음을 보이고 있다. 또, '한국 농산물은 외국 농산물에 비해 안전하다'고 응답한 비중이 68.7%로 상당히 높게 나타났다. 하지만 '한국 농업·농촌이 앞으로 발전할 가능성이 크다'고 응답한 비중은 38.4%, '한국 농업은 국제경쟁력이 있다' 34.1%, '한국의 농업전망은 밝다' 26.9% 등으로 낮게 나타났다.

〈표 14-1〉 농업·농촌에 대한 전반적인 의식 변화　　　　　　　　　　　　(단위: %)

구분	2014년		2012년		2007년	
	농업인	도시민	농업인	도시민	농업인	도시민
농사가 잘못되면 국가 경제 전체가 잘못될 가능성이 높다	70.2	59.3	78.3	68.5	90.0	79.1
농업이 한국의 경제발전에 기여해온 바가 크다	73.8	58.1	74.4	62.7	81.8	79.1
한국 농업·농촌이 앞으로 발전할 가능성이 크다	16.0	38.4	23.7	41.3	19.6	35.8
한국 농업은 국제경쟁력이 있다	14.9	34.1	27.8	39.3	26.6	35.2
한국 농산물은 외국 농산물에 비해 안전하다	69.2	68.7	79.0	76.0	85.3	86.5
한국의 농업전망은 밝다	12.0	26.9	16.0	30.1	—	—

자료: 김동원 외(2014).

　　도시민들 중 '농업·농촌이 사회·문화적 측면에서 공익적 가치가 많다'고 응답한 비율이 66.2%로 나타났으며, 농업·농촌의 공익적 기능을 위한 세금 추가 부담에 '찬성한다'는 비율이 50.9%, '반대한다' 38.1%였다. 또 도시민 중 50.9%는 '한국의 경제사회 전반을 고려해 농업·농촌에 대한 투자를 늘려야 한다'고 응답했고, '투자를 줄여야 한다'는 응답은 7.3%에 그쳤다(한국농촌경제연구원, 2014).

　　이상의 조사 결과를 종합해보면, 국민들은 농업이 안전한 먹거리를 안정적으로 공급하는 것을 목표로 삼아야 한다고 생각하는 것으로 보인다. 안정적인 공급은 곧 식량 안보를 의미할 것이다. 즉 식량 안전(food safety)과 식량 안보(food security)를 동시에 추구하는 농업이 되어야 한다. 지금까지 농업(이하 관행농업)은 고투입-고산출 농업으로 식량 안보에 초점을 맞추어 추진되어왔다고 할 수 있으며, 안전은 후순위에 두었다. 하지만 소비자의 소득이 증가할수

<표 14-2> GDP(1인당)·경지 면적·인구 현황 및 전망 (단위: %)

구분	1980년	1990년	2000년	2005년	2010년	2013년	2023년	2030년
1인당 GDP (만 원)	101	446	1,342	1,896	2,563	2,870	—	—
경지 면적 (천 ha)	2,196	2,109	1,889	1,824	1,715	1,711	1,597	—
인구 (천 명)	38,124	42,869	47,008	48,138	49,410	50,220	51,791	52,160

자료: 농림축산식품부(2014).

록 식량 안전을 추구하게 되었고, 비시장적 기능에 대한 수요도 동시에 증가했다. 농업이 다른 산업에 비해 경쟁력이 약화되면서 경지 면적이 감소하고 인구는 계속 증가할 것으로 기대되면서 식량 안보가 더욱 강조되고 있다.

한국 국민의 1인당 소득은 지속적으로 증가해왔다. 반면에 기술 발전에 의해 생산성이 증가되기는 했지만 경지 면적은 계속 감소해왔다. 인구는 수명이 길어지면서 2030년까지 지속적으로 증가할 것으로 전망되고 있다.

그렇다면 현재의 관행농업이 과연 식량 안보와 식량 안전을 보장할 수 있을까? 또 도시민들이 농촌 지역을 방문해 농촌 관광을 즐기고, 치유를 경험할 수 있도록 비시장적인 재화에 대한 공급을 보장할 수 있을까? 이를 환경적·경제적·사회적 측면에서 살펴보아야 할 것이다.

2. 고투입·고산출 농업 추진의 결과

한국은 고투입·고산출 농업 추진으로 농업용 토·수질의 악화, 온실가스 배출량 증가 등으로 환경이 오염되어왔다. 그 실태를 살펴보면, 토양의 화학성은

〈그림 14-1〉 **토양별 화학성 현황**

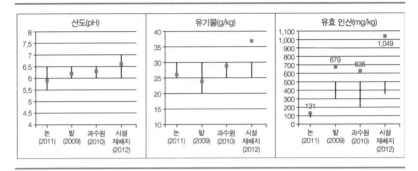

주: 세로 막대는 적정 범위를, 사각형은 토양별 화학성 수치를 나타냄.
자료: 국립농업과학원(2013).

토양 산도,[1] 유기물,[2] 유효 인산,[3] 치환성 양이온[4]인 칼륨, 칼슘, 마그네슘 등의 지표를 통해 평가할 수 있다(김창길 외, 2013). 토양별로 토양환경 변화 실태를 분석한 결과, 유효 인산의 경우 논 토양이 적정 범위 평균을 1.3배, 밭이 1.4배, 과수원이 2.1배, 시설재배지가 2.1배 높았다. 시설재배지 토양의 유기물은 1.2 배 높아 유효 인산과 함께 양분 집적이 상당히 이루어진 것으로 보인다(〈그림 14-1〉 참조).

　　양분 초과량을 이용해 양분수지[5]의 변화 추이를 살펴보면, 헥타르(ha)당 양

1　토양의 산도를 표시하는 것으로 pH 1~14까지 분포한다. 중성인 pH 7을 기준으로 이보다 낮으면 산정, 높으면 알칼리성이라 한다.
2　토양에 존재하는 유기물이며, 여러 가지 미생물에 의해 분해 작용을 받아 원조직이 변질 하거나 합성된 갈색 또는 암갈색의 일정한 형태가 없는 교질의 복잡한 물질이다.
3　식물 양분으로 쉽게 흡수, 이용되는 인산을 말한다.
4　토양의 알갱이에 흡착되어 있는 양이온으로 토양 용액 중에 있는 양이온과 치환이 가능하 기 때문에 붙여진 이름이다.
5　농경지에 투입되는 양분량에서 농작물 생산을 위해 작물생육 과정에서 흡수된 양분을 제 외하고, 토양에 남아 있거나 공기 중에 날아가거나 외부로 유출된 양분을 의미한다.

<표 14-3> 한국 농경지의 양분수지 변화 추이   (단위: kg / ha, %)

| 구분 | 양분 요구량 (A) | | 총양분 (B) | | 공급량 | | | | [양분수지] 양분 초과량 (A - B) | | 양분 초과율 (A - B) / A | |
| | | | | | 화학비료 공급량 | | 가축 분뇨 성분 공급량 | | | | | |
연도	질소	인산	질소	인산	질소	인산	질소	인산	질소	인산	질소	인산
1990년	112.1	56.4	242.3	108.8	211.9	90.5	30.4	18.2	130.2	52.4	116.2	92.9
1995년	118.5	58.6	237.1	111.7	190.5	83.2	46.5	28.5	118.6	53.2	100.1	90.8
2000년	120.5	59.7	240.4	102.8	189.4	73.8	51.0	29.0	119.9	43.1	99.5	72.2
2004년	121.5	59.4	249.9	106.1	191.8	73.1	58.1	33.0	128.5	46.7	105.8	78.6
2009년	120.3	59.9	199.7	87.7	140.2	54.6	59.5	33.1	79.4	27.8	66.0	46.4
2012년	120.7	58.5	221.4	88.3	152.7	49.6	68.7	38.7	100.7	29.8	83.4	51.0
2013년	120.1	59.2	221.1	88.0	152.6	49.6	68.5	38.4	101.0	28.8	84.1	48.6

자료: 김창길 외(2014).

분 초과량(양분수지)은 1990년의 질소 130kg, 인산 52kg에서 2001년에 각각 98.7kg, 34.4kg 수준까지 감소했다가, 이후 가축 분뇨 발생량 증가와 화학비료 사용량 증가로 인해 다시 증가해 2004년에 질소 128.5kg, 인산 46.7kg 수준인 것으로 나타났다. 이후 화학비료 사용량 감소로 인해 2009년에는 질소 79.4kg, 인산 27.8kg으로 줄어들었다. 이에 따라 헥타르당 양분 초과율은 2004년에 질소, 인산이 각각 105.8%, 78.6%(평균 87.6%)로 증가했다가 2009년에는 각각 66.0%, 46.4%로 최저값을 보였다. 최근 다시 사육 두수의 증가로 인해 가축 분뇨 성분 공급량이 2013년에 질소 68.5kg, 인산 38.4kg으로 2009년에 비해 각각 9.0kg, 5.3kg 증가했다. 그 결과 화학비료 사용량의 감소에도 불구하고 양분 초과율은 2013년에는 질소와 인산이 각각 84.1%, 48.6%로, 2009년에 비해 각각 18.1%p, 2.2%p 증가했다.

수질 변동의 경우 pH로 나타내는 수소이온농도(Hydrogen Exponent Value),[6] 용존산소량(Dissolved Oxygen: DO),[7] 생화학적 산소요구량(Biochemical Oxygen

Demand: BOD),[8] 화학적 산소요구량(Chemical Oxygen Demand: COD),[9] 총인 (Total Phosphorus: T-P),[10] 부유물질(Suspended Solid: SS)[11] 등의 지표를 통해 평가할 수 있는데, 최근 10년 동안 하천수 수질은 농업용수 수질 기준에 적합해 양호한 수준이었다. 하지만 담수호와 저수지는 오염된 것으로 나타났다(김창길 외, 2013). 전국의 담수호와 저수지에 대한 농업용수의 수질 측정 결과에 따르면, 2006년 이후 지속적으로 수질이 악화되어왔으며, 농업용수의 기준에 못 미치는 수질의 저수지가 매년 증가해왔다. 기준치 이내의 저수지도 수질 최고 등급인 COD 2mg/L 이하의 Ia등급[12](매우 좋음)은 2007년 이후 전무하며, 기준치 이내 최저 등급인 IV 등급(COD 8mg/L 이하)의 경우 2006년 153개, 2007년 168개, 2008년 198개, 2009년 326개로 증가세를 나타냈다. 시설 중 20.0%, 수혜 면적 기준 29.8%, 유효 저수량 기준 20.7%가 농업용 수질 기준도 준수하지 못하는 심각한 수질 악화 문제가 있는 것으로 조사되었다.

관행농업은 생산 측면에서뿐만 아니라 소비 측면에서도 경제적으로 지속가능하지 못하다. 생산 측면에서 살펴보면 농경지에 투입된 화학비료의 일부는

---

6 수질의 산성 및 알칼리성의 정도를 나타내는 것으로, 수중의 수소이온농도의 역수에 상용 로그를 취한 값이다.

7 물속에 용해되어 있는 산소의 양을 나타내는 것으로, 맑은 강물에는 보통 5.7~10ppm 정도가 포함되어 있다.

8 하천, 호수, 해역 등 자연 수역에 도시폐수, 공장폐수가 방류되면, 그중에 산화되기 쉬운 유기물질이 있어서 자연 수질이 오염된다. 이러한 유기물질을 수중의 호기성 세균이 산화하는 데 소요되는 용존산소의 양을 mg/L 또는 ppm으로 나타낸 것이다.

9 폐수 중의 유기물을 산화제로써 산화할 때 소비되는 산소량을 말한다.

10 하천, 호소 등의 부영양화를 나타내는 지표의 하나로 물속에 포함된 인의 총량을 말한다.

11 입자 지름이 2mm 이하로 물에 용해되지 않는 물질을 일컫는 말로 오염된 물의 수질을 표시하는 지표이다.

12 수질 기준은 COD(mg/L)를 기준으로 측정하며 Ia(2 이하), Ib(3 이하), II(4 이하), III(5 이하), IV(8 이하), V(10 이내), VI(10 초과) 등의 등급으로 구분된다.

작물에 흡수되어 생산에 이용되지만 나머지는 작토층[13]에 체류하거나 자연환경에 유실된다. 그리고 염류 집적 및 토양 유기물의 감소를 유발시켜 토양의 물리적 성질을 악화시키며, 토양산성화와 함께 작물의 생산성을 감소시킨다 (오세익 외, 1993). 이러한 농업자재의 고투입은 환경의 질도 저하시키지만 동시에 상승하는 자재 가격과 함께 생산비의 증가를 초래할 것이다.

수요 측면에서 살펴보면, 합성농약을 사용해 재배된 관행농산물은 건강을 중시하는 웰빙트렌드 속에서 수요가 감소하게 될 것이고 감소된 수요는 가격 하락을 불러오게 될 것이다. 이는 결국 생산성 감소, 생산비 증가, 판매 가격의 하락 등으로 농가의 소득 감소를 초래하게 된다. 더 나아가 외국산 농산물이 WTO, FTA 등으로 수입될 경우 관행농업은 경제적인 측면과 환경적인 측면에서 설 자리를 점점 잃게 될 것이다.

한국의 농가 소득 동향을 살펴보면, 1995년 이후 농산물 실질 가격이 내림세로 전환되어 농업 총생산액은 정체되는 반면, 임금과 중간재비 등의 경영비가 상승해 농업 총소득은 감소하고 있다. 실질 농업 총소득은 1994년을 정점으로 1998년까지 지속적인 감소세를 보이다 1990년대 후반과 2000년대 중반에 다소 회복되었으나, 그 후 급격한 감소세를 나타내고 있다(농업전망, 2014). 이와 같이 실질 가격이 하락하는 이유는 수입 농산물의 증가, 수요의 둔화 등이 요인이라고 할 수 있을 것이다. FTA는 현재 한국의 경우 한미, 한·유럽연합 뿐 아니라 한중 FTA까지 체결되면서 그야말로 거의 모든 주요 시장과의 FTA가 이루어졌다.

도시민들은 깨끗하고 맑은 농촌을 기대하기 어려우며, 그에 따라 농촌에서 여가를 보내는 시간이 점점 줄어든다. 결국 농촌은 활력을 잃게 된다. 경제적으로도 환경적으로도 지금의 농업은 지속가능한 농업이 되지 못하고 있다. 이

---

13 작물의 뿌리가 분포되는 표층 흙.

렇게 농업의 생산성이 둔화되고, 활력을 잃어감에 따라 지속가능한 농업(sustainable agriculture)이 새로운 이슈로 등장했다. 지속가능한 농업은 환경적으로 건전하며, 경제적으로 수익성이 보장되고, 사회적으로 수용 가능한 농업 활동으로 규정되고 있다.

사회적 측면을 살펴보면, 도농 간 소득 차이가 커지고 있다. 도시 근로자 가구 소득 대비 농가 소득은 2008년 65.2%에서 2012년 57.6%로 감소하는 추세로 도농 간 소득의 격차가 커지면서 악화되고 있다(농업전망, 2014). 그뿐 아니라 협동심, 두레 등의 전통이 사라져가고 있다. 상수원, 자연경관을 둘러싸고 도시민과 농민 간 갈등이 커지고 있으며, 불안전한 농산물로 인해 도시민과 농민 간 불신이 깊어지고 있다.

이러한 환경적·경제적·사회적 측면에서 살펴볼 때, 상호 간 부의 영향을 미치면서 지속가능한 농업을 저해하게 된다. 요약하면 환경의 질은 저하되었고, 경제성이 떨어지면서 환경 개선을 위한 투자를 하지 못하게 된다. 환경의 질 감소로 갈등이 촉발되고, 신뢰가 떨어지게 된다. 빈부 격차가 심해지면서 사회는 갈등이 커지고 있다. 이와 같이 상호 간의 부정적인 연계 관계가 존재하게 된다.

이렇게 한국 농업은 지금의 고투입-고산출 농업을 계속 추진할 경우 경제적으로 환경적·사회적으로 지속가능한 농업이 되지 못할 것이며, 더더욱 FTA로 외국산 농산물 수입이 증가하는 상황에서 점점 더 경쟁력을 잃어가게 될 것이다. 그러므로 지속가능한 농업의 실천은 선택이 아닌 필수이다.

3. 지속가능한 농업 추진의 의의

지속가능 농업은 생명의 순환 원리와 공생의 원리에 철학적 기초를 둔다.

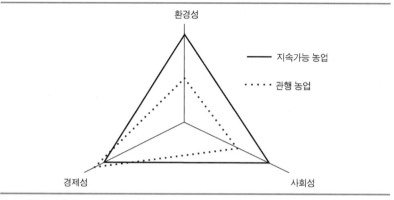

자료: 김창길·김정호(2002: 12)에서 인용.

인간과 자연은 대기·물·에너지 등을 끊임없이 상호 교환함으로써 공생 유지, 즉 인간은 자연의 정복자가 아니고 공생자라는 시각에서 인간과 자연의 조화를 강조한다(Dragun and Tisdell, 1999). 지속가능 농업은 아직 확실하게 개념이 정립되지 않았으며 여러 가지 시각에서 다양한 정의가 이루어지고 있다.

지속가능 농업은 지속가능성 접근에서와 같이 환경적·경제적·사회적 측면 등 세 가지 측면에서 이루어진다. 〈그림 14-2〉에서 제시한 바와 같이 지속가능 농업은 환경성·경제성·사회성 측면을 균형적으로 반영하고 있으나, 관행농업은 환경성과 사회적 수용성 측면보다는 경제성에 좀 더 비중을 둔 개념으로 이해할 수 있다. 지속가능 농업이 달성되기 위해 세 측면 간에 어느 정도 균형을 이루어야 하는지에 대한 현실적인 지침은 없다.

지속가능한 농업을 할 경우 화학비료와 농약의 저투입으로 환경적 부담이 줄어들고 경제적 성과도 나타나는 것으로 분석되었다. 농업 활동의 생산성과 환경성의 관계를 분석한 결과 한국의 벼농사에서는 토지를 제외한 나머지 요소가 과다 투입되는 것으로 나타났다(〈표 14-4〉 참조). 따라서 농업생태환경을

〈표 14-4〉 벼농사의 요소 투입의 적정성 검증

변수		투입의 적정성 판정
노동		과다
자본		과다
토지		과소
비료	화학	과다
	유기질	과다
농약	입분제	과다
	유액수화제	과다
위탁 영농비		과다

저해하는 농약, 화학비료 등의 생산요소 투입을 감축하는 것이 경제성을 높일 수 있을 것으로 보인다. 즉, 벼농사에서 환경에 부정적 영향을 미치는 투입 요소를 줄임으로써 경제성을 줄이지 않으면서 환경성을 높일 수 있음을 의미한다. 즉, 지속가능 농업에서 환경성과 경제성이 양립할 수 있음을 시사한다.

한국의 농업은 한정된 토지자원이라는 제약 조건에서 생산성 증대를 위해 노동과 자본 및 중간재 투입을 증가시켜왔다. 이로 인해 토지 단위당 생산성은 여타 농업 선진국에 비해 높은 반면 노동과 자본 등의 생산성은 선진국에 비해 낮은 형태를 보였다. 그러나 이러한 요소 투입의 불균형은 토지 이외 자원의 과투입, 즉 자원의 부적절한 배분으로 인한 농가의 수익성 저하에 더해 환경을 악화시키는 비료, 농약 등의 과투입 문제를 발생시킨다. 이와 같은 여건에서 지속가능 농업의 추진은 종국적으로 적절한 경제성을 담보하면서 환경성을 개선하는 것으로 볼 수 있다.

지속가능한 농업을 실천하는 농가의 효율성을 분석한 결과, 기술 효율성이 높은 농가일수록 환경성과 경제성이 동시에 개선된다(김창길 외, 2013). 이러한 결과가 나타난 것은 지속가능 농업으로 생산성은 떨어질 수 있지만 품질 및 안전성의 제고로 경제적 성과가 더 높게 나타났기 때문이다. 경제적 부문과 환경적 부문의 양립가능성을 제시하고자 비모수 방법론의 일종인 자료포락분석(Data Envelopment Analysis: 이하 DEA)을 적용했다. 자료포락분석을 통해 비효율적인 것으로 평가되면 효율적인 경영체로 방향을 제시해주는 데 유용하다. 투입 측면의 기술 효율성을 추정했는데, 그 이유는 한국 농업의 투입과잉 문제에 초점을 맞추기 위해서였다. 투입 측면의 기술 효율성 추정은 산출물 수준이 사전적으로 결정되어 있다고 간주해 이루어진다.

DEA를 이용한 분석 결과, 기술 효율성이 높은 그룹은 전체와 비교할 때 총소득은 많게 나타난 반면 질소, 인산, 광열동력비는 전체 평균 수준보다 적은 것으로 나타났다. 기술 효율성이 낮은 그룹은 전체와 비교할 때 총소득은 적게 나타난 반면 질소, 인산, 광열동력비는 전체 평균 수준보다 많은 것으로 나타났다. 이와 같은 결과는 환경적 부문과 경제적 부문의 양립가능성을 나타낸 것으로 볼 수 있다.

지속가능 농업에 대한 적절한 기술 개발이 이루어진다면 지속가능 농업에서 경제성과 환경성이 양립되는 결과를 얻을 수 있으며, 따라서 좀 더 적극적으로 지속가능 농업 기술을 개발할 필요가 있음을 시사한다. 또한 개발된 지속가능 농업기술을 적극적으로 보급할 필요가 있는데, 이를 위해 개발된 지속가능 농업 기술의 매뉴얼 작성·보급이 유효한 수단으로 활용될 수 있다.

4. 지속가능한 농업의 추진 방향

지속가능한 농업이 가지는 이러한 긍정적인 효과에도 지속가능 농업의 추진에는 문제점이 있다. 지속가능 농업을 실천할 경우 초기의 기술 적응이 어려워 생산성이 떨어지는 데 반해 생산비는 많이 들어가 결국 소득이 감소한다는

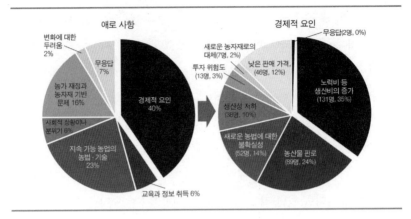

〈그림 14-3〉 지속가능 농업 실천에 대한 애로사항

점이다. 지속가능 농업의 실천을 위해 농가가 극복해야 하는 문제에 대해 농업인을 대상으로 설문조사한 결과, '경제적 요인'이 40.5%로 나타나 농업인들은 경제적 문제를 가장 중요하게 생각하는 것으로 조사되었다. 경제적 요인에 대한 세부 요인으로는 '생산비 증가' 요인이 34.7%로 가장 높은 응답을 얻었다.

또 생산성의 감소는 미래의 증가하는 인구와 함께 식량 안보 문제를 발생시키게 된다. 지속가능 농업은 이렇게 늘어나는 인구에 대응해 아직은 완전한 해답이 되지는 못한다. 지속가능한 농업을 확대하는 것도 어렵지만 확대된다 하더라도 식량 안보 문제가 발생하게 되는 것이다.

지속가능한 농업의 확대 및 식량 안보 문제의 해결을 위해서는 지속가능 농업의 실천 농가 및 지속가능 농업에 대한 지원이 필요하다. 그런데 국가는 어떤 근거로 지속가능 농가·농업을 지원할 것인가? 여기에서 지속가능 농업이 가지는 공익적 가치를 주목할 필요가 있다. 지속가능한 농업(친환경 농업 기준)은 안전한 농산물을 생산하는 기능 이외에도 생물종 보존 등 생물 다양성 유지, 토양오염 방지 및 수질 개선, 토양 비옥도 증진, 온실가스 감축, 토양 유실

방지 등 환경보전적 기능이 있다. 이러한 지속가능한 농업(친환경 농업 기준)의 환경보전적 가치를 일반 농업과 비교해 평가한 결과, 그 경제적 가치가 2조 8817억 원으로 분석되었다(정학균 외, 2014). 이러한 공익적 가치와 함께 안전한 농산물 공급에 따른 의료비 지출 감소의 편익을 고려한다면 지속가능 농업 추진에 따른 사회적 편익은 더욱 커지게 될 것이다. 이와 같은 사회적 편익을 바탕으로 지속가능 농업에 대한 적절한 지원 방안을 마련하고 추진해야 할 것이다. 지속가능한 농업의 확대 및 식량 안보 문제 해결을 위해서는 상호 준수 프로그램 등 경제적 유인 수단의 활용, 기술 연구 및 개발과 보급 확대, 교육·훈련, 그리고 기반 시설의 확충 등의 정책이 요구된다.

첫째, 경제적 유인 수단들 가운데 유럽에서 시행되고 있는 환경친화적인 상호 준수 방식의 정책 프로그램에 대한 벤치마킹이 필요하다. 예를 들어 환경보전 효과를 갖는 유기농업은 양의 외부경제를 유발하지만 시장에서 적절하게 보상을 받지는 못한다. 적절한 보상을 받지 못하는 상황하에서는 지속적으로 환경 재화를 공급하지 못하게 될 것이다. 따라서 정부가 지속가능 농업(유기농업)을 실천하는 농가에 직불금을 지급할 필요가 있다. 정부의 지속가능 농업 지원사업 가운데 직불제가 가장 효과가 높은 것으로 분석되었다(김창길 외, 2013). 유기 또는 무농약 과실류는 다른 품목류에 비해 더 많은 생산비가 투입될 것으로 예상된다. 유럽 주요국에서는 유기농업 직불금을 품목류별로 차등적으로 지급하고 있다. 현재 한국의 직불금은 밭작물의 경우 헥타르당 유기농산물은 120만 원, 무농약농산물은 100만 원으로, 모든 품목류에 대해 동일한 직불금을 지급한다. 따라서 정확한 생산비 또는 소득 분석을 실시하고, 이를 바탕으로 품목류별로 적절한 수준의 차등적인 직접 지불금을 지급하는 방안을 검토할 필요가 있다.

둘째, 지속가능 농업 시스템이 정착되기 위해서는 효과적이고 실효성 있는 환경친화적 농업자원관리 시스템 구축이 필요하다. 이를 위해서는 시스템 전환을 위한 인프라 구축이 중요하다. 토양, 공기, 물 등 농업환경자원별 체계적인 관리 방안에 대한 종합적인 매뉴얼을 개발해 보급하도록 해야 한다. 이와 함께 기존에 진행되고 있는 '농업환경 변동조사' 사업을 '농업환경자원 정보체계의 구축 및 운영' 방안으로 확대 개편하도록 해야 한다. 특히 토양관리 방안에 대한 제도적 시스템 구축도 필요하다. 또, 토양검정정보를 이용한 비료 사용처방서의 활용 확대를 추진할 필요가 있으며, 토양검정 기반 비료 사용처방서의 활용 확대를 위한 프로그램 연동으로 농경지의 IT 기반 최적자원관리 시스템을 구축해야 한다. 전국 농경지(159개 시·군)의 토양검정의 DB 구축과 활용을 위한 주요 작물재배지의 토양검정사업의 확대가 필요하다. 농촌진흥청 흙토람 비료 사용처방 DB와 농식품부 농림사업종합정보 시스템(AGRIX) 간 전자문서 연결로 과학영농기반을 구축하도록 해야 한다.

지속가능 농업 실천을 위한 농경지 양분의 적정 범위 기준 설정 및 분석법 법제화가 필요하다. 국내 연구 결과와 해외 정보를 기초로 농경지 토지 이용별 pH, EC, 유기물, 유효 인산, 치환성 양이온, 유효 규산의 적정관리 기준을 설정해 관리하도록 해야 한다. 이를 위해 '친환경농어업 육성 및 유기식품 등의 관리·지원에 관한 법률'(법률 제12515호, 일부개정 2014.3.24) 제18조의 국내 친환경농어업의 기준 및 목표수립에 지속가능 농업의 기준을 제시하고 동법 시행규칙 제6조에 토양분석법을 명시하는 것에 대한 검토가 필요하다. 국립농업과학원 연구성과에 따르면 농경지 양분의 적정 기준으로 pH(논: 5.5~6.5, 밭: 6.0~7.0), EC(논밭 모두 2.0dsm-1), 유기물(논과 밭: 20~30gkg-1, 시설: 25~35gkg-1), 유효 인산(논: 80~120mgkg-1, 밭과 시설(300~550mgkg-1), 유효 규산(논 157mgkg-1 이상) 등으로 제시한다.

농업환경자원정보의 체계적인 관리를 위해서는 화학비료와 유기질비료 사용량, 농약 사용량, 가축분뇨 발생량과 처리량 등 오염원 발생량과 농업용수·농경지 등 농업기반 요소에 대한 오염 정도를 정기적으로 모니터링하고 그 결과를 데이터베이스화해야 한다. 또한 지역별·마을별 토양 특성과 양분수지, 수자원 등을 종합적으로 나타내는 GIS 기반 농업환경부하 지도를 작성해 활용하는 것이 바람직하다.

셋째, 기술 연구 및 개발과 보급 확대이다. 농경지에 대한 환경변동 모니터링으로 오염 물질의 동태분석과 지속적 지력 유지를 위한 기술 개발, 작물 양분 및 병해충 종합관리체계를 확립하고 미생물 농약 및 천적을 활용한 친환경 병해충 방제기술 개발, 경종과 축산이 연계된 순환농업 정착을 위해 가축 분뇨 및 농산부산물의 자원화 기술 개발 등이 필요하다. 또한 농업생산을 위한 안전성을 갖추고 환경부하가 적은 미생물 농약 및 저독성 농약, 완효성 비료 등 고효율 친환경 농자재의 연구 및 개발과 실용화가 필요하다.

넷째, 지속가능한 농업을 위한 교육 및 훈련이 필요하다. 지속가능 농업이 제대로 정착되기 위해서는 관련된 주체의 의식 전환을 기초로 한 자발적 참여와 동기부여가 중요하므로 관련 주체별 효과적인 교육 및 훈련 프로그램의 개발 및 추진에 상당한 투자와 지원이 필요하다. 효과적인 교육과 훈련이 이루어지기 위해서는 시청각 자료와 지속가능 농업 실천 매뉴얼과 같은 교육교재 개발과 교육담당 전문강사의 발굴 및 육성 등을 통한 교육 및 훈련 인프라 구축에 과감한 투자 확대가 필요하다. 농업인 대상의 지속가능 농업 프로그램은 지속가능 농업에 대한 인식교육, 실천 기술의 교육, 현지 견학교육 등으로 나누어 실효성 있는 프로그램을 개발해 추진해야 한다. 마을별 선도자를 육성하기 위해 지도자를 선발해 전문기관을 통해 위탁 교육을 실시하거나, 선진 사례를 벤치마킹할 수 있도록 해외 견학 프로그램 등도 추진되어야 할 것이다. 중앙정부 및 지방자치단체와 농업기술센터 등의 담당공무원을 대상으로 한 맞춤 교육을 실시하고 지속가능 농업 토론회와 세미나 등에 참석할 경우 인센티브를 제공함으로써 자발적인 교육 참여를 통한 전문지식의 습득 및 농업인을 선도할 수 있는 능력을 갖추도록 해야 할 것이다. 지속가능 농업 육성과 관련된 주체를 대상으로 한 교육 프로그램은 물론 공공교육기관(농업기술센터, 대학교, 전문학교 등), 민간교육기관(대학교, 지속가능 농업 관련 단체, 소비자단체) 등에 대한 실질적인 지원을 통해 효과적인 교육이 이루어질 수 있는 기반이 구축되어야 한다.

다섯째, 지속가능한 농업의 기반 시설 확충이 요구된다. 농업생산의 지속적인 생산성 유지를 위한 토양환경 개선의 지속적 추진이 필요하다. 토양개량제 및 유기물 시용 등에 의한 토양개량으로 토양환경을 개선할 필요가 있다. 안정적인 농업생산을 위한 우량농지 확보를 위해 생산 기반이 정비된 농업진흥 지역 농지 등은 최대한 보전하는 등 기존 농지의 합리적 이용 및 보전이 요구된다. 지속가능한 농업이 가치가 있는 농업이라면 농지를 더 확보할 수 있는 근거가 될 것이다. 다른 산업을 위한 용지보다도 농업을 위한 용지를 우선적으로 확보할 수 있을 때 식량 안보의 문제가 해결될 수 있을 것이다.

여섯째, 거버넌스 측면에서 건실한 거버넌스 강화가 필요하다. 정부 역량 및 역할의 변화를 의미하는 협력적 거버넌스(collaborative governance)가 요구된다. 지속가능 농업 발전을 위한 정책수립 과정에 농업인과 농업인단체를 적극 참여시킬 필요가 있다. Rio+20 회의의 주요 의제를 녹색경제와 지속가능 발전 거버넌스로 설정했다. 지속가능 발전을 효과적으로 추진하기 위해서는 지속가능 발전 목표와 연계해 지속가능성 평가 시스템 및 거버넌스 강화를 강조했다. 현실적으로 지속가능 농업 추진을 위한 부문별 정책이 효과적으로 추진되기 위해서는 관련 주체들 간에 소통하고 연대하는 방식의 협력적인 관계인 건실한 거버넌스가 구축되어야 한다. 특히 정부 내외의 다양한 제약 조건 속에서 사회 공동의 이익을 추구하고 관심을 대변하기 위한 정부 역량 및 역할의 변화를 의미하는 협력적 거버넌스가 요구된다. 협력적 거버넌스는 정책에 대한 수용 동기를 증진시켜 집행 과정에서 순응 확보가 용이하다는 장점이 있다. 관련된 주체들의 협력 과정을 통해서 정책 목표와 방향에 대한 수용성을 높이고 성과를 향상시킬 수 있는 수단이 될 수 있다. 이러한 협력적 거버넌스는 지속가능 농업 시스템 구축과 관련해 정부, 지역 주민, 농업인, 유관단체 등이 공동의 목표 달성을 위한 의사결정을 진행해가는 과정에서 이루어진다. 이러한 거버넌스는 과정을 중시하며, 효과성, 투명성, 참여성이 잘 보장되어야 한다. 참여적이고 민주적인 접근 방식을 강조하는 공유자원 체제와 거버넌스 양식이 필요하다. 농업인과 연구자, 정책 담당자 사이에 쌍방적인 학습 기회를 통한 공감대 형성, 즉 지역사회에 기반한 민간 부문과의 협력관계 구축을 유도하도록 한다. 또한 지속가능 농업 발전 목표와 여러 가지 농업 정책 프로그램의 적합성을 평가하는 지속가능성 평가제도의 도입도 바람직하다. 지속가능 농업체제가 확실하게 정착되기 위해서는 농업인과 지역 주민이 참여할 수 있는 기회를 늘려야 한다.

그동안 한국은 고투입·고산출 농업을 추진한 결과로 농업환경이 많이 오염되었고, 그 결과 생산성이 둔화되어왔다. 미래 농업의 대안으로 지속가능한 농업이 제시되었다. 하지만 지속가능한 농업을 하게 되면 초기 기술적용이 어렵고, 생산성이 떨어지며, 소득이 감소할 수 있다. 소득 감소는 지속가능한 농업 확대의 주요 애로 요인이다. 더욱이 미래에 인구 증가가 예상되는 가운데 생산성 하락은 국가적으로 지속가능 농업을 추진하는 데 적지 않은 부담으로 작용하고 있다. 하지만 지속가능 농업이 가지는 공익적 가치, 의료비 지출 감소 편익 등의 사회적 편익을 근거로 지속가능 농업에 대한 지원을 한다면 지속가능 농업을 확대시킬 수 있고 식량 안보 문제를 해결할 수 있을 것이다. 지금까지 경제적 논리에 의해 농업 부문이 위축되어왔다면 이제는 건실한 지속가능 농업을 추진함으로써 농업의 공익적 가치를 제고시키고, 농업 부문에 대한 지원을 통해 농업 부문을 유지 혹은 확대해가야 할 것이다.

참고문헌

국립농업과학원. 2013. 「농업 환경 변동 조사 사업 자료」.

김동원 외. 2014. 「농업·농촌에 대한 2014년 국민의식 조사 결과」. 한국농촌경제연구원 연
구보고서.

김창길 외. 2011. 「농업 환경지표를 활용한 농업 환경자원관리시스템 구축 연구」. 연구보
고서 C2011-28. 한국농촌경제연구원.

_____. 2013. 「지속가능한 농업시스템 구축 연구(1·2차년도)」. 연구보고서 R708. 한국농
촌경제연구원.

김창길·김정호. 2002. 「지속가능한 농업발전 전략」. C2002-13. 한국농촌경제연구원.

농림축산식품부. 2014. 「농림축산식품 주요통계」.

오세익 외. 1993. 「환경보전과 농업발전을 위한 기초연구」. 한국농촌경제연구원 연구보
고서.

정학균 외. 2014. 「친환경농업 직접지불제 개편방안 연구」. 한국농촌경제연구원 연구보
고서.

한국농촌경제연구원. 2014. 「농업전망 2014」.

제15장

지속가능한 재정운용을 위한 장기 재정전망

옥동석 | 한국조세재정연구원장
임현정 | 한국조세재정연구원 전문연구원

1. 미래 재정 건전성 관리의 필요성

국민경제는 민간 부문과 공공 부문으로 양분된다. 전자는 사유재산권 하에서 개인들의 개별적인 동기에 따라 운용되며, 후자는 개인들의 정치적 의사결정에 따라 취합된 집단적 의지에 따라 운용된다. 개인들의 개별적인 동기는 효용, 이윤 등 이기심으로 표현되기도 하지만 배려, 기부 등과 같은 이타심으로 설명되기도 한다. 반면 집단적 의지는 개인들의 서로 다른 가치가 정치적으로 취합되어 결정되는데, 개인들에 대해 일방적이고도 강제적인 지시와 명령의 형태로 표출된다.

국가 재정은 이러한 집단적 의지의 행사에 필요한 자원을 조달하고 사용하는 과정을 의미한다. 따라서 국가 재정은 사유재산권이 적용되는 자원과 달리 공유지의 속성을 보유하고 있기에 공유지의 비극과 같은 외부성이 나타난다. 강제적인 지시와 명령을 활용해 다른 사람의 부담으로 자신이 혜택을 누릴 수도 있으며, 또는 자신이 그 비용을 부담하지만 다른 사람들에 혜택이 귀속되는 그러한 외부 효과가 존재하는 것이다. 따라서 국가 재정에서는 이와 같은 공유지의 비극을 해소하고 그 지속가능성을 어떻게 유지할 것인가라는 중요한 과제를 안고 있는 것이다.

장기 재정전망은 국가 재정의 운용에서 공유지의 비극을 해소하는 중요한 수단이다. 국민경제는 개인들의 자율적인 동기만으로 영위되기는 어렵고 집단적 의지를 구현하는 국가 재정이 필수적인데 이의 장기적인 지속가능성을 판단하는 수단이 곧 장기 재정전망인 것이다. 결국 국가 재정은 국민경제 내에서 사회적 연대감을 확인하고 유지하는 중요한 수단으로서 장기 재정전망을 통해 이의 지속가능성은 끊임없이 확인되어야 한다.

또한 글로벌 금융위기의 극복 과정에서 경험한 바와 같이 경제 안정 및 성장 정책 등 국민경제에서 재정이 차지하는 역할이 높아졌을 뿐만 아니라, 그리스 사태와 같이 채무상환 능력에 비해 지나치게 큰 국가채무 규모는 국제금융시장에 영향을 미쳐 국가 신용등급 하락이나 정부의 조달금리에 변동을 가져올 수 있다. 이와 같이 현대의 재정은 시장 실패를 보완하고, 소득재분배 정책을 시행하는 것 외에도 국민경제의 안정과 성장 그리고 국제금융시장에 미치는 영향 등의 측면도 중시되기에 건전한 재정의 유지 및 관리가 그 어느 때보다도 중요하다 할 수 있다.

특히, 한국과 같이 인구 고령화가 급속히 진행되는 국가에서는 향후 인구구조 변화에 따른 재정지출이 증가할 것으로 예상되는 바, 장기 재정전망을 통해 미래의 재정위험이 어느 정도인지, 따라서 무엇을 대비하고 개혁해야 하는지를 판단할 필요가 있다.

다음 제2절에서는 장기 재정전망의 필요성을 논하고, 제3절에서는 장기 재정전망의 추이 및 현황을, 제4절에서는 장기 재정전망의 활용 방안 및 지향점에 대해 살펴본다. 그리고 제5절에서는 2015년 상반기 중에 활발하게 논의될 공무원연금 개혁에 관한 논의를 장기 재정전망과 연계해 짚어본 후, 마지막으로 제6절에서는 지속가능한 재정운용을 위한 시사점을 제시하기로 한다.

2. 장기 재정전망의 필요성

1) 인구 구조의 변화

(1) 한국의 인구 구조 변화 및 전망

최근 한국은 출산율 저하와 기대 수명의 증가 등 급격한 인구 구조 변화를 겪고 있다. 한국의 출산율은 한국전쟁 이후 약 20여 년간 높게 유지되었으나, 1962년 제1차 경제개발 계획이 추진되면서 다양한 인구억제 정책이 추진되었다. 산아제한 정책 등 정부의 지속적인 인구 증가 억제 정책이 추진되면서 영아 사망률 감소, 자녀가치관의 변화 등으로 출산율은 급격하게 감소하기 시작했다. 1983년에는 합계출산율이 인구대체 수준인 2.1명에 이르렀고, 2005년에는 1.08명으로 세계에서 가장 낮은 수준을 기록했다. 이후 매년 약간의 변동은 있지만 2010년 1.23명, 2013년 1.19명으로 여전히 낮은 수준에 머물고 있다.

이는 2010년 기준 OECD 평균 1.72명이나 미국 2.06명, 프랑스 1.97명에 비해서 크게 낮은 수준이며, 선진국 중 낮은 수준에 머물고 있는 일본의 1.34명보다도 낮다. 더구나 의료기술의 발달과 의료서비스의 확대로 유아사망률과 함께 장년층 사망률이 감소하면서 기대 수명도 크게 증가해 2010년 현재 OECD 평균을 상회하고 있다. 한국의 평균수명은 1965년 54.9세에서 2000년 74.9세, 2010년 79.8세로 2010년에는 OECD 평균 79.1세를 앞지르게 되었다.

이러한 저출산 및 기대 수명의 증가 추세는 향후 2060년까지도 지속될 전망이다. 2013년 유엔의 인구전망 결과에 따르면, 한국의 합계출산율은 점차 상승해 2030년 1.52명, 2060년 1.73명이 될 전망이지만, 이는 일본보다 낮은 수

<그림 15-1> 합계출산율(1965~2060년)　(단위: 명)　〈그림 15-2> 기대 수명(1965~2060년)　(단위: 세)

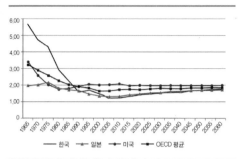

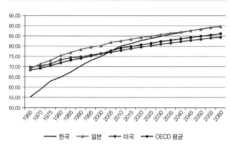

— 한국　→ 일본　→ 미국　→ OECD 평균

— 한국　→ 일본　→ 미국　→ OECD 평균

자료: United Nations(2013).

준(2030년 1.58명, 2060년 1.76명)이며, OECD 평균(2030년 1.79명, 2060년 1.85명)을 하회하는 수준이 될 전망이다. 기대 수명 역시 2030년 84.80세에서 2060년 90.01세로 점진적으로 증가할 전망이며 2050년에는 세계에서 대표적인 장수 국가인 일본(2030년 85.75세, 2050년 88.40세, 2060년 89.62세)을 앞지를 것으로 전망되었다.

이렇듯 한국이 앞으로 경험하게 될 저출산 및 기대 수명의 증가로 인한 인구 고령화는 장기적으로 경제활동인구를 감소시키고 65세 이상 노인 인구 비중을 크게 증가시킬 것으로 예상된다. 생산가능인구(15~64세) 100명당 부양해야 할 고령 인구(65세 이상)를 의미하는 노년부양비는 1965년 6.3명이었으나, 2010년 15.2명, 2030년 37.1명, 2060년 73.5명으로 급속하게 증가할 전망이다. 이는 2010년 생산가능인구 9.8명이 1명의 노인을 부양했다면 2060년에는 생산가능인구 약 1.4명이 1명의 노인을 부양해야 함을 의미한다. 장래의 인구 구조 변화로 인한 생산가능인구의 부양부담은 크게 증가할 수밖에 없다.

이러한 상황은 이미 여러 가지의 전망 결과를 통해 확인되고 있다. 2013년 제3차 국민연금 재정계산 결과에 따르면, 향후 고령화로 인한 수급자 수 증가와 가입자 수 감소가 맞물리면서 장래 국민연금의 부양비(수급자 수 / 가입자 수)

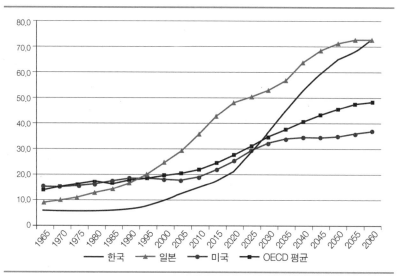

〈그림 15-3〉 노년부양비(1965~2060년)　　(단위: 명)

자료: United Nations(2013).

가 2013년 13.0%에서 2068년 112.9%까지 크게 증가할 것으로 전망되었다. 또한 2010년 사학연금 재정계산 결과에서도 부양률(수급자 수 / 재직자 수)은 2010년 13.9%에서 2080년까지 지속적으로 상승해 89.5%에 이를 것으로 전망되었다. 특히 2073년부터 수급자 수가 감소 추세로 전환됨에도 불구하고 부양률이 지속적으로 상승하는 이유는, 사망에 의한 실권자 증가보다 재직자 수 감소 비율이 크기 때문인 것으로 분석되고 있다.

(2) 인구 구조 변화에 따른 재정적 영향

　인구 구조의 변화, 특히 최근의 저출산 기조와 기대 수명의 증가로 인한 인구 고령화가 재정에 미치는 영향으로는 고령 인구의 증가로 인한 연금, 의료 등의 재정지출 증가를 들 수 있다. 2013년 사회보장기본법에 따라 정부 차원에서 추계·발표한 사회보장재정추계 결과에 따르면, 한국의 공공사회복지 지출은 2013년 GDP 대비 9.8%에서 급격하게 증가해 2060년에는 GDP 대비 29.0%에 이를 것으로 전망되었다. 이 중 인구 고령화와 관련된 국민연금 등 공적연금과 건강보험 지출이 공공사회복지지출에서 높은 비중을 차지하는 것으로 나타났다.

문제는 인구 고령화에 따라 증가할 것으로 예측되는 프로그램이 대부분 '의무지출'[1]이라는 점이다. 의무지출은 법에 따라 정부가 지출해야 하는 재정지출이기 때문에 정부가 임의로 조정하기 어려운 지출이라 할 수 있다. 의무지출적 성격의 복지 지출은 일단 제도를 도입하면 법에 의해 자동적으로 지출되어야 하기 때문에 이들에 대한 추계와 관리는 재정의 지속가능성을 제고하기 위해서는 매우 중요한 일이라 할 수 있다. 결국 2013년 사회보장재정추계는 향후 노인 인구 증가로 인해 정부의 재량적 재원배분 여지가 제한될 수밖에 없다는 것을 의미한다. 연금, 의료 등과 같은 복지 분야 법정지출의 증가로 나타나는 재정운용의 경직성은 경기침체 등 경제 여건 변화 시 재정투입이 필요한 부분에 적절히 투입되지 못하는 등 재정의 정책대응력을 약화시키고, 건전 재정을 유지하는 데 걸림돌이 될 수 있다.

현재 한국의 재정은 중앙정부의 일반회계, 특별회계, 기금을 중심으로 하는 예산의 측면에서는 양호한 모습이나 저출산·고령화의 진전 등에 따라 건전 재정의 지속가능성을 낙관하기에는 어려운 상황이다. 향후 인구 고령화로 인한 재정소요가 크게 증가할 것으로 전망됨에 따라, 건전한 재정의 유지를 위한

---

1   한국은 2010년 '국가재정법' 개정으로 '2012~2016년 국가재정운용계획'부터 재정지출을 의무지출과 재량지출로 구분해 표시하고 있다. 의무지출은 법률에 따라 지출의무가 발생함과 동시에 지출 근거와 요건 그리고 지출 규모가 결정되는 법정지출과 이자지출을 말한다. 이에 반해 재량지출은 정부가 정책적 의지나 재량행위 내용에 따라 그 대상과 규모를 신축적으로 조정 가능한 지출을 의미한다. 일반적으로 투자사업비, 경상적 경비 등을 의미하고 매년도의 예산 과정에서 유동적으로 변경 가능한 지출을 포함한다. 또한 재량지출 내에서는 국방비와 공무원 인건비 등 경직성 지출을 구분하기도 한다.

중·장기적인 지출 효율화 계획 등 선제적인 정책 대응이 필요하다.

특히, 2013년 사회보장재정추계 결과에서 보여주듯이 고령화 관련 연금 및 의료 재정 등이 악화될 것으로 나타나 이에 대한 제도 개선 등 재정 안정화 방안이 요구된다. 또한 기초연금과 노인장기요양보험과 같은 복지제도의 지출 소요는 고령층의 증가에 따라 꾸준히 증가할 전망이므로, 이 제도에 대한 주기적인 재정평가 등을 통해 재정위험을 사전에 통제하는 노력이 필요하다.

2) 예산 및 중기재정 계획과의 병행을 통한 중·장기 재정건전성 관리

장기 재정전망이 필요한 두 번째 이유는 중·장기 재정건전성 관리 측면에 있다. 현행 '국가재정법[2] 및 동법 시행령[3]'은 중기재정 계획인 5년 시계의 국가 재정운용 계획에 40회계연도 이상의 기간을 대상으로 적어도 5년마다 장기 재정전망을 실시해야 한다고 규정하고 있다. 2011년 '국가재정법 시행령'을 개정하기 전까지 장기 재정전망은 '국가재정법'에서 국가재정운용 계획에 포함하도록 되어 있었을 뿐, 실시 내용이나 방법 등 구체적인 규정이 마련되어 있지 않았다. 이에 따라, 정부는 '국가재정법 시행령'을 개정해 장기 재정전망의 구체적 실시 근거를 마련하고, 정부 차원의 장기 재정전망을 추진해 2015년 현재에 이르고 있다.

장기 재정전망이 예산 및 중기재정 계획과 병행되어야 하는 이유는 첫째, 현재 운영되고 있는 1년 단위 예산과 5년 단위 국가 재정운용 계획으로는 사회의 구조적 변화에 대응하는 데 한계가 있기 때문이다. 인구 구조의 변화나 제

---

2 '국가재정법' 제7조 ② 국가재정운용계획에는 다음 각 호의 사항이 포함되어야 한다. 2. 중·장기 재정전망.
3 '국가재정법 시행령' 제2조 ③ 기획재정부장관은 법 제7조 제2항 제2호에 따른 장기 재정전망을 할 때에는 40 회계연도 이상의 기간을 대상으로 적어도 5년마다 실시하여야 한다.

도의 성숙 등으로 나타나는 재정 효과는 장기간에 걸쳐 그 효과가 나타날 수 있고, 현재의 정책이 지속된다면 장기적 시점 후에는 재정이 어떠한 모습으로 변화되는지를 장기 재정전망의 결과를 통해 판단할 수 있다. 이를 통해 현 정책을 평가하고 미래를 대비할 수 있는 것이다.

두 번째 이유는 정부의 예산편성이나, 국회의 예산심의 시 정책 결정의 근거로 사용할 수 있기 때문이다. 예산 및 중기재정 계획과 장기 재정전망이 일관성을 가지고 연계되어 전망된다면, 새로운 정책의 도입이나 변경, 폐지가 가져오는 재정적 효과를 중·장기적으로 판단할 수 있을 것이다. 예를 들어, 2014년 7월 도입된 기초연금이 향후 40~50년 후에는 재정에 어떠한 영향을 미치는지, 기존의 기초노령연금이 지속되었을 경우와 비교해서는 어떠한 차이가 있는지 등을 분석함으로써 정책 결정에 도움을 줄 수 있다.

또한 이렇게 장기 재정의 모습을 국민들에게 제시함으로써 새롭게 예산에 도입되는 제도가 국민에게 주는 혜택은 물론 장래 비용적 측면에서는 어떻게 변화되는지 더욱 균형 잡힌 정보를 제공해줄 수도 있을 것이다. 미국에서는 매년도 예산안 편성 시 10년 시계의 중기전망과 75년 시계의 장기전망을 모두 실시한다. 이렇게 함으로써 예산안에서 제시한 정책이 유지되었을 경우, 향후 10년, 향후 75년 후에는 재정이 어떠한 모습으로 변화되는지를 제시하고 있다.

세 번째 이유는 기술적 측면에 있다. 장기 재정전망은 전망에 사용된 가정에 따라 결과가 민감하게 반응할 수 있어, 예산 및 국가 재정운용 계획 편성 시 변화된 경제 상황 등을 반영해 전망 결과를 업데이트 하는 것이 바람직하다. 장기 재정전망의 결과를 좀 더 효율적으로 사용하기 위해서는 정부는 예산 과정의 일부로써 장기전망을 시행하는 방안도 고려해보아야 할 것이다. 이렇게 함으로써 매년 편성하는 예산 및 예산과 연동되는 국가 재정운용 계획과 자연스럽게 연계되어 당해 연도 예산안에 포함된 정책의 장기적 효과를 살펴보고, 재정의 지속가능성이 위협받는다면, 이에 대한 개혁을 추진해야 할 것이다.

3) 정책수립 및 제도 개선을 위한 기초자료 마련

앞서 언급한 것처럼 장기 재정전망은 예산안 편성·심의 시, 새로운 정책 도입 시, 그리고 지속가능하지 않은 제도의 개선 시 기초자료를 제공하는 역할을 할 수 있다. 정책 결정자 및 국민은 장기전망 결과를 바탕으로 새로운 재정사업의 도입 효과를 살펴보고 판단할 수 있으며, 연금제도와 같이 현재의 제도가 유지될 경우 장래 재정건전성이 유지되기 어려운 재정제도에 대해서는 제도개혁을 실시할 수 있을 것이다. 장기 재정전망은 미래 경제 및 재정 상황에 대해 가늠해보고, 지속가능하지 않은 방향으로 진행될 경우, 미리 개선을 위한 노력을 할 수 있는 장점이 있는 것이다.

이를 위해서는 현재의 정책이 유지된다는 가정하에 전망을 수행하는 '기준선 전망'이 적합한 방법일 것이다. 현행 제도를 유지한다면 장기에 재정, 또는 개별 재정사업의 모습이 어떻게 변화하는지를 살펴보고 지속가능성을 평가할 수 있기 때문이다. 기준선 전망 결과를 통해 재정 당국은 중·장기 재정운용을 위한 로드맵 수립에 활용할 수 있을 것이고, 정책 결정자는 신규제도 도입 및 제도 개혁 등에 대한 재정 효과 분석을 제공받을 수 있을 것이다.

3. 장기 재정전망의 추이 및 현황

1) 한국의 장기 재정전망 추이 및 현황

인구 구조의 변화 등 미래 재정위험 요인이 재정에 미치는 영향에 체계적으로 대응하기 위해서는 주기적으로 공식적인 장기 재정전망을 실시하고, 이를 토대로 한국 재정의 지속가능성을 평가할 필요가 있다. 한국에서는 일부 연구기관 등 정부 이외의 기관에서 장기 재정전망이 수행되어 오다가 최근 들어 국회와 행정부 차원에서 장기 재정전망을 실시하고 있다.

2012년 국회 예산정책처에서는 한국의 인구 고령화가 장기 재정에 미치는 영향을 평가했다. 국회에서 발표한 첫 번째 장기 재정전망 보고서인 「2012~2060년 장기 재정전망 및 분석」에서는 2011년 통계청이 발표한 2060년까지의 「장래인구추계」를 이용하고, 장기 인구 구조 변화를 고려한 거시경제 전망을 실시해 총수입, 총지출, 재정수지, 국가채무 등 기준선 재정전망을 실시했다. 그리고 전망 결과에 기초해 재정의 지속가능성 및 세대 간 부담 등을 분석하고, 이에 대한 정책 대안을 제시했다. 2012년 예산정책처의 기준선 전망 결과, 국가채무는 전망 당시의 정책이 그대로 유지된다는 전제하에서 2012년 GDP 대비 34.2%에서 2060년 218.6%로 크게 증가하는 것으로 나타났다. 이는 전망 당시의 세입 및 세출 제도로는 재정의 지속가능성을 유지할 수 없다는 것이며, 미래 재정건전성에 대한 경각심을 불러일으키는 계기가 되었다.

예산정책처의 두 번째 장기 재정전망 보고서이자 가장 최근 발표된 보고서는 2014년에 발표된 「2014~2060년 장기 재정전망」이다. 2014년 보고서는 2012년 보고서 발표 이후 변화된 경기 여건과 소득세 최고구간 신설, 기초연금 도입과 같은 재정 관련 법률 개정 등을 반영해 2060년까지의 재정의 지속가능성을 점검했다. 전망에 사용된 인구전제는 2012년과 같이 2011년 통계청의 「장래인구추계」를 사용했고, 거시전제는 최근 실적치를 반영해 전망했다. 이를 토대로 장기 재정전망을 실시한 결과, 국가채무는 2014년 GDP 대비 37.0%에서 지속적으로 증가해 2060년 168.9%로 확대되는 것으로 전망되었다. 2012년 국가채무 전망 결과(GDP 대비 218.6%)와 큰 차이를 보이는 이유는 사회보장성기금(국민연금, 고용보험)의 적립금 고갈 이후 수지적자분을 국가가 보전해 주지 않는 것으로 전제했기 때문이다.

행정부 차원에서는 2011년 인구 구조 변화 등에 따른 장기 재정위험 요인을 인식하고 중·장기 재정건전성 관리를 위해 범정부 차원의 장기재정전망협의회를 신설해 장기 재정전망 작업을 진행 중에 있다. 행정부 차원의 장기 재정전망 작업이 이루어지기 전까지 각각의 연금이나 건강보험 등에 한해 제한적으로 장기 재정전망이 이루어지고 있었다. 국민연금, 공무원연금, 사학연금, 군인연금과 같은 4대 공적연금은 각각의 법적 근거를 가지고 최소 5년마다 장기 재정전망을 실시하고 있었으나, 전망전제나 전망방법, 전망일정 등이 상이하게 운영되고 있어 정부 차원의 종합적인 전망 결과로 활용하는 데는 한계가 있었다. 건강보험 및 노인장기요양보험과 같은 의료 분야의 경우에는 건강보험공단의 건강보험정책연구원에서 중·장기 재정추계를 실시하고는 있었으나 장기 재정전망에 대한 법적 근거나 정부 차원의 공식적인 추계 발표는 없었다.

2011년 정부는 인구 구조 변화 등으로 인한 미래 재정위험에 대비하고 중·장기 재정건전성 유지를 위해 '국가재정법 시행령'을 개정해 장기 재정전망의 법적 근거를 구체화 하고, 관련 부처 및 소관 공공기관, 민간 전문가 등으로 구성된 장기재정전망협의회를 구성해, 정부 차원의 장기 재정전망 작업을 진행하고 있다.

개별 연구자들의 장기 재정전망에 대한 연구는 국회나 정부보다 앞선 시기에 시작되었다. 2000년 KDI의 문형표·오영주·이희숙은 「재정운용의 현안과제와 개선방향」에서 2030년까지의 향후 30년간의 복지 지출을 전망했고, 2006년 한국조세재정연구원의 박형수·류덕현은 인구·거시경제·재정의 상호 연관을 명시적으로 고려하는 장기 재정전망 모형을 구축하고, 이를 통해 2050년까지의 장기 재정전망을 실시했다.

2) 해외 사례

미국, 영국 등 선진국에서는 향후 인구 구조 변화 등의 여건이 재정에 미치

<표 15-1> OECD 회원국의 장기 재정전망 현황

전망 주기 \ 전망 기간	10년 이내	11~30년	31~50년	50년 이상	국가 수
매년	에스토니아, 프랑스, 그리스, 멕시코, 폴란드, 슬로바키아, 스페인, 터키	칠레, 일본	벨기에, 캐나다, 핀란드, 헝가리, 이탈리아, 포르투갈, 스웨덴, 영국	덴마크, 미국	20
3년			오스트리아, 체코, 아일랜드, 룩셈부르크, 슬로베니아		5
기타	이스라엘		호주, 독일, 한국, 네덜란드, 뉴질랜드, 노르웨이, 스위스		8
국가 수	9	2	20	2	33

자료: OECD(2014).

는 영향을 평가하기 위해 1990년대부터 장기 재정전망을 실시해왔다. 미국에서는 행정부의 관리예산처(Office of Management and Budget: OMB)와 의회 예산처(Congressional Budget Office: CBO)가 각각 75년 장기 재정전망을 매년 실시하고 있으며, 특히 OMB의 장기 재정전망은 매 회계연도 예산안에 실려 예산안의 정책이 실시될 경우 재정의 장기적인 모습을 보여주고 있다. 또한 영국에서는 향후 50년 기간에 대해 매년 장기 재정전망을 실시하고 있다. 2011년부터 예산책임 및 감사법(The Budget Responsibility and National Audit Act 2011)에 따라 공공재정의 지속가능성에 대한 분석 보고서를 매년 작성해 국회에 제출하고 있다.

OECD 회원국의 예산제도에 관한 설문조사 결과를 정리한 자료에 따르면 31년 이상의 기간에 대해 장기 재정전망을 실시하는 회원국은 설문에 응답한 33개국 중(조사 대상 34개국 중 설문에 응답하지 않은 아이슬란드 제외) 22개 국가

〈그림 15-4〉 OECD 회원국의 장기 재정전망 담당 기관

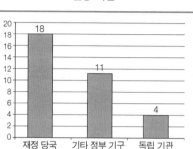

〈그림 15-5〉 OECD 회원국의 장기전망 결과의 예산안 반영 여부

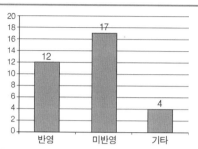

자료: OECD(2014).

에 이르며, 이들 중 15개국은 1~3년 주기로 장기 재정전망을 업데이트 하는 것으로 조사되었다(OECD, 2014).

장기 재정전망 담당기관은 대부분 재정 당국이거나 정부 내의 별도 기구에서 담당하는 것으로 나타났으며, 일부 국가에서는 독립기관에서 장기 재정전망을 수행하는 것으로 나타났다. 또한 장기전망 결과가 예산안에 반영되는지 여부에 대해서는 12개 국가에서 장기전망 결과가 단년도 예산에 반영된다고 답했으나, 21개 국가에서는 예산안에 반영되지 않는다고 응답했다. 그러나 이 둘 중 일부 국가는 장기 재정전망 결과를 예산안에 반영하지는 않지만, 반대로 예산안의 중기전망 또는 중기재정 계획을 장기전망에 반영한다고 응답했다.

그렇다면, 이와 같이 구축된 장기 재정전망 시스템과 이의 운용 방식 및 활용 방안에 대해 고민해볼 필요가 있다. 이제부터 장기 재정전망 시스템의 운용과 나아갈 방향 및 그 활용 방안에 대해 논의하고자 한다.

4. 장기 재정전망의 지향점 및 활용 방안

1) 장기 재정전망의 지향점: 신뢰성 확보

장기 재정전망은 전망의 전제 및 가정 등에 따라 결과에 큰 차이가 발생할 수 있다. 앞서 제시한 국회 예산정책처의 보고서와 2011년 한국조세재정연구원의 보고서를 예로 들어보자. 2014년 예산정책처의 장기 재정전망 결과를 살펴보면, 중앙정부의 총수입은 2014년 GDP 대비 26.2%에서 지속적으로 하락해 2050년 21.7%에 머물고, 총지출은 의무지출의 증가로 2014년 GDP의 25.4%에서 2050년 30.5%로 증가하는 것으로 예측되었다. 관리재정수지는 2014년 GDP의 1.8% 적자에서 2050년 6.9% 적자로 증가하고, 이에 따라 국가채무는 2014년 GDP 대비 37.0%에서 2050년 121.3%에 달하는 것으로 전망되었다.

이와는 다르게, 2011년 한국조세재정연구원의 전망 결과는 총수입은 2050년 GDP 대비 26.3%, 총지출은 36.2%, 관리재정수지는 8.3% 적자, 국가채무는 137.7%로 각각 전망되었다. 장기 재정전망에 대한 이러한 차이는 각 전망에서 사용한 모형의 차이 이외에도 거시경제, 인구, 총수입이나 총지출 전망에서 사용한 가정 등에 따라 나타난다.

장기 재정전망의 신뢰성 확보와 정합성 제고를 위해서는 재정제도와 장기모형 추계에 전문적인 지식이 있는 학자, 실무진들로 구성된 재정추계 위원회 등을 구성해 추계 기간에 도움을 받는 것도 좋은 방법이 될 수 있다. 또한 인구 및 거시경제 전제와 같은 전망에 기본이 되는 전제들은 장기 재정전망에 책임이 있는 기관이 전망작업을 주도하거나, 민간의 전망 결과를 비교하는 방안도 생각해볼 수 있을 것이다.

이에 더해, 전망에 중요한 영향을 미치는 변수에 대해서는 민감도 분석을

<그림 15-6> 2014년 국회 예산정책처 및 2011년 한국조세재정연구원 전망 결과 비교

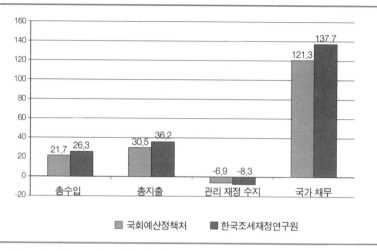

자료: 국회예산정책처(2014); 한국조세재정연구원(2011).

시행하거나 시나리오 분석을 시행함으로써 전망의 불확실성을 보완할 수 있
다. 전망 가정의 작은 변화라도 현재로부터 몇 십 년 후 이상을 전망하는 장기
전망에 있어서는 그 영향이 매우 클 수 있으므로, 전망에 사용되는 주요 변수
에 대해서는 낙관적 또는 비관적 상황을 설정하고 그에 따른 전망을 하는 것이
정책 결정자의 의사결정이나 국민의 판단에 도움이 될 수 있다.

또한 장기전망에 사용되는 전망전제들은 '현실적'이어야 함은 두말할 나위
도 없을 것이다. 정치적인 이유 등으로 너무나 낙관적인 거시경제를 가정해 전
망하는 것 등은 장기 재정전망 결과를 왜곡시켜, 그 결과의 신빙성에 의문을
갖게 만들기 때문이다. 따라서 장기 재정전망 기관은 전망의 신뢰성 제고를 위
해 타당성 있는 전제 및 가정을 사용하고, 변화되는 경제·재정 상황을 주기적
으로 반영해야 할 것이다.

2) 장기 재정전망의 지향점: 재정위험 관리

장기 재정전망을 수행하는 가장 큰 목적은 재정의 지속가능성을 평가하는 데 있다. 재정의 지속가능성이란 정부가 추진하는(또는 추진하고자 하는) 재정사업의 재원 조달 능력과 국가채무의 안정적인 상환 여력 등을 의미한다. 장기 재정전망은 이러한 국가 재정의 지속가능성을 평가하고 이를 토대로 장기적인 관점에서 재정건전성 유지를 위한 선제적인 정책 대응의 기초자료로 활용될 수 있다.

이렇게 장기 재정전망의 목적이 재정의 지속가능성을 평가하는 데 있다면, 장기 재정전망은 향후 있을 수 있는 인구 구조 변화, 통일, 공적연금의 지속가능성 약화 등 재정위험을 올바르게 평가하고 대비할 수 있어야 한다. 예산 및 중기재정 계획과 연계하고 재정의 시계를 장기로 확장해 향후 국가 재정의 부담을 초래할 수 있는 다양한 가능성을 열어두고 이에 대한 분석 및 관리에 힘써야 할 것이다.

한국은 어느 선진국보다도 급속한 고령화가 진행될 것으로 예상되는 바, 장기 재정전망을 통해 향후 인구 구조 변화로 인한 정확한 문제를 인식하고 의료비 지출 효율화, 합리적인 부과체계 구축 등 정책대응 방안을 마련할 필요가 있다.

또한 통일이라는 재정위험도 안고 있으므로 재정여력의 충분한 확보가 필수적이라 할 수 있다. 통일은 기회를 제공해줄 수도 있지만, 독일의 경험에서 보듯이 광범위한 재정지출을 수반하기도 한다. 따라서 미래의 재정운용을 좀 더 보수적으로 운용하고, 통일에 따른 재원 조달 계획을 미리 준비해야 할 것이다.

공적연금의 재정 건전성 약화 문제는 저출산·고령화와 같은 인구적 요인 이외에도 연금제도 성숙, 제도적 요인 등에 기인한다. 공무원연금 및 군인연금은 현재 적자 보전금을 정부에서 지원 받고 있는 상태이지만, 향후 고령화로 인한 부양률[4] 증가, 연금제도의 성숙 등을 감안한다면 사전에 재정건전성을 점검하고 관리할 필요가 있을 것으로 보인다.

3) 활용 방안

먼저, 재정 총량적 측면에서 살펴보면, 장기 재정전망을 통해 현재의 정책을 유지시켰을 경우 향후 몇 십 년 후의 재정의 모습을 살펴봄으로써 지출 효율화 계획이나 세입 확충 방안 등 건전 재정을 위한 노력을 계획하고 실행할 수 있다. 재정 당국의 입장에서는 재정수지나 국가채무 비율 목표를 설정해 재정 건전성을 유지시킬 수도 있을 것이며, 제도 개선 방안을 마련하거나 재정규율을 강화해 시간을 갖고 체계적으로 변화하는 재정 상황에 대비할 수도 있을 것이다.

또한 장기 재정전망은 개별 재정사업에 대해서도 시행할 수 있다. 이 경우는 2013년 기초연금 정부안을 만들 당시 정부안에 근거한 소요재정을 2040년까지 추계하고 이에 더해, 당시 기초노령연금과 기초연금 정부안의 전망 결과를 비교한 사례를 참고 할 수 있다. 2013년 10월 2일 보건복지부 보도자료(기초연금 도입을 위한 '기초연금법' 제정안 입법예고)에 따르면 당시 기초연금 정부안에 소요되는 재정은 2014~2017년간 39.6조 원, 2020년 17.2조 원, 2040년 99.8조 원으로 전망되었으며, 이를 2040년까지 기초노령연금에 소요되는 지출전망과 비교해 제시했다.

국민연금 등 4대 공적연금의 경우에도 각각의 법률에 따라 최소 5년마다 장기 재정전망을 실시하게 되어 있다. 각 연금은 장기 재정전망을 통해 재정건전

---

4 부양률 = 연금수급자 수 / 재직자 수.

성을 평가하고 이를 토대로 제도 개선의 필요성 등 장기 운영 방향을 논의한다. 국민연금을 예로 들면, 국민연금은 '국민연금법 제4조 및 동법 시행령 제11조'에 근거해 매 5년마다 장기 재정전망을 실시하고, 이를 바탕으로 국민연금 운영 전반에 관한 계획을 수립하고 있다. 2013년 10월 보건복지부는 제3차 장기 재정추계 결과를 바탕으로 「국민연금 종합운영계획」을 제시한 바 있다. 이렇듯 관련법에 근거해 5년 주기로 장기 재정전망을 하고 이를 근거로 제도 개혁을 논의하는 경우도 있지만 제도의 지속가능성 제고를 위해 개혁이 필요하다고 판단되는 경우, 장기 재정전망이 제도개혁 논의에 활용되는 경우도 있다. 현재 활발한 논의가 진행되고 있는 공무원연금제도의 개혁이 이에 해당한다고 할 수 있다.

5. 공무원연금 개혁

이 절에서는 공무원 연금 개혁 논의를 장기 재정전망과 연계해 살펴보기로 한다. 공무원연금 재정의 안정화를 위한 최근의 공무원연금 개혁 논의는 개혁안에 대한 장기 재정전망이 병행되면서 좀 더 실질적이고 구체적인 재정절감 효과를 제시하고 있다. 2014년 9월 한국연금학회에서는 새누리당 경제혁신특위의 요청에 따라 공무원연금 개혁안을 제시하고, 이에 따른 2016년에서 2080년까지의 장기전망 결과를 제시했다. 이후 10월에는 정부의 검토의견으로 역시 2016년에서 2080년까지의 재정 효과를 분석한 추계결과를 공개했으며, 같은 달 새누리당은 공무원연금법 개정안과 관련해 2080년까지 연금 적자에 대한 정부 보전금을 442조 원 절감할 수 있음을 밝힌 바 있다.

2015년 2월 현재 공무원연금 개혁은 국회 차원의 공무원연금 개혁 논의기구에 의해서 이루어지고 있다. 공무원연금 개혁 논의기구는 공무원연금개혁

특별위원회(이하 연금 특위)와 국민대타협기구로 구성되어 있다. 국민대타협기구에는 공무원연금개혁 분과위원회, 노후소득보장제도개선 분과위원회, 재정추계검증 분과위원회가 설치되어 운영되고 있다. 동 기구는 연금 특위 구성일로부터 90일간 활동하게 되며 활동 기간에 공무원연금 개혁안을 단수 또는 복수안으로 마련해 특위에 제출하거나 활동시한 내 개혁안을 마련하지 못하는 경우에는 논의사항을 정리해 연금 특위에 제출해야 한다. 연금 특위는 국민대타협기구가 제안한 개혁안을 반영해 공무원연금법 개정안을 심사·의결한다.

국민대타협기구 내에 재정추계검증 분과위원회가 설치된 만큼 이해 당사자들의 합의를 거쳐 새롭게 마련될 개혁안은 신뢰성 있는 재정추계를 통해 개혁안의 객관적이고 구체적인 재정 안정화 효과를 제시해줄 것으로 기대한다.

6. 지속가능한 재정운용을 위한 시사점

이 글에서는 향후 인구 구조 변화로 인한 재정위험 관리, 장기 재정전망과 예산 과정과의 연계를 통한 중·장기 재정건전성 관리, 정책수립 및 제도 개선 논의를 위한 기초자료로서의 장기 재정전망의 필요성을 제시하고, 과거로부터 현재까지의 한국 장기 재정전망의 추이와 현황을 살펴보았다. 이를 토대로 향후 한국의 장기 재정전망 시스템의 운용과 나아가야 할 방향 및 그 활용 방안을 제시했다. 이에 더해 최근 이슈가 되고 있는 공무원연금 개혁 논의를 장기 재정전망의 활용과 관련해 살펴봄으로써 한국의 미래 재정의 지속가능성 확보에 장기 재정전망이 차지하는 중요성을 역설하고자 했다.

미국 매릴랜드대학교 교수 앨런 시크(Allen Schick)는 2005년 재정의 지속가능성을 판단하는 요소로 다음 네 가지 기준을 제시했다(Schick, 2005). 지불 능력(solvency), 성장(growth), 안정성(stability), 공정성(fairness)이 그것이다. 여기서 지불 능력이란 적절한 유동성을 확보하는 정부의 지급 능력을, 성장은 지속적인 경제성장을 뒷받침할 수 있는 재정 정책의 여력을, 안정성은 현행의 조세부담을 유지하면서 미래의 채무를 이행할 수 있는 정부의 능력, 공정성은 현재의 재정부담을 미래 세대에 전가하지 않고 지급할 수 있는 정부의 능력을 의미한다.

이들 지적은 향후 고령화나 연금제도의 성숙 등으로 인한 재정의 위험 요인을 감안할 때 시사하는 바가 크다. 2014년 국회예산정책처의 장기 재정전망 보고서(국회예산정책처, 2014)에서는 장기 기준선 전망 결과를 바탕으로 재정의 지속가능성을 검정(Bohn's test)했다. 검정결과 재정이 제 역할을 수행할 수 있는 시점은 2033년까지로 나타났으며, 재정이 지속가능한 마지막 연도(2033년)의 GDP 대비 국가채무 비율 65.2%를 계속 유지하기 위해서는 2034년 이후 대규모 세입 확충 또는 정부 지출의 삭감 등이 필요하다고 분석했다. 다시 말해 현행의 재정체계를 유지하는 경우 후세대에게 과도한 부담을 줄 수 있다는 것이다. 따라서 현시점부터 세입 확충이나 세출절감 노력을 통해 재정의 지속가능성이 유지될 수 있도록 선제적으로 재정수지를 개선할 필요가 있다고 지적하고 있다.

지속가능한 재정운용을 위해서는 조세부담과 국민 부담을 증가시키는 세입 확충과 과도한 지출을 억제할 수 있는 정부 지출의 구조 조정이 절실하다고 할 수 있다. 세입 확충과 지출 조정의 과정에서는 여러 이해 집단의 이해관계가 복잡하고도 첨예하게 얽혀 있기 때문에 이를 단박에 해결해내기란 거의 불가능하다고 할 수 있다. 장기적인 목표와 방향을 제시해 국민적 공감대를 얻고 한국 경제의 장기적 성장성을 저해하지 않는 구체적인 계획들이 하나하나 집행되어야 할 것이다.

이처럼 장기 재정전망은 한국 사회가 안고 있는 재정위험 요인에 대한 영향을 분석하고 평가해, 재정건전성 유지를 위한 선제적인 정책대응을 마련할 수 있게 하는 역할을 한다. 향후 한국의 지속가능한 재정을 유지하기 위해서는 객관적이고 신뢰성 있는 장기 재정전망 결과를 바탕으로 인구 구조 변화, 통일 등 재정위험에 대비해 재정건전성을 관리해야 할 것이다. 또한, 종합적인 관점에서 건전 재정을 유지·관리하는 한편 공공 부문의 개혁이나 향후 지출소요가 크게 증가할 것으로 예상되는 프로그램에 대한 제도 개선 등을 추진하고 지출 효율화 노력 및 세입 구조 변화 등에 대응하는 정책 수단을 모색해야 할 것이다.

참고문헌

국회예산정책처. 2012. 「2012~2060년 장기 재정전망 및 분석」.

_____. 2014. 「2014~2060년 장기 재정전망」.

보건복지부·한국보건사회연구원. 2013. 「사회보장 재정추계모형 개발 연구」.

보건복지부 보도자료. 2013.10.2. "기초연금 도입을 위한 「기초연금법」 제정안 입법예고".

한국개발연구원. 2000. 「재정운용의 현안과제와 개선방향」.

한국조세재정연구원. 2006. 「한국의 장기재정모형」.

_____. 2011. 「장기재정전망」

Allen Schick. 2005. "Sustainable Budget Policy: Concepts and Approaches." *OECD Journal on Budgeting*, Vol.5, No.1.

OECD. 2014. "Budgeting Practices and Procedures in OECD Countries."

United Nations. 2013. "World Population Prospects-The 2012 Revision."

제16장

한국 디자인의 지속가능 발전을 위한 진단과 대안

이태용 | 한국디자인진흥원 원장

1. 감성과 스토리텔링이 중요한 미래 사회는 디자인이 주도

미래학자 다니엘 핑크(Daniel H. Pink)는 저서 『새로운 미래가 온다(A Whole New Mind)』(2006)에서 창조적·독창적·예술적 콘텐츠에 바탕을 둔 패러다임인 '하이콘셉트(high concept)'가 이 시대를 대표하는 소비 가치의 기준이라고 주장했다. 하이콘셉트란 무관해 보이는 아이디어를 결합해 남들이 생각하지 못한 새로운 아이디어를 만드는 역량, 경향과 기회를 파악하는 능력 등을 종합적으로 지칭하는 개념이다. 그는 하이콘셉트의 성공적인 구현을 위해서는 인간의 섬세한 감정을 파악해 공감을 이끌어내는 '하이터치(high touch)'가 중요하다고 역설했는데, 이 하이터치를 완성시키는 핵심 능력으로 '디자인'을 꼽으면서 디자인의 중요성을 강조했다. 창의성과 감성가치를 중시하는 융합과 하이컨셉 시대에 창조적인 디자인은 기술 중심의 한계를 극복하고 기술과 감성의 융합 시대를 주도하는 혁신 수단으로 기능하기 때문이다. 궁극적으로 디자인은 문제를 해결하기 위해 '효용'과 '의미'를 결합하고 탐색해 사람들의 삶의 질을 개선하는 데 그 활용가치가 있기 때문에 광범위한 차원에서 생각해보면 직면하고 있는 사회문제들(지구 온난화, 에너지 과소비 등)도 디자인적으로 접근하면 다양한 해결 방법을 찾을 수 있다고 생각한다.

롤프 옌센(Rolf Jensen)은 미래 사회에 대한 이론으로 '드림 소사이어티(Dream Society)'를 제시하며 이성과 합리성이 이끌던 기존의 산업사회와 정보사회가 저물고 인간의 감성이 중요시 되는 세상이 올 것이라고 예견했다. 기존 사회는 좌뇌적인 사고 속에서 성장 제일주의를 부르짖으며 오늘과 다른 내일만이 최상의 과제라고 생각하는 변화 중심 사회였던 반면, 드림 소사이어티는 안정과 평화로운 삶을 더 중요시하고 물질의 풍요 속에서 물질 그 자체보다는 재미와 꿈을 더욱 소중히 여기는 세상이라는 것이다. 따라서 그는 미래 사회는 인간에게 꿈과 희망을 주는 '이야기'의 세상이라고 강조했다.

한국 디자인 산업도 지속가능한 발전을 위해서는 그간의 압축 성장에서 찾지 못했던 한국만의 기질과 특성을 살려내어 한국다움(Koreanness)을 표현하고, 이를 세계무대에 소구해 그 가치가 인정된다면 감성과 스토리텔링이 중요한 '드림 소사이어티'를 주도할 수 있을 것으로 본다.

2. 경제 환경 변화에 따른 디자인의 역할 변화

1) 글로벌 경제 환경: 포스트 뉴 노멀 시대의 도래

2008년 글로벌 금융위기 극복을 위한 일종의 비상체제였던 '뉴 노멀(New Normal)'[1] 시대가 막을 내리고 선진국 경제가 회복되는 가운데, 전통적인 경제

---

1   뉴 노멀(New Normal)은 2008년 글로벌 경제위기 이후에 부상한 새로운 경제 질서를 일

구도, 즉 신흥국-생산, 선진국-소비의 구도가 와해되고 '포스트 뉴 노멀(Post New Normal)' 시대가 도래했다(≪전자신문≫, 2014.01.26).

한국은 2008년 금융위기 이후 빠른 회복세를 보였으나, 2012년 한국의 경제 성장률은 2%로 세계 평균성장률 3.2%에도 못 미치는 등 경제 저성장 추세가 지속되고 있다.

이러한 가운데 신흥시장의 산업화와 도시화가 가속화되면서 신흥시장 중산 층이 소비 시장을 이끌고 혁신과 소비의 중심이 되어가고 있다. 이에 따라 향 후 글로벌 시장은 서구적 디자인 가치 일변도에서 벗어나 선진국 수준으로 높 아진 신흥국 중산층의 다양한 문화와 소비 형태 및 기대 수준을 고려한 신흥시 장의 수요변화를 주목해야 한다(LG경제연구원, 2007).

포스트 뉴 노멀 시대 도래에 따라 사용자 니즈가 다양해지고, 다양한 니즈 를 만족시킬 수 있는 제품 및 서비스의 개발이 필요하며, 이러한 환경에서 디 자인의 중요성과 그 활용성은 더욱 강화 될 수밖에 없다.

2) 소비자의 다양한 욕구의 충족이 성공의 핵심 요건

산업의 글로벌화와 융합 트렌드의 가속화, 인구 구조의 변화, 기후변화 및 자원·에너지의 고갈, 양극화 심화 등 다가올 시대의 불확실성은 위기와 동시에 새로운 도전의 과제와 성장 기회를 제공하고 있다.

컫는다. 세계 최대 채권운용회사 '핌코(Pimco)'의 최고경영자 모하메드 엘 에리언(Moha-med El Erian)이 그의 저서 『새로운 부의 탄생(When markets collide)』(2008)에서 금융 위기 이후의 뉴노멀 개념을 처음 제시했다. 저성장, 저소비, 높은 실업률, 고위험, 규제 강 화, 미국 경제 역할 축소 등이 글로벌 경제위기 이후 세계경제에 나타날 뉴노멀로 논의되 고 있다. 과거 사례로는 대공황 이후 정부 역할 증대, 1980년대 이후 규제 완화와 IT 기술 발달이 초래한 금융혁신 등이 대표적인 노멀의 변화로 꼽는다.

산업에서는 융합 트렌드가 확산되어 제조의 서비스화 및 산업의 글로벌화가 가속화하고 경쟁 방식이 근본적으로 변화하고 있다. 즉 자본에서 아이디어, 제품에서 서비스 및 플랫폼으로, 가격 및 품질에서 사용성 및 만족감으로, 생산 효율 중시의 대기업에서 벤처형 지식집약 기업이 생태계의 핵심적인 공유 가치를 구성하는 구조로 산업패러다임이 변화하고 있다(딜로이트, 2010). 결국 사용자의 다양해진 니즈와 숨겨진 욕구까지도 발견해 충족시켜 줄 수 있는 제품 및 서비스를 제공할 수 있느냐가 기업의 지속 성장의 관건이다. 이를 위해서는 상품기획의 초기 단계부터 디자인을 융합하는 디자인-기술 융합 역량을 갖추는 것이 지속 성장을 위한 핵심 경쟁력이라고 할 수 있다.

이제 기업들은 생존을 위해 더 이상 기업 간의 경쟁이 아닌 생태계 대 생태계의 경쟁에 적응해야 한다. 경쟁력의 원천도 과거 개별 기업의 혁신 역량 강화를 위한 물적 자본과 인적 자본에서 사람과 사람사이, 조직과 조직 사이의 협력에 중점을 두는 사회적 자본으로 변화하고 있다. 2000년대 들어 차별성과 감성이 소비의 주요 요인으로 떠오름에 따라 더 이상 단일 기업의 능력만으로는 소비자들을 만족시킬 수 없는 환경이 되었으며, 기업들에게는 제휴와 협력이 필수불가결한 요소가 되었다(곽승준 외, 2012). 즉, 기업의 생존이 기업 간 단일 경쟁이 아닌 고객 및 비관련 산업까지도 포함하는 '비즈니스 생태계(Business Ecosystem)'의 지속가능성 문제와 직결되어 있는 것이다.

디자인 산업 내에서도 지속가능한 디자인 비즈니스 생태계의 조성이 긴요하다. 이를 위해 대기업은 주도기업이 되어 국내 디자인 전문회사와의 상생 전략을 모색할 필요가 있고, 정부 및 진흥기관은 미래 산업 분야 발굴 및 육성, 시장의 공정성 확보, R&D 및 인력 양성 등 생태계 조력자의 역할을 수행하고, 디자인 전문회사는 차별화와 전문화를 통해 디자인 산업 내에서의 자생력을 더욱 높여나가야 한다.

3) 디자인의 역할 변화

산업의 시대적 변화에 따라 디자인의 역할과 기능 또한 변화하고 있다. 즉, 기술·자본 중심의 산업화 시대의 디자인은 형태와 모양에 치중한 스타일링 디자인이 중심을 이루었다. 그리고 지식·정보화 시대의 디자인은 기업의 핵심 경쟁력으로 내재화하기 위한 디자인 경영이 중심을 이루었다. 앞으로 펼쳐질 융합과 콘셉트의 시대에는 가치·감성·창의성이 산업 경쟁력의 키워드이며, 디자인 주도의 제품 및 서비스의 개발로 미래 사용자의 핵심니즈를 충족시킬 수 있는 신상품의 기획이 무엇보다 중요해지고 있다.

디자인은 기획·생산·마케팅 등 제품개발 프로세스의 가치 사슬 전반에 영향을 미치고, 인문·사회·환경·기술 등 폭넓은 범위에서 가치를 창출하는 역할로 확대되고 있다. 즉, 자동차·가전 등 기존 제조업 시장에서 의료 사고 방지, 금융 및 물류서비스, 사회 취약 계층 보호와 교육, 치안 등 공공 부문으로 미래 디자인의 수요가 확대되고 있다.

산업통상자원부의 디자인 수요산업 평가에 따르면, '융합 신산업 분야'와 '공공 분야' 등이 새로운 수요시장으로서 부상하고 있음을 알 수 있다.

스마트폰, 헬스케어, 스마트카 등 융합 신산업 분야에서 디자인은 제품의 차별화는 물론 일상 속에서 개개인이 해당 제품에 부여하는 의미, 즉 삶의 가치를 높이는데도 중요한 역할을 할 것이다. 왜냐 하면 융합 신산업 분야는 특히 수요자 중심의 산업 특성이 강하기 때문이다. 디자인은 잠재적 니즈를 발굴하고, 니즈를 해결하는 혁신적 아이디어의 창출 등에서 핵심역할을 수행할 수 있어 융합 신산업 분야에서 그 중요성이 더욱 커지고 있다.

하나의 제품에 내재되어 있는 사회적·기능적·문화적·심미적·인체공학 측면 등의 다양한 측면이 최대한 고려되어 디자인된 상품을 개발하기 위해서는 다양한 분야의 사람들이 그들의 전문적 지식과 경험을 제품개발 단계에서 고르게 녹여내는 작업이 필요하다. 고르게 녹여내는 작업인 이종 간 협업은 그 방법이 매우 중요하며, 그 방법이 잘못될 경우 오히려 다른 전공 사이에 갈등과 불화를 조장하는 역효과를 낼 수 있어 협의 방법이 무엇보다 중요하다. 디자인은 디자인적 사고와 방법을 통해 이종 간 협업을 주도할 수 있는 것으로 인식되고 있다. 왜냐하면 디자인 사고(Design Thinking)[2]란 고유의 방법을 통해 이종 간 협업을 유도한 경험과 사례를 축적하고 있기 때문이다.

디자인 사고와 방법론은 기술과 인문학을 매끄럽게 이어주는 가교, 기술과 인문학의 융합 촉매제로서 기능하고 있다. 애플이나 구글 같은 해외 글로벌 선도 기업들도 글로벌 시장 주도권 확보를 위해 디자인 주도의 다학제적 융합을 통한 혁신을 도모하고 있으며, 이러한 융합적 혁신이 시장의 경쟁우위를 선점할 수 있는 결정적 요인이다. 융합신산업 분야에서 디자인의 역할과 기능은 상품 콘셉트 개발뿐만 아니라 콘셉트 개발 이전의 전략 및 아이디어의 발굴 단계부터 이종 간 협업에 주도적 역할을 수행할 수 있어 그 역할이 확대하고 있다.

공공 분야의 서비스도 수요자 지향적으로 바뀌는 거대한 변화의 시기를 맞이하고 있다. 이러한 시대의 요구에 부응하기 위해서는 공공서비스도 수요자 중심으로 변화할 수밖에 없다. 수요자 지향적 공공서비스가 갖추어야 할 요건을 정리하면 다음의 세 가지 요건이 중요하다. 첫째, 높아진 수요자 기대 수준에 대응해 공공 정책의 설계자는 수요자들이 어떤 감정적·심리적 경험을 하게 되는지 세심하게 포착할 수 있어야 한다. 둘째, 복잡해진 사회 문제에 대응해 많은 이해관계자들의 요구를 조율하고 이들 간에 적절한 균형과 조화가 이루

---

2 디자인 사고는 인간을 관찰하고 공감해 소비자를 이해한 뒤, 다양한 대안을 찾는 확산적 사고와, 주어진 상황에 최선의 방법을 찾는 수렴적 사고의 반복을 통해 혁신적 결과를 내는 창의적 문제 해결 방법이다. 즉, 인간에 대해 관찰하고 공감함으로써 매 순간 다른 방법으로 여러 가지 답을 도출한 후 정해진 프로세스를 거쳐서 혁신적인 대안을 도출하는 사고 방법이다.

어져 문제를 해결할 대응 체계를 갖추어야 한다. 셋째, 문제를 보는 시각이 공급자 중심이 아닌 수요자 중심으로 변화해야 한다.

공공서비스의 요건을 충족할 수 있도록 공공서비스를 개선하기 위해서는 사용자의 잠재적 니즈를 발견하고 이를 만족시킬 수 있도록 공공서비스를 개선할 수 있느냐에 달려 있다. 최근 공공 분야에서는 서비스 이용자의 잠재적 니즈를 찾는 데 특화된 서비스 디자인 방법론[3]을 활용해 공공서비스를 개선하는 프로젝트가 증가하고 있다. 공공서비스의 개선을 위해 서비스 디자인 방법론을 활용하고 있는 것은 국내뿐만 아니라 주요 선진국의 추세이며, 앞으로도 더욱 확대되어갈 것이다.

3. 디자인 산업의 현황 및 문제점

1) 디자인 산업의 중요성

디자인 산업은 고부가가치 산업으로 고용 창출에 기여하는 신성장 동력 산업이다. 「2013 산업디자인 통계조사」에 따르면, 2012년 기준 디자인의 경제적 부가가치는 약 69조 4700억 원으로 국내총생산(GDP)의 5.5%를 차지하고 있다. 또한 디자인에 대한 투자는 기술R&D에 비해 투자 대비 매출 증대 효과가 약 3배에 이르는 것으로 나타났다. 고용 창출에 기여하는 정도를 나타내는 취업유발 계수 역시 디자인은 16으로 자동차(7.9), 반도체(4.8)보다 2배 이상 높

---

3 서비스 디자인은 사용자 중심의 디자인 방법을 기반으로 서비스 시스템을 경험하는 이해
   관계자 간에 잠재된 요구를 포착하고 사용자의 생각과 행동 방식을 변화시키는 유·무형
   의 서비스 모델을 디자인하는 일이다(국가직무능력표준중 서비스·경험디자인의 정의).

은 것으로 조사되었으며, 제품 판매에서도 디자인(28%)이 마케팅(22%), 기능(19%)보다 더 큰 영향을 미치는 것으로 나타났다.

삼성과 애플 등 디자인을 핵심 가치로 인식하는 기업들이 세계적 성공을 거두면서 디자인 주도의 산업 패러다임이 확산되고 있다. 이처럼 디자인은 제조를 리드하고 제품 차별화를 통한 가치창출 기능을 수행함으로써 신시장 개척과 충성 고객 확보는 물론 매출, 이익, 주가와 같은 기업 성과에도 영향을 미친다. 영국의 주가 상위 100대 기업의 주식과 디자인 선도기업의 주식을 1994년부터 2007년까지 비교한 것으로 10여 년 사이 디자인 선도기업의 주식가치가 2배 이상 증가했음을 알 수 있다(Fast Company, 2007).

디자인은 국가 경쟁력 측면에서도 그 역할이 증대하고 있는데, 세계경제포럼의 분석에 의하면 국가경쟁력과 디자인경쟁력은 서로 양의 상관관계가 있는 것으로 조사되었다(World Economic Forum, 2013). 이와 같은 분석 결과는 국가의 디자인 역량이 사적인 영역을 넘어 한 국가의 사회적 자본으로도 평가될 수 있음을 시사하고 있는 지표이며, 디자인 경쟁력을 기업은 물론 국가 경쟁력을 좌우하는 중요 혁신수단으로 해석할 수 있다

2) 디자인 산업 현황 및 문제점

기업의 디자인 활용률을 나라별로 살펴보면 영국 33%, 프랑스 36%, 스웨덴 75%인 반면 한국의 경우 13.9%에 불과한 실정으로 기업이 디자인을 전략적 차별화 수단으로 제대로 활용하지 못하고 있는 것이 현재의 모습이다.

· 국가별 디자인 전문기업의 매출, 종사자 수, 디자인전공 졸업생 수, 디자인권 등록 건수를 비교하면 매출액 및 종사자 수에 비해 졸업생 수가 과다하다. 디자인권 등록은 산업 규모에 비해 충분한 것으로 파악된다.

한국 디자인 전문기업의 매출 및 종사자 수가 적은 이유는 기업 내 디자인

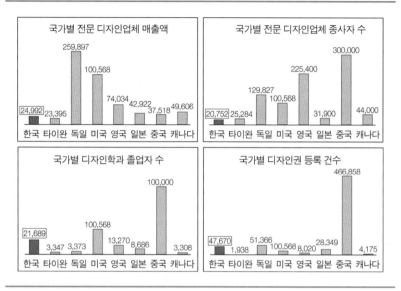

〈그림 16-1〉 국가별 디자인산업 현황 비교　　　　(매출액 단위: 억 원)

자료: 한국디자인진흥원(2013b).

연구소의 발달로 디자인 활용기업의 자체 개발 비중이 높은 데 원인이 있다. 산업 규모에 비해 지나치게 높은 공급 인력 규모는 줄고 있는 추세이나 여전히 공급과잉으로 해외 진출지원 등 해소 방안 마련이 요구된다.

　한국이 글로벌 디자인을 선도하기 위해서는 디자인 전문기업의 경쟁력 강화와 이를 지원하기 위한 인프라 등 선순환적인 비즈니스 생태계를 갖출 필요가 있다.

　한국 '디자인 산업'은 지난 6년 동안 시장 규모가 2006년 6조 8000억 원에서 2012년 12조 9000억 원으로 성장했는데, 이처럼 디자인 산업이 성장한 것은 단순 조립과 모방에서 벗어나 신기술 개발로 독자 상품의 제조와 창의적인 제조 과정을 통해 디자인 역량을 강화한 결과라고 하겠다.

　그러나 양적 성장의 내용을 살펴보면 디자인 평균 투자 금액은 2006년 2.7

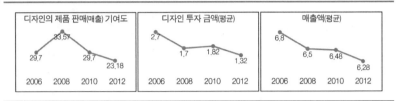

〈그림 16-2〉 연도별 디자인산업 현황 (단위: %, 억 원)

자료: 산업통상자원부·한국디자인진흥원(2014).

억 원에서 2012년 1.32억 원으로 감소했고, 디자인의 매출에 대한 기여도는 2008년 34%를 정점으로 2012년 28%로 지속적으로 감소하고 있다. 또한 디자인 전문기업의 기업당 평균 매출액은 2006년 6.8억 원에서 2012년 6.28억 원으로 감소했다. 디자인산업은 양적으로 성장하고 있으나, 질적으로는 그 경쟁력이 악화되고 있는 것이다.

또한 디자인산업은 지식기반산업으로 초기 투자 및 시설이 불필요해 진입장벽이 낮고, 신헤이그협정 가입에 따라 디자인컨설팅 시장이 개방되어 있다. 이러한 이유로 디자인산업은 글로벌 경쟁에 직접적으로 노출되어 있어 자유무역협정 등 국내외 정책 환경 변화에 민감할 수밖에 없는 상황이다.

지난 2006년부터 디자인의 해외 수출입 현황을 살펴보면 디자인 수출액이 2006년 75억 원에서 2012년 568억 원으로 급격한 증가 추세를 보이고 있다. 이를 통해 내수 중심이었던 디자인 산업이 해외시장으로 진출하는 비율이 높아지고 있음을 알 수 있으나 규모면에서 볼 때는 아직 미약한 수준이다.

디자인산업이 경쟁력을 갖고 국가경쟁력을 견인하기 위해서는 건강한 비즈니스 생태계의 조성이 필요하다.

한국의 디자인과 기술력에 대한 외국인의 인식을 조사한 결과에 따르면(〈표 16-1〉 참조), 미주 및 유럽 지역에 비해 중동아프리카, 아시아에서 디자인 우수성에 대한 평가가 높게 나타나고 있다. 이에 경제적으로 부상하는 신흥시장에

〈표 16-1〉 한국의 디자인과 기술에 대한 평가

구분	중동아프리카	아시아	미주	유럽
한국의 디자인 우수성	5.35점	5.29점	5.14점	4.94점
한국의 첨단기술	5.51점	5.36점	5.34점	5.35점

자료: 국가브랜드위원회·대한무역투자진흥공사·산업정책연구원(2011).

서 긍정적인 한국 디자인의 이미지를 활용한 국제 교류 방안을 마련하고 디자인 한류를 통해 디자인 리더십을 확보해나가는 것이 필요하다.

자유무역협정에 따라 외국의 디자인 전문회사 및 디자이너의 국내시장 진출 및 투자 장벽이 낮아지고 있고, 선진국의 디자인 관련 지적재산권 보호로 디자인 산업의 글로벌 경쟁력 강화의 필요성은 커지고 있다(강준구, 2012). 따라서 글로벌 시대에 한국 디자인의 위상을 공고히 하고 리더십을 확보할 수 있는 디자인 정책은 물론 한국의 정체성이 체화된 우수한 디자인을 해외에 알리고 시장을 넓혀나갈 수 있는 정책적 기반이 요구되고 있다. 디자인 산업의 규모 등 양적인 측면에서의 개선과 단기 처방도 중요하지만 한국의 디자인이 세계적 리더십을 갖고 지속적으로 성장하기 위해서는 질적 개선이 무엇보다 중요한 시점이다.

4. 창조경제 시대 디자인의 역할

한국 경제가 지속적으로 성장하기 위해서는 경제 및 산업 패러다임의 변화를 충분히 이해하고 산업구조를 패러다임에 부합하게 혁신하는 것이다. 특히 한국 산업의 지속가능한 발전을 위해서는 미래 사용자 기반의 융합신상품 개발 역량과 플랫폼 기반의 비즈니스 생태계를 갖추고, 글로벌 경쟁을 통해 세계

시장에서 그 영향력을 넓혀 나가는 것이 중요하다.

변화하는 패러다임을 주도하기 위해서는 수요자 중심의 잠재적 니즈에 부합하는 제품 및 서비스를 창출할 수 있는 역량이 긴요하다. 디자인은 그 속성상 사용자 입장에서 사용자 중심의 제품 및 서비스를 디자인해왔고, 수요자 중심으로 산업이 변화하는 시기에 변화와 혁신을 주도할 수 있는 내재적 특성을 갖추고 있다. 이러한 디자인의 속성을 활용해 중소기업들이 사용자 기반의 융합 신상품을 창출 할 수 있는 역량을 갖추는 데 기여할 수 있다.

디자인이 주도하는 플랫폼 기반의 산업생태계가 형성되어 제품과 서비스의 기획과 개발이 이뤄진다면 디자인이 한국 경제의 지속 성장을 위해 중요한 한 축을 담당할 수 있을 것이다. 디자인 주도의 산업생태계란 플랫폼 기반의 지원을 통해 개인의 창의적 아이디어만으로 사업이 가능한 개방형, 공유 가치형 생태계이다. 생태계 형성을 지원하는 플랫폼은 미래의 사업 기회를 발굴해 제공하고 이에 적합한 창의적 아이디어가 구체적인 사업으로 이루어질 수 있도록 단계별 지원이 가능해야 한다.

한국 기업이 한국만의 특성과 가치가 내재된 매력적인 상품을 개발한다면 글로벌 시장 주도가 가능하다. 기업들이 한국만의 핵심 컨텐츠를 확보해 한국 디자인에 내재되어 있는 무형의 가치를 제대로 발휘한다면 글로벌 시장에서 차별화된 경쟁력을 확보할 수 있다.

1) 미래 사용자 맞춤형 제품-서비스 융합 상품의 창출

변화하는 산업패러다임에 주도적으로 대응하기 위해서는 미래 환경에 대한 예측과 미래 환경에 적합한 제품 및 서비스를 먼저 창출하는 데 있다. 디자인은 기업이 미래 환경에 적합한 비즈니스 및 상품아이디어를 선행적으로 발굴하고, 발굴된 아이디어를 실제 제품화하는 데 주도적 역할을 할 수 있다.

중소·중견기업이 미래 환경에 부합하는 제품 및 서비스에 대한 경쟁력 있는 아이디어를 창출하기 위해서는 적합한 프로세스 및 방법론을 갖출 필요가 있다. 상품의 초기 기획 단계부터 디자인이 관여해 전략, 기술, 마케팅, 상품기획, 사회, 산업 트렌드 등 이종 간 협업을 원활히 하는 '디자인-기술 융합 프로세스[4]'를 활용할 수 있는 기반 조성이 필요하다.

산업이 사용자 중심으로 변화됨에 따라 서비스 고도화가 가속화되고 있고, 이는 제조의 서비스화와 서비스산업의 고도화 특히, 공공서비스의 고도화에 대한 니즈로 나타나고 있다. 서비스 고도화를 디자인이 주도하기 위해 서비스 디자인 방법론을 활용해 사용자의 잠재적 니즈를 발굴하고 이에 적합한 솔루션을 제공해야 한다.

2) 플랫폼 기반의 디자인 주도 상품 개발 생태계

2000년대 들어 산업의 지형도를 크게 바꾼 구글, 아마존, 애플 등의 공통점은 제조업 중심의 사업 구조에서 탈피해 플랫폼 기반의 사업 구조로 변화를 시도함으로써 기업의 가치를 극대화해 눈부신 성장을 달성했다는 것이다. 이렇듯 플랫폼은 기업 간 경쟁의 핵심 요소이며, 나아가 경쟁력 있는 플랫폼을 선점한 경우 국가 간의 치열한 경쟁에서 우위를 점할 수 있는 요소가 되고 있다.

한국 상품이 글로벌 시장을 주도하기 위해서는 우선 디자인 전문기업의 역량을 획기적으로 강화하고, 디자인 기업이 그 역량을 지속적으로 넓혀갈 수 있

---

4   디자인-기술 융합프로세스는 NPD(New Product Development) 프로세스의 Front-End (기획 단계)부터 디자인 접목이 가능한 프로세스로 각 단계마다 디자인의 역할과 협업이 가능해야 한다. 각 단계는 우선 사용자 라이프 스타일에 대한 인사이트를 찾는 단계와 이의 해결을 위한 아이디어를 도출하는 단계 및 이를 비즈니스적으로 유효하도록 비즈 모델을 도출하는 단계를 갖추어야 한다.

는 플랫폼 기반의 비즈니스 생태계를 갖출 필요가 있다.

한국 디자인 기업은 그동안 스타일링 위주의 디자인에 특화되어 발전해왔다. 그러나 디자인 전문기업이 글로벌 고가품 시장에서의 치열한 경쟁과 사용자 중심으로 산업패러다임이 가속화되고 있는 상황에 대비하기 위해서는 '디자인-기술 융합 프로세스'를 내재화해 신상품 기획 역량을 집중적으로 높여나가야 한다. 또한 해당 산업 및 기술, 비즈니스에 대한 이해의 폭을 넓힐 수 있는 프로젝트 수행 경험의 축적이 중요하다.

디자인 주도의 상품개발 생태계를 창출하기 위한 플랫폼은 혁신적인 아이디어와 콘셉트 창출을 위한 최적의 공간을 제공해야 한다. 디자인 주도의 플랫폼은 핵심 아이디어의 창출과 기술에 경험가치 및 감성가치를 접목해 제품 및 서비스의 고부가가치화를 높일 수 있는 수단으로 활용될 수 있다.

디자인비즈니스플랫폼은 자체적 혁신기반이 부족한 디자인 전문기업의 컨설팅 능력을 배양하고, 디자인 방법론의 체계화와 중소기업의 디자인 활용을 높이기 위한 것이다. 즉, 디자인 공급자와 수요자 간의 비즈니스를 지원하고 감성색채 기획, CMF(Color, Material, Finishing) 적용, 트렌드 분석 툴킷(toolkit) 제공 등을 통해 디자인기업과 중소기업이 서로 윈-윈할 수 있는 협업을 가능하게 한다. 디자인 주도의 상품개발 생태계의 구축에 중추적 역할을 할 수 있도록 국가 차원의 디자인비즈니스플랫폼의 구축이 필요한 시점이다.

3) 글로벌시장 선도를 위한 핵심 콘텐츠 확보

한국 산업이 글로벌 시장에서 경쟁력을 갖고 지속 성장하기 위해서는 핵심 콘텐츠를 갖출 필요가 있다. 한국 산업의 핵심 콘텐츠는 한국의 정체성 및 특성의 재발견과 그 가치를 현재의 산업에 융합해 새로운 가치를 지속적으로 만들어낼 수 있는 역량의 확보이다. 경쟁의 핵심 콘텐츠로 상품에 한국다움의 가치를 녹여냄으로써 경쟁시장에서 한국만이 가진 차별화된 매력, 즉 감동을 제공할 수 있어야 한다.

한국 디자인이 우수함에도 불구하고, 글로벌 시장에서 고급제품으로서 제대로 평가받지 못하고 있는 이유 중의 하나는 한국 디자인에 내재되어 있는 무형의 가치를 제대로 평가받지 못하고 있기 때문이다. 한국 디자인의 무형의 가치는 한국 디자인을 특성화하는 것이고, 이는 한국의 전통과 문화의 가치를 제대로 해석해 현대적 가치로 변환하는 일을 통해 가능하다.

한국 디자인의 뿌리에 해당하는 고유 사상과 동양철학은 진부한 것이 아니라 세계 디자인의 최신 트렌드와 맞닿아 있다. 즉, 노자의 허(虛)와 무위자연, 석가(불교)의 공(空)의 철학 등 인위적이 아닌 자연스런 상태와 비움의 미학은 현대의 지속가능한 디자인(Sustainable Design), 자연과 조화를 이루는 에코디자인(Eco Design) 트렌드와 다르지 않다. 분수를 지켜 너무 탐내지 않고, 분에 넘치지 않도록 그칠 줄 아는 과유불급(過猶不及), 지족지지(知足知止) 등 선조들의 생활철학은 군더더기 없는 미니멀 디자인(Minimal Design)의 생각과 그 맥락을 같이한다. 홍익인간, 민본사상, 애민사상은 장애인이나 노인도 배려한 모든 사람을 위한 유니버설 디자인(Universal Design)과 맞닿아 있다. 최신 디자인 트렌드를 한국의 혼과 특성이 체화된 한국다움으로 재해석하고 거기에 장인정신이 접목된다면 알렉산드로 맨디니(Alessandro Mendini)가 언급했듯이 K-디자인이 K-스타일로서 세계인의 가슴에 감동으로 다가가는 것이 먼 이야기는 아니라고 본다(한국디자인진흥원, 2013c: 22).

5. 지속가능한 디자인 발전을 위한 제언

앞서 살펴본 바와 같이 글로벌 경제 환경 및 산업 환경의 변화는 디자인 산업에 위협이자 기회 요인으로 작용하고 있다. 따라서 국내 디자인산업의 지속 가능한 발전을 위해서는 위기가 새로운 도약을 위한 기회가 되도록 위협 요인에 슬기롭게 대처하면서 발전 가능한 대안을 마련하는 것이 시급하다(〈표 16-2〉 참조).

첫째, 감성과 스토리텔링이 중요한 하이 터치 시대에 세계 시장에서 한국 디자인의 경쟁력을 확보하기 위해서는 한국 디자인만의 우수성과 정체성을 확고히 하고 K-디자인의 확산을 통해 글로벌 디자인 리더십을 확보해나가야 한다.

한국 특유의 디자인 정체성의 내재화 및 글로벌 확산은 K-디자인[5]의 공감대 형성 및 확산을 통해 가능하다. 세계적 경쟁력을 갖춘 독창성의 근원은 한국의 가치와 혼이 담긴 문화에서 출발해야 한다. 이것이 컴퓨터로는 대체할 수 없는 K-디자인의 핵심이다.

이를 체계적으로 실행하기 위해서는 개방형 K-디자인 연구 플랫폼의 구축이 시급하다. 국내외 다양한 분야의 전문가와 일반 국민이 참여하는 개방형 연구가 가능한 플랫폼을 통해 K-디자인의 지식체계가 정립되고 확산될 수 있기 때문이다. 이와 함께 한국 디자인 역사를 한눈에 파악할 수 있는 아카이브 구축을 통해 콘텐츠를 구체적으로 보강하고 K-디자인의 확산을 위해 국민을 대상으로 한 K-디자인 기초 교육 프로그램이 필요하다.

그리고 K-디자인의 세계화를 위한 글로벌 프로젝트를 실행하는 것이 중요한 데 개도국엔 K-디자인 나눔사업, 신흥시장에는 K-디자인 신시장 개척사업을 추진하는 등 디자인 리더십을 공고히 할 수 있는 정책조합이 요구된다. 그

---

5   K-디자인이란 한국 특유의 디자인 정체성이 조화롭게 구현된, 국내외에서 기획·생산되는 우수한 디자인을 뜻한다. 핵심은 단순히 전통문화의 형태적 답습이나 재해석이 아닌, 한국적 독창성과 세계적인 보편성을 함께 지닌 한국만의 디자인을 만들어내자는 것이다.

〈표 16-2〉 환경 변화에 따른 지속가능한 디자인을 위한 과제

경제 및 산업 패러다임 변화: 위기 및 기회
가. 미래 사회 환경: 감성과 스토리텔링이 중요한 미래 사회
나. 경제 환경: 포스트 뉴 노멀 시대의 도래
다. 산업 환경: 소비자의 다양한 만족감 충족이 성공의 핵심 요건
라. 디자인 진화: 디자인이 제품 및 서비스 기획을 주도하는 시대 도래

국내 디자인의 현황 및 문제점: 핵심 역량의 확보
A. 디자인은 창조와 혁신의 가치 창출을 가능하게 하는 핵심 수단
B. 열악한 디자인산업 여건으로 자생적으로 혁신하기에는 역량이 부족한 상황
C. 글로벌 시장에서 한국의 위상을 공고히 할 수 있는 한국만의 콘텐츠 필요

지속가능한 디자인 발전을 위한 대안
① (가 + C) 디자인 리더십 확보: 디자인 한류 K-디자인의 확산
② (나 + A) 혁신·창의를 기반으로 한 융합형 디자인 발전과 전략적 대응
③ (다 + B) 건강한 디자인 생태계 조성: 대기업·중소기업의 상생발전 및 정부의 지원
④ (라 + A) 사용자 중심의 서비스 고도화에 전략적 대응 및 디자인 영역의 확장

리고 디자인 선진국에서는 한국만의 디자인 정체성을 담은 K-디자인의 홍보와 디자인 한류를 바탕으로 디자인 경쟁력은 물론 한국의 국가 경쟁력을 한층 더 강화할 수 있는 역량을 높여나가야 한다.

둘째, 포스트 뉴 노멀 시대에 신흥국 중산층 등 다양한 소비 주체의 등장으로 사용자 중심으로 재편되고 있는 시장 환경에 대응해 인간 중심적인 디자인의 부가가치 창출 역량을 극대화해나가야 한다. 이를 위해 혁신과 창의의 원천인 디자인을 통한 산업간 융합 전략이 긴요하다.

산업 간 융합을 촉진하기 위해서는 R&BD(Research & Business Development)를 통해 기술이 새로운 비즈니스로 이어지고 다양한 분야의 공동연구와 기술 융합으로 독창적인 신상품의 개발이 지속적으로 이루어질 수 있는 생태계가

만들어져야 한다. 예측이 매우 중요한 산업의 경우 중·장기 전략 수립에 있어 디자인 주도의 산업 융합이 이루어질 수 있도록 기획 단계에서부터 디자이너의 참여와 디자인의 역할에 대한 적극적인 고려와 정책적 지원이 수반되어야 한다.

이러한 측면에서 심층적이고 체계적이며 생활밀착형 프로젝트 중심의 디자인 연구가 필요하다. 미래디자인, 디자인 주도의 R&D 연구 등 디자인기술 연구, 디자인지식 확산 등을 통해 새로운 가치를 창출할 수 있는 리서치 중심의 디자인 연구가 체계적으로 이루어져야 한다.

선진국의 경우 산업 진흥을 통한 성장뿐 아니라 디자인 연구를 통한 원천 지식의 축적으로 디자인 혁신 역량을 높여 '국가 경쟁력'과 국민의 '삶의 질'을 높여나가고 있다.

셋째, 융합 트렌드의 확산 등 산업 패러다임의 변화에 따라 사용자의 핵심 니즈가 무엇보다 중요한 산업 환경이 되고 있다. 예측 불가능한 환경 변화가 가져오는 불확실성의 시대에는 시장 실패의 가능성이 그 어느 때보다 크다. 불확실한 상황을 보정하기 위해 정부의 역할 또한 중요해지고 있으나, 이때 시장과 정부는 어느 일방의 주도가 아닌 긴밀한 협력과 상생의 기반이 될 사회적 자본을 바탕으로 지속가능한 경제발전 생태계를 구축해가야 한다.

그러나 중소기업과 디자인기업은 글로벌 환경 변화에 부응하기 위한 자체적인 혁신이 어려운 열악한 상황에 놓여 있다. 기업 간 관계를 넘어 산업 생태계 관점에서 모니터링해 적절한 정책적 지원이 적기에 실현되어 중소기업 및 디자인 기업의 자생력을 높여주는 플랫폼 기반의 디자인 비즈니스 생태계를 갖춰나가야 한다.

플랫폼 기반의 디자인 비즈니스 생태계가 조성되면 기업의 애로사항 등에 대한 실시간 모니터링이 가능해 시의 적절한 맞춤형 지원이 가능하고, 수직적 비즈니스 구조가 상생·공유형 비즈니스 구조로 전환되어 법·제도의 정비를 촉진할 수 있다. 실제로 참신한 아이디어가 전문성, 경험, 비용 부족 등의 이유로 제품 개발에 이르지 못해 사장되는 일이 많이 줄어들 것이다.

넷째, 사용자 중심으로 재편되고 있는 산업 환경에서 나타나고 있는 제조의 서비스화 및 서비스산업의 고도화 전략이 필요하다. 특히 국민의 삶의 질 향상에 직접적으로 큰 영향을 미치는 공공서비스 분야의 서비스 향상에 대한 국민의 요구에 부응하는 구체적인 전략 마련과 정부 지원이 절실하다.

최근 전자, 조선 등 전통적인 제조 산업의 경쟁력 저하에 대한 우려가 크다. 이는 사용자 중심으로 재편되고 있는 산업 환경에 적응하지 못하고 있는 데 기인한다. 제조업이 지속적인 경쟁력을 갖기 위해서는 사용자가 진정으로 원하는 서비스와 경험을 제공할 수 있는 제품을 창출할 수 있는 고도의 역량이 중요하다. 특히 중소기업이 디자인 방법론을 활용해 고객의 잠재 니즈를 찾아내고 이를 상품과 서비스로 구현할 적합한 솔루션을 만들어내는 역량을 체계적으로 갖출 수 있는 기반이 마련되어야 한다.

즉 제조업이 사용자 중심의 혁신을 이루기 위해서는 서비스 디자인 방법론이 널리 활용되어야 한다.

제조의 서비스 활성화를 위해서는 서비스 디자인 관련 기반 시설의 구축이 함께 이뤄져야 한다. 콘셉트 단계의 서비스를 점검하고 평가와 시뮬레이션이 가능한 서비스 디자인 랩 설치가 필요하다. 이곳을 통해 국내 서비스 디자인 전문기업들이 서비스 프로토타이핑(Service Prototyping)[6]을 원활하게 수행함으로써 서비스 디자인의 완성도를 높일 수 있도록 해야 한다.

수요자 중심의 디자인은 고객가치 실현이라는 시장 개념에 익숙하지 않은

---

6 서비스 프로토타이핑: 서비스를 개발할 때 이를 시뮬레이션하기 위해 실제로 구현, 직접 체험함으로써 사용자 경험을 혁신하는 방법. 서비스를 확정하기 이전 단계에 실행되며 제품 디자인 개발에서의 목업(Mock-up)과 같은 역할을 한다고 할 수 있다.

공공서비스 영역에서 특히 그 활용 방안이 더욱 기대되고 있다. 공공서비스는 모든 사회 구성원과 그 생태환경을 올바르게 이해하는 데에서부터 출발해야 한다. 최종적으로는 공공서비스를 이용하는 사람들에게 감동을 주어야 한다. 공공서비스의 수요자이자 최종 소비자인 국민들은 빠르게 변화하고 있는 환경과 라이프 스타일에 맞는 공공서비스를 기대하고 있다. 한편 공공서비스로 해결해야 할 이슈들은 특정 한 분야만으로는 해결할 수 없을 만큼 어렵고 복잡해지고 있다. 다양한 이해관계와 민주적 소통 그리고 높아진 국민의 기대 수준을 충족시키기 위해서는 공공행정 및 서비스를 제공함에 있어서 새로운 관점의 접근 방법론이 요구된다. 바로 이 점에서 국민의 눈높이에서 국민과의 소통과 공감을 바탕으로 현장 중심 조사와 분석을 통해 솔루션을 찾아가는 서비스 디자인 방법론이 대안으로 제시되고 있는 것이다. 서비스 디자인 방법론은 국민 중심의 개방과 공유, 소통과 협력을 중요시하는 '정부 3.0'의 핵심 가치와 그 맥락을 같이한다. "결국 디자인은 인간을 위한 것"이라는 기본명제가 공공서비스 분야에도 활발하게 접목되어 사회문제를 해결하고 국민행복 시대를 열어가는 데 서비스 디자인의 선도자적 역할 수행이 기대된다.

이러한 제언들이 시의 적절히 이루어진다면 산업 패러다임의 변화를 디자인이 주도적으로 이루어냄으로써 디자인 주도의 생태계가 형성될 수 있으며, 디자인의 경쟁력은 물론 산업의 지속가능성도 확보될 수 있을 것이다.

참고문헌

LG경제연구원. 2007. 『글로벌 트렌드와 디자인 경영의 미래』.

≪전자신문≫. 2014.1.26. "월요논단(이태용): 디자인의 미래가치에 투자하자".

강준구. 2012. 『FTA체결에 따른 디자인산업 대응방안』. 산업부·한국디자인진흥원.

곽승준 외. 2012. 『스마트 자본주의 5.0: 산업생태계를 홍분케 하라』. 나남.

국가브랜드위원회·대한무역투자진흥공사·산업정책연구원. 2011. 『문화 한류를 통한 전략
    적 국가브랜드 맵 작성 연구』.

김기찬. 2011. 『지속가능성장형 미래 산업생태계 조성방안』. 산업정책연구원.

산업통상자원부. 2012. "디자인 산업융합 전략 보도자료".

산업통상자원부·한국디자인진흥원. 2014. 『2007, 2009, 2011, 2013 산업디자인 통계조사』.

한국디자인진흥원. 2007. 「2007 산업디자인 통계조사」.

_____. 2009. 「2009 산업디자인 통계조사」.

_____. 2011. 「2011 산업디자인 통계조사」.

_____. 2013a. 「2013 산업디자인 통계조사」.

_____. 2013b. 『국가별 통계모음집』.

_____. 2013c. "왜 K-design 인가?"

_____. 2014a. "공공정책 책상에서 현장으로".

_____. 2014b. "디자인-기술융합의 경제적 가치 측정연구".

헤럴드 경제. 2014.1.17. "디자인 빅뱅".

헤럴드 포럼. 2014.3.11. "K-디자인, 공감에서 확산으로".

통계청 홈페이지 http://www.kosis.kr.

Deloitte. 2010. "Creating High Value through Convergence."

Global Design Watch. 2008. "University of Art and Design in Helsinki."

제**17**장

통일 준비, 통일 이후보다 이전이 우선이다

조동호 | 이화여자대학교 사회과학대학 북한학과 교수

1. 들어가며

남북한의 현실에서 통일(unification)을 경제학적으로 이해하면, 발전(development)과 이행(transition), 그리고 통합(integration)으로 분해할 수 있다. 통일이 된다면 남한과 엄청난 격차를 보이고 있는 북한 경제를 빠른 시간 내에 발전시켜야 하고, 사회주의 계획경제 체제인 북한 경제를 자본주의 시장경제 체제로 이행시켜야 하며, 남한경제와 북한 경제를 동일한 법과 제도를 가진 하나의 경제로 통합시켜야 한다는 뜻이다〔구체적인 논의는 이석(2013)을 참조〕.

따라서 통일은 참으로 어렵고 상당한 혼란과 비용이 소요되는 과정일 수밖에 없다. 독일의 통일이 막대한 통일 비용을 수반한 것도 바로 세 가지 과제를 동시에 추진해야 했기 때문이다.

1) 통일 = 발전 + 이행 + 통합

사실 세 가지 과제 중 어느 하나만 수행하는 것도 매우 어려운 작업이다.

한국의 경우에도 발전에는 상당한 시간이 걸렸다. 그나마 한국은 성공적인 사례이며, 수십 년이 지나도 커다란 발전 없이 저개발 상태에 머무르고 있는 국가를 무수히 발견할 수 있다. 시간이 지나면서 오히려 발전은커녕 후퇴한 경제도 발견된다.

이행의 경우도 마찬가지이다. 1990년을 전후해 동유럽 사회주의 국가들은 사회주의 계획경제 체제에서 자본주의 시장경제 체제로의 경제체제 이행을 시작했다. 그러나 이행을 추진한 모든 국가는 상당한 규모의 실업과 오랜 기간의 마이너스 성장을 경험했다. 이전에는 한 번도 겪어보지 못했던 일이었다. 그 과정에서 국민들은 경제·사회적으로 엄청난 고통을 감당해야 했으며, 정치적 혼란과 불안정도 피할 수 없는 결과였다. 한꺼번에 모든 부문의 이행을 추진하는 빅뱅(big-bang) 방식과 쉬운 부문부터 순차적으로 이행을 추진하는 점진적 방식 중에서 어느 방안이 우월한지도 알 수 없었다. 어느 국가에게나 이행은 처음으로 경험하는 일이었으며, 그만큼 어려운 작업이었다.

두 경제의 통합도 어렵기는 마찬가지이다. 설령 경제체제가 같다고 하더라도 순조로운 통합은 쉽지 않다. 체제가 같을 뿐만 아니라 오랫동안 협력의 폭과 깊이를 확대해온 유럽연합의 경우에서도 통합은 많은 혼란과 부작용을 낳았다. 경제체제가 같더라도 경제 수준, 민족, 정치 상황 등의 차이는 통합을 저해하는 요인이다. 하물며 남북한처럼 오랜 기간 전혀 다른 체제에서 생활해온 두 개의 경제를 하나로 통합하는 데에는 막대한 비용과 고통이 수반될 수밖에 없다. 게다가 전쟁을 겪은 데다 상호 비방과 불신이 여전한 남북한이 갑자기 통합을 한다면 오히려 재앙이 될 가능성이 크다.

2) 비현실적인 한시적 분리 방안

한반도 통일이 이루어지는 경우 북한 지역을 당분간 특별관리구역으로 설정해서 한시적으로 분리하자는 아이디어도 이러한 고민에서 출발한다. 즉 즉각적으로 남북한을 통합하면 감당할 수 없을 정도의 부담과 부작용이 예상되므로 일시적으로 북한 지역을 분리해서 어느 정도 발전과 이행을 시킨 후에 통합을 하자는 취지이다.

그러나 통일 후 한시적 분리 방안이 현실적으로 가능하지는 않을 것이다. 남북한의 한시적 분리는 오히려 다시 장기간의 분단으로 이어질 수 있다. 당장 남한 수준의 소비생활을 원하는 북한 주민들은 즉각적인 통합을 요구할 것이다. 독일의 경우에도 동독 주민들은 "우리는 하나의 국민이다(Wir sind ein Volk)"라면서, "서독 마르크를 보낼래 아니면 우리가 서독으로 갈까(Kommt die D-Mark, bleiben wir. Kommt sie nicht, gehen wir zu ihr)?"라는 구호를 외치며 당장의 통일을 요구하는 대규모 시위를 벌였다.

설령 분리를 한다고 해도 남한 지역으로 넘어오는 북한 지역 주민들을 막을 방법도 없다. 무력을 사용할 수는 없는 것이며, 거주와 이전의 자유를 북한 지역 주민들에게만 제한한다는 것도 정치적으로 가능하지 않을 것이다. 만약 가능하다고 해도, "이렇게 분리할 것이었다면, 왜 통일했지?"하는 근본적인 의문이 제기될 수밖에 없다. 국제사회는 자신의 경제적 이익만을 지키려는 남한 지역 주민과 정부에게 경멸의 시선을 보낼 것이다.

2. 북한의 경제 상황[1]

통일은 혼자 하는 것이 아니다. 그렇다면 북한의 현재 상황을 살펴볼 필요가 있다. 더욱이 우리가 추구하는 통일이 북한을 붕괴시켜 한꺼번에 일방적으로 흡수하는 형식이 아니라면, 북한의 현재 상황을 이해하면서 통일 정책을 추진해야 한다.

최근의 북한 경제는 이전과는 다른 양상이다. 긍정적인 면과 부정적인 면이 공존하고 있다. 따라서 이제는 북한 경제를 과거보다 좀 더 복잡하게 이해해야 한다. 이제는 1990년대 '고난의 행군' 시절처럼 단순히 "북한의 경제 상황은 어렵다"라고만 말할 수 없기 때문이다.

1) 긍정적인 면

한국은행의 추정에 의하면 북한 경제는 최근 수년간 플러스 성장을 이어가고 있다.

그러나 한국은행의 추정은 북한 경제의 실제 상황을 과소평가하고 있을 가능성이 매우 높다. 최근 플러스 성장의 가장 핵심적인 요인은 시장 활동의 확대에 있으나, 한국은행이 이를 정확히 파악·추정하기란 매우 어려운 작업이기 때문이다. 즉 북한 경제의 성장률은 한국은행이 추정하는 성장률보다 높을 가능성이 크다.

더욱이 최근 수년간 북한의 농업생산량 역시 증가 추세를 보이고 있다. 북한 산업구조를 보면 농업이 약 4분의 1 정도를 차지하고 있으므로 농업 생산량의 증가는 경제성장에 커다란 효과를 가진다. 한 예로 유엔 식량농업기구

---

1 2절의 내용은 조동호·남영숙(2013)의 제4장을 대폭 보완한 것이다.

〈그림 17-1〉 한국은행의 2000년대 북한 경제성장률 추정

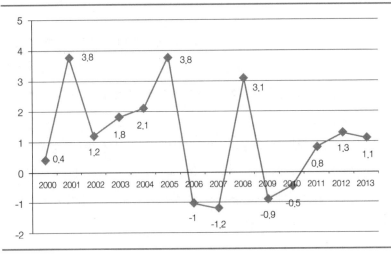

자료: 한국은행(2014).

〈그림 17-2〉 북·중무역의 규모   (단위: 10억 달러)

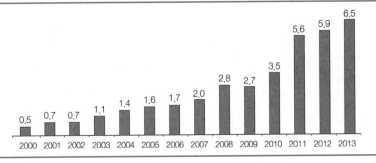

자료: KOTRA(2014).

(FAO) 평양 사무소장은 "북한 곡물 생산량이 꾸준히 늘어나 3~4년 뒤에는 자급자족할 수 있을 것"이라고 말하고 있을 정도이다(≪노컷뉴스≫, 2014.10.16.).

　해마다 증가하는 추세를 보이고 있는 북·중무역도 북한 경제의 성장에 기여

〈그림 17-3〉 2011~2013년 시장 이용 및 장사 경험률 (단위: %)

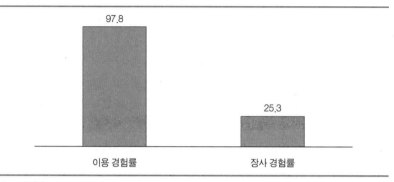

97.8

25.3

이용 경험률   장사 경험률

자료: 통일부(2014).

〈그림 17-4〉 최근 쌀값 및 환율 추세 (단위: 북한원)

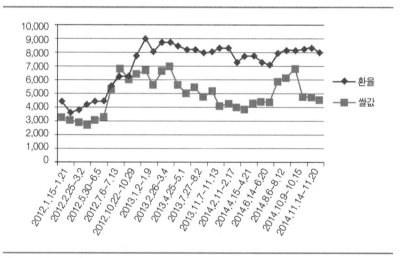

━◆━ 환율
━■━ 쌀값

자료: ≪데일리NK≫〔http://www.dailynk.com/korean/market.php(검색일: 2014.12.6)〕.

하고 있다. 중국은 북한의 최대 무역상대국으로서 2013년의 경우 북한의 전
체 대외무역의 89.1%를 차지하고 있다(KOTRA, 2014: 13). 이러한 북·중무역
의 지속적인 성장은 북한 경제의 플러스 성장에 커다란 영향을 미치고 있다.

<표 17-1> 북한 어린이 영양 상태 (단위: %)

구분	2000년	2002년	2004년	2009년	2012년
만성 영양장애	45.2	39.2	37.0	32.4	27.9
급성 영양장애	10.4	8.1	7.0	5.2	4.0
저체중	27.9	20.2	23.4	18.8	15.2

자료: 이정희(2014).

특히 주요 수입품은 에너지, 기계류 등 생산재이므로 그만큼 성장에 도움을 주고 있다.

시장의 확대는 북한 경제성장의 견인차 역할을 하고 있다. 농민시장, 암시장 형태로 존재하던 북한의 시장은 2003년 종합시장의 설치 허용으로 합법화되면서 점차 확대되고 있으며, 현재 북한 전역에 380개 정도가 있는 것으로 추정된다. 최근 필자의 북한이탈주민 심층 면접조사에 의하면, 북한 공장·기업의 월급은 월 2000~3000북한원 수준이나 지방도시에서조차 4인 가구 한 달 생활비는 최소한 20만~30만 북한원에 이르는 것으로 나타난다. 심지어 평양에서는 월 250만 북한원 정도의 생활비가 소요된다는 증언도 있다. 결국 공식적인 월급만으로는 생활이 불가능하며, 시장에서의 장사, 뇌물 등을 통해 생계를 의존하는 실정이다.

실제로 북한이탈주민 대상의 설문조사 결과를 보면, 북한에 거주하던 시절 비공식적인 소득이 있었다고 응답한 비율은 2008년 31.1%, 2009년 30.2%에서 2011년에는 60.5%로 늘어났다(김병로, 2012: 52). 또한 2005~09년 회령시의 466가구를 대상으로 조사한 결과 가계소득에서 비공식적인 소득이 차지하는 비중이 82~84% 정도에 이른다는 연구도 있다(곽인옥, 2013: 27).

또한 최근에 탈북한 북한이탈주민을 대상으로 한 조사에 의하면, 시장을 이용해본 경험이 97.8%에 달하고 있는 것으로 나타난다. 시장에서의 장사 경험률도 4분의 1에 이른다. 어린이나 학생, 군인, 노인 등 장사를 할 수 없는 계층을 고려하면 북한 주민의 거의 절반은 장사를 해본 경험이 있는 셈이다. 그런데 한 가정에서 부부 모두 장사를 하는 경우보다는 남편은 공장·기업에 출근을 하고 부인이 장사를 하는 경우가 일반적이므로 결국 모든 가정이 장사를 해본 경험을 가지고 있는 것으로 해석된다.

최근 북한 시장에서 쌀값과 북한원화의 대미환율도 안정 추세를 보이고 있다. 시장에서는 수요와 공급의 법칙이 작용하고 있고 미국 달러나 식량에 대한 수요가 갑자기 감소했을 가능성은 거의 없으므로 쌀값과 환율의 안정 추세는 공급이 안정적으로 이루어지고 있다는 증거이다.

북한 어린이의 영양 상태가 개선되고 있다는 점도 경제 상황이 좋아지고 있다는 증거이다. 어린이의 식생활 수준이 향상되지 않았더라면 영양 상태도 좋아질 수 없었을 것이기 때문이다.

2) 부정적인 면

이상에서 살펴본 바와 같이 북한 경제가 호전되고 있다고 해서 반드시 긍정적인 것은 아니다. 오히려 경제의 성장이 만들어내는 부정적인 측면을 결코 무시할 수 없는 상황이다. 최근 북한 경제가 플러스 성장을 하고 있다는 것은 "이제 북한 경제가 살 만한 상황이다"라는 것이 아니라 전년에 비해 지속적으로 호전되고 있다는 상대적 의미일 뿐이다. 또한 성장은 평균의 의미일 뿐 지역 간, 계층 간 양극화는 점차 확대되는 추세이다.

사실 양극화는 북한 경제가 직면하고 있는 가장 커다란 문제라고 할 수 있다. 특히 평등을 지향하는 사회주의 체제를 고수하고 있는 북한 당국의 입장에서 양극화란 매우 심각한 문제일 수밖에 없다. 예를 들어 최근 북한이탈주민 조사에 의하면 월 평균소득의 격차는 과거와 비교도 못할 정도로 크게 벌어져 있는 실정이다. 월 평균소득을 기준으로 보면 상위 계층의 소득은 하위 계층의

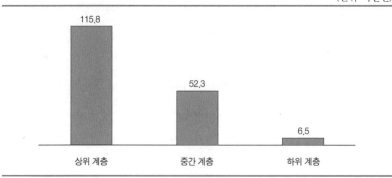

〈그림 17-5〉 계층별 월 평균소득

(단위: 북한원)

115.8

52.3

6.5

상위 계층　　　　　　중간 계층　　　　　　하위 계층

자료: 통일부(2014).

약 18배에 달하고 있다. 한국의 경우 2013년 소득 상위 20%의 월 평균 근로소
득이 하위 20%의 9배 정도임을 감안하면, 북한의 양극화가 어느 정도 심각한
것인지 짐작할 수 있다.

최근 필자의 북한이탈주민 심층 면접조사에서도 양극화에 대한 증언은 광
범위하게 나타난다.

장사해도 밑돈이 많아야 하죠. 돈이 있는 사람들은 점점 나아지고 없는 사람들
은 그저 제자리. 생활 차이가 심하죠. 못하는 집들은 보면 세수도 한번 안한 사람
처럼 끔찍해요. 그런 사람들이 많아요.(양강도 운흥 출신의 47세 여성)

그저 돈이 많은 사람들은 점점 발전 하고 돈이 없는 사람들은 점점 퇴보하고.
돈이 없는 사람들은 많은 사람 밑에서 일해야 하니까 못 벌죠.(양강도 혜산 출신
의 42세 여성)

부익부 빈익빈이 점점 심해진다. 못사는 사람들은 죽도 먹기 힘들고 굶어 죽은

<표 17-2> 아시아 국가와 북한의 1인당 국민소득 비교(2013년)   (단위: 달러)

국가	1인당 국민소득
몽고	3,770
필리핀	3,270
스리랑카	3,170
베트남	1,730
라오스	1,460
미얀마	1,126(2012년)
캄보디아	950
방글라데시	900
북한	583(2012년)

자료: UN Data〔http://data.un.org(검색일: 2014.12.13)〕.

사람들도 있고. 잘사는 것들은 통일 반대하는 정도구만. 통일되면 자기네 돈 아무것도 아니니까.(함경북도 청진 출신의 41세 남성)

잘사는 집은 뭐 전망대에서 놀죠. 호텔 전망대에서 놀구 … 하루에두 막 몇 백, 몇 천 딸라씩 쓰고.(평양 출신의 29세 여성)

북한 경제가 최근 플러스 성장을 이어가고 있다고 해도 아직 아시아의 빈국들에 비해서도 1인당 국민소득이 크게 낮은 실정이다. 예를 들어 아시아의 최빈국이라고 알려진 방글라데시에 비해서도 북한의 1인당 국민소득은 3분의 2에 지나지 않는다.

최근 식량 생산이 좋아지고 있다고 하지만, 아직 식량은 절대적으로 부족하다. 2012년 9월 24일에서 10월 8일까지 평양과 남포를 제외한 북한 전역을 조사한 FAO/WFP의 자료에 의하면, 식량 수준이 '안정'으로 분류되어 식량 부족에 대한 우려가 없는 가구는 전체의 7%에 불과했다. 또한 아직도 주민들의 식량 소비는 양과 질에서 부실한 수준이고 특히 단백질 섭취가 불충분하며, 영양

<그림 17-6> 북한의 식량 상황

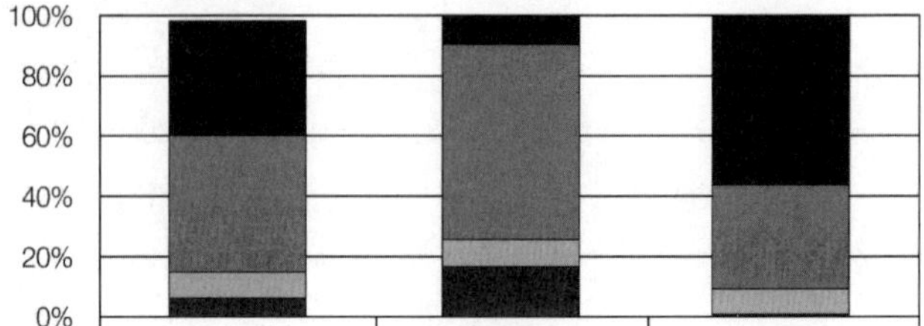

	전체	협동농장 농민	일반 주민
■ 심각한 부족	39%	9%	55%
■ 보통 부족	45%	64%	35%
■ 경미한 부족	8%	9%	8%
■ 안정	7%	18%	2%

자료: FAO/WFP(2012: 33).

적으로 적절한 식량 소비는 하는 가구는 전체의 16%에 불과하다는 보고도 있다(김영훈·임수경, 2014: 16).

제조업의 경우에도 원자재 및 전력의 부족으로 인해 공장 가동률은 낮은 수준에 머물고 있다. 최근의 통일부(2014) 조사에 의하면, 2013년 북한 당국이 실제 공급한 원자재 비율은 45.9%에 불과하다. 원자재 부족 대응 방식을 보면, 공장 가동중단 31.3%, 자력갱생 26.9%, 노동자로부터 동원 20.9% 등으로 나타난다. 즉 원자재 부족을 국가가 보충하는 것이 아니라 개별 공장, 기업소 자체적으로 해결하고 있는 것이다. 2011년 이후 공장 생산라인은 평균 18.6 개이지만, 가동 생산라인은 평균 9.1개로 약 49%에 불과하다. 또한 공장, 기업의 하루 평균 전력공급은 11.9시간일 뿐이며, 전력공급 중단 시 자체발전은 14.9%에 불과한 것으로 나타난다.

3. 경제가 우선일 수밖에 없는 김정은 시대

김정일의 사망으로 갑자기 최고지도자의 자리에 오른 김정은의 입장에서 가장 시급했던 과제는 세습의 권력 기반을 공고하게 하는 것이었다. 비록 아버지로부터 후계자로 지명되었어도 권력 엘리트들로부터 지지 획득이 필수적이기 때문이다. 제1위원장 등 주요 직책의 조기 승계, 군부 인사, 미사일 발사 및 핵 실험을 통한 유업의 완성 과시 등은 이러한 맥락에서 이해 가능하다. 2013년 12월 장성택의 처형은 본격적인 김정은 시대가 개막되었다는 선포식으로 해석할 수 있다.

실제로 김정은 체제의 정치적 안정성은 어느 정도 확보되었다는 것이 일반적인 분석이다. 북한 주민들의 김정은에 대한 평가도 상승 추세를 보이고 있으며, 이제는 김정일에 대한 평가 수준으로 올라와 있다.

그러나 평가 점수가 5점 만점에 2.5점 수준이라는 것은 김정은 체제에 대한 만족도가 높지 않다는 것을 의미하는 것이기도 하다. 실제로 북한 주민들의 의식을 보면, 아직 체제 혹은 정권에 대한 충성도는 상당한 수준을 보이고 있으나 부정적인 견해 역시 무시할 수 없는 수준인 것으로 판단된다. 예를 들어 통일부의 북한이탈주민 조사에 의하면 "노동당이 공화국을 대표한다"라는 질문에 '매우 그렇다'가 46.3%, '대체로 그렇다'가 16.1%인 것으로 나타남으로써 전체의 약 3분의 2 수준을 차지하고 있다. 그러나 '전혀 아니다'가 16.3%, '대체로 아니다'가 7.1%로 나타남으로써 부정적인 견해가 전체의 23.4%를 차지하고 있을 뿐만 아니라 '그저 그렇다'라고 평가를 유보하는 입장도 13.1%를 차지하고 있는 실정이다.

따라서 이제는 일반 주민들의 지지 획득이 중요한 과제인 시대로 접어들고 있다. 즉 정치적 안정성을 어느 정도 확보한 김정은 체제는 경제적 안정성 확보에 좀 더 커다란 노력을 기울여야 하는 시기로 접어들고 있는 것이다. 경제

<표 17-3> 북한주민의 김정은 평가(5점 만점)

구분	2006~2010년	2011년	2012년	2013년
김정일	2.4	2.4	2.6	2.6
김정은	1.9	2.1	2.1	2.5

자료: 통일부(2014).

적 안정성이란 일반 주민의 입장에서는 먹고 사는 문제의 진전을 의미하며, 북한 당국의 입장에서는 공식 부문의 생산 정상화를 의미하는 것이다.

이는 북한의 정책이 김정일 시절 제시된 선군 일변도의 정책에서 경제성장을 동시에 추구하는 정책으로 전환될 수밖에 없는 상황임을 시사한다. 현재 북한이 경제 문제에 관심을 가질 수밖에 없음은 이미 김정은이 2012년 4월 15일 최초의 공개연설에서 다시는 북한 주민이 허리띠를 조이지 않게 하겠다고 약속한 데에서도 나타난다. 이후에도 김정은은 경제를 지속적으로 강조하고 있다. 2013년 신년사에서는 경제문제의 해결을 "오늘 사회주의강성국가건설위업수행에서 전면에 나서는 가장 중요한 과업"이라고 강조했다. 2013년 3월 19일에는 10년 만에 경공업대회를 개최했고, 김정은은 직접 참석해 경공업 발전에 역량을 집중할 것을 약속했다. 2015년 신년사에서도 "우리는 이미 마련된 자립경제의 토대와 온갖 잠재력을 최대로 발동해 인민생활 향상과 경제강국 건설에서 전환을 이룩해야" 하고, "뜻 깊은 올해 인민생활 향상에서 전변을 가져와야" 하며, "농산과 축산, 수산을 3대 축으로 하여 인민들의 먹는 문제를 해결하고 식생활 수준을 한 단계 높여야" 한다고 주문했다.

2013년 3월 31일 북한이 노동당 중앙위 전원회의에서 김정은 시대의 새로운 국가전략노선으로 경제·핵 건설 병진 정책을 제시한 것도 이러한 상황을 반영하고 있다. 아직은 핵을 포기할 수 있을 정도로 안보에 자신이 없으므로 핵 건설을 여전히 주장하고 있지만, 경제건설이 핵 건설만큼이나 중요하다는 그

〈그림 17-7〉 '노동당이 공화국을 대표한다'에 대한 평가　　　　(단위: %)

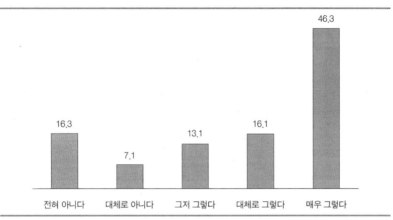

자료: 통일부(2014).

동안의 인식이 반영된 것이다.

　이상으로 본다면, 현재 김정은의 북한이 직면한 중요한 과제는 체제 안정 확보를 위한 경제성장이라고 할 수 있다. 그렇다면 향후 북한은 내부적으로는 경제관리 개선 조치, 외부적으로는 자본 유치의 방향으로 나설 수밖에 없다. 사회주의 계획경제체제이든 자본주의 시장경제체제이든 저개발경제에서 성장을 위해서는 효율과 자본의 증가가 필수적이기 때문이다.

　우선 경제관리 개선이라는 효율 증가를 위한 노력에 대해 살펴보자. 경제체제 전환 이전 1960~1970년대 동유럽 국가들 역시 내부적인 경제관리 개선을 위해 다각적인 노력을 경주했다.

　1955년 소련 서기장에 취임한 흐루시초프(Nikita Khrushchyov)는 5월 베오그라드 선언을 통해 기존의 소련식 모델과는 다른 사회주의 형태의 가능성을 인정했고, 1956년 2월 소련공산당 제20차 대회에서 흐루시초프는 과거의 스탈린 개인숭배를 비판함으로써 동유럽 국가들에도 탈스탈린화의 영향이 파급되었다. 경제적으로도 1960년대에 들어서자 소련과 동유럽의 국가에서 경제성장

<표 17-4> 동유럽 국가들의 1960~1970년대 경제개혁 명칭

국가	명칭
동독(1963년)	국민경제의 계획과 조정에 관한 새로운 체제(New System of Planning and Coordination of the National Economy)
알바니아(1966년)	관리제도의 재조직(Reorganization of the Management System)
체코슬로바키아(1967년)	신경제모형(New Economic Model)
헝가리(1968년)	신경제계획(New Economic Mechanism)
폴란드(1972년)	계획 및 경영제도의 개선 방안(Process of Improvement of the System of Planning and Management)
루마니아(1973년)	국민경제의 관리 및 계획의 개선(Improving the Management and Planning of the National Economy)

<표 17-5> 체제 전환 이전 동유럽 국가의 경제 현황(1989년)

구분		단위	폴란드	헝가리	체코	루마니아	불가리아	평균	OECD
노동 참가 비율	남	%	83	75	82	83	81	81	83
	녀		68	62	77	68	74	70	59
1인당 GDP		달러	1,807	2,750	3,214	2,311	2,261	2,469	17,390
투자 / GDP		%	29	25	26	30	27	27	20
수출 / GDP		%	19	33	35	21	31	28	18
외채		억 달러	408	206	79	5	102	160	183

속도가 감소했는데, 1930년대에 형성된 소련식 계획경제체제로는 산업구조가 고도화된 시대에 대응할 수 없었기 때문이다. 이에 소련에서는 1962년 9월 계획경제체제의 효율성 향상 수단으로서 이윤 개념의 이용을 제창한 리베르만(Liberman)의 논문 「계획, 이윤 및 프리미엄」이 공산당 기관지 ≪프라우다(Pravda)≫에 게재되었으며 이후 소련과 동유럽 국가들에서 경제개혁에 관한

논의가 활발해지기 시작했다.

이후 전개된 동유럽 국가들의 경제개혁은 가격제도의 다양화, 인센티브제도의 도입, 기업관리의 분권화로 요약된다. 사회주의의 핵심인 소유권의 국유 및 계획경제의 핵심인 중앙 당국의 계획을 철폐할 수 없는 상황에서는 체제 자체의 개혁(reform of the system)이 불가능했고 체제 내의 개선(improvement within the system)만이 유일한 대안이었기 때문이다. 이는 동유럽 국가들이 추진한 경제개혁의 명칭에서도 나타난다.

북한의 2002년 '7·1 조치' 역시 이와 같은 성격이었다. 그러나 미흡한 내용, 당국의 개입, 관련 분야 개혁의 부재 등으로 실패한 바 있다. 그럼에도 본격적인 체제 개혁을 추진할 수 없는 상황에서 향후 북한의 효율 증가를 위한 대내 경제 정책은 동유럽 국가들이 보여준 개선 조치와 유사한 방향으로 전개될 수밖에 없을 것이다. 다만 과거에 비해 좀 더 진전된 형태로 나타날 것이며, 관련 분야의 재편과도 연결될 것으로 예상된다. 예를 들어 2012년 시행된 것으로 알려진 '6·28 조치'는 "경영권한을 현장에 부여(≪조선신보≫, 2013.5.10)"했다는 점에서 분권화 조치이며, 협동농장의 분조 축소는 인센티브제도의 강화인 셈이다.

한편 동유럽 국가의 경우 자본 문제는 상대적으로 덜 중요했다. 동유럽 국가는 상당 부분 개방되어 있었으며 투자도 상당 수준에 이르렀으며, 이는 외채 규모에서도 확인된다. 예를 들어 폴란드, 헝가리, 체코슬로바키아, 루마니아, 불가리아 등 5개국의 1989년 외채 평균 규모는 160억 달러로서 당시 OECD 국가의 평균 외채 규모와 유사한 수준이다. 특히 폴란드, 헝가리 등의 외채 규모는 OECD 국가의 평균 외채 규모를 훨씬 넘어서고 있다.

그러나 북한의 경우는 자본 부족 문제가 매우 심각한 실정이다. 따라서 외부 자본 확보에 과거보다 적극적으로 나설 수밖에 없을 것으로 예상된다. 그런데 내부자본 축적이 없는 데다 북한 전역에 외국인투자를 받아들일 정치적 준비와 경제적 환경이 구비되지 않은 상황에서 특구 정책이 유일한 대안이다. 따

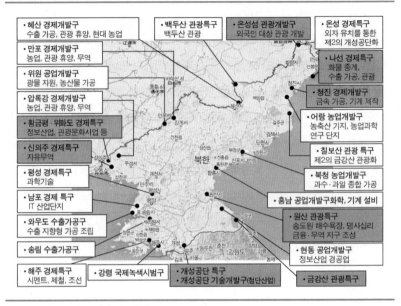

〈그림 17-8〉 북한 경제개발구 현황

주: 회색 표시는 중앙급 개발구를 의미.

라서 북한은 기존 특구 활성화 노력과 함께 추가 특구의 설치로 갈 수밖에 없을 것으로 전망된다.

실제로 북한은 2013년 5월 경제개발구법을 제정했고, 11월 13개의 경제개발구 설치를 발표했다. 2014년 7월에는 6개의 경제개발구를 추가·발표했다. 경제개발구는 외국의 자본을 유치하기 위한 것으로서 일종의 경제특구이다. 이에 따라 현재 북한에는 중앙급 9개, 지방급 16개의 개발구가 설치된 것으로 파악된다.

4. 새로운 시각의 필요: 남북 경제의 지속가능 발전

이상에서 살펴본 바와 같이 현재 북한 경제는 외부로부터의 자본 획득이 가장 절실한 문제이다. 효율 증가를 위한 대내 경제관리의 개선도 자본이 있어야 성과가 가능하다. 아무리 효율 증가를 위한 좋은 아이디어가 있다고 하더라도 이를 실제 생산으로 연결할 원자재와 설비가 필요하며, 이는 결국 자본의 추가 투입을 의미하기 때문이다.

1) 북한의 경제 정책을 전략적으로 활용

그런데 현실적으로 현재의 상황에서 북한 경제에 자본을 투입할 수 있는 국가는 남한, 중국, 러시아 이외에는 없다. 미국과 일본은 강력한 경제제재를 시행하고 있으며, 미국과 일본이 요구하는 핵문제나 납치자 문제의 해결에는 상당한 시일이 걸릴 것이기 때문이다.

러시아의 경우 러시아가 북한 철도 현대화 사업 등 적극적인 사업 구상을 발표하고 있지만, 러시아의 경제 능력을 볼 때 실현 가능성이 희박하다. 오히려 러시아의 행보는 남북관계의 경색국면에서 중재자 역할이라는 외교적 이익과 함께 나진-하산 프로젝트와 같이 러시아가 확보한 사업에 러시아의 지분을 남한 기업에 판매하는 형식의 경제적 이익을 목적으로 하고 있을 가능성이 크다. 중국의 경우에도 나선 지역을 중심으로 자국의 이익이 걸린 지역에 대해서만 관심을 가지고 있을 뿐이다. 즉 동북3성 개발을 위한 동해로의 출구 확보가 가장 커다란 목적이어서 북한 내륙의 개발구까지 관심을 가질 이유와 여력이 없다.

결국 최근의 북한은 남한에 대해 매우 적극적이고 유화적인 자세를 보일 수밖에 없는 구조이다. 경제개발구를 포함한 김정은 시대 역점사업의 성과가 필요하며, 특히 먹고 사는 문제의 해결을 통한 다시는 허리띠를 조이지 않게 하겠다는 공개적 약속의 실천은 정치적 안정성 확보를 위해서도 매우 중요한 과제이기 때문이다. 따라서 남북 경제협력에 커다란 관심을 가지고 있는 상황이다. 2014년 10월 아시안게임 폐막식을 계기로 북한의 황병서 군 총정치국장, 최룡해 노동당 비서, 김양건 통일전선부장 등이 전격적으로 인천을 방문했던 것도 같은 맥락으로 이해할 수 있다. 2015년 신년사에서 다양한 형식의 남북회담을 제안한 것도 결국은 남북경협에 초점이 있는 것으로 해석된다.

그렇다면 북한의 경제 행보를 전략적으로 활용할 필요가 있다. 김정은 시대의 국가경영전략으로 내세운 경제·핵 병진 정책을 무조건 비난할 것이 아니다. 물론 한국의 입장에서는 북한이 아예 핵을 포기하는 정책을 추진하기를 희망한다. 그러나 현실적으로 볼 때 북한이 당장 핵을 포기할 것으로 기대하기는 어렵다. 핵은 김정일 시대로부터 물려받은 유산인 데다가 아직 안보 문제가 확실히 확보되지 않은 상황이므로 현 상황에서 북한이 스스로 핵을 포기할 수는 없을 것이기 때문이다.

사실 북한의 경제·핵 병진노선이 경제를 전면에 내세웠다는 점에서는 미흡하지만 긍정적이라고 평가할 수 있다. 아직 '선경'은 아니지만 '선군'에서의 탈피가 시작되었다는 의미이기 때문이다. 따라서 북한을 경제·핵 병진 정책을 비난하고 무시만 할 것이 아니라 경제와 핵의 병진에서 경제의 비중을 점차 늘려 나가는 방향으로 북한을 유도해야 한다.

김정은 시대의 북한이 최초로 제시한 국가경영전략에 대한 비판 일변도의 접근은 오히려 북한의 경제 행보를 소극적으로 만들고 대남 적대적 언행을 강화하게 하는 요인으로 작용할 가능성이 크다. 아직은 미흡하지만 긍정적 변화를 시도하는 북한을 독려하고 이를 통해 현재와 같은 경제·핵 병진 정책이라는 '병진론 1.0'이 경제우선·비핵안보 병진 정책이라는 '병진론 2.0'으로 진화할 수 있는 환경의 조성이 필요하다. 바꾸어 말해서 북한이 경제의 비중을 점차 늘리는 정책을 추구하도록 유도하며, 그 과정에서 남북경협의 활성화를 통해 경제의 한 단계 도약을 추구하는 '남북 경제의 지속가능 발전' 시각이 필요한 것이다.

그러나 그동안 정부의 대북 정책에는 이러한 시각이 부족했다. 이런 측면에서 본다면, 이명박 정부의 대북 정책은 김대중, 노무현 정부 시절과 크게 다르지 않다. 흔히 이명박 정부의 대북 정책은 지난 시절과는 정반대의 극단에 있다고 이야기되지만, 그것은 외견상의 문제일 뿐이지 북한에 대한 인식론 차원에서는 별반 다를 것이 없다는 뜻이다. 김대중, 노무현 정부의 대북 정책은 햇볕 정책이다. 햇볕을 쪼여서 옷을 벗게 만들겠다는 것이다. 이에 빗대어 말하자면, 이명박 정부의 대북 정책은 강풍 정책이었다. 강한 바람을 불어서 북한의 옷을 벗기겠다는 것이다.

그러나 두 정책 모두 '순진한 기대'에 입각한 정책이라는 점에서는 마찬가지이다. 북한에 대한 인식이 피상적이었던 것이다. 김대중, 노무현 정부는 선의의 마음으로 지원을 하다 보면 북한이 변화하겠지 라고 생각했던 것이고, 그래서 퍼주기 비난에도 굴하지 않았다. 반면에 이명박 정부는 원칙을 가지고 북한을 대하다 보면 북한이 변화하겠지 라고 생각했고, 그래서 강경대결 정책이라는 비난도 감수했던 것이다. 그러나 이 모두 순진한 기대에 지나지 않았다.

예를 들어 보면, 북한을 둘러싼 것은 실제론 문신이었다. 얼핏 보고 옷으로 착각했던 것이다. 그래서 어차피 햇볕으로든 바람으로든 해결될 것이 아니었다. 따라서 포용이든 압박이든 외부에서 변화를 만들겠다는 정책은 순진한 기대에 불과했던 것이고, 애초부터 성공하기 어려운 정책이었다. 문신은 본인이 지울 수밖에 없다. 변화란 스스로 결정하는 것이기 때문이다. 변화의 속도와 범위에 대해 옆에서 조언할 수는 있어도, 새로운 방향으로의 선회 자체는 스스로 판단해야 하는 법이다. 아무리 형편이 어려운 북한이라고 해도 옆에서 강제한다고 되는 것이 아니다. 더욱이 수십 년을 폐쇄적인 체제로 살아온 북한이 외부의 영향 탓에 변화를 결심할 것이라고 기대한 것은 무망한 일이었다. 그래서 문신을 옷으로 잘못 인식한 햇볕과 바람 모두 처음부터 실패할 수밖에 없었고, 어느 정부든 정책의 효과에 대한 비판에서 벗어날 수 없었던 것이다.

따라서 "문신이 없이도 살 수 있구나", "문신이 없어야 더 잘살 수 있구나"라고 북한 스스로 느끼게 만드는 정책이 있어야 한다. 이제는 햇볕이냐 바람이냐의 부질없는 논란에서 벗어나 대북 정책이 진화되어야 한다는 것이다.

2) 남북 경제의 지속가능 발전 시각이 필요

이를 위해서는 남북경협을 바라보는 시각이 변화되어야 한다. 사실 그동안은 남북경협에 대한 지나친 과장이 한국 사회에 만연했다. "남북경협이 한국 경제의 미래", "개성공단은 한국 기업의 활로"라는 식의 표현이 바로 대표적인 예이다. 그러나 이는 정확하지 않은 평가이다. 남북의 경제력 격차, 북한 경제의 현실 등을 고려할 때 남북경협이 한국의 미래가 되기란 불가능하다. 더욱이 이러한 인식은 남북 경제를 연결해서 보는 것이 아니라 북한 경제를 단순히 생산요소시장으로 바라보는 것이라는 점에서 바람직하지 않다.

이제는 북한 경제 혹은 남북경협을 한국 경제의 지속가능 발전과 연결 지어 고민해야 한다. 한국 경제는 지난 20여 년간 선진국 문턱에서 주춤거리는 형국이다. 게다가 성장잠재력의 축소, 인구 고령화, 출산율 저하 등으로 미래 전망도 밝지 않은 실정이다. 결국 한국 경제의 미래 성장 동력은 지역적으로는 동북아 경제협력에서 찾아야 할 것으로 판단된다. 세계 제1위 경제강국인 미국이 아시아 회귀 정책을 시작하고 있고, G2로 부상한 중국과 세계 제3위의 경제대국인 일본이 있는 지역이기 때문이다. 이 세 국가는 2014년 한국 수출의 43.1%를 점유할 정도이다. 그만큼 한국 경제에는 중요한 파트너이다.

이제 남북경협은 그 자체로서 중요한 것이 아니라 동북아 경제협력의 관문으로서 중요한 것이라는 인식을 가져야 한다. 남북경협의 진전 없이 동북아 경제협력의 활성화는 불가능하기 때문이다. 박근혜 정부가 추진하고 있는 동북아 평화협력구상이나 유라시아 이니셔티브(initiative) 역시 남북경협의 진전 없이는 실질적 성과를 내기 힘들다. 이는 남북 경제의 지속가능한 동반 성장이라는 시각에서 남북경협과 동북아 경제협력을 보아야 한다는 의미이다. 중국이 최대 무역상대국인 북한 역시 동북아 경제협력의 틀에서 남북경협을 추진하는 것이 북한 경제의 성장에 효과적이다.

이러한 시각은 2014년 초 박근혜 대통령의 '통일 대박' 발언 이후 활발해지고 있는 통일 준비에서도 마찬가지이다. '들어가며'에서 언급한 것처럼, 통일은 발전과 이행, 그리고 통합의 합이다. 따라서 가능하다면, 통합 이전에 결국 통합 이전에 북한 경제의 발전과 이행을 추진하는 것이 가장 바람직한 대안이된다. 통일이 가시화되기 이전에 북한이 상당 수준의 경제적 발전을 이루어가고, 그 과정에서 시장경제를 점차 받아들여 제도적으로도 변화를 해나간다면 통일의 비용은 그만큼 적어지게 된다. 굳이 한시적 분리 방안을 고민할 이유도 없어진다.

통일이 다가오기 전에 우선 북한 경제의 발전과 이행을 추진한다는 것은 남북 경제의 지속가능 발전을 추진한다는 것과 내용적으로 동의어이다. 북한 경제로서는 돌발적인 붕괴 상황을 방지하면서 발전을 추구할 수 있으며, 한국 경제는 남북경협과 동북아 경제협력을 통해 지속가능한 성장 동력을 발굴할 수 있기 때문이다.

박근혜 대통령의 통일대박 발언은 통일에 대한 국민적 관심을 불러일으켰다는 점에서 매우 긍정적이다. 그러나 논의의 대부분은 통일 이후 어떻게 통합을 만들 것인가를 주제로 하고 있다. 아쉬운 일이다. 언제 통일이 될지 모르는 상황에서 통합 과제는 천천히 준비해도 늦지 않다. 오히려 더 급하고 중요한 것은 어떻게 하면 효과적으로 북한의 발전과 이행, 개방과 개혁을 격려하고 지원할 것인가의 과제이다.

참고문헌

곽인옥. 2013.9.27. 「북한 회령시장의 공간적 구조와 기능 변화에 관한 연구」. 북한연구학
회 추계학술회의 발표문.

김병로. 2012. 「탈북자 면접조사를 통해 본 북한사회의 변화: 2008~2011」. ≪현대북한연
구≫, 제15권 제1호.

김영훈·임수경. 2014. 「2013년 북한주민의 식량소비 및 영양 실태」. ≪KREI 북한농업동
향≫, 제16권 제1호.

이석. 2013. 『남북통합의 경제적 기초: 이론, 이슈, 정책』. 한국개발연구원.

이정희. 2014. 「북한 어린이 영양실태 비교」. ≪KDI 북한경제리뷰≫, Vol. 16 No. 4.

KOTRA. 2014. 『2013 북한 대외무역 동향』.

통일부. 2014. 『2013 탈북자 대상 심층정보 수집 보고서』.

한국은행. 2014. 「2013년 북한 경제성장률 추정 결과」.

≪데일리NK≫. http://www.dailynk.com/korean/market.php(검색일: 2014.12.6)

FAO/WFP. 2012. "FAO/WFP Crop and Food Security Assessment Mission to the
Democratic People's Republic of Korea."

기획 · 대표 저자

이영한　서울과학기술대학교 건축학부 교수, 동북아지속가능발전센터장, 서비스산업총연합회 운영위원장 및 총무부회장, 사회적책임경영품질원 이사, 건축정책학회 부회장, 도시건축연구소 소장, 전 지속가능과학회장, 서울대학교 건축학과 공학사, 공학 석사, 공학 박사

공동 저자(게재순)

류정아　한국문화관광연구원 선임연구위원 및 문화예술연구실 실장, 청와대 대통령실 관광진흥비서관, 문화재청 자체평가위원, 한국외국어대학교 대학원 글로벌문화콘텐츠학과 겸임교수, 서울대학교 인류학과 학사 및 석사, 프랑스 파리 고등사회과학대학원(EHESS) 사회인류학 박사

최돈형　국가환경교육센터장, 한국교원대학교 명예교수, 환경부 환경교육프로그램 인증심사위원회 위원장, 전 한국환경교육학회장, 전 한국환경교육네트워크(KEEN) 공동대표, 전 전국환경교육과교수협의회 회장, 전 유네스코 지속가능발전교육(ESD) 한국위원회 위원, 전 서울대학교 초빙교수, 전 교육부 환경과 교육과정심의회 위원장, 서울대학교 물리교육과 이학사, 과학교육학 석사, 과학교육학 박사

최성재　한양대학교 공공정책대학원 석좌교수, 서울대학교 명예교수, 국제노년학·노인의학회 사무총장, 한국생애설계협회 회장, 대통령비서실 고용복지수석, 한국노인인력개발원 이사장, 대통령직속저출산고령사회위원회 위원, 한국노년학회 회장, 한국사회복지학회 회장, 서울대학교 사회복지학과 문학사, 미국 워싱턴대학교 사회사업 석사, 미국 케이스웨스턴리저브대학교 사회복지학 박사

김창엽　서울대학교 보건대학원 교수, (사)시민건강증진연구소 이사장/소장. 비판과대안을위한건강정책학회 회장, 국제보건의료학회 이사장, 서울대학교 의학과 의학사, 보건학 박사

하성규　중앙대학교 도시계획·부동산학과 명예교수, 한국주택관리연구원 원장, 한국도시연구소 이사장, 주택산업연구원 이사, 전 중앙대학교 부총장, 전 한국주택학회 회장, 전 한국지역개발학회 회장, 전 대통령 국민경제자문회의 위원, 서울대학교 도시계획학 석사, 영국 런던대학교(UCL) 도시계획학 박사

최금숙　이화여자대학교 법학전문대학원 교수, 한국여성단체협의회 회장, 국가인권위원회 비상임위원, 전 한국여성정책연구원 원장, 전 한국가족법학회 회장, 전 법무부 법무자문위원회 위원장, 대한가정법률복지상담원 이사, 이화여자대학교 대학원 법학 박사

박성현 한국과학기술한림원 원장, 서울대학교 통계학과 명예교수, 국가과학기술자문위원회 과학기술기반분과 의장, 건국대학교 경영대학 기술경영학과 석좌교수, 사회적책임경영품질원 수석부회장, 전 한국통계학회장, 전 한국품질경영학회장, 전 지속가능과학회장, 전 서울대학교 자연과학대학 학장, 학생처장, 평의원회 의장, 전 미시시피 주립대학교 조교수, 서울대학교 화학공학과 공학사, 미국 노스캐롤라이나 주립대학교 산업공학 공학 석사, 통계학 이학 박사

전의찬 세종대학교 대학원장, 환경에너지융합학과 교수, 한국환경한림원 학술위원장, 규제개혁위원회 행정사회분과위원장, 녹색성장위원회 위원, 국가통계위원회 위원, 국회기후변화포럼 공동대표, 한국대기환경학회장(2010~2011), 한국기후변화학회장(2013~2014), 서울대학교 이학박사(환경관리 전공)

서균렬 서울대학교 에너지시스템공학부·원자핵공학과 교수, 태평양원자력협회 부회장/차기 회장, 국제원자력학회협회 재무이사/차기 회장, 국제원자력한림원 정회원, 필로소피아 대표, 프린시피아 소장, 산경에너지 고문/주필, 전 한국원자력학회 부회장, 서울대학교 원자핵공학과 공학사, 미국 MIT 핵공학 석사, 기계공학 박사

정재희 서울과학기술대학교 안전공학과 명예교수, 미래안전환경연구원 원장, 한국안전학회 고문, 안전생활실천시민연합 부대표, 국립재난안전연구원 운영심의위원회 위원, 산업통상자원부 자체규제심사위원회 공동위원장, 고용노동부 산업안전포럼 위원, 한국화재보험협회 KFPA 자문위원, 중앙대학교 전기공학과 공학사, 공학 석사, 공학 박사

최계운 현 K-water 사장, 한국대댐회 회장, 토목학회 부회장, 세계물위원회 이사, 제7차 세계물포럼 조직위원, 아시아 물고위급 원탁회의 의장, 전 인천대학교 도시환경공학부 교수 및 도시과학대학 학장, 세계도시물포럼 사무총장, 인천경실련 공동대표, 인하대학교 토목공학과 학사, 서울대학교 토목공학 석사, 미국 콜로라도 주립대학교 공학 박사

변양규 한국경제연구원 거시연구실 실장, 한국노동경제학회 이사, 한국조선해양플랜트협회 사내협력 연구센터 자문위원, 전 정부업무평가위원회 민간전문위원, 전 정보통신산업진흥원 e-러닝 평가위원, 서울대학교 국제경제학과 학사, 미국 로체스터대학교 경제학 석사, 미국 텍사스 A&M대학교 경제학 박사

김세종 중소기업연구원 원장, 전 국민경제자문회의 자문위원, 공정거래위원회 기업거래정책 자문위원, 전 제조하도급분쟁조정위원회 위원, 전 동반성장위원회 적합업종선정 실무위원회 간사, 전 한국개발연구원 전문연구원, 전 일본 총합연구개발기구(NIRA) 객원연구원,

전북대학교 경제학과 경제학사, 경제학 석사, 경제학 박사

정학균 　한국농촌경제연구원 자원환경연구부 연구위원, 서울시립대학교 경제학 학사, 서울대학교 농업경제학 석사, 박사

옥동석 　인천대학교 무역학부 교수, 한국조세재정연구원 원장, 국무총리실 지방재정심의위원회 위원, 기획재정부 재정관리협의회 위원 및 세제발전심의위원회 위원, 국토교통부 국토정책위원회 위원, 국세청 국세행정개혁위원회 위원, 관세청 비정상의 정상화 추진위원회 위원장, 서울대학교 경제학과 경제학 학사·석사·박사

이태용 　한국디자인진흥원 원장, 전 에너지관리공단 이사장, 전 대통령직속녹색성장위원회 위원, 전 에너지기후변화학회 회장, 전 특허청 차장, 산업자원부 자본재산업국장 및 주제네바대표부 참사관, 서울대학교 정치학과 학사, UC버클리대학교 에너지자원학 석사, 아주대학교 에너지시스템학부 경제학 박사

조동호 　이화여자대학교 사회과학대학 북한학과 교수, 이화여자대학교 통일학연구원 원장, 한국수출입은행 북한개발연구센터 소장, 통일준비위원회 위원, 민주평화통일자문회의 상임위원, 국무총리실 경제·인문사회연구회 이사, 북한경제포럼 회장, 전 한국개발연구원(KDI) 기획조정실장, 서울대학교 경제학 학사, 미국 펜실바니아대학교 경제학 박사.

한울아카데미 1790

전환기 한국, 지속가능 발전 종합전략

ⓒ 이영한 외, 2015

기 획 ｜ 이영한
지은이 ｜ 이영한 · 류정아 · 최돈형 · 최성재 · 김창엽 · 하성규 · 최금숙 · 박성현 · 전의찬 · 서균렬 ·
       정재희 외 · 최계운 · 변양규 · 김세종 · 정학균 · 옥동석 외 · 이태용 · 조동호
펴낸이 ｜ 김종수
펴낸곳 ｜ 도서출판 한울
편 집 ｜ 조인순

초판 1쇄 인쇄 ｜ 2015년 5월 25일
초판 1쇄 발행 ｜ 2015년 5월 30일

주소 ｜ 413-120 경기도 파주시 광인사길 153 한울시소빌딩 3층
전화 ｜ 031-955-0655
팩스 ｜ 031-955-0656
홈페이지 ｜ www.hanulbooks.co.kr
등록번호 ｜ 제406-2003-000051호

Printed in Korea.
ISBN 978-89-460-5790-6 93300(양장)
     978-89-460-6004-3 93300(반양장)

※ 책값은 겉표지에 표시되어 있습니다.